Niemands Mutter

Gunter Haug, geboren im Jahr 1955 in Stuttgart. Er ist Ehrenbürger der Gemeinde Sto. Domingo, Philippinen, für sein Engagement bei einem Projekt der Welthungerhilfe. 1996 erhielt er den Deutschen Preis für Denkmalschutz. Als Rundfunk- und Fernsehmoderator, sowie in den letzten Jahren vor allem als Schriftsteller ist er einem großen Publikum bekannt geworden. Sein zeitgeschichtlicher Roman »Niemands Tochter« wurde im Jahr 2002 zum Bestseller.

GUNTER HAUG

Niemands Mutter

Eine wahre Geschichte

Weltbild

Besuchen Sie uns im Internet:
www.weltbild.de

Genehmigte Lizenzausgabe für Verlagsgruppe Weltbild GmbH,
Steinerne Furt, 86167 Augsburg

Umschlaggestaltung: Studio Höpfner-Thoma, München
Umschlagmotiv: Ullsteinbild
Gesamtherstellung: CPI Moravia Books s.r.o., Pohorelice
Printed in the EU
ISBN 978-3-8289-8315-1

2010 2009 2008 2007
Die letzte Jahreszahl gibt die aktuelle Lizenzausgabe an.

Das Leben schreibt die besten Romane, heißt es.

Dieses Buch ist kein Roman – sondern die Wirklichkeit.

Eine Geschichte von vielen …

Persone

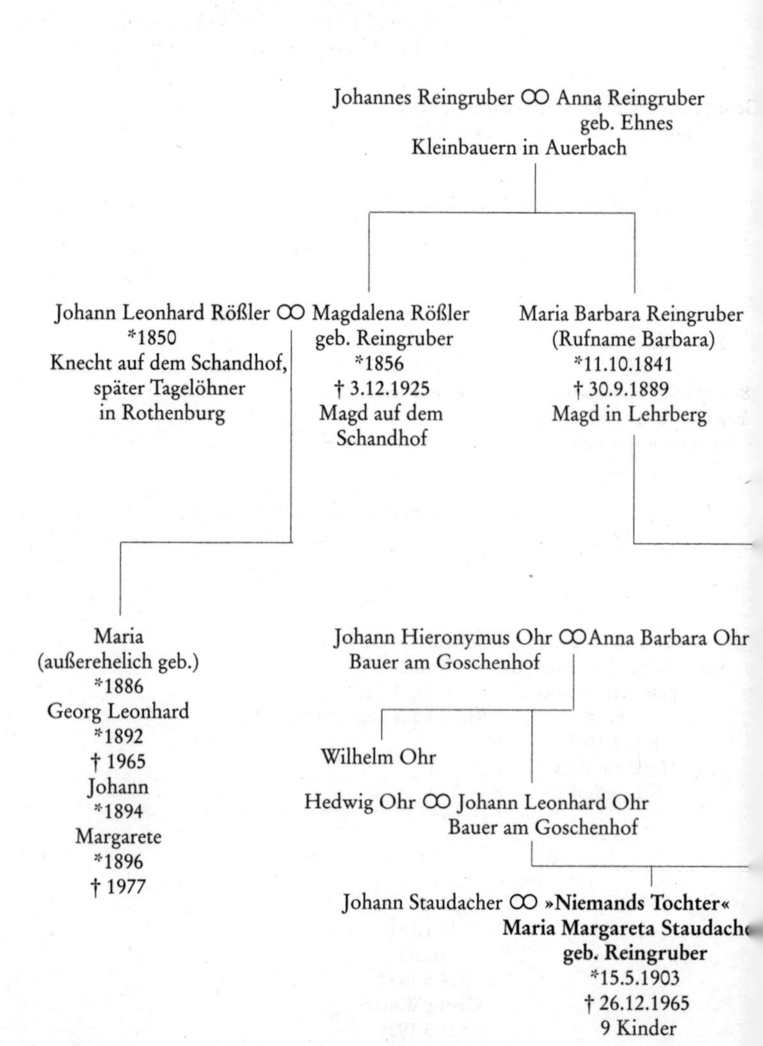

Johannes Reingruber ∞ Anna Reingruber
geb. Ehnes
Kleinbauern in Auerbach
Johann Leonhard Rößler ∞ Magdalena Rößler
*1850
Knecht auf dem Schandhof,
später Tagelöhner
in Rothenburg
geb. Reingruber
*1856
† 3.12.1925
Magd auf dem
Schandhof
Maria Barbara Reingruber
(Rufname Barbara)
*11.10.1841
† 30.9.1889
Magd in Lehrberg
Maria
(außerehelich geb.)
*1886
Georg Leonhard
*1892
† 1965
Johann
*1894
Margarete
*1896
† 1977
Johann Hieronymus Ohr ∞ Anna Barbara Ohr
Bauer am Goschenhof
Wilhelm Ohr
Hedwig Ohr ∞ Johann Leonhard Ohr
Bauer am Goschenhof
Johann Staudacher ∞ »Niemands Tochter«
Maria Margareta Staudach
geb. Reingruber
*15.5.1903
† 26.12.1965
9 Kinder

rzeichnis

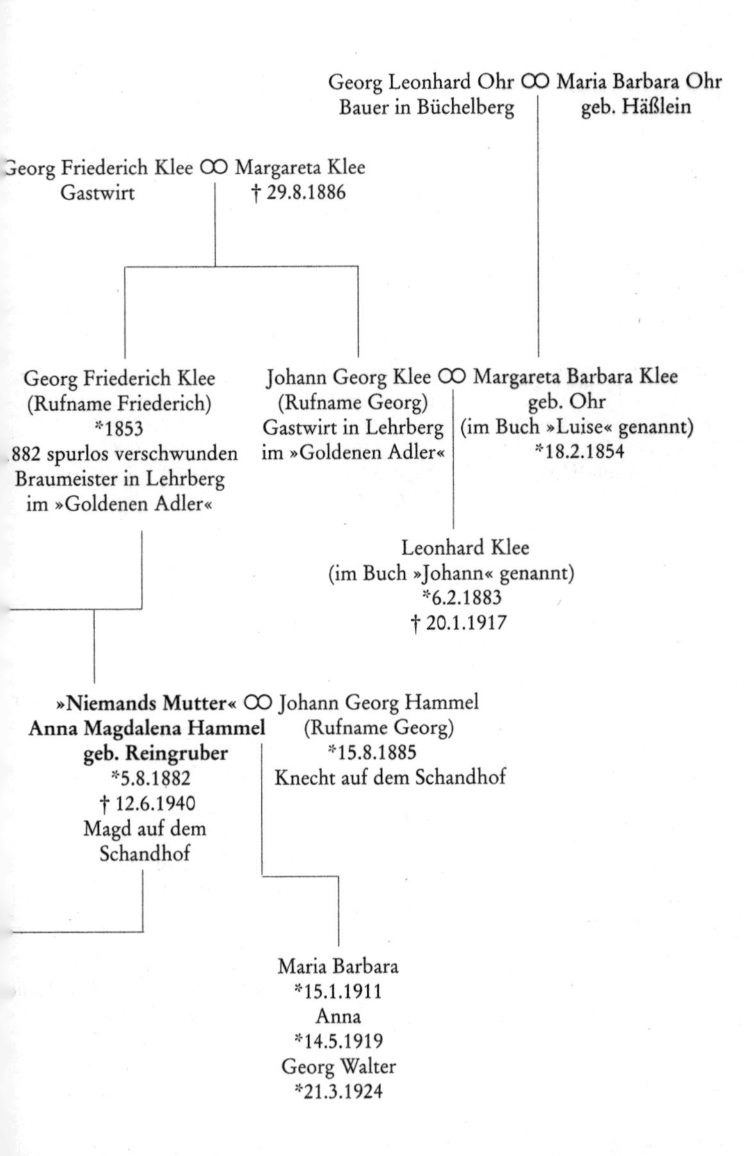

Georg Leonhard Ohr ∞ Maria Barbara Ohr
Bauer in Büchelberg
geb. Häßlein
Georg Friederich Klee ∞ Margareta Klee
Gastwirt
† 29.8.1886
Georg Friederich Klee
(Rufname Friederich)
*1853
882 spurlos verschwunden
Braumeister in Lehrberg
im »Goldenen Adler«
Johann Georg Klee ∞ Margareta Barbara Klee
(Rufname Georg)
Gastwirt in Lehrberg
im »Goldenen Adler«
geb. Ohr
(im Buch »Luise« genannt)
*18.2.1854
Leonhard Klee
(im Buch »Johann« genannt)
*6.2.1883
† 20.1.1917
»Niemands Mutter« ∞ Johann Georg Hammel
Anna Magdalena Hammel
geb. Reingruber
*5.8.1882
† 12.6.1940
Magd auf dem
Schandhof
(Rufname Georg)
*15.8.1885
Knecht auf dem Schandhof
Maria Barbara
*15.1.1911
Anna
*14.5.1919
Georg Walter
*21.3.1924

1

Februar 1924

Was um alles in der Welt sollte das werden?

Was wollte dieses Mädchen denn bloß von ihr? Erst stand das junge Ding mit einem alten schwarzen Lederkoffer in der Hand einfach nur so da und lächelte entrückt vor sich hin. Und nun starrte sie ihr auch noch seit einer ganzen Weile ins Gesicht. Einfach so! Aber wieso? Anscheinend hatte die wohl nichts Besseres zu tun, als dumm in der Gegend herumzustehen und andere Leute von der Arbeit abzuhalten. Mit einem ärgerlichen Seufzer knallte Anna den schweren, blechernen Wassereimer vor sich auf den hart gefrorenen Boden. Sie stemmte herausfordernd die Hände in die Hüften und musterte das Mädchen mit den dicken blonden Zöpfen missbilligend aus ihren blaugrauen Augen.

»Also, was willst du nun hier?«, herrschte sie ihre ungebetene Besucherin unfreundlich an. Schließlich hatte sie heute noch mehr zu tun, als fremde Leute zu empfangen. Der Nachmittag war bereits angebrochen und das Tagespensum noch längst nicht bewältigt. Man musste sich sputen mit der Arbeit um diese Jahreszeit. Lichtmess hin oder her. »Lichtmess, bei Tag zu Nacht ess«, lautete zwar die alte Bauernweisheit. Gut und schön, aber dennoch würde kurz nach fünf Uhr der Abend dämmern – auch heute, am Lichtmesstag. Und überdies stand ihr der Sinn weiß Gott nicht nach Gesprächen. Welcher Art von Gesprächen auch immer …

»Also, falls du gekommen bist, weil du eine Stellung bei uns suchst – da hast du Pech! Da bist du umsonst gekommen. Der Bauer hat heute Morgen nämlich schon eine neue

Untermagd eingestellt«, deutete Anna zum Hauptgebäude des Schandhofes hinüber, wo zwei Männer gerade ein Pferdefuhrwerk zurück in die Scheune schoben. »Da hättest du schon ein bisschen früher aufstehen müssen. Bist wohl eher das Leben in der Stadt gewohnt, oder wie?« Anna schien es, als seien ihre Worte gar nicht bis an die Ohren des Mädchens gedrungen. Immer noch verharrte die andere auf dem gleichen Fleck und trug diesen merkwürdig entrückten Gesichtsausdruck zur Schau, während ein leichtes Lächeln um ihre Mundwinkel spielte. Das hatte ihr gerade noch gefehlt! Dass sie gegen die Wand redete und noch nicht einmal eine Antwort bekam, während die Arbeit weiter liegen blieb. Wütend klatschte sie in die Hände.

»Also, was ist jetzt? Was willst du hier? Kannst du denn auf eine klare Frage keine klare Antwort geben?«

Immer noch dieses Lächeln! Doch wenigstens schien sich die junge Frau nun aus ihrer Erstarrung zu lösen und räusperte sich verlegen.

»Entschuldigung! Ich ... äh ... also, ich suche die Anna Reingruber ...«

Wie ein Donnerschlag wirkten diese Worte auf Anna, die auf alles eine Antwort gefunden hätte, nur eben nicht auf diese Frage. Wie denn auch?! Weshalb nannte sie die andere denn bei ihrem Mädchennamen? Wo sie, Anna, doch schon seit vierzehn Jahren nicht mehr Reingruber, sondern Hammel hieß. Im Oktober 1910 hatte sie den Johann Georg Hammel geheiratet, und seitdem hieß sie auch Hammel. Nicht Reingruber! Was also sollte das? Und: Woher kannte diese unbekannte junge Frau ihren Mädchennamen? Wusste sie von ihrer Vergangenheit, mit der sie längst schon abgeschlossen hatte? Zumindest glaubte, abgeschlossen zu haben! Ein für alle Mal! Zumindest bis dieses merkwürdige Geschöpf auf dem Schandhof aufgetaucht war! Langsam ließ sich Anna auf einen der Strohballen niedersinken, die vor dem Schuppen bereitlagen und mit denen die Knechte nach dem Melken und Ausmisten demnächst den Boden des Kuhstalls neu einstreuen würden.

»Was? Wen suchst du?«, murmelte sie leise und verwirrt, während sie ihren Kopf mit geschlossenen Augen gegen die Schuppenwand drückte. Die Antwort erfolgte dieses Mal rasch.

»Ich suche die Anna Reingruber.« Mit fester Stimme wiederholte das Mädchen sein Anliegen und betrachtete verwundert die abgearbeitete, ältere Frau, deren anfängliche Schroffheit sich nun in eine seltsame Depression verwandelt zu haben schien.

Lange kam keine Antwort von der Magd, die regungslos auf dem Strohballen hockte. Dann endlich sah sie auf und bedachte die Besucherin mit einem müden Blick, während sie langsam ihren Kopf schüttelte.

»Es gibt keine Anna Reingruber mehr! Schon lange nicht mehr!«

Als habe sie ein Peitschenhieb getroffen, so schmerzlich war die junge Frau bei diesen Worten zusammengezuckt.

»Aber ... nein, ich weiß doch ganz genau, dass es hier auf dem Schandhof eine Anna Reingruber geben muss! Das hat man mir doch gesagt!« Aufgeregt gestikulierend näherte sie sich der Magd. »Da muss es eine Anna ...« Im selben Moment tippte sie sich mit der flachen Hand an die Stirn und lächelte entschuldigend. »Ach ja, natürlich! Das habe ich ganz vergessen. Sie hat in der Zwischenzeit geheiratet! Sie heißt mittlerweile Hammel und nicht mehr Reingruber! Klar! Ich suche also die Anna Magdalena Hammel, um genau zu sein!«, wiederholte sie strahlend und mit erwartungsvoll glänzenden Augen.

Es schien Anna, als sei sie aus heiterem Himmel vom Blitz getroffen worden! Also doch! Dieses Mädchen suchte wirklich sie, Anna Magdalena Hammel, geborene Reingruber.

Und schlagartig war alles wieder da! Die lange und mühevoll verdrängte Vergangenheit! Bittere Vergangenheit.

»Aber, was willst du denn von mir? Und: Woher kennst du mich überhaupt?!«, würgte sie fassungslos hervor. Tatsächlich: Mit einem Mal, ganz plötzlich, war alles wieder da! Dieser ganze Schmerz! Diese Traurigkeit! Dieses Gefühl, ersticken zu müssen! Ersticken am eigenen Schmerz! Diesem unermesslichen Schmerz, den man vergessen musste, um zu überleben! An den man bloß nicht denken durfte! Niemals! Und jetzt? Jetzt war es wieder da, dieses quälende und bohrende Gefühl! Diese Hoffnungslosigkeit! Die Verlorenheit! Furchtbar!

Die andere jedoch schien nichts von der Verzweiflung zu bemerken, die sie mit ihrer Frage bei Anna ausgelöst hatte. Ganz im Gegenteil!

Mit einem Jubelschrei stürzte sich die junge Frau auf die zusammengesunkene Gestalt zu ihren Füßen.

»Mutter! Endlich habe ich dich also gefunden! Mutter!« Inbrünstig schlang sie ihre Arme um die zusammenzuckende Magd. Dicke Tränen der Freude und der Erleichterung tropften aus ihren Augen auf Annas Wangen und die schwarze Schürze.

Nein! So konnte es nicht weitergehen! Sie durfte das nicht zulassen! Auf gar keinen Fall! Es würde in eine Katastrophe münden. Unweigerlich! Mit all der Energie, die ihr nach dem ersten Erschrecken noch verblieben war, schüttelte sie das Mädchen ab und schaffte es, sich abrupt zu erheben. »Was soll das für ein Spiel werden, das du da zu spielen gedenkst!«, herrschte Anna die andere an. »Wie kommst du überhaupt auf die Idee, mich Mutter zu nennen? Ich habe zwei Töchter, aber die sind viel jünger als du! Die eine ist dreizehn, die andere vier Jahre alt!« Wie rasend pochte ihr Herz bei diesen Worten. Nein! Es durfte nicht sein, und deshalb konnte es auch nicht sein! Ein für alle Mal: nein!

Mit tränenüberströmtem Gesicht blickte die junge Frau auf. Um eine einzige, flehentliche Bitte schien es sich zu handeln, die aus ihren Augen sprach. »Mutter! Doch! Du hast freilich noch eine Tochter! Ich bin es: die Maria! Die Maria vom Goschenhof bei Flinsberg!«

Es war zu viel! Viel zu viel! Nein, nein und nochmals nein! Sie durfte es nicht zulassen! Nicht nach so vielen Jahren! Nach fast einundzwanzig Jahren, um genau zu sein! Es war doch vorüber. Welchen Sinn sollte es auch noch haben, jetzt, nach so langer Zeit – in einem völlig anderen Leben?! Mit beiden Händen fasste sich Anna an den Kopf, in dem panische Gedanken rasten und ihr Hirn zu zermartern schienen.

»Nichts bist du! Gar nichts! Ich habe schon eine Tochter mit Namen Maria – aber die ist erst dreizehn Jahre alt! Ein dummes Ding bist du, sonst gar nichts! Und nun schau zu, dass du verschwindest, sonst lasse ich die Hunde los! Ich habe noch mehr zu tun, als hier nutzlos herumzustehen und mir dein merkwürdiges Gefasel anzuhören! Ab mit dir! Fort! Weg von diesem Hof!« Sie packte das wie versteinert in sich zusammengesunkene jämmerliche Häufchen Elend grob am Oberarm und zog es in die Höhe. Danach versetzte sie der schwankenden Frau einen heftigen Schubs, sodass diese einen unsicheren Schritt nach vorne stolperte. »Und nimm gefälligst deinen Koffer mit!«

Apathisch ließ sich die andere tatsächlich ihren schäbigen schwarzen Lederkoffer in die Hand drücken und schlurfte benommen auf dem Weg zurück in Richtung Rothenburg, auf dem sie vor gerade einmal fünf Minuten noch erwartungsvoll und hoffnungsfroh gekommen war.

Auch die Magd machte kehrt und schritt mit vor Erregung glühenden Wangen auf eines der Wohngebäude zu. Nur weg jetzt. Fort! Ins Haus! Sich ausruhen! Erholen! Nicht dass womöglich noch irgendjemand die Erregung bemerkte, die sich ihrer bemächtigt hatte. Sich beruhigen. Durchatmen. Die Gespenster der Vergangenheit aus dem Kopf verdrängen. Genau so, wie sie dieses Mädchen verscheucht hatte. Dieses Geschöpf aus ihrem früheren Leben. Diese Maria, die es gewagt hatte, wie ein Blitz aus heiterem Himmel in ihr jetziges Leben einzudringen.

Und der Wassereimer? Sollten ihn doch andere vom Hof tragen! Sie brauchte nun erst einmal eine Verschnaufpause. Musste sich wieder erholen. Die wirren Gedanken ordnen. Wieder zu Kräften kommen. Stoßweise rang sie nach Atem. Auch das Ziehen im Unterleib musste aufhören. Eindeutig war es die Aufregung gewesen, die den Schmerz ausgelöst hatte. Aufregung, die man im achten Monat einer Schwangerschaft eigentlich vermeiden sollte. Wehen! Gerade jetzt, wo eine Fehlgeburt ernste Lebensgefahr bedeuten konnte! Wäre die Fehlgeburt doch vor fünf oder sechs Monaten erfolgt! Aber jetzt? Dagegenatmen, hatte ihr die Hebamme bei der letzten Schwangerschaft erklärt. Sie müsse ruhig sein und dagegenatmen. Gegen die Schmerzen. Gegen die Wehen. Dagegenatmen! Dagegenatmen ...

In der Rückschau kann man es mit Fug und Recht als eine geradezu bizarre Situation bezeichnen, in der sich diese beiden Frauen am Lichtmesstag des Jahres 1924 auf dem Schandhof bei Rothenburg ob der Tauber befunden haben. Die ältere, Anna Magdalena Hammel, geborene Reingruber, eine einundvierzig Jahre alte Magd, sowie die zwanzigjährige Maria Reingruber, ihre Tochter. Ihre erstgeborene, uneheliche Tochter. Der Schandhof: ein bäuerliches Anwesen, das auf der südwestlichen Hochebene vor Rothenburg ob der Tauber über dem so genannten Schandtaubertal zu finden ist. Ein bizarrer Name, weiß Gott, der aber gleichwohl keinen schlecht versteckten Hinweis auf irgendeine hier dereinst begangene Schandtat geben soll. Schandtauber, das nämlich bedeutete im Sprachgebrauch der Kelten, aus deren Bezeichnung der heute gebräuchliche Name hervorgegangen ist, so viel wie kurz: kurze Tauber – im Gegensatz zu dem größeren Fluss desselben Namens, in den der Bach kurz vor dem Rothenburger Wildbad mündet. Drei so genannte Schandhöfe hat es zu der Zeit, die in diesem Buch beleuchtet wird, noch gegeben. Zwei Bauernhöfe (nennen wir sie der Einfachheit halber den oberen und den unteren Hof) und eine Gastwirtschaft, deren stattliches Steingebäude vor einigen Jahren leider abgebrochen worden ist. Schade! Geblieben aber ist zum Glück immer noch ein wildromantisches und stilles Fleckchen Erde – nur einen Steinwurf vom quirligen Leben der Mittelaltermetropole Rothenburg entfernt, deren Umrisse sich vom Schandhof aus wie die Kulisse eines märchenhaften Theaterstücks in den Horizont zeichnen.

Hier auf dem Schandhof hat Maria Reingruber zum ersten Mal im Leben bewusst ihre Mutter wahrgenommen, eben jene Frau, die sie als uneheliches Kind kurz nach der Geburt im Alter von nur sechs Wochen hatte hergeben müssen. Einen Tag nach der Taufe, nach einer schlaflosen, verzweifelten Nacht. Fast einundzwanzig Jahre später stehen sie sich wieder gegenüber: Anna, die Mutter, die ihr Kind damals so gerne bei sich behalten hätte, und Maria, die Tochter, die sich nach einer entbehrungsreichen, harten Kindheit unter der überstrengen Aufsicht der Stiefmutter so sehr auf die erste Begegnung mit ihrer leiblichen Mutter gefreut hatte. Und dann solch eine Szene! Die Mutter verleugnet ihr eigenes Kind und jagt die verzweifelte junge Frau schließlich sogar vom Hof. Warum? Wieso?

Weshalb um alles in der Welt hat diese Szene, die sich tatsächlich genau so ereignet hat, jemals geschehen können? Und: Wie lässt sich das denn mit der Tatsache zusammenfügen, dass eben jene Mutter Anna Reingruber, viele Jahre nach der Geburt der kleinen Maria, noch einmal ein Kind geboren hat, dem sie wiederum den Namen Maria gegeben hat? Aus Sehnsucht und Kummer über ihr verlorenes erstes Kind. Welches Drama hat das Leben dieser Frau bestimmt? Welches Schicksal hat sie zu diesen Handlungen getrieben? Fragen über Fragen, fast schon erstickt vom Mehltau der Zeit. Und dennoch: Selbst Jahrzehnte später lassen sich noch erstaunliche Spuren wiederentdecken, lässt sich Stück für Stück ein Leben rekonstruieren, das angefüllt war mit Schicksalsschlägen und Entbehrungen. Weit über das erträgliche Maß hinaus.

Ein Leben, das dennoch gelebt werden musste. Was blieb der Frau auch anderes übrig? Ein Leben, dessen Geschichte im 21. Jahrhundert eine Gänsehaut verursacht – und uns einmal mehr verdeutlicht, wie hart der Alltag in der angeblich so guten alten Zeit in Wahrheit mit den Leuten umgesprungen ist, zumindest mit den »kleinen« Leuten. Viele winzige Mosaiksteinchen haben sich im Laufe von Monaten wieder zusammenfügen lassen, und so ist nach und nach ein längst vergessen geglaubtes Lebensschicksal aus dem so genannten Dunkel der Geschichte wieder aufgetaucht. Zudem ist es ein größtenteils authentisches Schicksal, das Leben meiner Urgroßmutter Anna Reingruber und deren Tochter Maria Staudacher, geborene Reingruber.

2
Zweifel

Merkwürdig! Meine Mutter wollte es nicht! Dieses Buch über die Mutter ihrer Mutter! Und dabei hatte sie mich doch mit ihrer genauso legendären wie liebenswürdigen Beharrlichkeit über Jahre hinweg immer und immer wieder dahingehend »bearbeitet«, wie interessant und schön es wäre, ein Buch über das Leben ihrer Mutter (meiner Großmutter) zu schreiben. Ein Buch über das kurze und harte Leben der Maria Staudacher, geborene Reingruber, die »Niemands Tochter« gewesen ist. »Niemands Tochter«? Diese Bezeichnung hatte mich nun tatsächlich aufhorchen lassen! Endlich, in den Augen meiner Mutter. Die Bezeichnung »Niemands Tochter« war der Auslöser für alle weiteren Fragen und Recherchen! Weshalb »Niemand«? Und dann die Erklärung: Weil das Wickelkind im Alter von nur sechs Wochen von seiner Mutter weggeholt worden war, am Tag nach seiner Taufe, entrissen für immer ...

So also ist es schließlich doch noch geschrieben worden, dieses Buch über das Leben der Maria Staudacher. Gut so! Ziel erreicht! Fertig! Denn, was könnte jetzt schon noch folgen an Erkenntnissen, an spannenden Lebensbeschreibungen, an Schicksalen? Mit einem Mal also hatten sich die Rollen vertauscht! Nunmehr war es an meiner Mutter, skeptische Zweifel zu äußern! Und nun war ich es, der die Flinte nicht so schnell ins Korn werfen mochte. Nein, ganz im Gegenteil.

Und so will ich also weiterschreiben an der Geschichte dieser (meiner) Familie. Ich will eintauchen in die längst vergessenen Biografien, will den Lebensumständen der vorvorherigen Generation nachspüren. Sie hat durchaus mühevoll begonnen, diese Rekonstruktion eines lange erloschenen Lebens. Schließlich liegt all das, wofür ich mich interessiert habe, eine weitere Generation zurück. Eine Geschichte, die tief im 19. Jahrhundert beginnt. Unmöglich, noch einmal ans Tageslicht zu holen. Nach so langer Zeit! Alle haben sie mich gewarnt ...

Unmöglich? Von wegen! Man muss nur wollen – und nicht lockerlassen! Als hätten wir ein altes, halb zerfallenes Fachwerkhaus restauriert. Ein Haus, das schon für den Abriss freigegeben war – und sich nun in neuer Pracht dem Auge des staunenden Betrachters zeigt. So hat das Bild dann eben doch Konturen angenommen, hat sich von schwarzweiß in farbig umwandeln lassen. Ein Mosaiksteinchen nach dem anderen ist wieder aufgetaucht aus dem Dunkel der Vergangenheit – und schließlich haben wir beide gestaunt, meine Mutter genauso wie ich, was sich an verblüffenden Erkenntnissen eben doch noch hat ans Tageslicht des 21. Jahrhunderts befördern lassen. Ein kurzes, hartes Leben: das nur siebenundfünfzig Jahre währende Leben der Anna Reingruber, meiner Urgroßmutter – ein Gänsehaut erregend hartes Schicksal.

Der Lebenskampf eines Waisenkindes, das als blutjunge Frau schwanger wird und wenige Wochen nach der Geburt ihr kleines Mädchen wieder hergeben und davon ausgehen muss, es nie mehr wiederzusehen. Anna Reingruber. Als überharte Mutter ist sie ihrer Familie im Gedächtnis geblieben: Nie hat irgendjemand wirklich verstanden, warum sie das Kind damals weggegeben hat. Man hat es ihr nie so richtig verziehen. Vielleicht auch deshalb nicht, weil sie ihr Kind dann über zwanzig Jahre später erneut verstoßen hat! Eine zweite Chance – wieder vertan! Unglaublich! Und so war das Urteil der Familie endgültig gefällt! Verständlicherweise! Und zwar ein für allemal!

Ob diese Einschätzung jedoch auch jetzt noch Bestand haben wird? Was werden sie sagen, wenn sie alle die tatsächliche Geschichte der Anna Reingruber gelesen haben? Die Lebensgeschichte jener Frau, die später einer zweiten Tochter das Leben geschenkt hat. Einem Mädchen, das sie genauso Maria genannt hat wie die von ihr so verzweifelt vermisste erste Maria.

Ich denke, so mancher Leser wird das Buch ab und zu beiseite legen und innehalten in der Lektüre. Man wird nachdenklich werden, wird mit einem Mal womöglich verstehen, weshalb diese Frau den Enkeln bei einem ihrer wenigen Kontakte so hart und so dermaßen bitter erschienen ist. Sie werden begreifen, dass diese raue Schale nichts anderes gewesen ist als die pure Überlebensstrategie!

Dieses übertrieben ablehnende Verhalten, das im Hinblick auf die Verletzungen, die es anderen zugefügt hat, zwar zu erklären ist – gutheißen muss man es deswegen ja dennoch nicht. Doch wie gesagt: Es war nach außen hin der letzte Schutz eines bereits in seinem Innersten irreparabel verletzten Kerns!

Aber der Reihe nach …

3

Rückblende

Wer also war diese Anna Magdalena Hammel, geborene Reingruber? Woher kam sie, wo haben ihre Eltern gelebt? Und, was für Leute sind das eigentlich gewesen? Niemand in der Verwandtschaft scheint etwas zu wissen, zumindest nichts Genaues. Was an Wissen vorhanden ist, das ist lediglich diese merkwürdig klingende Familienlegende: die Erinnerung an die so genannte »Auracher Marie«, einem erst in den 70er-Jahren des 20. Jahrhunderts verstorbenen Rothenburger Original, einer so genannten »Altledigen«, die mit ihrem ebenfalls unverheiratet gebliebenen Bruder in der Rothenburger Wenggasse gehaust habe. Auf einem alten Bauernhof – einem der letzten in der Stadt. Dort, wo sich heute ein Hotelparkplatz befindet, da stand seinerzeit der Hof. Und mit dieser »Auracher Marie« sei man halt »irgendwie« über eben jene Großmutter Anna mütterlicherseits verwandt gewesen. Ein bisschen geschämt habe man sich schon, wenn die alte Frau auf ihrem langsamen Schlepper durch die kopfsteingepflasterten Gassen von Rothenburg getuckert sei. Eine merkwürdige verschrobene Gestalt aus einer anderen Zeit, die nicht mehr so recht in die Bilderbuchwelt der blitzsauberen Rothenburger Mittelalteridylle hat passen wollen. Noch etwas bleibt hängen bei der ersten Recherche: das Stichwort Aurach.

Dieses nämlich deutet darauf hin, dass die Großmutter dereinst wohl aus Aurach gekommen ist, einem kleinen Ort südlich der heutigen Autobahn Heilbronn – Nürnberg. Mehr an Wissen war nicht vorhanden in der Familie.

Man wollte mit dieser Seite der eigenen Abstammung ja schließlich nichts zu tun haben – genauso, wie es die Großmutter mit ihrer Tochter und deren Kindern gehalten hat. Hieß es ...

Dass sie mit diesem bisschen Wissen, dieser scheinbaren Gewissheit um die Herkunft aus Aurach auch noch völlig danebenlagen, auch dies war eine Erkenntnis, über die ich im Laufe meiner Nachforschungen dann zwangsläufig »gestolpert« bin. Familienlegenden – Jahrzehnte alt und: falsch! Andererseits sind es ja genau diese Erkenntnisse, die jene detektivische (und manchmal auch mühsame) Spurensuche dann wieder so faszinierend machen. Denn in Wirklichkeit stammt die Familie gar nicht aus dem Ort Aurach südlich der Autobahn. Eine einfache Überlegung hatte mich von Anfang an skeptisch sein lassen, schließlich sind die Reingrubers, genauso wie die Staudachers, Protestanten gewesen. Aurach dagegen ist ein zutiefst vom katholischen Glauben geprägter Ort. Damals natürlich noch viel mehr als heutzutage. Und ein Zusammenleben von Katholiken und Protestanten in einem kleinen fränkischen Dorf? Damals? Wenig wahrscheinlich!

Also noch einmal von vorne: mit dem Finger auf der Landkarte. Ähnliche Ortsnamen. Ähnlich wie Aurach. Irgendwo in der Nähe, denn aus der Nähe von Rothenburg sollen sie ja gekommen sein ... Auerbach! Auerbach zum Beispiel? Zirka zehn Kilometer Luftlinie von Aurach entfernt?

Und richtig! Hier in Auerbach bin ich tatsächlich fündig geworden. Auerbach, das ist ein wunderschön herausgeputztes, idyllisch im Naturpark Frankenhöhe gelegenes Örtchen an der Burgenstraße, die dort vorbeiführt. Ganz in der Nähe befinden sich Ansbach und Leutershausen. In den Blick des Betrachters schiebt sich die mächtige, das ganze Umland beherrschende Burg von Colmberg, die von den Hohenzollern ihre auch heutzutage noch beeindruckende Dimension erhalten hat. Fränkische Romantik pur. Auf Schritt und Tritt trifft man auf Seen, feuchte Wiesen und Rinnsale. Auch die Wörnitz und die Altmühl entspringen ganz in der Nähe. Quellgebiet.

Und hier beginnt die Geschichte nun wirklich.

4

5. August 1882

Laut gellten die gequälten Schreie der von Schmerzen gepeinigten Frau aus den weit geöffneten Fenstern des kleinen geduckten Bauernhauses hinaus. Über die Windungen der Dorfstraße hinweg, durch das ganze Dorf.

Im Schatten der großen Nussbäume standen die Menschen vor den Bauernhöfen und unterhielten sich leise, flüsternd fast, mit bekümmerten Mienen. Eine schier unerträgliche Hitze hatte sich seit drei Tagen über die Landschaft gelegt, jede Bewegung bereitete Mühe, brachte die Leute ins Schwitzen. Morgen schon, spätestens übermorgen, würden sie mit der Getreideernte beginnen. Egal, wie heiß es war. Das reife Korn musste nun eingebracht werden. Doch heute bestimmte ein anderes Thema die Gespräche im Dorf. Die Geburt im Haus der Reingrubers. Eine schwere Geburt, das konnten alle hören. Eine viel zu lange andauernde Geburt – seit anderthalb Tagen ging das nun schon. Und das bei dieser mörderischen Hitze!

Vor allem die Frauen, die selbst schon eine oder mehrere Geburten hinter sich gebracht hatten, schauderten bei den Schmerzenslauten, die in regelmäßigen Abständen aus dem armseligen Haus drangen. Es schien einfach nicht voranzugehen. Wie lange konnte ein Mensch diese Schmerzen aushalten? War das Kind überhaupt noch am Leben, wenn es seit über einem Tag offensichtlich schon im Geburtskanal steckte? Die Schreie verhießen auf jeden Fall nichts Gutes. Sorgenvoll schüttelten die Dorfbewohner ihre Köpfe. Mit gefalteten Händen sah man die eine oder andere ältere Frau ein Gebet murmeln. Es konnte auf keinen Fall schaden. Vielleicht würde der Herrgott ja ein Einsehen mit den Leuten haben, denen das Schicksal in der letzten Zeit übel genug mitgespielt hatte. Ein Einsehen mit der Familie Reingruber, die vor rund dreißig Jahren nach Auerbach gekommen war. Einfache, bescheidene Menschen, die mit viel Mühe den kleinen, halb verfallenen Bauernhof gekauft hatten. Den sie nach und nach wieder instand setzten und von dem sich die Familie mehr schlecht als recht ernähren konnte.

Doch es war gegangen, irgendwie war es gegangen. Wie bei den meisten im Dorf eben auch. Große Sprünge würden sie nie machen können, das blieb den wenigen Großbauern vorbehalten. Aber immerhin: Zum Leben hatte es gereicht. Gerade so eben. Die beiden Töchter Maria Barbara und Magdalena waren hier aufgewachsen. Wie auf dem Land durchaus üblich, hatten sie dann im Alter von beinahe vierzehn Jahren den elterlichen Hof verlassen müssen und waren fortgezogen, um andernorts eine Stellung anzunehmen. Maria Barbara war immerhin als Magd im »Goldenen Adler« im nahen Lehrberg untergekommen, während Magdalena, ihre fast fünfzehn Jahre jüngere Schwester, erst viel weiter entfernt Arbeit gefunden hatte, auf dem unteren Schandhof in der Nähe von Rothenburg. Nur durch die Vermittlung der Verwandtschaft mütterlicherseits hatten sie es damals überhaupt geschafft, für Magdalena die Stelle als Untermagd zu bekommen. Der Onkel und die Tante, die dort in der Nähe wohnten, galten als rechtschaffene Leute und hatten sich bei dem Schandhofbauern persönlich für den Fleiß ihrer Nichte verbürgt.

So schmerzlich in der Familie die Trennung von den beiden Mädchen auch jedes Mal verlaufen war: Ein Verbleiben auf dem winzigen Hof in Auerbach wäre unmöglich gewesen. Um zwei fast erwachsene Kinder zu ernähren, nein, dazu reichte es hinten und vorne nicht. Und so hatten sich sowohl

Maria Barbara wie auch Jahre später ihre Schwester Magdalena in das Schicksal gefügt, das sie mit vielen tausend weiteren Kindern vom Land teilten. Man musste eben »in Stellung gehen«, wie das genannt wurde. Meist weit weg. Viel weiter, als sie sich das wünschten. Denn einen Besuch zu Hause bei den Eltern konnten sie aufgrund der Entfernung und den damaligen Reisemöglichkeiten nur einmal im Jahr bewerkstelligen. Meist an Lichtmess.

So war es eben. Was hätte es gebracht, mit dem Schicksal zu hadern? So erging es schließlich allen. Fast allen zumindest. Den Kleinbauern auf jeden Fall.

Jahr um Jahr war so verstrichen. Mal ein besseres Jahr, dann wieder ein schlechteres Jahr. Je nach Witterung und Vegetationsverlauf. Und je nachdem, wie sie eben im Stall von Krankheiten verschont blieben. Im Stall! Wenn man den kläglichen Anbau so nennen konnte! Ein Viehbestand von zwei Ziegen, einer Kuh, zwei – manchmal drei – Schweinen, ein paar Hühnern, einigen Hasen, das war alles. Neben einem bisschen Getreide, Kartoffeln und Rüben auf dem wenigen Land, das zum Hof gehörte. Nein – zu großen Sprüngen reichte das weiß Gott nicht. Aber es reichte zumindest zum Leben für Johannes Reingruber und seine Frau Anna.

Seit dem letzten Jahr freilich hatte sich alles verändert. Zum schlechteren verändert. Im vergangenen Winter nämlich war Johannes Reingruber verunglückt, nachdem an seinem mit schweren Holzstämmen beladenen Fuhrwerk die Bremsen versagt hatten. Trotz der verzweifelten Versuche des Bauern, es irgendwie in der Balance zu halten, war das Gefährt über den Straßenrand geschliddert, hatte sich überschlagen und Johannes unter sich begraben. Die Leute, die Zeugen des Unglücks geworden waren und den Schwerverletzten unter dem Wagen hervorgezogen hatten, sprachen hinterher von einem Wunder, dass er überhaupt mit dem Leben davongekommen war. Lange allerdings herrschte Ungewissheit darüber, ob Johannes jemals wieder sein Krankenlager würde verlassen können, so schwer und zahlreich waren die Quetschungen und Knochenbrüche, die er sich bei dem Unfall zugezogen hatte. Der aus Colmberg herbeigerufene Arzt jedenfalls hatte beim Anblick des Verletzten bedenklich den Kopf geschüttelt, dann war er wieder gegangen – nicht ohne sein Honorar in Form eines gut gemästeten Stallhasen sicherheitshalber gleich mitzunehmen. Bei solch einem armseligen Bauernwerk konnte man ja schließlich nie wissen, ob das mit der Bezahlung klappen würde.

Johannes hatte es schließlich dennoch geschafft zu überleben – und auch das Laufen hatte er mühevoll wieder gelernt. Wobei es sich mehr um ein unsicheres Schlurfen handelte als um sicheres Gehen. Und ohne Stock wäre es sowieso nicht gegangen. Das aber bedeutete, dass es ihm nicht mehr möglich war, weiter zu arbeiten, wie er es früher getan hatte. Ein paar Handlangerdienste hier und dort, zu schwereren Tätigkeiten war Johannes nicht mehr in der Lage.

Und so blieb der Hauptteil der Arbeit auf dem Hof an der Bäuerin hängen, mit deren Gesundheit es seit Jahren schon nicht zum Besten stand.

Doch was blieb ihnen anderes übrig, als sich irgendwie durch das Leben zu kämpfen. Zu großen Sprüngen hatte es vorher schon nie gereicht – und nun gleich gar nicht mehr. Zur Begleichung der Schulden, die nach wie vor auf dem Hof lasteten, war den Reingrubers nichts anderes übrig geblieben, als die einzige Kuh zu verkaufen. Das war bitter, aber eben nicht zu ändern. Immerhin halfen die Nachbarn, sofern die eigene Arbeit dies zuließ, der Bäuerin beim Ackern und bei der Ernte aus. Manche taten dies aus Mitleid und Barmherzigkeit. Schließlich konnte das Schicksal jeden treffen. Andere wiederum wurden bei ihrem Handeln eher getrieben von der Gewissheit, dass die Reingrubers der gesamten Dorfgemeinschaft zur Last fallen würden, wenn der armselige

Bauernhof versteigert werden würde. Hungerleider, die man dann bis ans Ende ihrer Tage im Armenhaus durchfüttern musste! Nein, das wäre die schlechteste aller Möglichkeiten. Denn auswandern, nach Amerika zum Beispiel, wie so viele andere vor ihnen, denen man sogar noch die Schiffspassage bezahlt hatte, nur um sie ein für allemal loszuwerden, konnten die alten Leute ja ebenfalls nicht mehr. Kein Land der Welt hätte sie aufgenommen.

Und die Töchter? Auch auf diese Frage hatten die Nachbarn nur ein müdes Lächeln übrig. Wie denn? Sollte man die Eltern etwa zu der einen schicken, zu Magdalena, die als Untermagd in der Nähe von Rothenburg als Arbeitslohn selbst gerade einmal genug zu essen bekam, mehr aber auch nicht? Und zur anderen? Zu Maria Barbara? Diese, immerhin schon über vierzig Jahre alt und unverheiratet, war vor drei Tagen zurückgekommen vom »Goldenen Adler« in Lehrberg, wo sie schon lange in Stellung war. Merkwürdig habe sie ausgesehen, die Maria Barbara. So dick, so unförmig! Allem Anschein nach schwanger, meinten die erfahrenen Bäuerinnen, die so etwas mit einem Blick sicher registrierten. Hochschwanger sogar! Und das in ihrem Alter!

Wo war eigentlich der Mann? Von einer Hochzeit der Maria Barbara war im Dorf nie die Rede gewesen. Merkwürdig! Und weshalb war sie so kurz vor der Niederkunft überhaupt zu ihren Eltern gekommen? Etwa, um das Kind hier zur Welt zu bringen? Weshalb war sie denn nicht in Lehrberg geblieben? Die Reingrubers hatten so für genügend Gesprächsstoff gesorgt in den letzten Tagen. Natürlich auch bedingt durch die Tatsache, dass bisher nicht das Geringste über den Zustand ihrer Tochter aus dem Haus gedrungen war. Und Maria Barbara hatte sich auch nie gezeigt, sondern schien sich in dem Haus regelrecht zu verstecken.

Und nun diese Schreie! Diese Qual, dieses Elend! Anderthalb Tage ging das nun schon so! Wie lange konnte ein

Mensch diese Schmerzen denn aushalten? Vor drei Stunden war Magdalena, die jüngere Schwester, aus dem Haus geeilt, um die Hebamme aus dem benachbarten Colmberg zu Hilfe zu holen. Es ging einfach nicht mehr anders, sollte es auch das letzte Stück Vieh im Stall kosten. Nun ging es um das Leben ihrer Schwester, um sonst gar nichts mehr, hatte sie atemlos gekeucht und einen der Bauern angefleht, so schnell wie möglich ein Fuhrwerk anzuspannen und sie nach Colmberg zu fahren. Gestern war sie bei den Eltern eingetroffen und hatte sich seitdem pausenlos um die Gebärende gekümmert, doch auch sie war längst am Ende ihrer Möglichkeiten angelangt. Jetzt ging es nur noch um Leben oder Tod!

Kopfschüttelnd verwiesen die Bauersfrauen wieder und wieder auf das Alter der Schwangeren. Wie konnte sich diese mit fast einundvierzig Jahren denn überhaupt noch auf eine Schwangerschaft einlassen – zumal es überdies das erste Kind war, das sie zur Welt bringen würde?! Wie sollte das denn auch gut gehen? Unverantwortlich ... leichtsinnig ... selbst schuld ... diese vorwurfsvoll gemurmelten Einschätzungen machten die Runde, immer wieder unterbrochen durch die gellenden Schmerzensschreie der gepeinigten Frau. Wer denn wohl der Vater war? Und weshalb der sich nirgendwo blicken ließ? Merkwürdig. Vielleicht stimmte ja das Gerücht, das gestern aufgekommen war. Dass es sich beim Kindsvater nämlich um diesen Nichtsnutz handelte. Um Friederich Klee, den zweitgeborenen Sohn aus dem Brauereigasthof »Zum Goldenen Adler« in Lehrberg? Aus dem Gasthof, in dem Maria Barbara schon seit Jahren als Dienstmagd tätig war. Durchaus für möglich hielten die einen dieses Gerücht, während die anderen voller Entrüstung darauf verwiesen, dass Friederich doch höchstens vierundzwanzig Jahre alt sei. Unmöglich, dass ausgerechnet dieser einer siebzehn Jahre älteren Magd das Kind angehängt habe. Bei dem sei gar nichts undenkbar, hatte ein älterer Fuhrmann daraufhin eingeworfen, der des Öfteren in Lehrberg zu tun hatte und auch regelmäßig im »Goldenen Adler« eingekehrt war. Das sei ein richtiger Tunichtgut, ein echter Hallodri, spätestens seit sein Vater gestorben war und der ältere Bruder den Gasthof übernommen hatte. Dem Friederich Klee traue er schlichtweg alles zu, nickte der Fuhrmann wissend. Auch, dass er jetzt nichts mehr von dem Kind wissen wolle, würde zu ihm passen.

Dem Kind! Wieder dieser herzzerreißende Schmerzensschrei! Ob das Kind diese Geburt überleben würde? Die Überlebenschancen waren schlecht, je länger das Martyrium andauerte – für beide, für Mutter und Kind!

In diesem Augenblick hasteten Magdalena und die Hebamme in das Haus. Ob die erfahrene Geburtshelferin wohl noch etwas ausrichten konnte? Ob sie wenigstens noch das Leben der Mutter retten konnte, wenn es schon für das Kind fast keine Hoffnung mehr gab? Warum aber hatte man die Hebamme nicht schon viel früher dazugeholt?

Die Bauersfrauen zuckten die Schultern. Sie kannten die Antwort nur allzu genau. Das Geld! Schließlich hatte die Bäuerin vor Jahren ja selbst zwei gesunde Töchter zur Welt gebracht, und so versuchte man es eben erst einmal ohne die Hilfe der Hebamme. Schließlich waren schon tausende von Kindern auch ohne die Hilfe von Arzt oder Hebamme geboren worden. So eine Geburt, das war doch die natürlichste Sache der Welt. Eigentlich … Solche Argumente konnte jeder hören, der sich beispielsweise in einer Tagelöhnerfamilie danach erkundigte, weshalb man keine Hebamme zur Geburt hinzugezogen hatte. Doch was auch immer an Ausflüchten die Leute in ihrer Verlegenheit vorgebracht hatten: Letztlich war es die wirtschaftliche Not, die ihr Handeln bestimmt hatte.

Wieder falteten die Frauen die Hände, während sie mit zusammengepressten Lippen zu dem armseligen Bauernhaus hinüberstarrten, hinter dessen feuchten Wänden sich das Drama vollzog, das sich wie ein bleierner Vorhang schwer über das Dorfleben gelegt hatte. Unendlich langsam zerflossen die Minuten, während sich die Hitze dieses fünften Augusttages allmählich ins Unerträgliche steigerte. Kein kühlender Windhauch war zu spüren. Schon bei der geringsten Bewegung brach den Menschen der Schweiß aus allen Poren. Nur im Schatten der Bäume war es noch auszuhalten – einigermaßen wenigstens. Wenn es nur endlich vorüber wäre!

Ein neuerlicher gequälter Schrei! Noch lauter, noch herzzerreißender, noch mehr durch Mark und Bein gehend als all die Schreie zuvor. Falls das überhaupt möglich war! Erschrocken hielten sich die Frauen die Hände vor den Mund. Totenstille breitete sich aus. Nicht einmal die lang gezogenen kraftlosen Klagelaute waren mehr zu hören, die sich bislang wieder und wieder zwischen die Schreie geschoben hatten. Totenstille!

War es also … vorbei …? Aber: wie vorbei?

Da! Ein Geräusch! Doch, wirklich! Jetzt konnten es alle hören! Das Wimmern eines Säuglings! Kein übliches Säuglingsgeschrei, wie man es sonst gewohnt war. Das klägliche Wimmern eines Neugeborenen. Aber immerhin: ein Wimmern. Das Kind hatte also überlebt! Barbara Reingruber hatte es endlich geschafft! Erleichtert atmeten die Menschen auf. Barbara war erlöst! Endlich!

Erlöst?

»Hoffentlich hat sie es auch überlebt!«, wiegte eine grauhaarige alte Frau skeptisch den Kopf. »Wenn es so lange dauert, dann weiß man ja nie …«

Und so vergingen weitere bange Minuten. Eine gute halbe Stunde mochte es gedauert haben, bis sie die erschöpfte Magdalena in der Türöffnung des Bauernhauses erblickten, die ihnen mit tränenüberströmten Wangen ein kleines weißes Bündel in ihren Armen präsentierte.

»Es lebt!«, schluchzte sie, am Rande ihrer Selbstbeherrschung. »Es ist ein Mädchen. Meine Barbara hat ein Mädchen zur Welt gebracht. Kann jemand von euch bitte den Pfarrer holen? Rasch bitte! Es ... es ist nämlich nicht sicher, ob es auch wirklich überleben wird. Bitte! Er soll sich beeilen ...« Damit wandte sie sich um und verschwand in dem engen dunklen Flur des Hauses.

Sie hatten den Seelsorger von Auerbach glücklicherweise im Pfarrhaus angetroffen. Geistesgegenwärtig hatte der Pfarrer die notwendigen Utensilien gleich mitgenommen, und so fand schon wenige Minuten später im kargen Wohnzimmer des Bauernhauses die Nottaufe des Mädchens statt. Mit ernstem Blick verfolgte die Hebamme die Prozedur. Sie war sich unsicher, ob das Kind die ersten beiden Tage überleben würde. So kraftlos, wie das kleine Mädchen vor ihr lag. Nach dieser besonders langen und schweren Geburt. Und auch um die Mutter stand es überhaupt nicht gut. Auf keinen Fall würde sie noch einmal ein Kind gebären können! Aber, so gestand sich die Hebamme ein, diese Tatsache wiederum stellte angesichts des Alters von Barbara auch weiß Gott keinen Nachteil dar! Eher war es ein Segen! Falls sie, wie gesagt, die nächsten Tage überlebte. Denn angesichts des enormen Blutverlustes und ihrer totalen Erschöpfung war dies alles andere als sicher. Jetzt nur kein Fieber! Es würde das sichere Ende bedeuten! Sie hatte schon jüngere und kräftigere Frauen am Kindbettfieber sterben sehen. Aber dass Barbara jemals wieder zu Kräften kommen und die normale Arbeit einer Dienstmagd würde verrichten können, war nicht sehr wahrscheinlich.

Auf den Namen Anna Magdalena wurde das kleine Mädchen getauft. Anna nach dem ersten Vornamen ihrer Großmutter Anna und Magdalena nach dem Vornamen ihrer Taufpatin. Nach Magdalena Reingruber, der Schwester von Maria Barbara. Es war eine sonderbare Stimmung, die in der engen Stube herrschte. Einerseits die Erleichterung über das

Ende des beinahe zweitägigen Martyriums, andererseits die Sorge um das Leben von Mutter und Kind.

Auch dem Pfarrer schien die Ungewissheit schwer auf der Seele zu lasten. Ausgerechnet jetzt, nachdem diese vom Schicksal wirklich nicht begünstigten Menschen die schwere Geburt überstanden hatten, jetzt hatte ihnen der Herr eine weitere Prüfung aufgeladen. Mit zitternder Stimme versuchte er, den alten Leuten Trost und Zuversicht zu spenden. Dass sie gerade jetzt nicht nachlassen dürften in ihrem Glauben. Dass der Herrgott es schon richten werde. Dass sie voller Gottvertrauen der Zukunft entgegenblicken sollten. Dass auch sie nicht vergessen seien vom Erlöser, wenn sie nur fest blieben im Glauben! Den auf diese Sätze folgenden Blick des Vaters würde die Hebamme zeitlebens nicht mehr vergessen. Dieser schmerzerfüllte, hoffnungslose, erstaunte Blick aus seinen tiefen, traurigen Augen, mit dem der alte Bauer den Pfarrer schweigend bedachte. Wie er ihn so sekundenlang anstarrte, um sich danach langsam umzuwenden und mühevoll gestützt auf den knotigen Gehstock mit schleppenden Schritten die Stube zu verlassen, ohne auch nur ein einziges Wort zu sagen.

Es stand nicht gut um die Zukunft der beiden. Um die Mutter und ihr Kind. Es dauerte Tage, bis sich der erste kleine Hoffnungsschimmer bemerkbar machte. Drei Tage, in denen Magdalena die Schwester und ihr Patenkind aufopferungsvoll pflegte. Bis an den Rand der eigenen Erschöpfung. Aber sie durften nicht sterben! Nicht ihre ältere Schwester Barbara, die sie als Kind damals fast nie zu Gesicht bekommen hatte, weil diese ja schon in Stellung gewesen war, mit der sie aber dennoch ein eng geschlungenes Band vereinte – und auch nicht das kleine Mädchen, Anna Magdalena, ihr Patenkind!

Stück für Stück erholten sich die beiden vom Trauma der schweren Geburt. Schon am zweiten Tag hatte Magdalena erstmals Hoffnung geschöpft. Nachdem es ihr gelungen war, dem Säugling mit Wasser verdünnte Ziegenmilch einzuflößen, da die auf den Tod erschöpfte Mutter das Kind schließlich nicht säugen konnte. Und tatsächlich: Das Kind hatte geschluckt! Nach vielen vergeblichen Versuchen hatte es geschluckt! Es hatte getrunken! Und auch bei Barbara hatten sich erste Anzeichen bemerkbar gemacht, dass die Lebensgeister zaghaft wieder erwachten. Gott sei Dank war das Fieber ausgeblieben. Sie würde es überleben. Beide würden überleben. So viel stand nach drei Tagen fest. Ob Barbara allerdings jemals wieder zur alten Lebenskraft zurückfinden würde, das schien mehr als fraglich.

Mit schwerem Herzen verließ Magdalena deshalb am nächsten Tag das Haus ihrer Eltern. Sie musste zurück auf den Schandhof nach Rothenburg. Jetzt, mitten in der Erntezeit, brauchten sie dort jede Hand. Und überdies war ihr von der dortigen Bäuerin schon eine wesentlich längere Arbeitsunterbrechung gestattet worden, als das normalerweise üblich war. Nicht einmal beim Tod der Eltern war man länger als zwei, höchstens drei Tage fort. Was der Schandhofbauer ihr gegenüber auch voller Unmut hatte verlauten lassen, als sie damals aufgebrochen war.

Der Zukunft erwartungsvoll entgegensehen! So ähnlich hatte sich doch der Pfarrer ausgedrückt! Magdalena blies unwillig Luft durch die Lippen, während sie in Richtung Jochsberg marschierte und das Dorf allmählich hinter den Hügeln verschwand. Welcher Zukunft denn?! Für den Rest ihres Lebens würde ihre Schwester nicht mehr die sein, die sie einmal gewesen war. Niemals mehr würde sie dieselben Arbeiten als Magd übernehmen können, die sie bisher mühelos erledigt hatte. Fast dreißig Jahre lang!

Welche Zukunft also sollte es noch für Barbara geben?

Und welche erst für Anna, für ihr Kind?

Außerdem, wo war denn eigentlich der Vater?! Der hatte sich die ganze Zeit über noch nicht blicken lassen! Er schien wie vom Erdboden verschluckt! Und für diesen wäre es doch ein Leichtes, zumindest die wirtschaftlichen Dinge zufrieden stellend zu regeln, wenn die Geburt schon Barbaras Gesundheit ruiniert hatte! Aber Friederich Klee, Gastwirtssohn aus dem fränkischen Lehrberg, dachte nicht im Traum daran, sich seiner Verantwortung zu stellen.

Schlimmer noch: Er weigerte sich sogar, seine Vaterschaft anzuerkennen! Also – nochmals: welche Zukunft? Welche Zukunft für wen?

5

Geburtstage

Der 5. August! Da habe ich – wieder einmal – gestaunt, als ich den Eintrag schließlich im Geburtsregister von Colmberg (zu dem Auerbach kirchlicherseits gehört) gefunden habe! Das nämlich ist nicht nur der Geburtstag meiner Urgroßmutter, sondern der 5. August ist auch mein Geburtstag.

Zufall?

Sicherlich!

Sicherlich?

Weiter also mit der Spurensuche in die Vergangenheit! Es gibt im Geburtsregister von Colmberg keinen Eintrag über den Vater der kleinen Anna.

Wo könnte man dann noch fündig werden, wenn nicht im amtlichen Register? Vielleicht im Taufregister? Vielleicht hat der Pfarrer die Mutter ja noch einmal gefragt, wen er denn als Vater eintragen solle? Vielleicht aber hat er es auch sowieso schon gewusst. Wie all die anderen auch. Auf jeden Fall gibt das Taufregister tatsächlich Auskunft über den Vater. Der Pfarrer hat den Namen des Vaters vermerkt. Eindeutig. Und so lässt sich mit Gewissheit nachweisen, um wen es sich bei Annas Vater handelt, nämlich um eben jenen zweiten Sohn aus dem Brauereigasthof »Goldener Adler« in Lehrberg, um den Bierbrauer Friederich Klee. Dass der Eintrag im amtlichen Register fehlt, spricht Bände: Klee hat seine Vaterschaft nie anerkannt – und damit in der eigenen Familie für heftigen Wirbel gesorgt.

6

Brüder

»Da bist du ja endlich!« Rasch durchschritt Johann Georg Klee die Gaststube. Mit einem groben Griff packte er den Haarschopf des Schläfers und zerrte den Kopf des jungen Mannes von der Tischplatte hoch, ohne auf dessen Schmerzensschreie zu achten. Der Gastwirt und Brauereibesitzer Johann Georg Klee aus Lehrberg kochte vor Wut. Tagelang war sein viereinhalb Jahre jüngerer Bruder Friederich spurlos verschwunden gewesen. Alle Arbeit – und die hatte es zuhauf gegeben – war somit liegen geblieben. Offenbar war dem Tunichtgut auf seiner Sauftour in der Zwischenzeit aber das Geld ausgegangen, und so hatte er sich am frühen Morgen in die Gaststube geschlichen und war dort am Stammtisch eingeschlafen, nicht ohne sich freilich vorher noch einige Biere genehmigt zu haben. Die leeren Gläser auf dem Tisch zeugten davon.

»Typisch Friederich! Immer wenn es eng wird, ist er nicht da!« Dem Verschwinden des anderen war eine lautstarke Meinungsverschiedenheit vorangegangen. Es war nicht die erste Auseinandersetzung der beiden. Wieder und wieder waren die Brüder in den letzten Jahren aneinander geraten. Genauer gesagt seit dem Tod des Vaters, wie sich Johann Georg eingestehen musste. Damals, vor vier Jahren, hatte er – als der ältere der beiden Klee-Brüder – die Brauerei und die Gastwirtschaft »Zum Goldenen Adler« übernommen.

Wie das eben so war. Er als Erstgeborener war der Haupterbe. Sein jüngerer Bruder Friederich, mit dem er sich trotz ihres unterschiedlichen Temperaments bis dahin immer ganz gut vertragen hatte, war dagegen leer ausgegangen – das meinte dieser zumindest. Dass ihm der Vater jedoch testamentarisch eine ordentliche Menge an Bargeld vermacht hatte und er überdies weiterhin als Braumeister mit gutem Lohn und bei freier Kost und Logis in seinem Elternhaus leben konnte, das vergaß Friederich bei den ewigen Streitereien zwischen ihnen geflissentlich. Immer dann, wenn er wieder einmal sein »Schicksal« als Zweitgeborener betrauerte und seinen Kummer anschließend in gewaltigen Biermengen zu ertränken versuchte.

Aber nein, nun war es genug. Dieses Mal würde Johann Georg nicht wieder beide Augen zudrücken und über alles großzügig hinwegsehen. Denn jetzt ging es um mehr. Das war nicht nur eine Meinungsverschiedenheit zwischen zwei jungen Männern. Jetzt ging es um ein Kind – und um dessen Mutter. Es stand doch völlig außer Zweifel, dass Friederich der Vater der kleinen Anna war. Anna, die neulich von der Magd Barbara in Auerbach geboren worden war. Die Spatzen pfiffen es ja von allen Dächern – oft genug mit dementsprechend spöttischer Schadenfreude, wie die Leute halt so waren. Doch Friederich? Der hatte sich weder um die Frau noch sonst um irgendeine Frage gekümmert, mit der ihn sein Bruder vorwurfsvoll konfrontiert hatte. Und die Vaterschaft bei dem Säugling erkannte er auch nicht an. Was sich für einen Mann aus gutem Hause doch wohl aber so gehörte, oder? Niemals, hatte Friederich böse gezischt, um danach tagelang zu verschwinden und sich nicht mehr blicken zu lassen.

Was er in der Zwischenzeit wohl getrieben hatte? Nun, das konnte man an diesem Morgen überdeutlich vor sich sehen: Sinnlos betrunken hatte er sich! Bis an die Halskrause! Viel zu viel getrunken – anstatt zu arbeiten und etwas Sinnvolles zu tun! Der hatte es gerade nötig! Kalter Zorn stieg in Johann Georg hoch. Ausgerechnet Friederich! Hatte der denn nicht schon Schaden genug angerichtet? Friederich, der der Barbara, ihrer fleißigsten Magd im »Goldenen Adler«, ein Kind angehängt hatte! Beschämend war das! Mehr als peinlich, angesichts der Tatsache, dass Friederich mit seinen gerade vierundzwanzig Lebensjahren der Barbara dieses Kind gemacht hatte! Wo sie doch schon über vierzig Jahre alt war. Ledig. Ohne Kind bisher! Ein Altersunterschied von fast siebzehn Jahren! Barbara hatte schon als Magd im »Goldenen Adler« gearbeitet, als Friederich noch nicht einmal geboren war! Unglaublich! Und zu allem Überfluss bekannte er sich jetzt nicht einmal zu seiner Vaterschaft!

»Was ist denn bloß mit dir los, Friederich? Werden die Dinge denn wirklich besser, wenn man sich vorher das Hirn aus dem Kopf gesoffen hat?« Er schüttelte den allmählich erwachenden Schläfer, der einen jammervollen Anblick bot, heftig. Sein Bruder! Diese Trauergestalt war wirklich sein Bruder!

Johann Georg schluckte mühevoll den würgenden Kloß hinunter, der sich plötzlich in seinem Hals breit machte.

Aus blutunterlaufenen Augen stierte der Jüngere trübsinnig in das Gesicht seines Bruders. »Du hast doch keine Ahnung«, lallte er kraftlos. »Überhaupt keine Ahnung!«

»Was soll das heißen?« Augenblicklich war der Anflug von Mitleid wie weggeblasen, der den Zorn in Johann Georg beinahe vertrieben hätte.

»Dann sag es mir jetzt! Alles! Auf der Stelle!«

»Erst wenn du mich loslässt«, keuchte Friederich. »Wenn ich erstickt bin, kann ich nichts mehr erzählen ...«

Kommentarlos lockerte Johann Georg seinen Griff und zog sich einen Stuhl heran, auf dem er sich tief durchatmend niederließ. Er stemmte die Ellbogen auf den Tisch und musterte seinen Bruder eindringlich. »Also dann! Fang an. Was ist damals geschehen? Ich höre ...«

»Was damals geschehen ist!« Der immer noch Angetrunkene lachte hämisch, dann kratzte er sich mit gespielter Verlegenheit am Kopf. »Kann mich kaum noch daran erinnern: So ganz nüchtern war ich ja selbst nicht mehr ...«

»Friederich!«

»Ist ja schon gut«, wehrte der andere beschwichtigend ab. Ihm war der drohende Unterton in der Stimme seines Bruders, trotz des Schleiers von Müdigkeit und Alkohol, der ihn umsponnen hatte, nicht verborgen geblieben. Er stieß einen langen Seufzer aus und begann zu erzählen ...

7
Barbara und Friederich

Im November des Jahres 1881 war es geschehen. In Lehrberg, in ihrem Gasthaus »Zum Goldenen Adler«. Anfang des Monats fand dort eine Hochzeitsfeier von Bekannten statt. Die Feier hatte damals zäh begonnen, doch im Laufe des Abends waren die Gäste in eine immer ausgelassenere und fröhlichere Stimmung geraten. Der reichliche Bierkonsum hatte seine Wirkung nicht verfehlt.

Kaum hatte Friederich Klee den Festsaal ihrer Gastwirtschaft betreten, winkte ihn auch schon der Bräutigam eifrig zu sich an den Tisch.

Die Erleichterung nach der glücklich überstandenen Hochzeitsprozedur stand dem Mann ins Gesicht geschrieben. Er hatte schon reichlich Bier getrunken und erhob nun wieder sein Glas: »Ein Hoch auf unseren Freund und Braumeister Friederich Klee, der dieses vorzügliche Bier gebraut hat. Dreifach Hoch! Hoch soll er leben!«

»Hoch!«, schallte es aus dutzenden von Kehlen durch den ganzen Saal.

Verlegen winkte Friederich ab und setzte sich an die Seite des Bräutigams, nachdem er die Braut mit einem verstohlenen, traurigen Blick gestreift hatte.

Die dezente Wölbung ihres Unterleibes war mittlerweile nicht mehr zu verbergen – und jeder, der um diese anderen Umstände Bescheid wusste, richtete sein Augenmerk naturgemäß zuallererst auf genau jene Stelle. Gut und gerne im siebten Monat dürfte sich Marianne inzwischen befinden, raunten die Frauen mit Kennermiene.

Gerade also noch rechtzeitig vor der Niederkunft habe sie Otto vor den Traualtar schleppen können, ergänzten die Männer daraufhin mit anerkennendem Kopfnicken. Manchmal verbunden mit einem spöttisch-mitleidsvollen Seitenblick zu Friederich hinüber. Zu dem Gastwirtssohn, der Marianne ja selbst gerne geehelicht hätte. Was allen natürlich bekannt war. Klar. In einem so kleinen Ort.

Lange hatte Friederich mit sich gekämpft, ob er überhaupt dazu in der Lage wäre, der Hochzeitsgesellschaft einen Besuch abzustatten. Aber der Bruder genauso wie die Freunde hatten eindringlich auf ihn eingeredet und ihm geraten, sich nicht zu verstecken. Überdies, hatte sein Bruder gemeint, gehöre es sich einfach so. Schließlich müsse sich der Braumeister zeigen, wenn sein Bier verkonsumiert werde. Und immerhin zähle die Gesellschaft über einhundert Personen. Da müsse man sich auch aus Respekt vor der Kundschaft einfach sehen lassen – ob einem das nun gefalle oder nicht.

»Bier ist Bier, und Geschäft ist eben Geschäft!«, hatte der Bruder ihm aufmunternd auf den Rücken geklopft.

»Da hast du aber wirklich etwas Feines gebraut! Donnerwetter! Du machst deinem Vater inzwischen alle Ehre!« Anerkennend hob auch der Vater des Bräutigams seinen Krug und prostete Friederich feierlich zu. Er setzte den Krug an die Lippen und nahm einen langen Schluck. Genießerisch wischte er sich anschließend mit dem Handrücken den weißen Bierschaum aus seinem Bart. »Ah! Das tut gut! Ein schöner Beruf, Bierbrauer. Wäre ich auch gerne geworden! Aber das ist mir eben nicht in die Wiege gelegt worden!«

»Mir schon, aber das will noch gar nichts heißen«, winkte Friederich müde ab. »Wer sagt dir denn, dass Bierbrauen wirklich mein Traumberuf ist? Man hat mich auf jeden Fall nicht einmal danach gefragt, ob ich nicht etwas anderes lieber täte …« Er beendete den Satz nicht und starrte missmutig auf die Tischdecke.

»Etwas Besseres als Braumeister?!« Der andere staunte nicht schlecht. »Da stopft man einem die gebratenen Tauben praktisch direkt in den Mund, und dann ist der immer noch nicht zufrieden! Was hätte es denn sonst sein sollen, wenn nicht Bierbrauer?« Der rotgesichtige Bauer rückte interessiert näher an Friederich heran.

»Gastwirt zum Beispiel! Das hätte mir wesentlich besser gefallen!«

»Aber das ist doch schon dein älterer Bruder!«

»Eben! So ist das nun mal! Der Ältere erbt sozusagen alles, und der andere muss nehmen, was übrig bleibt!« Unwirsch fegte er einen Brotkrümel vom Tisch. »Nicht einmal gefragt worden bin ich!«

»Gefragt worden!« Der Bauer schien völlig perplex. »Andere würden sich alle Finger danach lecken ...«

»Barbara!« Der Brauer hatte die Dienstmagd des »Goldenen Adler« erspäht, die heute angesichts der großen Zahl von Gästen ausnahmsweise als Bedienung aushelfen musste.

Mit einem halben Dutzend gut gefüllter Bierkrüge war sie in den Saal getreten und sah sich suchend nach durstigen Kehlen um.

»Barbara! Einen Krug für mich!« Rasch drei oder vier Krüge Bier in sich hineinzuschütten, das schien ihm seine einzige Möglichkeit, den Abend einigermaßen unbeschadet zu überstehen. Das hatte schon in der Vergangenheit geholfen, bei der Testamentseröffnung des Vaters genauso wie nach Mariannes Mitteilung, dass sie von Otto ein Kind erwarte und diesen deshalb heiraten werde. Von Otto, nicht von Friederich! Dankbar griff er nach dem Krug, den ihm die Magd herüberreichte, und leerte ihn mit wenigen langen Schlucken.

»Donnerwetter! Hat der einen Zug! Na ja, ein Bierbrauer kann was vertragen, nicht wahr?«, staunte sein Sitznachbar.

»Noch einen«, streckte Friederich den Arm aus und ließ sich von Barbara einen neuen Krug reichen. Sollte der neben ihm doch reden, was er wollte, jetzt war erst einmal Trinken angesagt.

»Vorsichtig, Friederich, nur nichts überstürzen!« Mit besorgtem Blick reichte ihm Barbara den nächsten Krug.

»Du redest ja fast schon wie meine Mutter!«, gab der vorwurfsvoll zurück, während er den Inhalt langsam in seine Kehle rinnen ließ.

»Was ich auch beinahe sein könnte!«, musterte ihn die Magd streng.

»Ich habe schon bei euch gearbeitet, da warst du noch nicht auf der Welt!«

»Dafür hast du dich aber ganz gut gehalten!«, grinste Friederich frech zurück und musterte die Magd mit unverhohlenem Wohlgefallen. In der Tat hatten die Jahre und die harte Arbeit nur wenige sichtbare Spuren bei Barbara hinterlassen, das fiel ihm am heutigen Abend erstmals auf. Erstaunlich! Diese Proportionen! Alles am richtigen Fleck und alles durchaus üppig geraten! Dass er dies nicht schon früher bemerkt hatte. »Nicht von schlechten Eltern, das muss man ...« Ein heftiger Hustenanfall unterbrach seine Komplimente.

»Das hast du nun davon, du frecher Bengel!«, schüttelte Barbara tadelnd den Kopf. »Unziemliche Komplimente machen und dabei gleichzeitig das Bier literweise in sich hineinschütten, das kann ja nicht gut gehen! Ich hätte dir damals öfter den Hintern versohlen sollen ...«

»... aber dazu ist es jetzt zu spät!«, keuchte der Brauer heiser. »Gib mir lieber noch einen Krug, damit ich nachspülen kann. Und das mit dem Hintern versohlen, na ja: Auf dieses Angebot können wir vielleicht im Lauf des Abends dann noch zurückkommen!«, versetzte er frech grinsend und gab Barbara einen kräftigen Klaps auf deren Hinterteil.

»Elender Frechdachs!« Voller Empörung knallte die Magd den Bierkrug vor Friederich auf den Tisch. »Mach das nicht noch mal!«, drohte sie mit dem Zeigefinger.

»Sonst was …«, lehnte der sich unbeeindruckt auf seinem Stuhl zurück.

»Sonst …« Verstört blickte Barbara sich um. Es war eine peinliche Situation, in der sie sich befand. Immer mehr Hochzeitsgäste hatten sich mittlerweile umgewandt und verfolgten die Auseinandersetzung mit amüsierten Mienen. Eine Auseinandersetzung mit dem Bruder des Gastwirts! Peinliche Angelegenheit! Mochte der andere auch noch so jung an Jahren sein – sie war schließlich nur die Magd! Panisch griff sie nach den leeren Bierkrügen und stürmte alsdann mit hochrotem Gesicht aus dem Festsaal.

Mit hämischem Grinsen verfolgte Friederich ihre Flucht, um dann erneut den Bierkrug an seine Lippen zu setzen. »Na dann, sehr zum Wohlsein, liebe Barbara! Wir sprechen uns noch!«

»Machst du jetzt allmählich jeder den Hof? Sogar schon steinalten Dienstmägden, oder wie?«, brummte da eine Stimme hinter ihm. »Du musst es ja nötig haben, du meine Güte!«

Unwirsch drehte Friederich seinen Kopf zur Seite. Sebastian! Sein alter Weggefährte Sebastian, mit dem er früher so manches ausufernde Saufgelage überstanden hatte. Bis vor einem Jahr waren sie nahezu unzertrennlich gewesen, doch dann hatte der Freund geheiratet, und seitdem war nichts mehr wie vorher. Und jetzt schon gar nicht mehr, seit Sebastians Frau vor zwei Monaten einen Stammhalter geboren hatte. Die Feier der Kindstaufe hatte zwar noch ganz gut begonnen – so mancher Krug war geleert worden, bis die Frau erschienen war und Sebastian sozusagen befohlen hatte, auf der Stelle mit ihr nach Hause zu gehen. Jawohl, befohlen! Und Sebastian? Der hatte das doch tatsächlich mit sich machen lassen. Hatte brav genickt, seinem Freund Lebewohl gesagt und war mit seiner Angetrauten nach Hause getrottet! Sebastian! Ausgerechnet Sebastian! Noch vor gut einem Jahr hätten sie beide eine solche Szene als absolut undenkbar abgetan. Unglaublich!

»Du hast mir gerade Moralpredigten zu halten, du Ausbund von Tugend und Keuschheit!«, zischte Friederich denn auch ungehalten zurück. »Nur weil du beschlossen hast, das Leben eines Pantoffelhelden zu führen, muss ich ja nicht auch noch in Sack und Asche daherkommen, oder?«

»Nur kein Neid!«, wehrte Sebastian lächelnd ab.

Er beugte sich nieder und musterte Friederich forschend. »Dir geht's nicht so gut, oder?«

»Weshalb soll's mir denn nicht gut gehen?«, blaffte der Brauer zurück.

»Na, weshalb wohl. Weil du offensichtlich dabei bist, dich voll laufen zu lassen wie eine Haubitze. Und den Grund dafür kenne ich ganz genau!«

»Was soll es denn für einen Grund geben?«

Sebastian deutete mit einer Kinnbewegung nach vorne auf das Brautpaar, das sich gerade erhoben hatte, um nun mit dem Hochzeitswalzer den folgenden Tanzreigen zu eröffnen. »Und das in ihrem Zustand! Hoffentlich kommt dann das Kind nicht schon heute Abend auf die Welt!«

»Diese falsche Schlange! Soll sie das Balg doch gleich hier im Saal gebären!« Wieder griff Friederich nach dem Krug und nahm einen tiefen Schluck. »Mir hat sie schöne Augen gemacht, aber von diesem Otto hat sie sich ein Kind machen lassen. Von so einem Trottel. Schau ihn dir doch bloß mal an, wie der dort drüben herumhüpft, dieser Trampel!« Allein sein Blick hätte in diesem Moment genügt, um den Bräutigam erschaudern zu lassen.

»Na ja, der Allerschlaueste war der Otto noch nie«, pflichtete Sebastian ihm bei.

»Aber er ist eben die bessere Partie, und darauf kommt es der Kanaille anscheinend nur an. Ob der was im Kopf hat, ist einerlei, Hauptsache, er hat was im Sparstrumpf!«

»Und in der Hose!«, kicherte der andere.

»Blödmann! Du weißt genau, was ich meine: Ich bin halt nur der Zweitgeborene vom »Goldenen Adler« und habe mich mit meinem äußerst bescheidenen Erbteil begnügen müssen, während mein feiner Herr Bruder den großen Reibach gemacht hat. Und so ist es ja mit diesem Strohkopf da drüben auch. Er ist der einzige Erbe, bekommt also mal den größten Bauernhof von ganz Lehrberg, ohne dafür auch nur den kleinsten Finger krumm machen zu müssen. Das ist eben der Unterschied! Die feine Marianne hat das Geld gewählt – und mir hat sie den Laufpass gegeben!« Wieder setzte er den Bierkrug gierig an seine Lippen.

»Und deshalb tröstest du dich heute ausgerechnet mit einer Dienstmagd?!« Sebastian zog tadelnd die Mundwinkel nach unten.

»Na ja!« Friederich lehnte sich weit zurück, während er genießerisch mit der Zunge schnalzte. »Dienstmagd hin oder her, gut gebaut ist sie ja schließlich. Ist mir bisher noch gar nicht richtig aufgefallen, aber du musst schon zugeben, dass die ordentlich was zu zeigen hat, oder?«

»Du meine Güte!«, rollte der andere mit den Augen. »Die Barbara ist doch aber mindestens zehn, wenn nicht zwölf Jahre älter als du! Die könnte ja beinahe deine Mutter sein!«

»Ist sie aber nicht! Außerdem dürften es eher noch ein paar Jährchen mehr sein. Die weiß also wenigstens schon, wie es funktioniert. Der muss ich nichts mehr beibringen«, grinste Friederich lüstern. »Hat also schon auch seine Vorzüge, sich mit einer reiferen Frau abzugeben. Wenn es schon die Marianne nicht sein kann! Die Marianne ...« Trübsinnig glotzte er in den mittlerweile leeren Bierkrug.

»Die Marianne ... Gestohlen bleiben kann sie mir, die Marianne!«

»Ja, der Friederich!«, tönte in diesem Augenblick eine Stimme hinter ihm. »Tröstet sich wenigstens mit seinem selbst gebrauten Bier, wenn er schon die Braut heute Nacht nicht bei sich im Bett haben darf!«

»Hätte wahrscheinlich auch gar keinen Platz für sie, bei dem Bauch, den sie schon mit sich herumträgt«, kicherte ein zweiter Mann spöttisch.

Unwirsch fuhr der Gefoppte herum und musterte die beiden Lästermäuler zornig. »Ihr habt mir gerade noch gefehlt, ihr beiden Tagediebe! Auf den Arm nehmen kann ich mich selbst ...«

»... wenn's schon nicht die Marianne ist, die er in den Arm nehmen kann!« Die beiden jungen Männer schienen sich köstlich zu amüsieren.

Noch bevor Friederich in der Lage war aufzuspringen, um den Spöttern die entsprechende Antwort zu verabreichen, hatte Sebastian geistesgegenwärtig reagiert und beide Hände schwer auf die Schultern seines Freundes gelegt. »Lass gut sein, Friederich! Das bringt doch nichts! Und ihr beiden Nichtsnutze«, wandte er sich an die überlegen grinsenden Kerle, »tätet besser daran, euch um eine neue Runde Bier zu kümmern, als dummdreiste Reden zu schwingen! Oder taugt ihr etwa nicht einmal zum Bierholen?«

»Immer langsam!«, hob der Kleinere der beiden, ein untersetzter Jungbauer, abwehrend die Hände, während er weiterhin ein freches Grinsen an den Tag legte. »Man wird ja wohl noch ein bisschen Spaß machen dürfen!«

»Aber nicht auf Kosten von anderen!«, knurrte Sebastian ärgerlich.

»Jetzt wird alles gut! Die Erlösung ist ja schon im Anmarsch! Hierher! Hallo Barbara, hierher!«, wedelte der zweite heftig mit den Armen, um die Magd, die den Festsaal mit weiteren frisch gefüllten Bierkrügen betreten hatte, zu sich zu winken.

Barbara schien einen Augenblick lang zu zögern und starrte unschlüssig in die Runde.

»Na, was ist denn jetzt? Habe ich mich nicht klar und deutlich ausgedrückt? Hierher mit den Krügen!« Missmutig legte er die Stirn in Falten, während er gleichzeitig laut in seine Hände klatschte, um die Magd danach ein weiteres Mal mit einer gebieterischen Geste zu sich zu beordern. »Nun mach schon endlich! Hierher mit dem Bier! Wir sind kurz vor dem Verdursten!«

»Immer mit der Ruhe, junger Mann! Bei uns ist noch keiner verdurstet! Das wäre ja wirklich einmal etwas ganz Neues!« Barbara hatte für sich rasch beschlossen, die Flucht nach vorne anzutreten und den ungeduldigen Gast durch entschiedenes Auftreten in seine Schranken zu verweisen. Um Friederich hingegen machte sie vorsichtshalber einen weiten Bogen, was dieser mit einem ärgerlichen Grunzen kommentierte. Er streckte den Arm aus, um Barbara zu sich heranzuziehen, doch die Magd reagierte rasch, sodass der Zipfel ihres Kleides, nach dem er gerade gegriffen hatte, durch seine Finger glitt, ohne dass er sie zu fassen bekam. Augenblicklich war die Magd auch schon wieder in der Menge der Hochzeitsgäste verschwunden.

»Na, die will anscheinend auch nichts von dir wissen!«, lachte einer der Saufkumpane spöttisch.

»Keine gute Zeit für unseren armen Friederich!«, ergänzte der andere, während er nach seinem Bierkrug griff und ihn vor sich in die Höhe hob.

»Na, dann bleibt uns eben nur noch das gute Bier, mit dem wir uns trösten können! Zum Wohl allerseits! Auf bessere Zeiten!«

Auch Friederich nahm seinen Krug und prostete den anderen zu. Wieder nahm er einen tiefen, langen Schluck. In der Tat: Es war ein angenehmes und zugleich irgendwie tröstliches Gefühl, wenn das süffige kühle Bier langsam durch die Kehle rann. Sollte sich die Marianne doch zum Teufel scheren und samt ihrem Bauerntrampel unglücklich werden. Die konnte ihm ab jetzt gestohlen bleiben! Für immer und ewig! Erst recht mit ihrem Balg, das sie demnächst gebären würde! Nein danke! Andere Mütter hatten schließlich auch noch hübsche Töchter. Und bis dahin …

»Prost, Friederich!« Von neuem prosteten sich die Männer zu. »Da sieht die Welt doch wieder gleich ganz anders aus, nicht wahr?«

Der Untersetzte ließ einen wohligen Rülpser ertönen. »Jetzt geht es mir besser«, lachte er und streichelte sich grinsend über seinen beachtlichen Bauch.

»Wenn nur diese Krüge nicht so schnell zur Neige gehen würden! Muss wohl irgendwo ein Loch drin sein«, kicherte der andere, während er den Bierkrug umdrehte, den er tatsächlich mit wenigen Zügen vollständig geleert hatte. »Barbara! Noch eine Runde!«, rief er laut durch den Festsaal in Richtung Schanktresen. »Die Eltern vom Otto bezahlen die Zeche ja schließlich. Da können wir uns schon einmal so richtig nach Herzenslust zuschütten, nicht wahr? An den Bettelstab werden sie deshalb noch lange nicht geraten! Also Freunde, trinkt aus! Dort hinten ist nämlich schon die nächste Runde im Anmarsch!«

»Was macht sie bloß für ein Gesicht, eure Barbara«, stichelte das Lästermaul von Neuem. »Will wohl mit dir gar nichts zu tun haben, oder? Kein Wunder, sie ist ja schließlich auch nicht mehr die Jüngste. Was findest du denn überhaupt an der Alten?«, rückte er wissbegierig näher an Friederich heran.

»Nachts sind alle Katzen grau!«, murmelte der Brauer, während er die Magd, die sich ihrem Tisch mit den neuen Krügen näherte, unverwandt fixierte. Was die Kerle bloß an Barbara auszusetzen hatten?! Je länger sich dieser Abend hinzog, je mehr er seinen Kummer im Bier ertränkte, desto anmutiger und begehrenswerter erschien ihm die Frau, der er merkwürdigerweise bislang noch nie Beachtung geschenkt hatte. Unglaublich! »Na dann, Prost!«

Es war schon weit nach Mitternacht, als sich auch die letzten Hochzeitsgäste auf den Heimweg machten. Nachdem er seine schwankenden Zechkumpane eng umschlungen bis zur Eingangstür des Gasthofs gebracht hatte, wo sie sich lallend von ihm verabschiedeten, war Friederich ins Haus zurückgewankt. Doch schon in der Gaststube war ihm, als würde der Boden unter seinen Füßen bedrohlich schwanken. Mit letzter Kraft ließ er sich auf einen der Stühle sinken, während er sich mit den Händen fest an den Tisch klammerte, um nicht von den wellenförmigen Bewegungen womöglich fortgespült zu werden. Wie es bloß das Personal im Festsaal schaffte, trotz dieser Eruptionen gleichzeitig noch die Tische abzuräumen? Wie durch wattedichten Nebel drangen die Geräusche von klappernden Tellern, Besteck und klirrenden Gläsern an sein Ohr, doch kaum mehr in sein Bewusstsein…

Halt! Was war das?! Ein Geräusch! Ganz deutlich zu hören! Ein Einbrecher?

Ruckartig fuhr Friederichs Kopf in die Höhe. Er musste in der Gaststube eingeschlafen sein. Offensichtlich. Völlige Dunkelheit herrschte um ihn herum. Dunkelheit und Stille. Kein Geräusch mehr. Nur schwarze Finsternis. Das Personal hatte seine Arbeit offenbar längst erledigt und war zu Bett gegangen. Wie lange hatte er bloß geschlafen? War da nicht ein Geräusch gewesen! Jetzt sah er auch den fahlen Lichtschein. Ein Windlicht, das sich der Gaststube vom Saal aus näherte. Schritte! Nur mit Mühe gelang es Friederich, seine Gedanken wenigstens einigermaßen zu ordnen. Der Bierdunst, der sich bis in die hintersten Gehirnwindungen ausgebreitet hatte, ließ ihn nicht klar denken! Unsicher blinzelte er in die Dunkelheit hinein. Handelte es sich tatsächlich um einen Einbrecher? Er ballte die Fäuste. Der Alkohol! Dieser verfluchte Alkohol! Hoffentlich war der Mann nicht besonders kräftig gebaut. Ob er ihn überraschen sollte?

Diesen günstigen Moment ausnützen und ihn niederschlagen. Doch schon das Aufstehen fiel ihm schwer. Schwankend hielt er sich an der Tischplatte fest und atmete mühevoll, während dicke Schweißtropfen auf seiner Stirn perlten. In diesem Augenblick streifte ihn ein Lichtstrahl, gefolgt von einem erschreckten, spitzen Aufschrei. Irgendetwas stimmte da nicht! War das nicht eine Frauenstimme?! Noch während er krampfhaft versuchte, sich durch den Biernebel in seinem Kopf hindurch einen Reim auf diese neue Erkenntnis zu machen, hatte sich die Frau offenbar als Erste wieder beruhigt.

»Friederich! Hast du mich aber erschreckt! Was tust du denn noch hier unten?« Höchst verwundert musterte Barbara den jungen Braumeister und hielt das Windlicht in die Höhe. »Höchste Zeit, ins Bett zu gehen! Alles ist aufgeräumt, und bald schon ist die Nacht vorbei.«

Barbara! Wie sie so vor ihm stand! Mit ihren strahlend blauen Augen, mit ihrem straff zurückgekämmten blonden Haar, in das sich silberne Fäden mischten, die jetzt im Schein des Lichtes zu leuchten schienen. Eine Märchengestalt, die ihm da durch den Schleier aus Alkohol, Müdigkeit und enttäuschter Liebe entgegenschimmerte.

»Barbara!«, flüsterte Friederich mit rauer Stimme. »Du bist zu mir gekommen!« Er spürte eine heiße Woge in sich aufsteigen. All die Enttäuschungen der letzten Wochen, die Trauer, die Verletzungen, die Lust, die unerfüllt gebliebenen Begehrlichkeiten, das sexuelle Verlangen schien sie mit sich zu führen und schien ihn unter sich zu begraben. »Barbara!« Mit einem raschen Schritt war er dicht an die Frau herangetreten und schlang seine Arme fest um die überraschte Magd, die vergeblich versuchte, sich aus seinem Griff zu befreien. »Barbara!« Er presste seinen Mund auf ihre Lippen.

Ruckartig schüttelte sie den Kopf, um Friederich auszuweichen. »Lass das, Friederich! Was soll denn das?«, keuchte Barbara verzweifelt.

»Ich küsse dich!« Noch enger presste er ihren Oberkörper an seinen Leib. Ganz deutlich konnte er so nun ihre großen, vollen Brüste spüren, was seine Erregung allmählich ins Uferlose steigerte. »Ich habe dich! Ich begehre dich! Ich will dich! Jetzt!«

Die Magd wehrte sich aus Leibeskräften, doch Friederichs Umklammerung blieb eisenhart.

»Friederich, lass das! Das geht nicht! Du darfst das nicht!«

Jetzt wanderte seine Rechte über ihren Rücken, über ihr Hinterteil, auf die Innenseite des Oberschenkels.

»Nein!« Geistesgegenwärtig versetzte sie dem Brauer einen Tritt an dessen Schienbein, und unter Aufbietung all ihrer Kräfte stieß sie ihn von sich. Nur weg hier! So schnell wie möglich!

Doch Friederich ließ sich nicht so leicht abschütteln. Schon hatte er sie am Ärmel ihres Kleides gepackt und wieder an sich gezogen.

Verzweifelt versuchte sie, sich dem hartnäckigen Griff zu entwinden. Mit einem lauten Geräusch zerriss der Stoff ihres Kleides, und es gelang ihr nicht, den jungen Mann abzuschütteln, der anscheinend jegliche Kontrolle über sich verloren hatte. »Friederich! Bitte! Komm endlich zu dir! Was willst du denn von mir?«

Gierig starrte Friederich auf die Stelle im Bereich ihrer Achsel, an der das Kleid zerrissen war und so den Blick auf ein Stückchen nackter Haut freigab. »Was ich von dir will?« Immer mehr fühlte er sich getrieben von einer ungeheuren Erregung, von einem durch Alkohol und sexueller Begierde angestachelten, nicht mehr stillbaren Verlangen. »Ich will dich! Jetzt! Sofort!« Wieder konnte er sie an seinem Oberkörper spüren, diese vollen prallen Brüste, deren Nähe ihn nun vollends um den Verstand brachten.

»Friederich! Das geht doch nicht! Bitte!« Wie konnte sie es noch verhindern? »Ich bin im letzten Monat schon vierzig geworden, du dagegen bist erst dreiundzwanzig Jahre alt!«

»Umso besser!«, lachte er roh. »Da kann dann wenigstens nichts mehr passieren!« Mit einem Ruck riss er das Kleid noch weiter auseinander.

»Ich bin doch nur eure Magd!«

»Wir müssen ja nicht gleich morgen heiraten«, ließ Friederich sich von keinem Argument mehr zur Räson bringen.

»Ich schreie!«

»Und wenn schon, das hört jetzt keiner! Die schlafen alle ihre Räusche aus! Jetzt zier dich nicht wie eine alte Jungfer! Ich weiß uns da ein feines, ungestörtes Plätzchen.« Er packte Barbara fest am Handgelenk und zerrte sie mit sich hinaus in die Scheune …

8
Ende August 1882

Selbst durch den unwirklichen Dämmerzustand aus Müdigkeit, Alkoholnebel, Kopfschmerzen und dem Tageslicht, das in seine Stube drang, hatte er die eiligen Schritte wahrgenommen, die sich polternd auf der Holztreppe nach oben bewegten. Nur Sekundenbruchteile später schien es ihm, als müsse sein gequältes Hirn im Schädel explodieren. Laut hallte das Geräusch durch sein Trommelfell, als die Zimmertür donnernd gegen die Wand krachte und ein wutschnaubender, atemloser Mann sich auf der Türschwelle präsentierte.

»Tatsächlich! Da ist er! Liegt in seiner Kammer und schläft seinen Rausch aus, während bei uns unten alles drunter und drüber geht!« Anklagend deutete der zornige junge Mann, dessen Gesicht eine dunkelrote Färbung angenommen hatte, mit dem ausgestreckten Arm auf den so jäh geweckten Schläfer, der sich unsicher blinzelnd die Hand vor die Augen hielt. Dieses Licht! Es schmerzte ihn genauso, wie die Donnerstimme sich schmerzhaft in seine Wahrnehmung bohrte. Was wollten die denn von ihm? Johann Georg! Sein Bruder! Der Gastwirt! Was hatte der denn schon wieder mit ihm zu schimpfen? Der sollte ihn gefälligst in Ruhe lassen! Der hatte doch schon alles! Alles geerbt, während er, Friederich, der vier Jahre Jüngere, schauen konnte, wo er blieb! Wenn einer also Grund zur Unzufriedenheit hatte, dann war das doch er und nicht der andere!

»Lass mich in Ruhe!«, murmelte er matt und drehte sich auf die andere Seite. Was für ein ekelhaftes Gefühl! In seinem Magen schienen Pflastersteine zu rumoren, aggressive Säure breitete sich in der Speiseröhre aus. Und dann noch dieses Geschrei! Dieses zornige Brüllen! Nicht auszuhalten! Hastig zog er die Bettdecke wieder über den Kopf.

»Jetzt schau sich das einer an!« War die erste Hälfte dieser Feststellung eben noch von der Decke gedämpft an sein Ohr gedrungen, so war das Geschrei inzwischen wieder genauso laut und quälend wie zuvor. Mit einem Ruck hatte sein Bruder die Decke vom Bett gezogen und baute sich vor ihm auf wie ein Racheengel. »Es reicht jetzt! Du stehst jetzt auf! Augenblicklich!« Der erboste Gastwirt hieb seinen Fuß wütend gegen die Bettkante. »Da schuften wir uns krumm und bucklig, und das tagein, tagaus, während sich mein lieber Herr Bruder nächtelang herumtreibt, anstatt zu tun, was seine Pflicht ist! Schau mir gefälligst in die Augen, wenn ich mit dir rede!«

Wenn dieses Gebrüll nur endlich aufhören würde! Kraftlos wandte sich Friederich wieder um. Allein diese Bewegung ließ die Säure aus seinem Magen bis zur Kehle hochsteigen, kalter Schweiß brach ihm aus den Poren. Sie sollten ihn in Ruhe lassen! Nur endlich in Ruhe lassen.

»Und was soll das sein – meine Pflicht?«, krächzte er heiser, während er die Augen geschlossen hielt. Den strafenden Blick des Bruders – nein, auf diesen konnte er momentan liebend gerne verzichten. Genauso wie auf die quälende Helligkeit.

»Was deine Pflicht ist?! Da hört sich doch alles auf.« Der andere schien in der Tat außer sich vor Zorn und Empörung. Wütend stampfte er auf den hölzernen Fußboden, der unter seinem Tritt erzitterte. »Wie wäre es beispielsweise damit, ganz einfach Bier zu brauen? Schließlich bekommst du deinen Lohn nicht fürs Saufen und fürs Herumliegen! Falls du es vergessen haben solltest: Du hast hier eine Arbeit als Brauer! Als Brauer im »Goldenen Adler«, nicht als Müßiggänger in den Wirtschaften rund um Lehrberg!«

War es der Ärger? War es die Erinnerung an das scheinbare Unrecht, das ihm seinerzeit widerfahren war? Als der Ältere nach dem Tod des Vaters alles (zumindest fast alles) geerbt hatte, während er, der gerade mal um vier Jahre Jüngere, leer ausgegangen war? Wie auch immer – auf alle Fälle strömten zusammen mit dem Ärger auch die Lebensgeister in ihn zurück. Ganz allmählich wenigstens. Er atmete tief, schlug die Augen auf und fixierte sein zorniges Gegenüber mit verächtlichem Blick. »Mein verehrter Herr Bruder spielt den Herrn und Meister. Er, der Gastwirt, ich der Brauknecht! Ich soll parat stehen, wann immer es dem gnädigen Herrn beliebt ...«

»Friederich! So ein Blödsinn! Dort unten im Brauhaus liegt alles im Argen, den ganzen Sud können wir wegschütten, weil du einfach abgehauen bist und niemandem gesagt hast, dass man ein Auge darauf haben soll! Unsere Biervorräte sind auch fast aufgebraucht, weil du in den letzten Wochen schon viel weniger gebraut hast, als wir dringend benötigen! Das wird man doch wohl noch sagen dürfen! Friederich!« Er machte einen energischen Schritt auf seinen Bruder zu und schlug die Hände vor der Brust zusammen. »Was ist bloß in dich gefahren? Komm doch endlich zu dir!«

»Komm endlich zu dir!«, echote Friederich mit spöttischer Miene. »Damit du noch mehr Geld scheffeln kannst. Noch mehr und immer noch mehr! Geld, das ich dir als Brauer erst erwirtschaftet habe. Als Brauknecht in meinem eigenen Elternhaus!«

»Friederich!« Empört ballte Johann Georg die Fäuste. »Wie kannst du denn nur so etwas sagen? Du weißt doch ganz genau, dass ich ...« Mitten in seiner Rede wurde der Gastwirt von eiligen Schritten unterbrochen, die sich von der Treppe her der Kammer näherten. Wenige Augenblicke später stürzte eine rundliche, schwarz gekleidete Frau durch den engen Flur und schob sich energisch an ihrem Sohn vorbei in die Kammer. Erschöpft schnappte sie nach Luft, während der Schweiß in dicken Tropfen an ihrem Hals herunterperlte. Es dauerte eine ganze Weile, bis sie sich so weit erholt hatte und sich mit offensichtlichem Missfallen in der Kammer umschauen konnte.

»Ja, Mutter! Sieh ihn dir nur ganz genau an!«

Die Witwe musterte ihren jüngeren Sohn mit einem entsetzten Blick. »Du meine Güte, Friederich! Wie siehst du denn bloß aus!«

In der Tat bot ihr Sohn keinen schönen Anblick. Auch sein Anzug, der achtlos auf dem Boden lag, war über und über mit Dreck besudelt. Das an mehreren Stellen eingerissene Hemd hing am Bettpfosten, während Friederich selbst mit einem blöden Lachen zu seiner Mutter hinübergrinste. »Die Frau Mutter! Da schau an …«

»Wenn das der Vater erlebt hätte!«, schlug die Frau verzweifelt ihre Hände über dem Kopf zusammen.

»Der Vater, der Vater!« Friederich rollte mit seinen blutunterlaufenen Augen. »Der Vater ist aber vor vier Jahren gestorben. Der hört jetzt sicher die Engelein im Himmel singen.«

Johann Georg hatte das Lästermaul bei den Schultern gepackt und rüttelte seinen Bruder unsanft. »Friederich! Es reicht! Lass gefälligst unseren Vater aus dem Spiel! Hast du gehört?!«

»Schon gut, schon gut!«, antwortete der Gemaßregelte mit schwerer Zunge, während er mit einer entwaffnenden Geste die Hände hob.

»Es ist genug!«, zischte der Ältere gefährlich leise. »Aber wenn du schon dabei bist, den Mund so voll zu nehmen, dann teile uns jetzt lieber einmal mit, wie das mit der Barbara weitergehen soll!«

»Mit welcher Barbara?« Friederich glotzte blöde.

»Welcher Barbara!« Wütend hieb Johann Georg seine Faust so heftig gegen die Wand der Kammer, dass der Kalkputz auf den Boden rieselte. »Ich fasse es nicht! Du weißt ganz genau, wen ich meine: die Barbara Reingruber! Es geht um die Barbara und ihr Kind, um genau zu sein! Dein Kind!«

»Mein Kind!« Der Jüngere lachte höhnisch. »Das kann jede behaupten! Lässt sich erst von einem Kerl ein Kind anhängen und sucht sich später dann den passenden Hornochsen aus, der dafür geradestehen soll!«

»Du willst also ernsthaft behaupten, dass du nicht der Vater des kleinen Mädchens bist?!«

»Ich will gar nichts!«, winkte der Gefragte müde ab. »Ich will nur eins, meine Ruhe nämlich!«

Johann Georgs Stimme nahm einen gefährlichen Tonfall an. »Du willst dich also mit anderen Worten nicht zu deiner Verantwortung bekennen?«, zischte er leise. »Du behauptest tatsächlich, dass dich das alles nichts angeht?«

»So ist es! Genauso wenig, wie es dich etwas angeht!«

Wieder schoss die Zornesröte in Johann Georgs Gesicht. »Und ob es mich etwas angeht, wenn meiner besten Magd ein Kind angehängt wird, noch davon von meinem Bruder, der jetzt plötzlich behauptet, das alles gehe ihn nichts an! Du wirst jetzt auf der Stelle …«

»Lass mich das machen!«, fiel ihm in diesem Moment seine Mutter ins Wort. Sie schob den Gastwirt zur Seite und baute sich direkt vor dem Jüngeren auf, den sie mit strengem Blick fixierte, während sie die Hände in die Hüften stemmte.

»Hör mir zu – und zwar ganz genau! Ich sage es dir nur ein einziges Mal: Du wirst dich zu deiner Verantwortung bekennen! So wie die Familie Klee es bislang immer getan hat. Du bist der Vater dieses Kindes, und du wirst unserer Familie keine zusätzliche Schande bereiten! Schlimm genug, was ich in diesem Zusammenhang habe erfahren müssen! Von meinem Sohn! Aber du hast noch eine letzte Möglichkeit, die Dinge wieder einigermaßen geradezurücken! Eine allerletzte Möglichkeit …« Sie unterbrach sich, um die Wirkung des eben Gesagten dadurch noch zu unterstreichen.

»Eine allerletzte Möglichkeit«, wiederholte Friederich mit gleichgültigem Gesichtsausdruck. »Und die wäre?«

»Du wirst die Barbara heiraten! So rasch wie möglich! Am besten, du gehst heute noch zu ihr und redest mit ihr! Bei dieser Gelegenheit kannst du dann ja auch einmal dein Kind in Augenschein nehmen, wie es sich für einen Vater gehört!«

Eine Zeit lang herrschte Stille in der Kammer.

Schließlich war es Friederich, der sich in seinem Bett aufrichtete und Mutter und Bruder mit ungläubigem Kopfschütteln musterte. »Ich soll … was?!« Mit der rechten Hand klopfte er an seine Brust, dann brach er in ein hysterisches Gelächter aus. »Ich? Ich soll die Barbara heiraten? Ausgerechnet ich? Eine altledige Dienstmagd? Das ist das blödeste, was ich jemals gehört habe! So abartig blöde, dass es schon wieder zum Brüllen komisch ist! Ich! Die alte Barbara heiraten! Zum Totlachen!« In der Tat schien er sich gar nicht mehr beruhigen zu können, sondern steigerte sich mehr und mehr in seinen Lachanfall hinein.

Während die Mutter mit aschfahler Miene auf ihren jüngeren Sohn herunterstarrte, reichte es Johann Georg nun endgültig. Mit einem wütenden Schrei stürzte er sich auf seinen Bruder und rüttelte diesen grob an der Schulter. »Hör auf zu lachen! Sofort! Da gibt es nichts zu lachen! Das ist eine todernste Angelegenheit!«, donnerte er aus Leibeskräften.

»Todernst? Für wen denn? Für dich doch sicherlich nicht!« Friederich bedachte den Älteren mit einem bitterbösen Blick. »Ich bin es doch, der die Großmutter heiraten soll! Ich soll jetzt die Zeche zahlen, dass sie mir ein Kind angehängt hat. Mit mir nicht! Mit diesem Balg will sie mich einfangen! Ich bin es, der damit erpresst wird!«

»Also ist es doch dein Kind! Habe ich das gerade eben richtig gehört?«

»Es ist ihr Kind! Und das Balg kann mir gestohlen bleiben!«

»Die Barbara und dich reingelegt! Das weiß ich aber ganz anders! Aber wie auch immer«, Johann Georg drückte den Rücken durch und strich sich bedeutungsvoll über seinen großen schwarzen Schnauzbart, bevor er weitersprach. »Ich könnte mir durchaus vorstellen, mich in gewisser Weise erkenntlich zu zeigen, wenn du bereit wärst, die Barbara zu heiraten. Zusammen mit der Mutter wäre es schon möglich, dir eine einigermaßen ordentliche Summe zukommen zu lassen, damit du standesgemäß eine Familie gründen kannst! Nicht wahr, Mutter?«

Die schwarz gekleidete Frau, die immer noch damit zu tun hatte, den Schock des vorher Gehörten zu verdauen, blieb stumm und deutete nur ein kurzes Kopfnicken an.

»Wie?! Was?!« Stirnrunzelnd blickte Friederich von seinem Bruder zur Mutter hinüber, dann wieder zurück. Kurz darauf lachte er heiser. »Geld wollt ihr mir geben? Bezahlen wollt ihr mich also! Du genauso wie die Mutter!« Anklagend streckte er seinen Arm aus. »Ihr wollt mich loswerden? Alle beide? Das habt ihr ja prächtig eingefädelt! Donnerwetter! Erst stellt man sich voll falscher Empörung auf Seiten der alten Schachtel und verlangt von mir, ich solle mich als Vater von dem Kind zur Verfügung stellen! Und dann winkt man mir auch noch mit klingender Münze, damit man mich endlich los hat! Das ist ja unglaublich! Als ob du nicht ohnehin schon alles zusammengerafft hättest!« Immer mehr hatte sich Friederich in Rage geredet. Wutentbrannt sprang er aus dem Bett und näherte sich seinem Bruder drohend.

»Du willst mich loswerden! Sag's doch! Und die Mutter, die hast du gleich mit für deine Zwecke eingespannt! Pfui Teufel!« Er spuckte direkt vor Georg auf den Boden.

»Friederich! Lass den Blödsinn! Es ist nicht wahr, was du da behauptest!«

»Und ob es wahr ist!« Wieder spuckte der erregte junge Mann aus, diesmal direkt vor die Füße seiner schmerzlich zusammenzuckenden Mutter.

»Lass das!«, packte ihn Georg grob am Haarschopf. »Lass unsere Mutter aus dem Spiel! Ich warne dich!«

»Du warnst mich!« Mit einer einzigen blitzschnellen Armbewegung hatte sich Friederich aus dem Griff des Bruders befreit. »Ich warne vielmehr dich! Raus hier, alle beide!«

Georg stampfte trotzig mit dem Fuß auf. »So weit kommt es noch! Es ist mein Haus, vergiss das nicht!«

»Es ist immerhin auch mein Elternhaus! Und es ist meine Entscheidung, wen ich heirate und wen nicht! Und jetzt ab!«, wies er den beiden nochmals die Tür.

»Das wagst du nicht, mich hinauszuwerfen!« Georg verschränkte die Arme vor dem Oberkörper und bedachte sein Gegenüber mit einem herausfordernden Blick. »Und wehe, du erhebst die Hand gegen mich! Dann kannst du sonst wo schauen, wo du als Bierbrauer unterkommst! Hier in Lehrberg und Umkreis jedenfalls nicht mehr!«

Die Mutter rang die Hände und bat die Söhne flehentlich, mit der Streiterei aufzuhören. Doch es war bereits zu spät. Noch während die Witwe ihre dringende Bitte äußerte, stürzte sich Friederich mit einem lauten Wutschrei auf seinen Bruder. Sekunden später wälzten sich die beiden vor den Augen ihrer entsetzten Mutter auf dem Boden. Es war eine wüste Rauferei, während der sich die Brüder verbissen bekämpften. Alle Wut und die seit Jahren aufgestaute Aggression entluden sich in diesem Kampf, aus dem keiner der beiden als Sieger hervorgehen konnte. Noch tagelang danach litt Georg unter den Blessuren, die er sich dabei zugezogen hatte.

Auch um Friederichs Allgemeinzustand musste es nach dem Kampf ähnlich schlecht bestellt gewesen sein. Nur war niemand in der Lage, dazu etwas Genaueres zu sagen. Denn, nachdem sie eine Zeit lang halb ohnmächtig auf dem Boden gelegen hatten, war Georg von zwei Knechten, die seine Mutter inzwischen alarmiert hatte, nach unten geschleppt worden. Friederich dagegen hatte jegliche Fürsorge abgelehnt und war kurz danach verschwunden. Spurlos verschwunden. Ein für alle Mal. Nie wieder bekam man in Lehrberg mehr etwas von Friederich Klee, dem zweiten Sohn aus dem Gasthof »Zum Goldenen Adler« zu Gesicht. Es schiene ihnen, so äußerten sich die Menschen im Ort noch Jahre später, als wäre er vom Erdboden verschluckt worden.

9

Friederich Klee – der Vater

Spurensuche in Lehrberg, einer von der Bundesstraße 13 Würzburg – Ansbach gepeinigten Gemeinde in der Nähe der Kreisstadt Ansbach. Zirka sechs Kilometer in östlicher Richtung von Auerbach entfernt.

In früheren Jahren sicherlich kein schlechter Ort, um eine Gastwirtschaft zu betreiben. An einem viel befahrenen Handelsweg, auf dem zahlreiche durstige Fuhrleute unterwegs gewesen sind. Was ist im Jahr 1882 mit Friederich Klee geschehen? In keinem der amtlichen Register von Lehrberg lässt sich ein Hinweis auf seinen Verbleib finden. Er ist tatsächlich spurlos verschwunden! Der letzte Eintrag über seine Existenz findet sich wie schon erwähnt im Kirchenbuch von Colmberg, wo beim Taufeintrag der kleinen Anna vom Pfarrer am Rand der Hinweis eingetragen worden ist, dass es sich beim Vater um den Friederich Klee aus Lehrberg handele. Im Geburtenregister dagegen fehlt ja der Name des Vaters. Er hat seine Vaterschaft amtlicherseits nie anerkannt. Der vierundzwanzig Jahre alte Brauer und Gastwirtssohn Friederich Klee hat sich also einfach so davongeschlichen! Dieser Mann, mit dem ich verwandt bin! Von dessen Existenz ich bisher überhaupt nichts ahnte. Einer von denen, die man in einer Familie auch lieber vergessen will! Und dennoch ist er ... ich muss kurz überlegen – die wievielte Generation vor mir? Es ist mein Ururgroßvater! Unglaublich!

Wohin es ihn wohl verschlagen hat? Ob es weitere Kinder von ihm gibt? Nicht vermutete Verwandtschaft irgendwo auf der Welt? Keiner weiß es – unwahrscheinlich, dass sich diese

Frage noch jemals wird beantworten lassen. Sein Leben wird für uns ein Rätsel bleiben, zumindest vom Zeitpunkt seines Verschwindens an. Vielleicht ist er damals ja nach Amerika gegangen, wie so viele andere auch – falls er irgendwie das nötige Geld für die Überfahrt zusammenbekommen hat. Oder hat er als Hilfsmatrose angeheuert? Auch möglich. Mag sein, dass er »drüben« – über dem großen Teich – dann doch noch eine Familie gegründet hat. Hat seinen Namen »veramerikanisiert«, aus dem Nachnamen Klee vielleicht Kley gemacht, aus Friederich könnte Fred geworden sein, wer weiß ... Möglich, dass er als hoch angesehener, reicher Mann gestorben ist, als Bierbrauer oder gar Brauereibesitzer irgendwo in der Gegend um die Großen Seen herum, Milwaukee und so ... Vielleicht aber ist er auch völlig unter die Räder gekommen – wenn er es überhaupt bis nach Amerika geschafft hat. Wir wissen es nicht und werden es wohl auch nicht mehr erfahren.

Allerdings, das mit der überhasteten Flucht ins »Land der unbegrenzten Möglichkeiten« klingt durchaus nicht so ganz und gar unwahrscheinlich. Denn diese Theorie könnte uns auch erklären, weshalb kein weiterer Eintrag über ihn im amtlichen Register zu finden ist. Nicht einmal der Vermerk »ausgewandert nach Amerika«, den man in solchen Fällen normalerweise hinter dem Namen eintrug. Nicht einmal das ist hier der Fall. Was für eine überstürzte Abreise aus Lehrberg spricht. Bei Nacht und Nebel sozusagen. Aber Amerika? Manche dieser Auswanderer haben in späteren Jahren wieder Kontakt mit ihrer Heimatgemeinde aufgenommen. Wenn sie gute Freunde oder Verwandte zurückgelassen hatten. Und wenn es ihnen einigermaßen ordentlich ergangen ist. Von vielen, vielen anderen aber hat man nie wieder etwas gehört. Von denen, die sozusagen »unter die Räder gekommen« sind. Oder ist er doch in Deutschland geblieben? Irgendwo anders eben?

Eher nein! Wer hätte ihn denn schon aufnehmen wollen, ohne Geld? Na ja, einen Beruf hatte er ja gelernt: Bierbrauer eben. Doch ob er ihn je wieder ausgeübt hat, ob er an einem anderen Fleck im damaligen Deutschen Reich sesshaft geworden ist? Unwahrscheinlich! Denn normalerweise finden sich in den Registern des Geburtsortes dennoch Einträge, wenn ehemalige Einwohner an anderen Orten verstorben sind. Amtliche Vermerke mit Hinweisen auf Todeszeitpunkt und Sterbeort »verstorben am .../in ...« Doch im Falle Friederich Klee, geboren am 27. Januar 1858 in Lehrberg: Fehlanzeige.

Ein Rätsel! Was also bleibt noch an Möglichkeiten, ihn nicht als Auswanderer in die Vereinigten Staaten anzusehen? Nur eine Überlegung bleibt noch: Vielleicht war seine Flucht vor der Verantwortung wesentlich schneller zu Ende, als er das selbst gewollt und geplant hat. Vielleicht ist er ja tatsächlich unter die Räder gekommen – schon in Deutschland? Hat sich mit irgendwelchem zwielichtigen Gesindel eingelassen. Wäre ja auch möglich. Oder ist er auf seinem Weg durch den Wald überfallen worden, hat man ihn ausgeraubt und »sicherheitshalber« danach erschlagen? Auch eine Möglichkeit.

Dann wäre er ja als so bezeichneter »Anonymus« gestorben, wie das in diesen Zeiten oft der Fall war. Solche Einträge nämlich finden sich in nahezu jedem Kirchenregister. Ein durchziehender Herumtreiber, der am nächsten Tag in dem Schuppen, in dem er sich ein Lager für die Nacht bereitet hatte, tot aufgefunden worden ist – ohne Papiere, mittellos, zerlumpt, verlaust, den man dann in der hintersten Ecke des Friedhofs beerdigt hat. Mein Ururgroßvater, ein Anonymus?! Ein unangenehmes Gefühl, das einen bei dieser alles andere als unwahrscheinlichen Überlegung beschleicht. Ein wo auch immer verscharrter Anonymus – einer von so vielen ...

10
Anfang September 1882

Sie hatte es erst gar nicht gehört. Dieses schüchterne leise Klopfen an der Türfüllung der Gaststube des »Goldenen Adler«. So sehr war Luise, die junge Frau des Gastwirts Johann Georg Klee, mit sich und ihrer Arbeit beschäftigt gewesen. Eher mit sich allerdings, das musste sie zugeben. Mit sich und der so überaus erfreulichen Tatsache, dass es endlich mit der lange ersehnten Schwangerschaft geklappt hatte. Sie konnte es mittlerweile schon spüren, das neue Leben, das sich in ihrem Unterleib zu regen begann. Endlich würden sie ein Kind bekommen. Nichts hatte sich Georg sehnlicher gewünscht nach dem allzu frühen Tod seines Vaters, dessen Erbe er schon vor vier Jahren, selbst erst fünfundzwanzig Jahre alt, hatte antreten müssen.

Nach der monatelangen, dumpfen Trauer, von der seine Mutter Margareta erfasst worden war, als der Mann völlig unerwartet an einem Hirnschlag gestorben war. Dann die ständigen Auseinandersetzungen mit Friederich, der wieder und wieder lautstark herausbrüllte, man habe ihn um das Erbe seines Vaters betrogen. Schließlich sei er es, der das Brauhandwerk gelernt habe. Er, der Zweitgeborene! Nach einem besonders heftigen Streit zwischen den Brüdern damals war es geschehen. Luise waren die bitterbösen Vorwürfe des anderen dermaßen auf die Seele geschlagen, dass sie vor lauter Aufregung eine Fehlgeburt erlitten hatte. Doch es war nicht nur diese Fehlgeburt, die schwer auf ihrem Gemüt lastete. Viel schlimmer noch wog die Frage, ob sie danach überhaupt noch ein Kind würde bekommen können. Der Arzt hatte seinerzeit jedenfalls bedenklich den Kopf gewiegt. So etwas war in der Familie Ohr, aus der sie ja stammte, schon des Öfteren vorgekommen, das war jedem Familienmitglied bekannt. Es handle sich um eine Art erblicher Neigung zu Fehl-und Frühgeburten, hatte der Arzt gemeint, da könne man leider aus medizinischer Sicht gar nichts machen – wenigstens nicht nach dem heutigen Kenntnisstand der Wissenschaft. Möglich, dass man in zehn oder zwanzig Jahren in der Behandlung bei dieser Diagnose bereits wesentliche Fortschritte erzielt haben werde, doch auch dieser Hinweis stellte für Luise naturgemäß alles andere als eine tröstliche Erkenntnis dar. In zwanzig Jahren wäre es auf alle Fälle zu spät – zu spät für sie und für ihren Mann.

Wiederum fuhr sie sich erleichtert und gleichzeitig ängstlich besorgt um das Wohlergehen des mehr und mehr erwachenden Lebens in ihrem Unterleib über den doch schon sichtlich gewölbten Bauch. Bald schon würde der Zeitpunkt kommen, an dem sie die Schwangerschaft nicht mehr würde verheimlichen können, was sie anfangs aus lauter Sorge über eine mögliche weitere Fehlgeburt getan hatte. In den nächsten Tagen spätestens würde sie voller Glück und Vorfreude die Hand ihres Georgs nehmen und diese an ihren Bauch führen. Auf den Jubelschrei, der danach folgen würde, freute sie sich schon heute. Trotz aller düsteren Wolken, die sich in den letzten Monaten über dem »Goldenen Adler« zusammengebraut hatten. Vor allen Dingen handelte es sich dabei um die schlimme Geschichte mit ihrer Dienstmagd Barbara. Begonnen hatte es zunächst mit dem betroffenen Getuschel unter den Bediensteten, dann jedoch hatte es sich in Windeseile im ganzen Ort herumgesprochen, dass Friederich, ihr Schwager, die siebzehn Jahre ältere Barbara in der Scheune vergewaltigt hatte. Ein Skandal! Doch die Barbara selbst hatte eisern geschwiegen, wenn man sie auf diese Tat angesprochen hatte. Kein Wort war über ihre Lippen gekommen, obwohl sie jedes Mal leichenblass geworden war. Und auch von Friederich war nichts in Erfahrung zu bringen. Auch er war – ganz im Gegensatz zu seiner sonstigen Gewohnheit – stumm geblieben. Sein freches Grinsen hatte er allerdings wieder mal an den Tag gelegt. Dieses Grinsen! Nun gut – oder vielmehr nicht gut, doch reichte dieses Verhalten bereits aus zur Bestätigung dessen, worüber sich dennoch alle schon längst im Klaren waren?

Viel schlimmer war das, was Monate später folgte. Die plötzliche Erkenntnis nämlich, dass Barbara schwanger war. Die vierzig Jahre alte Barbara! Erst Ende Juli des Jahres 1882 hatte sie es nicht mehr verbergen können, nachdem sie bis zu diesem Zeitpunkt ihren anschwellenden Bauch unter einem eng geschnürten Mieder verborgen hatte. Die einen oder anderen hatten sich vielleicht über die Dienstmagd gewundert, die längst nicht mehr so beherzt und kraftvoll ihre Arbeit verrichtet hatte wie in den Jahren zuvor. Die Sache mit dem Friederich habe ihr also ganz offensichtlich doch mehr zugesetzt, als man das von einer robusten Person ihres Alters eigentlich erwartet hatte. So zumindest lautete das Resümee an den verschiedenen Stammtischen. Man musste sie ja nur einmal genauer betrachten: Ganz grau war ihr Haar in den letzten Wochen geworden, die Wangen mit einem Mal bleich und eingefallen. Du meine Güte! Man konnte aber auch wirklich alles übertreiben! War es denn so schlimm, was der arme Friederich da getan hatte? Indem er ihr ein Ende als alte Jungfer erspart hatte? So oder ähnlich verliefen sie schließlich, die hinter vorgehaltener Hand ausgetragenen Diskussionen am Stammtisch. Und je mehr Bier in die Kehlen geflossen war, desto lauter und verständnisloser wurden die Stellungnahmen, was den Seelenzustand der Dienstmagd Barbara betraf.

Umso mehr schlug die Kunde von Barbaras unmittelbar bevorstehender Niederkunft in Lehrberg ein wie der Blitz aus heiterem Himmel. Weder die Wirtsleute noch sonst irgendjemand waren auf diese Nachricht vorbereitet gewesen. Ganz im Gegenteil: Die Aufregung im Ort über Friederichs Vergehen hatte sich fast so rasch wieder gelegt, wie sie entstanden war. Spätestens mit Beginn des Frühjahrs gab es Wichtigeres für die Leute, als sich mit dem Gemütszustand einer einfachen Dienstmagd auseinander zu setzen. Nach vorne blicken, hieß die Devise. Schließlich war ein goldenes Zeitalter angebrochen: das Deutsche Kaiserreich, die Gründerzeit! Es ging ja aufwärts – allerorten! Kein Grund mehr, trübselig zurückzublicken. Sich nach vorne orientieren, auf der Woge des Erfolges im neu erstandenen Deutschen Kaiserreich, dem neuen, dem goldenen Jahrhundert siegreich entgegen. Eines Morgens Ende Juli hatte sich Barbara der wie vom Donner gerührten Seniorchefin plötzlich offenbart. Hatte auf ihren mit einem Mal unübersehbaren Bauch gedeutet, der sich nun in kein Mieder mehr schnüren ließ. Hatte von ihren genauso vergeblichen wie verzweifelten Versuchen berichtet, die Schwangerschaft zu unterbinden. Doch jetzt war es zu spät. Die Geburt stand unmittelbar bevor. Zu ihren Eltern nach Auerbach würde sie zurückgehen, um das Kind zur Welt zu bringen. Das Kind? Etwa Friederichs Kind? Die Witwe hatte es kaum gewagt, die bange Frage über ihre Lippen zu bringen. Und Barbara? War vor ihr gestanden, hatte den Blick gesenkt und andeutungsweise mit dem Kopf genickt. Was hätte sie denn auch sagen sollen? Und dann? Was wäre danach – nach der Geburt?

Nach der Geburt … Nun ja, danach müsse man weitersehen. Nur eine Bitte hatte sie noch zu äußern gewagt: Ob es wohl möglich wäre, dass die Herrschaft einen Boten zum Schandhof in die Nähe von Rothenburg schicken könne, um ihre Schwester, die dort ebenfalls als Magd in Stellung war, zur Geburt nach Hause, nach Auerbach, zu bitten. Die Eltern seien eben doch schon so alt und gebrechlich und sicherlich keine große Hilfe. Der Witwe hatte es einen Stich mitten ins Herz versetzt, als Barbara so vor ihr stand. Immer hatte diese treu und pflichtbewusst ihren Dienst versehen – und nun so etwas! Dazu noch ausgelöst durch niemand anderen als ihren jüngeren Sohn! Unglaublich! Doch von dem Tunichtgut war natürlich – wieder einmal – weit und breit nichts zu sehen. In den Boden wäre sie vor lauter Scham am liebsten versunken!

»Warte, Barbara! Ich lasse dir eine Kutsche anspannen und dich nach Auerbach fahren. Setz dich so lange hier auf den Stuhl – oder leg dich aufs Bett, bis das Fuhrwerk fertig ist!« Es war das Mindeste, was sie für ihre Dienstmagd tun konnte.

Doch Barbara hatte das Angebot mit einer müden Handbewegung abgelehnt. Sie würde die paar Kilometer bis nach Auerbach schon selbst schaffen. So heiß würde der Tag nicht werden – und das Kind würde sich hoffentlich auch noch bis morgen oder übermorgen gedulden, meinte sie verlegen lächelnd. Und außerdem: Wie würde das denn aussehen, wenn sich jetzt schon eine einfache Dienstmagd mit der Kutsche spazieren fahren ließe ... Ob sie die gnädige Frau allerdings noch einmal darum bitten dürfe, den Boten nach Rothenburg zu schicken? Für diesen Gefallen wäre sie der Herrschaft wirklich sehr zu Dank verbunden. Anschließend hatte Barbara ihren kleinen verbeulten Lederkoffer ergriffen, denselben, mit dem sie vor vielen Jahren ihre Stellung in Lehrberg angetreten hatte, und war, ohne eine weitere Entgegnung abzuwarten, langsam davongegangen. Unauslöschlich hatte sich damals das Bild ihrer verzweifelten, hochschwangeren Dienstmagd in Margaretas Gehirn gebrannt. So gerne hätte sie die Barbara zurückgehalten, die bei ihnen jahrzehntelang treu und ergeben gearbeitet hatte. Hätte sie mit den Armen umschlungen und getröstet. Wären da nicht die enormen Standesunterschiede gewesen – zwischen der einfachen

Dienstmagd und der Gastwirtswitwe. Wie eine unsichtbare Mauer türmten diese sich zwischen den beiden auf. Im Nachhinein hätte sie sich ohrfeigen können, hatte sich Margareta später im Gespräch mit ihrer Schwiegertochter Luise wieder und wieder bittere Vorwürfe gemacht, als sie tatenlos hinter Barbara herblickte, wie diese sich müde durch die Hauptstraße von Lehrberg geschleppt hatte, bis sie schließlich hinter einer Biegung verschwunden war.

Und jetzt stand die Barbara plötzlich wieder hier! Erst auf den zweiten Blick hatte Luise die blasse grauhaarige Frau als ihre langjährige Dienstmagd Barbara wiedererkannt! Du meine Güte! Wie gnadenlos war die Frau mit einem Mal vom Leben gezeichnet worden! Sie musste Schreckliches durchlebt haben in den letzten Wochen. In gerade einmal fünf Wochen! Mehr Zeit war ja nicht vergangen, seitdem Barbara den »Goldenen Adler« verlassen hatte. Ganze fünf Wochen, die unauslöschliche Spuren in ihrem Gesicht hinterlassen hatten!

»Um Gottes willen! Barbara!« Voller Entsetzen musterte die junge Frau ihr leichenblasses Gegenüber. Kaum jedoch war sie sich ihres unbedachten Ausrufs bewusst geworden, korrigierte sich Luise geistesgegenwärtig. »Barbara! Entschuldige, aber ich war ganz in Gedanken, deshalb bin ich so erschrocken! Wie schön, dich zu sehen!« Sie machte einen energischen Schritt auf die schüchtern auf der Türschwelle verharrende Dienstmagd zu und umarmte sie innig. »Barbara! Wie geht es dir denn – und: Wie geht es deinem Kind?«

Tiefe Röte schoss in das Gesicht der Magd, die den Kopf verlegen zu Boden gesenkt hielt.

»Danke, es ist alles in Ordnung«, murmelte sie leise.

»Du hast ein Mädchen zur Welt gebracht, nicht wahr? Ich habe es natürlich in Erfahrung gebracht«, lächelte Luise und zwinkerte verschwörerisch mit den Augen. Angestrengt überlegte sie, wie es ihr gelingen könnte, Barbara von der Verlegenheit zu befreien, in der diese gefangen schien. »Ich hätte sonst vor lauter Neugier nämlich nicht mehr schlafen können. Wie heißt es denn überhaupt, dein Mädchen?«

»Anna. Anna Magdalena«, flüsterte die Magd kaum hörbar.

Luise klatschte begeistert in die Hände. »Anna Magdalena! Das ist aber ein schöner Name!«

»Was ist ein schöner Name?«, ließ sich in diesem Moment eine Stimme aus dem Treppenhaus vernehmen. Neugierig betrat Johann Georg Klee die Gaststube, um gleich danach einen erstaunten Laut auszustoßen.

»Barbara! Du bist hier? Na, das ist aber eine freudige Überraschung!« Der junge Gastwirt stürmte auf die Dienstmagd zu, die er von Kindesbeinen an kannte. Schließlich hatte sie ihn zu einem Großteil erzogen – genauso wie seinen Bruder! Vor lauter Freude zog er Barbara an sich und drückte der erschrocken zurückweichenden Frau einen schmatzenden Kuss auf die Wange.

»Nur keine Verlegenheit! Das musste einfach sein!«, lachte er angesichts der Schamröte, die sich von Neuem in Barbaras Gesicht ausgebreitet hatte. »Und dein Kind heißt also Anna? Habe ich das richtig mitbekommen?« Während er noch die Frage stellte, wandte er sich wieder dem Treppenhaus zu.

»Mutter. Komm doch mal her, die Barbara ist da!«

»Die Barbara?«, tönte es von der Treppe, während gleichzeitig bereits eilige Schritte die Stufen herunterklapperten. Sekunden später stand die Gastwirtswitwe heftig nach Atem ringend in der Tür, während sie einladend die Arme ausbreitete.

»Barbara, wie schön, dich zu sehen.« Die Magd heftete ihren Blick verlegen auf den Boden und verharrte am Eingang der Gaststube.

»Ach, unsere Barbara!« In gespielter Missbilligung schüttelte die Wirtin den Kopf. »Hat immer Angst davor, sich falsch zu verhalten. Aber lassen wir das jetzt«, machte sie eine wegwerfende Handbewegung. »Jedenfalls ist es wirklich schön, dass du da bist. Hast du die Geburt also einigermaßen überstanden? Ich habe gehört, dass es nicht so einfach gewesen sein soll?«

Bevor die Magd zu einer Antwort ansetzen konnte, kam ihr Luise zuvor. »Ihr Mädchen heißt Anna, Anna Magdalena! Was für ein schöner Name, nicht wahr?«

»Anna Magdalena«, die ältere Frau nickte anerkennend. »Ein schöner Name, da hast du Recht. Wie geht es deinem Mädchen denn? Ist alles mit ihr in Ordnung? Du hast es anscheinend ja nicht dabei, oder?«, reckte sie neugierig den Hals.

Barbara schüttelte stumm den Kopf, offensichtlich immer noch mit den widerstreitenden Gefühlen kämpfend, die sie zu überwältigen drohten. Mehr als fünfundzwanzig Jahre war sie hier im »Goldenen Adler« in Lehrberg bereits in Stellung gewesen. Hatte hier also mehr Zeit ihres Lebens verbracht als bei den Eltern in Auerbach. Ihrem Zuhause! Wo war denn ihr Zuhause?! Mehr als fünfundzwanzig Jahre hatte sie hier gelebt – und nun? Nun schien es ihr, als komme sie nach Jahren erstmals zurück in dieses Haus. Als Fremde! So merkwürdig, so ganz anders war plötzlich das Gefühl, hier im Gastraum des »Adler« den Wirtsleuten gegenüberzustehen. So vieles hatte sich ereignet – in den letzten vier Wochen. So vieles? Eher so Schwerwiegendes!

»Weshalb hast du dein kleines Mädchen denn nicht mitgebracht, Barbara? Wir hätten es ja gerne einmal gesehen. Es ist ja jetzt auch schon gut vier Wochen alt, oder? Da kann man ein Kind schon mal mitnehmen. Ich hätte dir ja auch einen Knecht mit einem Fuhrwerk geschickt, wenn du nur etwas gesagt hättest …« Die schwarz gekleidete Witwe zog missbilligend die Mundwinkel nach unten. Ein weiterer Blick auf Barbara veranlasste sie jedoch, rasch den Tonfall zu wechseln.

»Du meine Güte, jetzt lege doch nicht jedes Wort von mir auf die Goldwaage. Barbara, komm!« Sie machte einen raschen Schritt auf die Dienstmagd zu, aus deren Augen mit einem Mal dicke Tränen auf den Boden tropften. Zärtlich drückte Margareta Klee die schluchzende Frau an ihre Brust. »Das ist ganz natürlich, dass du weinst. Das geht fast jeder Frau so – nach einer Geburt. Da ist man anfangs ziemlich durcheinander. Aber das gibt sich wieder! Jetzt setz dich erst mal auf den Stuhl hier.«

Mit einer raschen Bewegung hatte Georg Klee einen Stuhl herangezogen, zu dem seine Mutter die traurige Magd führte. »So, und jetzt erholst du dich erst einmal.«

Während Georg sich um Gläser und Getränke kümmerte, um den Gast zu bewirten, setzte sich seine Frau Luise zu den beiden anderen an den Tisch. Bekümmert musterte sie die Barbara, die wie ein armseliges Häufchen Elend auf dem Stuhl zusammengesunken hockte. Kaum zu glauben, dass es sich bei dieser um dieselbe Frau handeln sollte, die sie vor wenigen Jahren kennen gelernt hatte. Damals, als sie in den »Goldenen Adler« eingeheiratet hatte. Eine tüchtige, vor Arbeitswillen und Energie sprühende Barbara war das damals gewesen – und nun? Was hatte diese ungewollte Schwangerschaft nur aus Barbara gemacht? Luise fröstelte. Barbara schenkte Georg einen dankbaren Blick aus ihren tränenverschleierten Augen, als dieser ihr ein Glas mit frischem Wasser reichte. In kleinen Schlucken leerte sie das Glas.

»Das hat gut getan! Vielen Dank!«

Wortlos schenkte Georg aus dem großen irdenen Tonkrug nach, anschließend füllte er auch die Gläser der übrigen mit dem frischen klaren Quellwasser.

»Es ist nämlich so«, begann Barbara zögernd zu sprechen. »Ich ... sollte ... wollte ... ich bin gekommen ... Ich wollte freundlichst darum bitten, mir meinen Lohn für dieses Jahr jetzt schon auszuzahlen«, fasste sie sich schließlich ein Herz. »Meinen Lohn von Lichtmess bis Juli, bis zu dem Zeitpunkt, zu dem ich im »Adler« gearbeitet habe. Wenn das möglich wäre …« Wieder senkte sie verlegen den Kopf.

Georg stutzte und bedachte die Magd mit einem erstaunten Blick. »Wie? Was soll das heißen, dass du jetzt gleich deinen Lohn bis Juli ausbezahlt haben willst? Du kannst das Geld natürlich bekommen … aber ich frage mich, weshalb? Weshalb Lichtmess bis Juli? Willst du denn etwa nimmer bei uns arbeiten?« Er zuckte mit den Schultern und schürzte nachdenklich die Lippen. »Verdenken könnte ich es dir ja nicht … nach all dem, was bei uns vorgefallen ist …« Eine ganze Weile herrschte Stille in dem großen Raum. Keinem war im Augenblick danach, den Gesprächsfaden wieder aufzunehmen.

Es war schließlich Barbara, die sich leise räusperte. »Es geht nicht ums Wollen …« Mit einer hilflos wirkenden Geste breitete sie die Arme aus.

»Ich würde schon wollen, aber … da ist ja jetzt das Kind. Und selbst wenn ich das schaffen würde – mit dem Kind. Es geht einfach nicht!«

»Weshalb nicht?«, fuhr Georg unwirsch auf, um angesichts der Heftigkeit seiner Reaktion verlegen zusammenzuzucken. »Entschuldigung! Ich habe es nicht böse gemeint. Aber: Weshalb soll das denn nicht gehen bei uns? Für das Kind werden wir schon eine Lösung finden! Nicht wahr, Mutter? Was meinst du, Luise?«, wandte er sich an die beiden Frauen, die nachdrücklich nickten.

»Es geht dennoch nicht«, schüttelte Barbara betrübt den Kopf. »Es ist nämlich so, dass mir der Arzt jegliche Arbeit verboten hat. Ich sei nach dieser Geburt viel zu schwach dafür, jemals wieder als Dienstmagd zu arbeiten! Das sei unmöglich, hat er gemeint!«

»Ja, aber ...« Der verblüffte Gastwirt suchte nach den richtigen Worten. »Und wovon willst du dann leben? Du, das Kind und deine Eltern, die ja, soviel ich weiß, auch nicht gerade in Saus und Braus ihr Dasein fristen?!«

»Auf dem Hof werden wir halt ein bisschen zusammenrücken, so habe ich das mit den Eltern schon besprochen. Wir werden schon irgendwie durchkommen.«

»Irgendwie!« Donnernd krachte die Faust des Wirtes auf die Tischplatte. »Was soll das heißen? Irgendwie? Dein Vater hat doch diesen Unfall gehabt, der kann doch gar nicht mehr arbeiten. Und du? Du sagst, du dürftest ebenfalls nicht mehr arbeiten. Was anders aber wird dir auf dem Hof in Auerbach übrig bleiben, als zu arbeiten? Arzt hin oder Arzt her? Wie soll das denn gehen?«

»Das wird schon werden!«, lächelte Barbara mit schlecht gespielter Zuversicht.

Energisch sprang die Witwe auf und rief: »Nichts da, du bleibst hier!«

»Aber, es geht nicht!« Barbara hob hilflos die Schultern und schüttelte gleichzeitig den Kopf. »Ich kann nicht mehr arbeiten ... Ich bin zu nichts mehr nütze und muss doch auch für mein Kind sorgen.«

»Das Kind bringst du mit, und du kommst wieder zu uns. So wird das gemacht – und damit Schluss!« Margareta Klee klatschte wie zur Bestätigung ihrer Worte laut in die Hände. »Es ist schließlich auch unser Kind, wenn sich auch mein Herr Sohn inzwischen aus dem Staub gemacht hat ...«

»Aus dem Staub gemacht?« Mit offenem Mund starrte Barbara in das Gesicht der Wirtin. Hatte sie also vielleicht doch noch die vage Hoffnung in sich getragen, dass es noch eine andere Lösung geben könnte. Zusammen mit dem Kind – und mit Friederich? Der Witwe war es bei diesem Gedanken, als würde sich ein Messer in ihre Seele bohren. Doch äußerlich spielte sie weiterhin die energische Frau, die nichts aus der Ruhe bringen konnte und deren Entschluss feststand. Felsenfest.

»Ja, er ist weg – und es ist vielleicht auch besser so!« Sie unterbrach sich kurz und überlegte. Doch wozu eigentlich überlegen? Was gesagt werden musste, sollte auch gesagt werden! Wozu noch einmal einen Fehler machen und womöglich wiederum zu spät reagieren? »Und du kannst es ruhig allen sagen, dass dir der Friederich das Kind gemacht hat! Das ist, soweit ich weiß, sowieso kein Geheimnis mehr in und um Lehrberg. Das weiß doch jeder – auch, dass der Herr Sohn nicht in der Lage ist, zu seiner Verantwortung zu stehen, sondern dass er die Flucht ergriffen hat!«

Die anderen registrierten ein bitteres Zucken um Barbaras Mundwinkel, als sie das eben Gehörte zu verarbeiten versuchte. »Was soll das an der Situation schon ändern? Ich bin die Dienstmagd – und habe von daher sowieso keine Rechte! Und ob er nun der Vater ist oder nicht: Er ist weg. Und die Anna und ich müssen eben schauen, wie wir durchkommen!«

Die Witwe ließ ein unwirsches Schnauben vernehmen. Dann richtete sie den Blick auf Johann Georg, ihren älteren Sohn. »Wenn ich es schon nicht geschafft habe, meinem Sohn Friederich das nötige Verantwortungsgefühl mit auf den Weg zu geben, so gilt das dennoch nicht für den Rest der Familie. Ich denke, wir sind uns einig, Johann Georg, Luise und ich: Du kommst mit dem Kind wieder zu uns zurück!«

Doch auch als die anderen bestätigend nickten, blieb die müde, grauhaarige Frau bei ihrer Ablehnung. Verlegen hielt sie den Kopf gesenkt, während sie stockend zu ihrer Antwort ansetzte.

»Das ist ein sehr großzügiges Angebot. Vielen Dank. Aber wie soll das gehen – wenn ich mit dem Säugling zurückkommen würde. Wo sollte das Kind denn schlafen? In meiner Kammer, da ist ja auch noch die Lotte, da hat es keinen Platz mehr für eine weitere Person.«

»Die Lotte!« In gespielter Verzweiflung schlug Luise die Hände zusammen. »Dann bekommt die Lotte eben eine andere Kammer. Ganz für sich alleine! Damit ist die Lotte dann hoch zufrieden – denn, wer hat schon als Magd eine eigene Kammer? Und du, du hast den Raum dann ganz für dich und das Kind. Da stört ihr dann nichts und niemanden. Nicht wahr, Georg?«

Der Brauereibesitzer nickte seiner Frau eifrig zu, anschließend fixierte er Barbara mit einem entschlossenen Blick. »So ist es – genau so wie meine Frau sagt! Natürlich sollt ihr beide eine eigene Kammer bekommen. Und auch schwere Arbeit wirst du keine mehr verrichten müssen, das verspreche ich dir hiermit feierlich in die Hand hinein! Bei dem, was du schon alles für uns getan hast – und bei der schlimmen Schande, die mein verantwortungsloser Bruder auf die ganze Familie geladen hat ...«

Allein die indirekte Erwähnung von Friederich hatte genügt, um Barbara schmerzhaft zusammenzucken zu lassen. »Aber, ich bin doch zu gar nichts mehr zu gebrauchen ...« Weiter kam sie nicht.

»Zu gar nichts mehr zu gebrauchen!« Voller Entrüstung rüttelte die Witwe an Barbaras Schultern. »Was redest du denn da für einen Unsinn! So etwas darfst du nicht sagen – noch nicht einmal denken! Und mag jemand auch noch so wenig arbeiten können: Kein Mensch ist unnütz! – Mit Ausnahme meines Sohnes vielleicht ...«, fügte sie bitter hinzu.

»Auf jeden Fall könntest du doch dann und wann ein bisschen in der Küche mithelfen«, spann Luise den Gesprächsfaden weiter. »Du hast ja schon in der Vergangenheit immer wieder gesagt, wie gerne du beim Kochen dabei bist. Aber wie gesagt: Das wäre wirklich nur dann, wenn du es gesundheitlich schaffst ...«

»... und mein Kind?«

»Ja, was ist denn mit mir? Ich bin ja schließlich auch noch da!«, klopfte sich Margareta Klee vorwurfsvoll auf die Brust. »Ich kann mich doch gut so lange um dein Kind kümmern, wie du in der Küche mithilfst, oder? Um mein erstes Enkelkind im Übrigen!« Sie richtete einen vieldeutigen Blick auf den runden Bauch ihrer Schwiegertochter. Ungehalten stampfte Georg mit dem Fuß auf den Boden.

»Mutter, bitte! Du weißt, wir wünschen uns auch schon lange ein Kind!«

Diese hob beschwichtigend die Hände. »Schon gut ...«

»Da müsst ihr euch doch gar nicht mehr in den Haaren liegen«, schob sich Luise lächelnd zwischen die beiden und deutete auf die leichte Wölbung an ihrem Unterleib. »Im Januar ist es nämlich so weit!«

Verblüfft starrten Schwiegermutter und Ehemann zu der jungen Frau hinüber.

»Wie war das? Was hast du da gerade gesagt?« Grenzenlose Überraschung und zaghaft aufkeimende Hoffnung spiegelten sich in Georgs Augen, der einen vorsichtigen Schritt auf seine Frau zu machte.

Diese zuckte in scheinbarer Gelassenheit mit den Schultern. »Dass ich schwanger bin, habe ich gesagt – und dass das Kind wohl Ende Januar, Anfang Februar auf die Welt kommen wird ...«

»Luise!« Mit einem Jubelschrei stürzte sich Georg auf seine Frau und schlang die Arme um sie. »Das ... das ist ja ... das ist ja fantastisch! Aber, weshalb hast du mir denn bisher nichts davon erzählt?«

»Weil ich eben den richtigen Zeitpunkt abwarten wollte – und weil ich Sorge hatte, vor lauter Freude erdrückt zu werden«, keuchte Luise lachend und befreite sich vorsichtig aus der engen Umklammerung ihres Mannes. »Und außerdem«, fuhr sie sich mit der linken Hand andeutungsweise über ihren Bauch, »wer Augen hat, zu sehen ...«

»Na, also gesehen habe ich aber auch nichts!«, sprang die Mutter ihrem Sohn hilfreich zur Seite. »Obwohl auch ich zwei Kinder geboren habe. Aber, sei's drum: Wir bekommen noch ein Kind! Und das ist wunderbar!«

Sie breitete die Arme aus und zog die beiden Frauen an sich. »Siehst du, Barbara: Wir bekommen die Dinge schon in den Griff. Du bleibst auf jeden Fall bei uns – mit dem Kind! Die beiden sind dann ja gerade mal ein halbes Jahr auseinander und können miteinander aufwachsen, dein Mädchen und unser Kind. Und du kannst hoffentlich ganz allmählich wieder zu Kräften kommen – besser auf jeden Fall als bei deinen Eltern auf dem Bauernhof.«

Und so willigte die eine Zeit lang noch widerstrebende Barbara schließlich ein. Sie würde in drei Tagen zusammen mit ihrem Kind, der kleinen Anna, wieder zurückkehren in den »Goldenen Adler«, in dem sie gut und gerne fünfundzwanzig Jahre ihres Lebens als Dienstmagd verbracht hatte. Die Magd Lotte, mit der sie sich bislang die enge Kammer geteilt hatte, zog mit ihren wenigen Habseligkeiten, ganz zufrieden über diese Entwicklung, in ein anderes Zimmer und machte damit Platz für Barbaras kleines Mädchen. In den ersten Monaten nach ihrer Ankunft wurde Barbara freilich weder in der Küche noch in der Gaststube gesehen, sondern sie blieb tagein, tagaus in ihrer Kammer. Die besorgten Klees machten auch den zweiten Teil ihres Versprechens wahr und achteten peinlich darauf, sämtliche Arbeit von ihr fern zu halten, denn allein die zweimalige Hin- und Rückreise nach Auerbach hatte ihre durch die Geburt des Kindes stark angeschlagene Gesundheit mehr strapaziert, als sie sich dies bei ihrem allzu frühen Besuch in Lehrberg hatte vorstellen können. Doch wer zeitlebens gewohnt war, von morgens bis abends hart zu arbeiten, für den war es ein merkwürdiges Gefühl, plötzlich zu nichts mehr fähig zu sein. Als empfinge sie eine Art Gnadenbrot, gerade so käme es ihr vor, wenn sie ihr Essen bekomme, ohne dafür gearbeitet zu haben, so drückte sie sich der alten Wirtin gegenüber unvorsichtigerweise einmal aus. Die Empörung von Margareta Klee erfolgte prompt und heftig: Es war das letzte Mal, dass Barbara sich für die Tatsache entschuldigte, nicht mehr richtig arbeiten zu können.

So schienen die Dinge allmählich wieder ins Lot zu kommen – wenn auch unter anderen Vorzeichen als noch ein knappes Jahr zuvor, als sich die nun herrschende Situation keiner der Beteiligten jemals hätte vorstellen können. Und dennoch, wochenlang scheint Barbara trotz allem, was sie seinetwegen hatte erleiden müssen, mit bangem Herzen auf Friederich gewartet zu haben, der sich doch als Vater wenigstens für sein Kind interessieren musste! Mit dieser stillen Hoffnung war sie nicht die Einzige unter dem Dach des »Goldenen Adler« in Lehrberg. Doch auch keiner der Klees redete über diese heimlichen Wünsche und Sehnsüchte. Zumal keinerlei Nachrichten von Friederich den Gasthof je erreichten – Friederich Klee war und blieb wie vom Erdboden verschluckt.

Um Anna, das kleine Mädchen, kümmerten sich in den ersten Monaten vor allem die Großmutter und Luise, der die Beschäftigung mit dem Säugling auch eine willkommene Übung für die Aufgabe war, die ab Ende Januar mit der Geburt ihres eigenen Kindes dann auf sie selbst warten würde. Erst Monate später kam Barbara wenigstens wieder so weit zu Kräften, dass sie in der Lage war, das Kind selbst zu wickeln und zu versorgen. Am 6. Februar des Jahres 1883 kam Johann Klee zur Welt, ein gesunder Junge. Der so lange ersehnte spätere Erbe von Wirtschaft und Brauerei »Zum Goldenen Adler« in Lehrberg. Er sollte das einzige Kind der beiden Klees bleiben.

Die beiden mit gerade einmal sechs Monaten Unterschied geborenen Kinder wuchsen von Beginn an gemeinsam auf –

sorgsam und liebevoll umhegt von ihrer Großmutter –, nicht nebeneinander, sondern miteinander. Sodass es niemanden verwunderte, wenn sich Anna und Johann Fremden gegenüber immer als Geschwister ausgaben – eine Tatsache, von der sie im Übrigen auch lange Zeit selbst felsenfest überzeugt waren.

11

Juni 1884

Aufgeregt deutete die beinahe zweijährige Anna mit dem ausgestreckten Arm in die Stube hinein.

»Da, Oma, schau! Der Johann läuft!«

Die Großmutter stieß einen überraschten Laut aus. Schnell betrat sie das Zimmer und ließ ihren Blick suchend umherschweifen.

»Johann. Tatsächlich! Er läuft!« Begeistert klatschte Margareta Klee in die Hände und drückte die beiden Kinder eng an sich. »Meine beiden Guten! Wenn das nur euer Großvater noch hätte erleben können!« Nachdem sie sich verstohlen eine Träne aus dem Augenwinkel gewischt hatte, drückte sie erst Anna und dann auch Johann einen schmatzenden Kuss auf die Wangen. »Wird ja aber auch Zeit, oder, Barbara?«, überspielte sie mit dieser Bemerkung ihre sentimentalen Gefühle und lachte munter zu der am Tisch sitzenden Frau hinüber, die gerade mit dem Flicken von eingerissenen Kleidungsstücken beschäftigt war. »Der Johann ist jetzt ja schließlich fast siebzehn Monate, und die Anna war da viel früher dran.«

Verlegen senkte Barbara den Kopf. Noch immer konnte sie sich nicht an die »neue« Situation gewöhnen, die nun schon weit über ein Jahr andauerte. Nämlich bei der Herrschaft zu sitzen und sich, sozusagen auf Augenhöhe, mit der gnädigen Frau zu unterhalten. Und wenn diese dann auch noch meinte, herausstreichen zu müssen, dass ihre Anna aufgeweckter und lebhafter wirkte als der Sohn der jungen Herrschaft ... Es war ihr peinlich, solche Aussagen aus dem

Mund der Gastwirtswitwe hören zu müssen – und es würde ihr immer peinlich bleiben.

Missbilligend schüttelte diese den Kopf. »Barbara, was soll bloß mit dir werden!? Da muss man doch nicht rot anlaufen wie ein verschämtes Schulmädchen, wenn ich so etwas sage. Es ist doch nur die Wahrheit! Du kannst stolz sein auf deine Anna – mein Enkelkind«, setzte sie noch nachdrücklich hinzu.

Mit einem unsicheren Blick auf die andere erhob sich Barbara langsam, wobei sie sich unsicher schwankend an der Tischkante festklammerte.

»So, das ist jetzt fertig. Ich habe die Löcher gestopft – und ich glaube, ich sollte mich nun eine Stunde in die Kammer legen, wenn es gestattet ist. Mir ist leider wieder irgendwie so schwindelig ...«

Margareta musterte die grauhaarige ehemalige Dienstmagd und deren eingefallene hohle Wangen besorgt. »Es geht dir immer noch nicht richtig gut, nicht wahr? Mir scheint, du hast uns in den letzten Wochen da viel vorgespielt, was nicht den Tatsachen entspricht. Du bist alles andere als vollständig genesen und hast viel zu früh wieder mit der Arbeit begonnen!«

Müde schüttelte Barbara den Kopf. »Nein, es ... es wird schon wieder gehen. Ich ... ich kann doch nicht ewig nur dasitzen ... dasitzen und mich verköstigen lassen ...«

Gerade war Margareta drauf und dran gewesen, der anderen mit einer scharfen Entgegnung ins Wort zu fallen, als Barbara mit einem leisen Stöhnen die Luft aus ihrem Mund entweichen ließ und daraufhin kraftlos in sich zusammensank. Geistesgegenwärtig hatte die Ältere noch reagieren und so mit einer blitzschnellen Handbewegung verhindern können, dass der Kopf der halb ohnmächtigen Barbara unsanft gegen das Tischbein schlug.

»Da schau, erst haut es die Mama hin und jetzt noch den Johann, der kann auch nicht mehr laufen«, jubelte die kleine Anna, die voller Stolz bemerkt hatte, dass – ganz im Gegensatz zu ihr selbst – sowohl der »Bruder« als auch die Mutter auf den Boden gefallen waren. Vom Ernst der Situation hatte das Kind naturgemäß nichts bemerkt. Mit der Hilfe ihres Sohnes vermochte es Margareta schließlich, die völlig entkräftete Barbara in deren Kammer zu bugsieren. Der anschließend zu Rate gezogene Arzt hatte nach einer eingehenden Untersuchung der Patientin eine ernste Miene an den Tag gelegt und die Klees nachdrücklich ermahnt, auf Monate hinaus jegliche Arbeit von Barbara fern zu halten, falls ihnen etwas am Leben der ehemaligen Dienstmagd liege. Tatsächlich hatte sich diese viel zu früh viel zu harte Arbeit zugemutet – mit dem Resultat, dass sie nun umso mehr mit ihren kaum noch vorhandenen Kräften am Ende schien. Nur strenge Bettruhe, sorgsame Pflege und möglichst viel Ruhe könnten dafür sorgen, dass es die Kranke eines fernen Tages schaffe, überhaupt wieder auf die Beine zu kommen.

Und so lag die Erziehung der kleinen Anna von diesem Zeitpunkt an endgültig in Händen ihrer Großmutter Margareta, die sich rührend um das Kind kümmerte. Fast schon war sie es, die von dem Mädchen als Mutter angesehen wurde, während Barbara, ihre kränkelnde, oft bettlägerige leibliche Mutter, eher wie eine ihr weniger nahe stehende Tante auf Anna wirkte. Großmutter und Enkelin – sie schienen in jenen Monaten wie ein Herz und eine Seele. Das heißt, sie schienen dies nicht nur, sie waren einander auch tatsächlich sehr eng verbunden. Endlich also hatte Margareta durch ihre kleine Anna den Trost gefunden, der sie über den so schmerzlichen und viel zu frühen Tod ihres Mannes hinwegfinden ließ, registrierten die Menschen in Lehrberg erleichtert, wenn sie der Großmutter und ihrer Enkelin dann und wann begegneten. Endlich ließ Margareta wieder dieses glockenhelle, fröhliche Lachen erklingen, das man früher so oft von ihr gehört hatte – das Lachen einer glücklichen, unbeschwerten Seele.

Wenn das der Friederich nur sehen würde. Der ungestüme und leichtlebige Zweitgeborene der Gastwirtsfamilie, der sich seit dem plötzlichen Tod des Vaters in einen jähzornigen, unzufriedenen Menschen verwandelt hatte. Wenn der das kleine Mädchen doch nur einmal gesehen hätte, das Mädchen, dessen Vater er war. Dieses offene Geheimnis pfiffen die Spatzen von allen Lehrberger Dächern. Wenn man ihm die hübsche blonde Anna mit ihren wasserblauen Augen nur einmal zeigen könnte, nur ein einziges Mal, dann würde er seine feige und verantwortungslose Flucht mit Sicherheit bereuen. Doch Friederich kam nicht. Aus Wut, aus Scham, aus Verantwortungslosigkeit? Niemand vermochte eine Antwort auf diese Frage zu geben. Langsam, ganz langsam gelangte die schwer daniederliegende Barbara zumindest wieder so weit zu Kräften, dass sie das Bett für mehrere Stunden verlassen konnte. Ein Schatten ihrer selbst sei nur von der früher so kräftig zupackenden, immer arbeitswilligen Dienstmagd übrig geblieben, sagten voller Anteilnahme die Leute, die Barbara das eine oder andere Mal im »Goldenen Adler« kurz zu Gesicht bekommen hatten. Im Laufe des Spätjahrs meinte Barbara, immerhin wieder in der Lage zu sein, einzelne kleine Hilfsdienste in der Küche verrichten zu können. Sie schälte Kartoffeln, schnitt Zwiebeln und verrichtete ähnliche Arbeiten im Sitzen. Weitere Beschäftigungen, für deren Erledigung sie sich schon angeboten hatte, wurden ihr nicht erlaubt, denn darüber wachte ihre Dienstherrin, Margareta Klee, mit Strenge und Konsequenz.

So gingen die Wochen, Monate und Jahre recht ereignislos ins Land. Das Deutsche Reich wurde regiert vom hochbetagten Kaiser Wilhelm I. beziehungsweise in Wirklichkeit natürlich von dem an Jahren nicht viel jüngeren Reichskanzler Otto von Bismarck. Die wirtschaftlichen Verhältnisse entwickelten sich prächtig, Handel und Gewerbe blühten auf, ein neuer Bürgerstolz war erwacht. Und endlich – nach Meinung vieler deutschnational gestimmter Großbürger – hatte man den Fuß auf andere Erdteile gesetzt und Kolonien gegründet, die der vorsichtig agierende Bismarck als deutsche »Schutzgebiete« deklariert hatte. In Südwestafrika, Kamerun, Togo, Ostafrika und sogar in der Südsee! Es war die Zeit, in der sich die Kaufläden und Gemischtwarenverkäufer in »Kolonialwarenhandlungen« umbenannten und teilweise kräftig expandierten.

Ja, die Geschäfte liefen gut, immer mehr Menschen gelang es, in den stetig wachsenden Kreis des wohlhabenden Bürgertums aufzusteigen. Selbst die nach Meinung der selbstgerechten, vor Eitelkeit beinahe platzenden Neureichen ewig unzufriedenen Arbeiter und Sozialdemokraten, deren Partei von Wahl zu Wahl an Bedeutung zulegte, mussten dem »Eisernen Kanzler« nun zugute halten, dass er viele Reformmaßnahmen auf den Weg gebracht hatte. Wenn auch zu dem Zweck, die unbotmäßigen Sozialdemokraten sozusagen auszuhebeln und den Protest damit im Keim zu ersticken – immerhin war das schon schlau eingefädelt vom Kanzler und dessen Mitstreitern. Geradezu revolutionäre Sozialreformen wie die allgemeine Krankenversicherung, eine Unfallversicherung wurden auf den Weg gebracht, und demnächst stand gar noch die allergrößte Reformtat an: eine Alters- und Invalidenversicherung. Letztere würde spätestens in zwei, drei Jahren kommen, davon waren die Diskutanten an den zahlreichen Stammtischen, so auch im »Goldenen Adler« in Lehrberg, mittlerweile felsenfest überzeugt. Genauso überzeugt wie erstaunt, denn, Hand aufs Herz und einmal ganz ehrlich: Wer hätte dies alles noch vor gerade einmal zehn Jahren für möglich gehalten?

Bei allen – teilweise wohl sogar recht heftigen – innenpolitischen Differenzen im weit entfernten Berlin, wie man immer wieder las und hörte, und bei aller schmollenden bayerischen Distanz den im preußischen Berlin Regierenden gegenüber:

Es ging unverkennbar aufwärts. Was sich nicht zuletzt auch auf die Umsätze des »Goldenen Adler« auswirkte – in positiver Hinsicht natürlich. Die beiden Kinder wuchsen und gediehen, selbst Barbara fühlte ganz allmählich neue Kraft in sich zurückströmen, die Zeichen standen also gut. Man war glücklich und zufrieden.

Dann jedoch kam der Tag, der alle Hoffnungen, Wünsche und Gegebenheiten in sich zusammenstürzen ließ wie ein Kartenhaus. So jedenfalls schien es den bis ins Mark erschütterten Mitgliedern der Familie Klee vom »Goldenen Adler« in Lehrberg.

Es war der Tag, der schlagartig alles veränderte: der 29. August 1886. Drei Wochen nach Annas viertem Geburtstag, den sie ausgiebig gefeiert hatten und bei dem die Großmutter Anna das schönste Geschenk überreicht hatte, welches das kleine Mädchen sich in seiner kindlichen Begeisterung überhaupt hatte ausmalen können: eine selbst gehäkelte Stoffpuppe!

Doch an diesem Morgen starb Margareta Klee. Ganz plötzlich, ohne zuvor auch nur die geringsten Anzeichen einer Schwäche oder gar Unwohlsein verspürt zu haben, brach sie, wie vom Blitz getroffen, an der Türschwelle des Gasthauses zusammen. Gerade eben hatte sie Hand in Hand mit Anna einen kleinen spätsommerlichen Spaziergang an das nahe Flüsschen Rezat unternehmen wollen, als ihr Herzschlag von einer Sekunde auf die andere aussetzte. Das Kind stieß einen verwunderten Laut aus, als ihr die Hand der Großmutter entglitt und diese einfach so zu Boden sank, wo sie leblos liegen blieb. Anna konnte sich das seltsame Verhalten der Großmutter nicht erklären und beugte sich neugierig über die Frau. Doch wurde weder ihre Frage beantwortet, um was für ein Spiel es sich denn dabei handele, noch zeigte Margareta Klee irgendeine Reaktion, als Anna sachte an ihrer Schulter rüttelte. Auch der von dem Mädchen herbeigerufene Georg konnte seiner Mutter nicht mehr helfen – genauso wenig wie der Arzt, der dem fassungslosen Wirt und dessen Frau mit bedauerndem Achselzucken erklärte, es sei nichts mehr zu machen. Herzschlag! Margareta Klee war gestorben. Viel zu früh, wie die Leute eben so sagen, war sie ihrem geliebten Mann Georg Friederich Klee in den Tod nachgefolgt.

Es war der erste dramatische Einschnitt in Annas Leben, dieser 29. August 1886. Die Großmutter war ganz plötzlich nicht mehr da! Einfach nicht mehr da! Und das bedeutete: keine gemeinsamen Spaziergänge mehr, kein Blumenpflücken an der Rezat, keine Spiele zu dritt mit Johann, der Großmutter und Anna. Kein abendliches Nachtgebet mit der Großmutter, kein Lied, das sie für ihre Anna mehr sang, kein Gutenachtkuss mehr. Aus! Natürlich war es nun Luise Klee, die, so gut es eben ging, für die Großmutter in die Bresche sprang und sich verstärkt auch um Anna kümmerte. Doch die Großmutter ersetzen konnte sie nicht. Das war unmöglich! Und die Mutter, Barbara, vermochte es schon aufgrund ihrer labilen Gesundheit gleich gar nicht, ein ähnlich enges Band zu knüpfen, wie es zwischen Anna und ihrer Großmutter existiert hatte.

Der plötzliche Tod von Margareta Klee – er hinterließ eine nicht zu schließende Lücke im Leben der kleinen Anna. Dieses ganz besondere Verhältnis zwischen Großeltern und Enkeln, man konnte es nicht einfach so ersetzen! Wie auch? Und die verbliebenen Großeltern in Auerbach? Auch sie konnten zwangsläufig nicht diese Lücke ausfüllen. Anna war den beiden kränklichen alten Leuten nur zwei-, dreimal bewusst in ihrem Leben begegnet. Sie wohnten ja schließlich weit weg von Lehrberg, zumindest was den Horizont des vierjährigen Kindes anging. Denn die sechs oder sieben Kilometer Entfernung zwischen den beiden Orten, das bedeutete in der damaligen, nicht motorisierten Zeit immerhin fast zwei Wegstunden für diejenigen, die kein Pferdefuhrwerk zur Verfügung hatten. Und darüber hinaus stellten die Gegensätze zwischen dem bescheiden-ärmlichen Bauernhaus in Auerbach und der gutbürgerlichen Wohnsituation in Lehrberg einen geradezu schockierenden Kontrast für das Mädchen dar, das Mal für Mal erleichtert aufgeatmet hatte, wenn der kurze Besuch bei den merkwürdig riechenden, bettelarmen Großeltern Reingruber wieder überstanden war.

12

Spurensuche

Es handelt sich schon um eine geradezu merkwürdige Parallele, wenn man das Schicksal der kleinen Anna mit dem nahezu identischen Geschehen vergleicht, das zwei Jahrzehnte später auch über Annas Tochter Maria hereingebrochen ist: der unerwartet frühe Tod der Großeltern, die das – ebenfalls uneheliche – Kind liebevoll erzogen haben. Die kleine, für das Kind scheinbar heile Welt, die damit urplötzlich in sich zusammenstürzt! Als Duplizität der Ereignisse bezeichnet man so etwas wohl.

Übrigens, in Lehrberg gibt es keinen »Goldenen Adler« mehr, auch niemanden mit dem Familiennamen Klee. Die freundliche Frau im Pfarramt, die mir die entsprechenden Aufzeichnungen aus jener Zeit vorgelegt hat, konnte sich auch nicht daran erinnern, jemals etwas von einer Familie Klee in Lehrberg vernommen zu haben. Dabei gehört auch sie schon zur älteren Generation. Doch sie hat auf meine Nachfrage bedauernd den Kopf geschüttelt. Es scheint gerade so, als habe es die Klees überhaupt niemals gegeben. Obwohl sie zumindest im 19. Jahrhundert keine gänzlich unbedeutende Rolle in Lehrberg gespielt haben müssen – als Gastwirte und Bierbrauer! Dennoch, die Erinnerung an sie ist erloschen – wenn da nicht die Eintragungen in den Kirchenbüchern wären, die ihre Existenz zweifelsfrei belegen. Und dabei sind noch nicht einmal hundert Jahre vergangen, seitdem die letzte Person, die in dieser Geschichte Erwähnung gefunden hat, verstorben ist.

»Sic transit gloria mundi«, sagen die Lateiner – »So schnell geht es«, sagen wir heutzutage.

Der Friederich ist ja bekanntlich sowieso verschwunden und nie wieder aufgetaucht. Dann der Johann (in Wirklichkeit hieß er Leonhard, aber um Verwechslungen mit später auftauchenden Personen vorzubeugen, habe ich ihn in diesem Buch einfach in Johann umbenannt): »Johann«, der ja in seinen ersten Lebensjahren zusammen mit Anna aufgewachsen ist, gerade so, als würde es sich bei den beiden um Geschwister handeln. Er ist das einzige Kind der Wirtsleute Klee geblieben. Dieser Johann hat nie geheiratet, das geht eindeutig aus den Einträgen im Kirchenbuch von Lehrberg hervor.

Mehr noch: Leonhard »Johann« Klee, der einzige Erbe des »Goldenen Adler«, ist laut dem letzten Eintrag, der sich auf ihn bezieht, als lediger Soldat im Ersten Weltkrieg gestorben. Am 20. Januar 1917 ist er dem Kriegswahnsinn in einem Schützengraben an der Somme zum Opfer gefallen.

13

30. September 1889

»Ja, Anna. Wo kommst du denn her? Habt ihr heute Morgen verschlafen, deine Mutter und du?« Luise Klee, die gerade am Spülstein beschäftigt war und dabei im Stehen den letzten Schluck Malzkaffee zu sich nahm, bedachte ihre siebenjährige Nichte mit einem warmen Lächeln, als diese zu ungewohnt später Zeit in die Küche des »Goldenen Adler« stürmte.

Doch das Mädchen hob ratlos die Achseln und schaute besorgt und bekümmert. »Tante Luise! Komisch, die Mama schläft noch immer!« Mit den Armen beschrieb sie eine hilflose Geste. »Ich habe sie an der Schulter gerüttelt, aber sie hat gar nicht aufstehen wollen. Sie hat sich noch nicht einmal bewegt!«

Die Wirtin, die das Pflichtbewusstsein ihrer jahrzehntelangen Dienstmagd Barbara schon immer geschätzt hatte, runzelte überrascht die Stirn. »Merkwürdig, das ist doch sonst nicht ihre Art«, murmelte sie beunruhigt, während sie ihre vom Abspülen nassen Hände an der schwarzen Schürze abtrocknete. »Ich sehe mal nach, was da los ist!« Sie wandte sich um und eilte die Treppe hoch bis in das Dachgeschoss des Gasthauses, in dem sich Barbaras kleine Kammer befand, die sie nun schon seit sieben Jahren mit ihrer Tochter Anna teilte. Erschöpft verharrte Luise Klee einen Augenblick lang in dem engen Flur. Während sie so vor der Türe stand und keuchend um Atem rang, spürte sie, wie sich ihr Herzschlag mehr und mehr beschleunigte. Kam es von der Anstrengung, weil sie die steilen Stufen so rasch hinaufgehastet war, oder war es auf diese unheilvolle Vorahnung zurückzuführen, die sich mit Eiseskälte in ihrem Gehirn immer weiter ausbreitete?

Das Geräusch von Annas Schritten, die ihr gefolgt war, schreckte sie aus den düsteren Gedankengängen. Luise hob ihre rechte Hand und klopfte mit dem Zeigefinger zaghaft an die nur angelehnte Tür, die sich dadurch einen Spalt weit öffnete.

»Hallo Barbara, darf ich reinkommen?« Vorsichtig spähte sie in die Kammer hinein, nachdem von Barbara noch immer nichts zu hören war. Totenstille herrschte in dem engen Raum. Totenstille? Sie spürte, wie ihr eine Gänsehaut über den Rücken lief. Totenstille! Umso mehr zuckte die Wirtin Sekundenbruchteile später erschrocken zusammen, als urplötzlich eine Stimme hinter der Tür ertönte.

»Du, Mama! Die Tante spricht heute überhaupt nicht mit mir!« Es war die Stimme von Johann, ihrem sechsjährigen Sohn, der mit ausgestrecktem Arm auf das größere der beiden Betten deutete, die die enge Kammer nahezu vollständig ausfüllten.

Barbara! Es schien ihr, als sei der Boden unter ihren Füßen ins Wanken geraten. Genau dasselbe Gefühl wie damals, an jenem unseligen Tag, an dem ihre Schwiegermutter Margareta Klee, die sie so sehr ins Herz geschlossen hatte, an der Tür des »Goldenen Adler« zusammengebrochen war. Tot! Entsetzt schlug sie bei dem Anblick die Hände vor den Mund. Aschfahl und regungslos lag Barbara in ihrem Bett. Kein Atemzug drang aus ihrer Kehle, die weit aufgerissenen Augen starrten blicklos zur Decke. Barbara Reingruber war tot – irgendwann in der vergangenen Nacht war sie gestorben, ohne dass dies jemand bemerkt hatte! Wie es immer schon ihre Art gewesen war. Dieser bittere Gedanke schoss Luise durch den Kopf, während dicke Tränen über ihre Wangen rollten. Lautlos, unauffällig, gerade so, als sei sie praktisch gar nicht vorhanden. So hatten es eigentlich alle während der vergangenen drei Jahrzehnte empfunden, in denen die Barbara als Dienstmagd im »Goldenen Adler« tätig gewesen war. Und genauso war sie nun auch gegangen!

»Was ist denn jetzt mit der Tante?«, meldete sich die ungeduldige Kinderstimme von Johann lautstark zu Wort und riss Luise abrupt aus ihrer Trauer.

»Und wieso starrt sie denn die ganze Zeit an die Decke, ohne etwas zu sagen? Weißt du denn, was das für ein Spiel ist, Anna?« Die Erwähnung von Annas Namen löste die Erstarrung bei der Gastwirtin. Das Kind! Was sollte sie dem Mädchen jetzt nur sagen? Der Vater verschwunden, die Mutter gestorben! Also war Anna sozusagen Vollwaise – und das im Alter von sieben Jahren! Aber sie musste etwas sagen! Irgendetwas! Luise biss sich auf die Lippen, während sie fieberhaft nach den richtigen Worten suchte. Dann wandte sie sich langsam um und suchte den Blick ihrer Nichte, die neugierig hinter ihr an der Türe stand und genauso wie Johann auf eine Antwort wartete. Mühsam würgte sie den Kloß hinunter, der sich in ihrem Kehlkopf ausgebreitet hatte.

»Anna«, murmelte sie mit belegter Stimme. »Du musst jetzt ganz tapfer sein. Die Mama wird noch eine ganze Weile weiterschlafen ...«

»Aber es ist doch schon acht Uhr vorbei! Da schläft man doch nicht mehr«, fiel ihr Johann ins Wort.

»Johann! Du hältst jetzt den Mund und kommst zu mir her!«, zischte Luise scharf und winkte den Kleinen mit einer gebieterischen Geste zu sich. Der Junge machte ein verwundertes Gesicht, vermied es jedoch, zu widersprechen. Einen solchen Ton war er im Umgang mit seiner sonst so sanftmütigen und zärtlichen Mutter bislang nicht gewohnt gewesen.

»Aber weshalb will die Mutter denn weiterschlafen?«, flüsterte nun auch Anna mit traurig gesenktem Kopf. Das Mädchen schien zu ahnen, dass irgendetwas nicht stimmte mit der Mutter. Das konnte man deutlich spüren. Doch wie sollte Luise es dem Kind bloß beibringen? Wie nur?

»Ist die Mutter wieder krank geworden?«, fragte sie leise. »Muss sie deshalb im Bett bleiben?«

Es zerriss der jungen Frau beinahe das Herz. Wie lange konnte man dem kleinen Mädchen vormachen, dass die Mama lediglich in einen tiefen, langen Schlaf gefallen war? Mit offenen Augen!

In diesem Augenblick näherten sich vom unteren Flur her eilige Schritte. »Hallo, wo seid ihr denn alle? Seid ihr da oben?« Lotte! Die zweite Magd, die seit dem Einzug von Anna in einer eigenen Kammer wohnte.

Luise atmete erleichtert auf, als sie die Stimme ihrer Dienstmagd vernahm. So lastete jetzt wenigstens nicht mehr der ganze Druck dieser schrecklichen Situation nur auf ihr. Der Druck, ihrer kleinen Anna möglichst schonend zu erklären, dass sie mit sieben Jahren nun ganz ohne Eltern dastand, der Vater spurlos verschwunden, die Mutter tot!

Sie drückte das verwunderte Kind, das immer noch auf eine Antwort wartete, eng an sich.

»Ich werde für dich sorgen, solange ich kann! Das verspreche ich dir, meine liebe Anna!« Jetzt war es mit ihrer Beherrschung vorbei, jetzt ließ Luise ihren Tränen freien Lauf.

14

Ein kurzes Leben

Maria Barbara Reingruber ist am 30. September des Jahres 1889 im Alter von siebenundvierzig Jahren gestorben, elf Tage vor ihrem achtundvierzigsten Geburtstag!

So verzeichnet es auch das Kirchenbuch. Ein kurzer, nüchterner Eintrag über das Ende einer Frau, die ein kurzes und armes Leben gelebt hat. Das ist der Schlussstrich unter ein Leben am Rande der bürgerlichen Gesellschaft. Das Leben einer Dienstmagd, die über dreißig Jahre lang »in Stellung« war, wie man das früher genannt hat. Die im Alter von beinahe einundvierzig Jahren als ledige Frau noch ein Kind geboren hat. Ein uneheliches Kind, von dem der Vater nichts hat wissen wollen. Ein hartes Schicksal, das vielen armen Frauen damals beschieden war! Eine Katastrophe, einfach ein Kind »angehängt« zu bekommen! Für das Kind – und für die Frau! Und dennoch, so schrecklich es auch klingt: ein Schicksal, welches sie mit Tausenden teilte! Alles hätte sich, wenigstens einigermaßen, zum Besseren hin entwickeln können (hatte es ja eigentlich auch schon), doch dann ist sie gestorben!

Allein beim Schreiben dieser Zeilen merke ich, wie mir eine Gänsehaut über den Rücken läuft. Denn ich habe – gerade erst vor drei Tagen – meinen achtundvierzigsten Geburtstag gefeiert. Ich bin nun also bereits älter geworden, als dies meiner Urgroßmutter beschieden war. Ein merkwürdiges Gefühl.

Und wie ist es in Auerbach weitergegangen? Welche Nachkommen der Reingrubers leben dort eventuell noch heute? Fehlanzeige! Auch meine Spurensuche in dem kleinen Flecken in der Nähe von Colmberg bleibt erfolglos. Zumindest im Hinblick auf eventuelle Nachkommen der Familie Reingruber. Tatsächlich, auch die Reingrubers aus Auerbach sind verschwunden. Hier gibt es niemanden mehr, der mit solch einem Familiennamen etwas anzufangen weiß. Die zwei, drei Dorfbewohner, denen ich an diesem Sommernachmittag bei meinem Besuch hier begegne, schütteln nur ratlos den Kopf und bestätigen, was ich eh schon aus dem Telefonbuch weiß. Nein, es gibt keine Reingrubers, der Name sei in Auerbach gänzlich unbekannt.

»Das heißt ...«, legte eine ältere Frau die Stirn mit einem Mal in nachdenkliche Falten, »es könnte sein, dass ich als junges Mädchen den Namen irgendwann einmal gehört habe. Aber – ich kann mir kein Bild mehr von dem Menschen machen, zu dem dieser Name gehören könnte. Das ist ja schließlich auch schon so lange her, dass ich jung gewesen bin«, setzte sie mit einem entschuldigenden, verlegenen Lächeln noch dazu.

Wer weiß, vielleicht sind wir ja sogar verwandt miteinander, ohne es zu wissen. Die Tatsache, dass wir auf völlig andere Familiennamen hören, muss dieser These ja nicht unbedingt widersprechen. Womöglich haben sich die Wege unserer Familien vor Jahrhunderten irgendwann einmal gekreuzt? Wer weiß? Eine weit entfernte Verwandte, die da vor mir steht? Deshalb die seltsamen Empfindungen, die sich in mein Gemüt geschlichen haben, seitdem ich durch dieses Dorf laufe. Dieses Zurückkommen nach Hause. In eine Heimat, die ich vorher gar nicht gekannt habe. Coming home. Ein merkwürdiges Gefühl ...

Aber weiter: Ob ich vielleicht auf dem Friedhof fündig werden könnte? Ein Grabstein mit diesem Namen? Wieder wiegt die Frau abschätzend den Kopf, bevor sie verneint. Sie könne sich das nicht vorstellen, dort einmal den fraglichen Namen gelesen zu haben. Noch nicht einmal auf einem alten, verwitterten Grabstein. Ich fahre dennoch mit meiner Suche fort. Wahrscheinlich hat noch niemals jemand so intensiv den Friedhof von Auerbach unter die Lupe genommen wie ich an diesem Tag. Doch tatsächlich: Fehlanzeige! Kein einziger Grabstein, auf dem der Name Reingruber zu lesen ist. Also ist es schon weit mehr als fünfundzwanzig Jahre her, dass sie endgültig aus diesem Dorf und aus der Erinnerung der Menschen hier verschwunden sind. Denn fünfundzwanzig Jahre beträgt für gewöhnlich die »Ruhezeit« auf einem ländlichen Friedhof. Es sei denn, es handelt sich um ein immer wieder genutztes Familiengrab. Was aber voraussetzt, dass noch jemand aus der Familie dort wohnt – was nicht der Fall ist. Oder aber es handelt sich um eine wie auch immer prominente Person, die vielleicht zumindest für die Dorfgeschichte wichtig gewesen ist. Aber prominent waren die Reingrubers ja nicht! Weiß Gott nicht! Arme Hungerleider! Und deshalb sind sie aus dem Gedächtnis ihres Dorfes verschwunden. Wie so viele andere auch. Einfach verschwunden – wie zahlreich sie in früheren Jahren auch immer gewesen sein mögen …

Letztmals fällt mir im amtlichen Register von Rothenburg ob der Tauber ein Eintrag auf, der die Existenz der Familie Reingruber aus Auerbach verzeichnet. Es ist der Eintrag im Heiratsregister vom 3. Dezember 1889: die Hochzeit der dreiunddreißigjährigen Magd Magdalena Reingruber mit dem neununddreißigjährigen Tagelöhner Johann Leonhard Rößler aus Oberoestheim. Als Trauzeugen anwesend sind der Bauer Johannes Reingruber aus Auerbach und seine Frau Anna, geborene Ehnes. Gerade einmal zwei Monate nach dem Tod ihrer Schwester Barbara hat sie geheiratet! Zufall? Nicht mehr abwendbarer Termin, der schon seit Monaten feststand? Von wegen!

Doch zurück zu den Reingrubers. Das war die letzte Spur, die sich von ihnen hat finden lassen. Zwei Monate nach dem Tod ihrer ältesten Tochter. Damit enden die Hinweise auf das

Leben der Bauernfamilie Reingruber aus Auerbach. Auch diese Familie bildet also eine erstaunliche Parallele zu den Klees in Lehrberg, ausgelöscht aus der Erinnerung des Dorfes. Bis da plötzlich einer gekommen ist und versucht hat, die Spuren seiner Vorfahren zu rekonstruieren, und so den fast vollständig im »Dunkel der Geschichte« verschwundenen Namen dem Vergessen noch einmal entrissen hat. Aber was war denn nun mit dieser Heirat im Spätjahr 1889? Weshalb hat die Schwester geheiratet, die ja bereits dreiunddreißig Jahre alt gewesen ist, überdurchschnittlich alt für eine Hochzeit damals? Sie hätte doch angesichts ihres Alters damit noch ein paar Monate warten können – über die Trauerzeit für Barbara hinweg! Darauf wäre es jetzt auch nicht mehr angekommen! Oder gibt es eine andere Erklärung für diese plötzliche Heirat?

Nach einiger Recherche stand schließlich fest: Es gibt sie tatsächlich, diese andere Erklärung!

15

2. Oktober 1889

Ausgerechnet jetzt hatte der Himmel seine Schleusen geöffnet, und es goss wie aus Kübeln. Schon nach wenigen Minuten waren die wenigen Trauergäste, die sich auf dem Friedhof von Auerbach um das offene Grab versammelt hatten, durchnässt bis auf die Haut. Schon am frühen Morgen hatten dunkle Wolken den Horizont verdüstert, und es war nur eine Frage der Zeit gewesen, wann es losregnen würde.

Magdalena Reingruber, die fast fünfzehn Jahre jüngere Schwester der vor zwei Tagen verstorbenen Barbara, hatte gehofft, dass es wenigstens noch so lange einigermaßen trocken bliebe, bis man den roh gezimmerten Sarg aus Fichtenholz in die Erde gesenkt und die schlichte Trauerfeier beendet haben würde. Doch auch diese Hoffnung hatte sich nicht erfüllt – wie so viele andere auch nicht. Es zerriss Magdalena fast das Herz, als sie den tränenverschleierten Blick auf ihr Patenkind, die kleine Anna, richtete, die regungslos neben dem Sarg verharrte. Die Augen des Kindes waren von den vielen Tränen, die Anna in den letzten Stunden vergossen hatte, stark gerötet. Ein einsames Häufchen Elend, wie es in seinem schwarzen Trägerkleid, zu dem die blonden Haare einen harten Kontrast bildeten, am Grab seiner Mutter stand.

Eine Waise! Der Vater verschwunden, die Mutter tot! Und die Großeltern? Wieder verspürte Magdalena, wie vorhin schon, als sie hinter dem Sarg aus der Kirche getreten waren, einen schmerzhaften Stich in der Herzgegend, als sie ihre Eltern betrachtete. Der seit vielen Jahren schon gebrechliche Vater, der sich kraftlos auf den derben Knotenstock stützte und seinen Kopf starr zu Boden gerichtet hatte. Die Mutter, deren ausgemergelter Körper wieder und wieder von einem bitteren, lauten Schluchzen geschüttelt wurde. Beide waren sie in ihren letzten Lebensjahren schwer vom Schicksal gezeichnet und auf gar keinen Fall in der Lage, ihr Enkelkind nun etwa zu sich zu nehmen. Noch viel weniger als damals, bei Annas Geburt vor sieben Jahren.

Mit Schaudern dachte Magdalena an den Knecht vom »Goldenen Adler« aus Lehrberg, der vorgestern Abend plötzlich mit seinem Pferdefuhrwerk an ihrer Arbeitsstelle, dem unteren Schandhof bei Rothenburg, aufgetaucht war. Gleich nachdem der Mann die Kutsche vor dem großen Nussbaum zum Stehen gebracht und ihr erklärt hatte, er sei als Bote aus Lehrberg unterwegs, war Magdalena schon klar geworden, dass sich dort etwas Schlimmes ereignet haben musste. Noch bevor er überhaupt nach einer Magd namens Magdalena Reingruber gefragt hatte. Aber wer auf den Schandhöfen sollte denn sonst eine Nachricht aus Lehrberg erhalten – und wann sonst würde denn ein eigens beauftragter Bote zu einer einfachen Dienstmagd geschickt, wenn es sich nicht um schlechte Nachrichten handelte? Um Nachrichten, deren Übermittlung keinen Aufschub duldeten. Wie damals, vor sieben Jahren, als die Geburt der kleinen Anna sich quälend über mehrere Tage hingezogen hatte und nur noch wenig Hoffnung für Mutter und Kind bestand. Magdalena hatte seinerzeit alle Arbeit stehen und liegen lassen und war sofort nach Auerbach geeilt, um ihrer Schwester beizustehen. Es hatte sich um genau denselben Schrecken gehandelt, der ihr nun Jahre später wiederum in die Knochen fuhr. Dieses Mal aber mit einem gravierenden Unterschied: Barbara war tot!

Magdalena schreckte aus ihren trüben Gedanken und fuhr sich mit der Hand über das vom Regen völlig durchnässte Gesicht. Der Pfarrer hatte gerade eben den letzten Segen gesprochen, hatte den beiden alten Leuten gegenüber noch einmal sein tiefstes Beileid geäußert und war anschließend mit großen Schritten zum Pfarrhaus hinübergeeilt, um rasch ins Trockene zu kommen. Viel Mühe hatte er sich dabei nicht gegeben, ein dem traurigen Anlass angemessenes Tempo zu wählen. Weshalb auch? Auf wen denn Rücksicht nehmen? Es schüttete wie aus Kübeln, er war nass bis auf die Haut. Und die Reingrubers?

Wer waren denn schon die Reingrubers? Arme Hungerleider, deren siebenundvierzigjährige Tochter er gerade eben beerdigt hatte. Nun denn. Was war schon außergewöhnlich an solch einem Ende? In einem solchen Alter starben viele.

Eine Hand legte sich sanft auf Magdalenas Schulter. Die Magd wandte sich langsam um und blickte in das traurige Gesicht von Luise Klee, der Gastwirtsfrau vom »Goldenen Adler«, in deren Begleitung Anna heute Morgen nach Auerbach gekommen war. Eine halbe Stunde vor der Trauerfeier waren sie kurz zusammengetroffen. Dass ihr Ehemann, der Gastwirt, leider nicht zur Beerdigung habe mitkommen können, hatte Luise mitgeteilt. Obwohl ihm Barbara sehr ans Herz gewachsen war und er eine enge Bindung an die Verstorbene aufgebaut hatte. Denn schließlich hatte die seit Jahrzehnten in diesem Haus arbeitende Barbara ihn sozusagen großgezogen. Der überraschende Tod von Barbara hatte den Gastwirt dermaßen mitgenommen, dass er gerade deshalb nicht in der Lage gewesen war, seine Frau mit zum Begräbnis nach Auerbach zu begleiten. Sogar einen Arzt hatten sie konsultieren müssen. Dieser hatte nach einer eingehenden Untersuchung aber nur den Kopf geschüttelt und Luise mitgeteilt, der Patient stehe unter schwerem Schock. So sehr habe ihn der plötzliche Tod der Dienstmagd an das Schicksal des Vaters und der vor Kurzem erst verstorbenen Mutter erinnert. Ein paar Tage Ruhe seien das Wichtigste, was Georg nun benötige, aller drängenden Arbeit in der Gastwirtschaft zum Trotz. Auch dieses Ereignis hatte Luise neuerlich drastisch vor Augen geführt, wie sehr ihnen allen ihre Magd Barbara und deren Kind Anna im Laufe der Jahre ans Herz gewachsen waren: als Teil der Familie, die im »Goldenen Adler« in Lehrberg so gerne noch viele unbeschwerte Jahre zusammen verlebt hätte. Aber nun war alles anders gekommen als geplant oder erhofft. Ganz anders sogar.

Und dennoch: Sie würde ihre geliebte kleine Anna gerne auch weiterhin bei sich aufwachsen sehen. Das war es, was Luise am heutigen Morgen zu berichten hatte. Schließlich sei ihr eigener Sohn Johann nur wenig jünger als Anna, und die beiden Kinder, die bislang schon zusammen aufgewachsen waren, betrachteten sich sowieso als Geschwister. Es sei also kein Problem für sie, die Anna nun vollends in ihre Familie zu integrieren. Magdalena könne dieser Adoption – und ausschließlich um dieses Angebot drehte sich ihr Gespräch – also bedenkenlos zustimmen. Die Großeltern Reingruber, hatte Luise mit einem vieldeutigen Seitenblick auf die abgearbeiteten alten Leute gemeint, kämen für die Erziehung von Anna ja auf keinen Fall in Frage. Genauso wenig wie Magdalena selbst; als ledige Dienstmagd auf dem Schandhof sei es ihr von vornherein verwehrt, das Mädchen bei sich aufzunehmen.

Doch Magdalena hatte – zu Luises verblüffter Überraschung – kurz und eindeutig ihren Kopf geschüttelt und das Angebot mit knappen Worten dankend abgelehnt. Sie würde die kleine Anna auf jeden Fall morgen früh mit zu sich auf den Schandhof nach Rothenburg nehmen.

Dieser Entschluss stehe unverrückbar für sie fest. Luise hatte gerade zu einer Entgegnung angesetzt, als sie vom Beginn der Trauerfeier unterbrochen worden war.

»Willst du es dir nicht noch einmal überlegen mit der Anna?« Noch immer lag Luises Hand auf Magdalenas Schulter, während sie hoffnungsvoll auf eine Antwort wartete. »Wie willst du das denn bewerkstelligen, als ledige Dienstmagd? Und selbst wenn es dir die Herrschaft erlaubt – woran ich meine Zweifel habe –, bei uns hätte es die Anna doch viel besser. Entschuldige, aber ich wollte nicht sagen, dass du dich nicht auch um die Anna kümmern würdest«, fügte sie schnell hinzu, als sie das kritische Stirnrunzeln ihres Gegenübers bemerkte, die Reaktion, die ihre Worte bei Magdalena hervorgerufen hatten.

»Ich meine nur, dass es uns doch um einiges besser geht als dir. Wirtschaftlich gesehen, meine ich! Und wir nehmen sie ja wirklich gerne! Sehr, sehr gerne sogar!«

»Das ist nicht notwendig, glauben Sie mir!« Obwohl sie Luise heute Morgen darum gebeten hatte, sie doch bitte nicht zu siezen, gelang es Magdalena einfach nicht, so mit der anderen zu reden. Auf Augenhöhe sozusagen. Sie, die einfache Bauernmagd – die andere dagegen Gastwirtin und Frau eines Brauereibesitzers mit zahlreichen Bediensteten. Nein, es war ihr schlichtweg unmöglich, die wesentlich höher gestellte Frau plötzlich zu duzen, ob dies Luise Klee nun recht war oder nicht. Es ging halt einfach nicht! »Ich kann Ihnen aber die Sorge um Annas Zukunft nehmen. Ich werde nämlich im Dezember heiraten. Und damit hat Anna dann ein richtiges neues Zuhause.« Während sich in Luises Gesicht Überraschung und Enttäuschung widerspiegelten, fuhr Magdalena fort. »Gestern am Morgen, gleich bevor ich hierher aufgebrochen bin, habe ich mit meinem künftigen Mann schon alles besprochen. Und auch mit den Bauern vom Schandhof. Sie sind einverstanden. Ich kenne meinen künftigen Mann schon lange – er arbeitet ebenfalls dort. Wir dürfen zusammen in eine kleine Behausung neben dem Hauptgebäude ziehen. Johann, mein Zukünftiger, muss sie nur noch ein bisschen für uns herrichten.«

»Das, das ist aber eine Überraschung!«, stammelte Luise verblüfft. »Davon war ja bisher nie die Rede. Auch deine Schwester hat mir nie etwas davon erzählt.«

»Mein Entschluss steht auch erst seit gestern fest! Das heißt: unser Entschluss!« In Magdalena kämpften widerstreitende Gefühle. Sollte sie sich der ihr doch so gut wie unbekannten Frau offenbaren? Sollte sie ihr die wahren Beweggründe schildern? Tatsachen, von denen noch nicht einmal ihre Eltern etwas ahnten? Die Gastwirtin schien eine warmherzige, ehrliche Person zu sein, die sich wirklich Sorgen um Annas Zukunft machte. Außerdem schien sie auch mit Barbara – allen Standesunterschieden zum Trotz – immer ein inniges Verhältnis gepflegt zu haben. Und überdies: Spätestens bei der Hochzeit würden die Tatsachen ja ohnehin offenbar werden.

Magdalena gab sich einen Ruck und setzte zu ihrer Erklärung an. »Wie gesagt, den Johann Leonhard, Rößler mit Nachnamen, den kenne ich schon lange. Sehr lange sogar. Er arbeitet ebenfalls seit Jahren bereits auf dem Schandhof. Sein Vater ist Schuhmacher in Oestheim. Und ganz heurige Hasen sind wir beide ja auch nimmer, der Johann mit seinen neununddreißig Jahren und ich. Immerhin bin auch ich schon dreiunddreißig Jahre alt. Darum aber geht es eigentlich gar nicht …« Sie unterbrach sich und machte einen tiefen Atemzug. »Es ist nämlich so, müssen Sie wissen: Ich habe bereits ein Kind geboren. Ein Kind mit Namen Maria. Und Johann ist der Vater. Das war vor drei Jahren, ganz genau am 31. März 1886.« Ein bitterer Zug spielte um Magdalenas Mundwinkel. »Ein lediges Kind also. Das Kind von zwei Dienstboten, von einer Magd und einem Stallknecht. Völlig überraschend bin ich damals schwanger geworden – keiner von uns hatte damit gerechnet. Leichtsinnigerweise. Was sollte nun also werden? Also nur noch Arbeit für Johann, den Knecht mit seinem kärglichen Lohn? Wo sollten wir wohnen? Wie das Geld für eine Unterkunft aufbringen? Mit anderen Worten: Wir haben das Kind weggegeben. Schon zwei Wochen nach der Geburt haben wir unsere kleine Maria weggegeben. Verkauft, wenn Sie so wollen!«

Während Luise erschrocken die Hand vor den Mund schlug, fuhr Magdalena mit gesenktem Kopf in ihrer Erklärung fort.

»Es war – im Nachhinein betrachtet – ein furchtbarer Fehler! Kaum hatte ich das Kind nämlich fortgebracht – zu guten Leuten nach Rothenburg übrigens, die selbst keine Kinder bekommen können, da hat mich mein Gewissen geplagt und nicht mehr losgelassen. Nach einigen qualvollen Wochen bin ich dann zu den Leuten hingegangen, weil ich es einfach nicht mehr ausgehalten habe, und habe sie gebeten, meine Maria zurückkaufen zu dürfen. Die Adoption rückgängig zu machen. Doch sie haben das abgelehnt. Sie hätten dieses Kind so sehr in ihre Herzen geschlossen, hat die Frau gemeint. Sie könnten es mir nicht mehr zurückgeben. Es sei nun ihr Kind, nicht meines! Und bei den Behörden würde ich von vornherein keine Chance haben, die Adoption rückgängig zu machen. Eine Mutter, die ihr Kind hergibt und es sich dann ein paar Wochen später anders überlegt! Niemals!« Magdalena schüttelte traurig ihren Kopf. »Ich habe es dennoch versucht, aber es war unmöglich. Wir hatten in unserer Panik und unserer Unerfahrenheit einen schlimmen Fehler gemacht, der Johann und ich vor drei Jahren. Was hat uns denn das ganze Geld genützt, wenn wir das Kind – unser Kind – dafür verloren haben?! Und deshalb waren wir uns gestern Morgen sofort einig: Wir holen die Anna zu uns! Von dem Geld von damals kann Johann die kleine Behausung herrichten, die ihm der Schandhofbauer zugestanden hat. Und nachdem die Anna schon sieben Jahre alt ist, kann ich auch als Magd weiterarbeiten. Annas Essen können wir vom Rest des Geldes an den Bauern bezahlen – auch das ist also kein Problem. Und deshalb, um alles in ordnungsgemäße Bahnen zu lenken, wird jetzt im Dezember geheiratet. Damit steht unseren Plänen, die Kleine aufzunehmen, also nichts mehr im Wege! Anna kommt zu uns! Es reicht mit dem Weggeben! Ich habe einen Fehler gemacht, den ich nie und nimmer wiederholen werde!« Sie hob ihren Kopf und fixierte Luise mit einem entschlossenen Blick aus ihren stahlblauen Augen. »Wir nehmen Anna zu uns!«

Luise nickte ernst. »Das verstehe ich! So schwer es mir fällt … und so gerne ich die Anna bei uns aufgenommen hätte. Aber ich verstehe es!« Sie machte einen Schritt auf Magdalena zu und umarmte Barbaras Schwester innig. »Ich wünsche dir alles Gute. Dir – und unserer kleinen Anna!« Dicke Tränen rannen über ihre Wangen. Tränen, die sie erst gar nicht zu verbergen suchte. Sie schämte sich ihrer nicht.

»Aber eines, das musst du mir versprechen, bitte! Lass den Kontakt zum »Goldenen Adler« nach Lehrberg nicht abreißen. Komm uns bitte ab und zu mit der Anna besuchen – und schreibe mir in der Zwischenzeit, wie es ihr geht. Versprochen?«

Auch in Magdalenas Augen glitzerte es feucht, als sie verlegen die Achseln hob. »Ich kann doch gar nicht richtig schreiben. Damals in der Schule habe ich oft gefehlt, weil ich den Eltern helfen musste … Aber ich verspreche Ihnen: Ich komme mit Anna vorbei, so oft ich kann. Und ich werde diesem Kind eine gute Mutter sein! So gut mir das möglich ist! Als wäre es meine Maria, die ich aufziehe!«

Wieder nickte Luise langsam. Dann streckte sie ihren Arm aus und schob die nach wie vor apathisch auf den mittlerweile in das offene Grab gesenkten Sarg mit der Leiche ihrer Mutter starrende Anna mit sanftem Druck zu deren Patentante hinüber. Es brach ihr beinahe das Herz, Anna unter diesen Umständen weggeben zu müssen. Für immer wegzugeben! Nie wieder würden sie das glückliche und scheinbar unbeschwerte Familienleben genießen können, das noch vor wenigen Wochen im »Goldenen Adler« an der Tagesordnung gewesen war. Bis sich der Tod mit seiner ganzen Brutalität in dieses friedliche Leben gedrängt hatte. Handelte es sich bei diesem regungslosen blassen Kind vor ihr überhaupt noch um Anna, das einst so fröhliche, lebenslustige Mädchen, das sie so sehr in ihr Herz geschlossen hatte? Welche unauslöschlichen Spuren würde dieses Drama in Annas Seele wohl hinterlassen? Und was bekam Anna momentan eigentlich überhaupt von allem mit, was sich um sie herum gerade zutrug? So willenlos und bar jeden Ausdrucks, wie sie vor ihnen stand? Ein Häufchen Elend …

Luise verabschiedete sich rasch, als sie bemerkte, wie ihre Gefühle sie zu überwältigen drohten. »Viel Glück, Magdalena! Lebe wohl, Anna!«, legte sie den beiden ein letztes Mal flüchtig ihre Hand auf die Schultern und verließ mit schnellen Schritten den Friedhof, dessen Boden von dem immer stärker werdenden Regen in der Zwischenzeit mit zahlreichen Wasserlachen übersät war.

16

3. Dezember 1889

»Und damit erkläre ich Sie zu Mann und Frau!«

Wie aus weiter Ferne drangen die Sätze des Standesbeamten an Annas Ohr, die in ihrem schwarzen knöchellangen Trägerkleid, das sie seit der Beerdigung der Mutter tagtäglich getragen hatte, auf einem Stuhl neben ihren Auerbacher Großeltern im Trauzimmer des Rothenburger Rathauses saß. Nahezu regungslos betrachtete sie das Geschehen ringsum. Magdalena, ihre Patentante, diese ihr völlig fremde Frau, die sie vor zwei Monaten, gleich nach der Beerdigung, mit sich auf den Bauernhof genommen hatte, hatte vor Anspannung die Lippen fest aufeinander gepresst. Und auch der Bräutigam Johann Leonhard Rößler schien sich angesichts der ungewohnten Tatsache, am heutigen Vormittag im Mittelpunkt des Interesses der Anwesenden zu stehen, alles andere als wohl zu fühlen. Wieder und wieder kratzte er sich verlegen hinter dem Ohr, während der Standesbeamte vor dem Brautpaar mit gelangweilter Routine die notwendigen Formulierungen herunterleierte, deren es für eine ordnungsgemäße Eheschließung bedurfte.

Es war ja auch eine merkwürdige Hochzeitsgesellschaft, die da vor ihm auf den harten Stühlen hockte. Die schwarz gekleidete, untersetzte Braut mit den schwieligen Händen einer ländlichen Dienstmagd war mit mehr als dreiunddreißig Jahren nicht mehr unbedingt als »taufrisch« zu bezeichnen. Dann der groß gewachsene, grobschlächtige Bräutigam mit dem roten Gesicht, der sogar schon neununddreißig Jahre zählte. Selten hatte er so wenige Leute bei einer Trauung vor sich gesehen – und noch viel seltener hatte eine dermaßen gedrückte Stimmung unter den Hochzeitsgästen geherrscht.

Und da war noch dieses blonde kleine Mädchen, das stumm und beinahe schon apathisch auf seinem Stuhl hockte und keinerlei Interesse an der Zeremonie erkennen ließ. Ungewöhnlich für ein schätzungsweise sieben Jahre altes Kind. Höchst ungewöhnlich sogar!

Dann die Eltern der Braut: alte, gebrechliche Leute, deren wieder und wieder geflickte Kleidung sie als Bauern auswies, deren kärgliche Landwirtschaft offensichtlich zu wenig zum Leben und zu viel zum Sterben hergab – wie man das halt so sagte … Weshalb man darüber hinaus auch an solch einem Feiertag aber noch eine dermaßen traurige Miene zur Schau stellen musste, dies würde ihm ein ewiges Rätsel bleiben! Ewig? Von wegen: Am besten, er vergaß diese Trauung wieder, kaum dass er sie endlich hinter sich gebracht hatte!

Auch bei den Eltern des Bräutigams aus dem nahen Dorf Oestheim schien es sich nicht um sonderlich betuchte Zeitgenossen zu handeln. Logisch, was konnte man von einem Schuhmacher schon anderes erwarten? Erst recht, wenn er seinen Sohn zur Arbeit als ungelernten Tagelöhner auf die Bauernhöfe geschickt hatte. Der Standesbeamte seufzte gequält in sich hinein, während er auf die Unterschrift der nunmehr frisch vermählten Eheleute wartete, die ihre Signaturen mit ungelenken Handbewegungen auf die Heiratsurkunde zeichneten. Was einem in solch einem Amt aber auch alles an Unannehmlichkeiten widerfahren konnte! Also wirklich! Allein der Geruch, den dieses armselige Bauernvolk da verströmte. Als würde man sich nicht im Rothenburger Rathaus befinden, sondern in irgendeinem Kuhstall auf dem Land! Nur schnell vergessen, diese Trauung! Ganz schnell!

Obwohl: Etwas Bemerkenswertes hatte sich dennoch ereignet – gleich zu Beginn der Zeremonie. Der Beamte – sorgfältig, wie er nun einmal zu Werke ging – war am gestrigen

Abend noch einmal die standesamtlichen Einträge der beiden Verlobten durchgegangen und dabei auf die Tatsache gestoßen, dass Magdalena Reingruber vor etwas mehr als dreieinhalb Jahren, genau am 31. März 1886, ein Kind geboren hatte. Ein Kind mit Namen Maria. Ledig geboren! Ein uneheliches Kind also. Und dies, obwohl die Mutter denselben Johann Leonhard Rößler als Vater angegeben hatte, mit dem sie jetzt den Bund der Ehe eingehen wollte. Dreieinhalb Jahre danach! Weshalb hatten die beiden in diesem Fall denn nicht damals schon geheiratet? Und weshalb hatte keiner der beiden bei der Anmeldung der Eheschließung das Kind erwähnt?

Stirnrunzelnd hatte der Standesbeamte das blonde, teilnahmslos wirkende Mädchen gemustert, das in Begleitung des Hochzeitspaares erschienen war. Anschließend hatte er sich irritiert an Magdalena Reingruber, die künftige Ehegattin Rößler, gewandt. »Dieses Kind hier, bei ihm kann es sich doch unmöglich um Ihre Tochter handeln, die bei mir im Register verzeichnet ist, oder? Das Mädchen ist doch sicher schon sechs, wenn nicht gar sieben Jahre alt, während Ihre Tochter nach meinen Unterlagen noch nicht einmal ihren vierten Geburtstag gefeiert hat. Oder liege ich mit meiner Einschätzung dermaßen daneben?«, hatte er kopfschüttelnd noch hinzugefügt.

Es war bemerkenswert, wie sich das Gesicht der Braut bei dieser Frage in Sekundenschnelle mit einem dunklen Rot überzogen hatte. Rasch warf sie einen verstohlenen Blick zu ihren Eltern hinüber, ganz offensichtlich in der Hoffnung, dass diesen die laut formulierte Frage entgangen war. Doch ganz im Gegenteil: Die Mutter hatte einen überraschten spitzen Schrei ausgestoßen und sich danach mit fassungsloser Miene an ihren Mann geklammert.

»Was ... was hat der Mann da gerade eben gesagt?«, stammelte die Frau verwirrt, während sie ihre Tochter entsetzt musterte. »Wie kommt der Mann denn darauf, dass du ein

Kind geboren hast? Das ist doch nicht wahr, was er da sagt!« Die Verlegenheit der Braut war buchstäblich mit Händen zu greifen gewesen. Sie hielt den Kopf starr zu Boden gesenkt, während sie leise ihr Geständnis murmelte.

»Doch, Mutter, es ist wahr. Leider! Vor dreieinhalb Jahren habe ich ein Kind geboren, ein gesundes kleines Mädchen. Ein Mädchen, das wir danach dann aber haben weggeben müssen, der Johann und ich ... Johann ist der Vater des Kindes!«

Nun war es an Johanns Eltern, grenzenloses Erstaunen an den Tag zu legen. Ganz offensichtlich hatten die beiden anderen genauso wenig Kenntnis über die Existenz dieses Kindes wie die Reingrubers aus Auerbach.

»Ihr habt ... tatsächlich schon ein Kind miteinander?« Der Schuhmacher stemmte die Hände in die Hüften und musterte das Brautpaar missbilligend. »Und ihr habt tatsächlich niemandem etwas davon gesagt? Schlimmer noch«, jetzt machte er einen drohenden Schritt in Richtung seines verlegen dreinschauenden Sohnes, »ihr habt das Kind weggegeben? Verkauft? Verschachert, wie einen Sack voll Mehl?« Mehr und mehr hatte sich der alte Mann in Rage geredet, und wer weiß, was schließlich geschehen wäre, wenn der Standesbeamte nicht entschieden mit seiner Faust auf die Tischplatte gepocht hätte, um dem Wortwechsel Einhalt zu gebieten.

»Das spielt im Augenblick überhaupt keine Rolle! Wir sind hier versammelt, um die Eheschließung des Brautpaares zu besiegeln – alles Weitere dürfen Sie dann später miteinander klären!« Doch der erboste Schuhmacher zeigte zunächst keinerlei Reaktion.

»Und wie heißt es, das Kind? Euer Kind?«, zischte er mit gefährlich leiser Stimme.

»Maria!« Während sie all ihren Mut zusammennahm und den Namen des von ihr geborenen Kindes preisgab, schob sich Magdalena zwischen die beiden Männer. »Das Mädchen heißt Maria.«

»Und wo ist das Kind?«, ließ der künftige Schwiegervater nicht locker.

»Bei guten Leuten!«

»Wie meinst du das?«

Magdalena schnaufte unwirsch. Es war an der Zeit, das ungnädige Verhör zu beenden. Höchste Zeit. »Das habe ich doch vorhin bereits erklärt. Wir konnten das Kind einfach nicht behalten. Wie denn auch? Als einfache Dienstboten! Und deshalb haben wir es in die Obhut von guten Leuten gegeben. Das ist die ganze Geschichte!«

»Und wer sind diese Leute?!«

»Das kann und darf ich nicht sagen! Das habe ich versprechen müssen! Und Johann im Übrigen genauso«, fügte sie nach einem raschen Blick auf ihren Bräutigam noch hinzu. Es versetzte Magdalena einen schmerzhaften Stich mitten ins Herz, wie sie ihren Vater Johannes Reingruber bei diesen Worten vor sich stehen sah. Als habe ihn der Blitz getroffen! Starr und regungslos hatte er seinen Blick auf die gegenüberliegende Wand gerichtet, während ihre Mutter schluchzend auf ihren Stuhl gesunken war, wo Johanns Mutter ihr zum Trost beschwichtigend die Hand auf die Schulter gelegt hatte.

Fürwahr, eine unglaubliche Szene, wie er sie noch nie zuvor erlebt hatte. Der Standesbeamte würde am Abend etwas zu erzählen haben, wenn er von der Arbeit nach Hause kam. Und dann noch dieses Mädchen. Dieses blasse, völlig apathische Mädchen in dem schwarzen Trägerkleid, das von der ganzen Zeremonie samt dem fassungslosen Wortwechsel nichts mitbekommen zu haben schien. So jedenfalls empfand es der Mann. Merkwürdige Verhältnisse. Eigenartige Leute! Nun gut, seine Wege würden sich mit diesen Leuten so schnell nicht mehr kreuzen. Gott sei Dank! Nur noch die letzten Formalitäten hinter sich bringen, dann war der Fall für ihn erledigt. Mochte das armselige Bauernvolk anschließend doch machen, was es wollte!

Anna selbst war es gerade so, als befinde sie sich mitten in einem bösen Traum. Tatsächlich drang nahezu nichts von dem Geschehen um sie herum wirklich vor in ihr Bewusstsein. Noch immer war sie gefangen von dem Alptraum, der sie seit dem Tod der Großmutter mehr und mehr in seinen Bann geschlagen hatte. Langsam erst, ganz langsam und schemenhaft hatten sich die schwarzen Schatten an sie herangeschlichen, bis sie dann in der Kammer der toten Mutter schlagartig von ihr Besitz ergriffen. Dann hatte sich die Welt um Anna herum in einem Meer von Traurigkeit aufgelöst. Einfach aufgelöst!

Aber nicht für immer! Bald schon würde sie wieder erwachen. Die Mutter würde einfach aufstehen aus ihrem Bett und gemeinsam mit der Großmutter Klee die Hand nach Anna ausstrecken. Die Großmutter würde sie dann fragen, ob sie Lust habe auf einen kleinen Spaziergang an die Rezat. So wie immer halt. Und Anna würde bei dieser Frage einen lauten Freudenschrei ausstoßen. Damit würde sie die schwarzen Schatten wieder verjagen. Ein für allemal. Sie würde die Hand der Großmutter ergreifen, im Fortgehen noch kurz der Mutter zuwinken, während Johann, ihr geliebter kleiner »Bruder«, den beiden wie immer eilig hinterherrennen würde, die Ermahnungen der Tante Luise ignorierend, die ihnen von der Eingangstür des »Goldenen Adler« aus lächelnd hinterherschaute …

17

Pflegefamilie

Im Lauf der Jahre sind in der kleinen Behausung der Rößlers auf dem unteren Schandhof noch drei weitere Kinder auf die Welt gekommen: im Jahr 1892 der Sohn Georg Leonhard, zwei Jahre später – 1894 – Johann (der im Frühjahr 1945 in Rothenburg verstorben ist) und schließlich dann im Jahr 1896 Margarete (eben jene Auracher Marie, von der schon zu Beginn des Buches die Rede war und die mit ihrem ledigen Bruder Georg Leonhard als ebenfalls Unverheiratete dann später in der Wenggasse in Rothenburg gelebt hat. Margarete ist 1977 im Alter von einundachtzig Jahren gestorben, ihr Bruder schon 1965, mit dreiundsiebzig Jahren).

Natürlich fragt man sich angesichts der seit der Eheschließung ja mit einem Mal geordnet scheinenden Familienverhältnisse jetzt, weshalb das erstgeborene Mädchen Maria nun nicht aus der Obhut seiner Pflegeeltern zu den Rößlers zurückgeholt worden ist. Doch die Antwort ist genauso schnell erteilt, wie die Frage gestellt worden ist: Es ging nicht! Die neuen Eltern haben sich geweigert, das Kind wieder herzugeben. Hart für die Mutter, verständlich aus Sicht der Pflegefamilie, die »ihre« Maria zu diesem Zeitpunkt schon nahezu vier Jahre lang aufgezogen hatte. Gegen den Willen der machtlosen Mutter blieb das Mädchen also bei der Pflegefamilie in Rothenburg, da war nichts zu machen. So hatte man es damals – gleich nach der Geburt – geschrieben, und schließlich hatten die Leute ja gutes Geld für das Kind gezahlt!

18

April 1896

»Also wenn ich dich so anschaue! Du wirst doch nie und nimmer demnächst vierzehn Jahre alt!« Das tief in Gedanken versunkene Mädchen zuckte erschrocken zusammen, als die laute, raue Stimme der Magd an ihr Ohr drang.

Unsicher wandte sich Anna um und blickte in das derbe Gesicht von Gerlinde, der knapp zehn Jahre älteren Magd, mit der sie sich seit Lichtmess dieses Jahres eine Kammer teilte. Seit nunmehr fast schon drei Monaten also. Seit die Rößlers nach Rothenburg gezogen waren. Oder vielmehr: nach Rothenburg hatten ziehen müssen. Wie sollte man es auch ausdrücken? Egal. So war es nun einmal. Die Rößlers in dem kleinen Haus in der Rothenburger Wenggasse Nummer 43, sie dagegen nach wie vor hier, auf dem Schandhof. Zusammen mit Gerlinde in der engen Kammer, die mit den beiden Betten und dem zweigeteilten klapprigen Schrank, in dem sie ihre spärlichen Besitztümer aufbewahrten, mehr als ausgefüllt war. Doch die Enge war es nicht, die Anna zu schaffen machte. Eng war es schließlich auch schon vorher zugegangen, als sie mit den beiden anderen Rößler-Kindern in einem nicht minder kleinen Raum geschlafen hatte, in den auch nur zwei Betten hineingepasst hatten. Das eine Bett hatten sich die beiden Jungen Georg und Johann geteilt, einer mit dem Kopf am oberen, der andere am unteren Ende, im zweiten – kleineren – Bett hatte sie geschlafen. Dann war da noch die Stube gewesen, in der Magdalena, ihre Patin, und deren Mann, der Onkel Johann, übernachtet hatten. Zwei winzige Räume für die fünfköpfige Familie, mehr nicht. Und dennoch: Immer wieder hatte der Onkel mit Stolz darauf verwiesen, wie komfortabel sich ihre Situation im Vergleich zu den Wohnverhältnissen der anderen Knechte und Mägde auf dem Schandhof darstellte. Immerhin bewohnte man ja eine eigene Behausung, zugegebenermaßen ziemlich klein, aber wenigstens musste man sie dafür mit niemandem teilen. Das Privileg der langen Jahre, in denen die Rößlers bereits im Dienst der Schandhofbauern standen.

Aber seit Ende des letzten Jahres hatten sich Veränderungen abgezeichnet. Unwillkommene Veränderungen, die Annas mühsam zusammengefügte kleine Welt von Neuem wie aus heiterem Himmel zum Einsturz gebracht hatten. Begonnen hatte es an einem trüben Novembermorgen, gleich nach dem Füttern der Schweine. Die Patentante hatte ihren Arm um Annas Schultern gelegt und das Mädchen eng an ihren Leib gedrückt.

»Du, Anna, ich muss dir etwas sagen …«

Neugierig hatte Anna abgewartet, was ihr die Tante wohl an Neuigkeiten mitteilen würde. Doch diese schien es mit der Nachricht alles andere als eilig zu haben. Oder suchte sie nur nach den richtigen Worten? Merkwürdig! Das war doch sonst ganz und gar nicht die Art der Tante, von der die anderen Bediensteten auf den Schandhöfen immer grinsend behaupteten, Magdalena trage ihr Herz auf der Zunge und sei mit ihrer Schlagfertigkeit jederzeit für einen Kommentar zu haben. Dieses Mal jedoch schien die Tante selbst nicht so recht zu wissen, wie sie sich ausdrücken sollte …

»Was ist es denn, was du mir sagen willst, Tante Magdalena?«, ergriff Anna nun die Initiative.

»Es ist so …«, begann die andere zögernd, während sie Annas rechte Hand an ihren Unterleib legte. An eine deutlich spürbare Wölbung ihres Unterleibs, wie Anna erstaunt feststellte. »Ich bin nämlich wieder schwanger. Wir bekommen noch einmal ein Kind. Ende März müsste es so weit sein!«

»Aber das ist ja schön, Tante Magdalena. Da kann ich dir ja noch besser helfen als beim letzten Mal. Ich weiß nämlich noch ganz genau, wie man so ein kleines Wickelkind pflegt und sauber macht!« Endlich wieder einmal eine gute Nachricht in all dem dumpfen und beschwerlichen Hofleben, an das sich Anna wohl nie würde gewöhnen können, nachdem sie ja immerhin während ihrer ersten sieben Lebensjahre in den gutbürgerlichen Verhältnissen des »Goldenen Adler« von Lehrberg zu Hause gewesen war. Anna hatte schließlich auch die beiden Kleinen, den jetzt fünfzehn Monate alten Johann und den mittlerweile dreieinhalbjährigen Georg, zu großen Teilen mitversorgt, sodass die Patentante weiterhin ihren Aufgaben als Dienstmagd hatte nachgehen können. Weshalb also machte die Tante solch ein trauriges Gesicht? »Da freue ich mich aber. Und die beiden Buben finden es sicherlich auch ganz wunderbar, wenn sie noch ein Geschwisterchen bekommen. Womöglich sogar ein Mädchen?«

Doch Magdalena schüttelte traurig ihren Kopf. »Wenn es nur so einfach wäre …«, erwiderte sie mit belegter Stimme und drückte Anna noch enger an sich. »Für ein weiteres Kind ist es nämlich hier zu klein. Es geht nicht mehr, wir müssen ausziehen. Es ist ja auch wirklich zu wenig Platz für eine sechsköpfige Familie, und die Bauern mögen es sowieso nicht haben, wenn so viele fremde Kinder herumspringen …«

»Fremde Kinder? Was soll das heißen?«, wunderte sich Anna. »Der Georg und der Johann sind doch hier geboren, genauso wie die Kinder von unserem Bauern, die Lydia, der Wilhelm und der Ludwig.«

»Aber ihr seid eben keine Bauernkinder. Ihr seid unsere Kinder – und das ist ein himmelweiter Unterschied.«

»Das verstehe ich nicht, Tante Magdalena. Kinder sind doch Kinder, oder?«

Um die Mundwinkel der Schwangeren zuckte es bitter. »Das sollte man meinen. Aber leider ist es nicht so. Da achten sie auch schon darauf, die Bauern, auf die Unterschiede. Und es macht eben einen himmelweiten Unterschied, ob du das Kind eines Knechtes bist oder ein Bauernkind!«

»Kind ist Kind!«, beharrte Anna trotzig auf ihrer vorherigen Feststellung.

»Du hast ja Recht, Anna. Aber dennoch, es gibt da gewaltige Unterschiede. Die Bauern halten sich schon für etwas Besonderes im Vergleich zu uns Dienstboten. Sie schauen auf unsereins genauso herab wie die Adligen auf das Landvolk. Niemals würde ein Bauernbub oder ein Bauernmädchen beispielsweise eine Magd oder einen Knecht heiraten. Das ist so gut wie ausgeschlossen.«

»Aber wieso denn? Seid ihr denn etwa andere Menschen?«

»In gewisser Weise schon«, zuckte Magdalena resigniert mit den Schultern. »Weißt du, es ist ja so, dass die Bauern doch einen großen Besitz haben: Häuser, Scheunen, Ställe, Äcker, Vieh. Und manchmal auch noch ganz schön viel Geld. Was aber haben wir dagegen? Eine Kammer zum Schlafen, meistens nicht einmal für uns alleine, einen Koffer, ein Sonntagskleid, das ist dann aber auch schon alles. Viel mehr haben wir ja wirklich nicht.«

»Aber wir haben zu essen und zu trinken. Und ein Dach über dem Kopf. Das reicht uns, sagt ihr doch immer wieder«, wunderte sich Anna über diese nüchterne Auflistung der ländlichen Standesunterschiede.

»Das stimmt ja auch. Aber mehr haben wir eben nicht. Mit anderen Worten, wir haben so gut wie nichts, während die Bauern viel Besitz haben. Und derjenige, der viel hat, den plagt gleichzeitig die Angst, es zu verlieren oder es mit denen teilen zu müssen, die weniger haben. Jemand, der viel besitzt, will immer noch mehr – auf keinen Fall aber will er seinen Besitz schmälern. Im Gegenteil, er will ihn vermehren. Das aber geht nicht, wenn man jemanden heiratet, der nichts mit in die Ehe bringt. Und deshalb bleiben die Bauern lieber unter ihresgleichen, so einfach ist das ...«

»Das klingt aber nicht sehr christlich.« Anna ballte erregt die Fäuste. Wo die Familien der drei Schandhofbauern doch regelmäßig den Sonntagsgottesdienst in Rothenburg besuchten und vor jeder Mahlzeit grundsätzlich ein Gebet gesprochen wurde. Und wo doch in der Bibel steht ...

»Aber das ist es nicht, was ich eigentlich mit dir bereden muss«, unterbrach Magdalenas Stimme die verwunderten Überlegungen der kleinen Nichte.

»Es ist nämlich wirklich so, dass wir mehr Platz brauchen und ich überdies auch nicht mehr so arbeiten kann wie bisher, wenn noch ein Kind da sein wird. Nein, lass mich ausreden!« Mit einer energischen Handbewegung erstickte sie Annas Protest schon im Keim. »Es ist schon so, wie ich sage: Selbst wenn du mir noch so zur Hand gehst, es reicht nicht. Außerdem war es ja ungewöhnlich genug für unsereinen, in einer Behausung nur für uns leben zu dürfen. Glaube mir, Anna, das hat nicht jedem gefallen. Aber wie auch immer, wir müssen aus dem Haus.« Sie holte noch einmal tief Atem, bevor sie zum Kern ihrer Mitteilung kam. »Der Johann, der hat sich kürzlich in Rothenburg einen kleinen Bauernhof angeschaut, in der Wenggasse. Den können wir von unserem Ersparten und hauptsächlich mit dem Erbe von Johanns Eltern kaufen. Johanns Vater, der ja kürzlich gestorben ist, hat ein bisschen etwas sparen können, obwohl ihm als Schuhmacher in Oestheim auch nicht viel an Einkommen beschieden war. Und der Verkauf der Leisten und der Rohware aus der Schusterwerkstatt wird auch noch ein paar Reichsmark einbringen. Mehr jedenfalls als das, was ich beim Verkauf meines Elternhauses in Auerbach bekommen habe. Da ist ja nach dem Abzug aller Schulden und nach den Begräbniskosten meiner Eltern so gut wie gar nichts übrig geblieben an Geld.«

Magdalena legte eine erschöpfte Pause ein, dann drehte sie das Mädchen sanft in ihre Blickrichtung und fixierte Anna aus traurigen Augen. »Ich will damit sagen, Anna, dass wir demnächst umziehen werden. Der Johann hofft, dass er die Arbeit als Straßenkehrer, die ihm von der Stadt zunächst einmal auf ein halbes Jahr zugesichert worden ist, dann auch noch länger ausüben kann. Da verdient er sich zwar weiß Gott keine Reichtümer, aber zusammen mit der Kuh im Stall, zwei Schweinen vielleicht, ein paar Hasen und Hühnern müssten wir uns weitgehend selbst versorgen können – und mit dem restlichen Lohn die Schulden abzahlen.«

»Da kann ich dann ja die Stallarbeit erledigen und mich vorher um das kleine Kind kümmern, Tante!« Obwohl Anna instinktiv ahnte, dass sich hinter den leisen Worten ihrer Patin eine andere Botschaft verbarg, klammerte sie sich mit gespielter Zuversicht an diese Hoffnung auf eine gemeinsame Zukunft in Rothenburg.

Doch schon Magdalenas nächster Satz ließ den Traum zerplatzen. »Du kannst nicht mitkommen, Anna. Es wird sonst nicht für uns reichen. Im Übrigen hast du ja im nächsten Jahr eh das Alter erreicht, in dem man in Stellung geht. Ich habe auch schon mit der Bäuerin gesprochen: Sie ist einverstanden. Wir machen es also so: Du kannst, wenn wir an Lichtmess nach Rothenburg ziehen, auf dem Schandhof bleiben. Der Bauer hat zwar zunächst gemurrt und gemeint, du seiest ja dann erst dreizehneinhalb und überdies viel kleiner gewachsen als andere Mädchen in deinem Alter, aber zusammen mit der Bäuerin habe ich ihn umstimmen können. Du kannst also künftig als Untermagd hier arbeiten – und uns natürlich dann an jedem freien Sonntag in Rothenburg besuchen. Glaube mir, Anna, es ist für uns alle so das Beste!« Doch diese unbeholfenen letzten Tröstungsversuche ihrer Patin waren gar nicht mehr in das Bewusstsein des Mädchens gedrungen. Wieder einmal hatten die Schatten des Alptraums die Oberhand über sie gewonnen, und Anna war in einem Meer von dumpfer Traurigkeit versunken.

Die laute, ärgerlich krächzende Stimme ihrer Mitbewohnerin Gerlinde riss Anna aus diesen wehmütigen Gedanken an eine scheinbar bereits unendlich lange zurückliegende Zeit: »Was ist jetzt? Bekomme ich eine Antwort oder bekomme ich keine? Wirst du denn nun demnächst tatsächlich vierzehn Jahre alt oder nicht? So klein, wie du gewachsen bist! Viel zu klein im Vergleich mit anderen Vierzehnjährigen!« Missbilligend rümpfte die zehn Jahre ältere, stämmige Magd die Nase, nachdem sie das errötende Mädchen von Neuem scharf ins Visier genommen hatte.

»Wer weiß, wie alt du in Wirklichkeit bist – und weshalb dich deine so genannten Pflegeeltern hier bei mir in der Kammer zurückgelassen haben!«

Weshalb nur musste sie sich das alles anhören? Weshalb hatte der liebe Gott, von dem ihnen der Herr Pfarrer im Konfirmandenunterricht immer so schöne Geschichten erzählte, denn kein Erbarmen mit ihr? Weshalb erhörte er keines ihrer flehentlichen Gebete? Sie vermisste die Großmutter und die Mutter so sehr. Immer noch versetzte es ihr einen schmerzhaften Stich mitten ins Herz, wenn sie an diese beiden Frauen dachte. Sie hatte sie so lieb gehabt. Ebenso wie Johann, ihren Vetter, den sie ja immer als ihren Bruder angesehen hatte. Und vielleicht noch Luise, seine Mutter. Doch auch von diesen beiden war sie getrennt, sie lebten an einem weit entfernten Ort. Weit entfernt von Rothenburg. Unendlich weit!

Anna fasste sich mit beiden Händen an die Ohren. Nein, sie konnte es nicht mehr hören! Konnte und wollte es nicht mehr ertragen! »Hör auf! Hör sofort auf damit!«, schrie sie der anderen aus Leibeskräften in das erstaunte rote Gesicht. »Hör auf! Hör auf! Hör auf!« Nur weg hier! Fort! Niemanden mehr sehen und hören müssen! Sie riss die Tür der Kammer auf, die laut krachend an die Wand donnerte, und hastete die enge Holztreppe hinunter. Ohne sich um die verblüfften Mienen der anderen zu kümmern, stürzte Anna aus dem Flur hinaus ins Freie. Über den Hof, über die Wiese, den Hang hinunter zum Bach, zur Schandtauber. Erst hier blieb sie, vor Anstrengung keuchend, stehen. Die Gefühle rasten durch ihr Gehirn und schienen ihren Kopf zu zersprengen. Warum nur? Warum? Weshalb musste das alles sein? Was nur um alles in der Welt hatte sie verbrochen, dass ihr dieses Schicksal zuteil geworden war. Die Mutter gestorben, der Vater verschwunden, die Patin mit den Kleinen in Rothenburg, Anna alleine zurückgeblieben auf dem Schandhof, den Launen ihrer Mitbewohnerin Gerlinde schutzlos ausgesetzt. Schluchzend ließ sie sich auf die regennasse Wiese sinken. Stundenlang saß sie so da. Regungslos. Sie bemerkte nichts von der Feuchtigkeit, die sich allmählich durch ihre Kleidung zog. Nichts von der Kühle des Frühjahrswindes, nichts von der hereinbrechenden Dunkelheit. Ein verzweifeltes Gefühl des Ausgeliefertseins und der Leere hatte von dem Mädchen Besitz ergriffen und bestimmte erbarmungslos nunmehr Annas gesamtes Denken.

Sie war allein – mutterseelenallein!

19

Alltagsleben

Arbeit auf dem Bauernhof – als vierzehnjähriges Mädchen! Weit weg vom Elternhaus! Undenkbar? Von wegen! Es ist noch gar nicht so lange her, da gehörten solche Schicksale quasi zum Alltagsleben. So hart das klingt: Es war keinesfalls etwas Besonderes, sich als Vierzehnjährige das tägliche Brot selbst zu verdienen. Fünfzig Jahre, höchstens sechzig Jahre – die Distanz von zwei Generationen. Erst im Rückblick sehen wir so den Fortschritt, den es in unserer Gesellschaft gegeben hat, trotz aller Probleme, die natürlich auch die Menschen heutzutage beschäftigen. Dieser Blick zurück in die jüngste Geschichte eröffnet erstaunliche Perspektiven. Macht einen ein ganzes Stück zufriedener mit dem »Hier und Heute«.

Denn, wie gesagt: Die Erinnerungen sind noch mit Händen zu greifen, als Kinderarbeit auch hierzulande gang und gäbe war. Vor allem in den weniger begüterten Schichten der Gesellschaft. Die Erinnerungen meiner Mutter haben selbst mich in Erstaunen versetzt, denn erst vor Kurzem hat sie mir erzählt, wie es ihr damals ergangen ist. Weshalb hat sie jahrzehntelang nicht darüber geredet? Weil sie froh gewesen ist, dieses Kapitel ihres Lebens hinter sich zu haben? Weil sie als Mutter andere Sorgen hatte? Zum Beispiel die, dass es ihren Kindern einmal besser gehen sollte als ihr? Sätze, die wir alle schon einmal gehört haben – und die wir erst begreifen, wenn wir uns für diese Geschichten öffnen. Wenn wir zuhören und wenn wir dann vielleicht realisieren, wie knapp wir diesen Erlebnissen nur entgangen sind.

Sie ist genau vierzehn Jahre und einen Tag alt gewesen, als sie am 1. April 1946 ihr so genanntes Pflichtjahr in der Steinsmühle unterhalb von Rothenburg angetreten hat. In einer der damals noch zahlreichen Mühlen im Taubergrund. Und solch ein Pflichtjahr zu absolvieren war – wie schon der Name sagt – eben Pflicht für die Kinder aus den weniger gehobenen Schichten der Nachkriegsgesellschaft. Die Volksschulzeit war vorbei, Geld für den Besuch einer weiterführenden Schule hatten die Eltern nicht aufbringen können. Also, auf ins Pflichtjahr! Es gab keine Alternative!

Arbeit in der Mühle – was bedeutete dies für eine Vierzehnjährige? Es hieß Arbeit von sechs Uhr morgens bis acht Uhr abends, im Sommer bis zehn Uhr. Im ländlichen Sprachgebrauch also Arbeit von Sonnenaufgang bis Sonnenuntergang! Als Küchenhilfe für die Müllersfrau, als Kindermädchen, als Handlangerin für die Großmagd. Mithelfen beim Rübenhacken, Heuen, Kartoffelernten, Schweinefüttern, Backen, was eben so alles anfiel an Arbeiten in einer Mühle. Abends dann ist sie todmüde ins Bett gefallen, in der Kammer, die sie sich mit der Großmagd hat teilen müssen.

Natürlich war der Samstag ein Arbeitstag wie jeder andere Werktag auch – nur der Sonntag war frei, zur Hälfte zumindest. Am Sonntag, da durfte sie dann die Eltern oben in der Stadt besuchen – zwischen ein Uhr und fünf Uhr. Vier Stunden Freizeit also, inklusive Fußmarsch den steilen Hang hinauf nach Rothenburg – bei Wind und Wetter. Eine Alternative gab es nicht. Wobei dann noch im ersten Jahr die Zeit für die Christenlehre der Konfirmanden die knappe Freizeit noch mehr beschnitten hat, denn die Christenlehre hatte der Rothenburger Pfarrer ebenfalls am Sonntag von ein bis zwei Uhr angesetzt.

Obwohl ihr Elternhaus laut Landkarte noch nicht einmal einen Kilometer entfernt gewesen ist, hat sie die Eltern also höchstens zwei Stunden pro Woche sehen können – wenn überhaupt. Als vierzehn Jahre altes Mädchen! Unvorstellbar für uns heutzutage in Deutschland. Und erst recht für unsere Kinder! Zum Glück! Das sind Geschichten, wie man sie nur aus weit entfernten Entwicklungsländern kennt – und dennoch ist das alles ja noch gar nicht so lange her.

Das zweite Jahr in der Mühle hätte sie sich ersparen können, falls sie eine Lehrstelle gefunden hätte. Doch es gab keine Lehrstelle – so sehr ihre Mutter in der Stadt auch nachgefragt hatte: nichts zu machen. Und das bedeutete dann eben ein weiteres hartes Arbeitsjahr in der Steinsmühle, dreihundertfünfundsechzig Tage lang. Mühlenalltag, in dem aber nirgendwo Platz für jene Art von Romantik gewesen ist, wie sie heute so gerne folkloristisch verbrämt dargestellt wird. Die »gute alte Zeit«, die uns in den wunderschön herausgeputzten fränkischen Städtchen aus jeder Ecke entgegenlächelt. Von wegen!

Man wird demütiger, wenn man sich Lebensläufe wie diesen vor Augen führt. Zufriedener auf jeden Fall mit dem Hier und Heute. Es wäre auch sicherlich nicht verkehrt, wenn unsere Kinder mehr über diese uns heutzutage so fern erscheinende Welt erfahren könnten. Eine Welt, die doch noch gar nicht so lange vergangen ist.

Kinder, die im Kaufrausch versinken. Jugendliche, die meinen, alles stünde ihnen zu. Und wehe, das neueste Computerspiel lässt sich nicht genauso schnell wie dringend besorgen. Dann stürzt heute bereits eine ganze Welt zusammen! Was für Unterschiede! Was für Probleme – verglichen mit den tatsächlichen Existenzsorgen vor wenigen Jahrzehnten noch. Schicksale. Wie die beiden harten Pflichtjahre meiner Mutter in der Mühle halt Schicksal waren. Eines von zigtausend ähnlichen. Nichts Besonderes also, so merkwürdig und fatal das auch klingen mag.

Und immerhin: Sie hat ja wenigstens einmal in der Woche kurz die Eltern und die Geschwister sehen können. Im Gegensatz zu Anna, ihrer Großmutter.

20
September 1897

Wie weit war es denn noch bis zum Schandhof? Die Strecke schien sich an diesem Vormittag endlos hinzuziehen. Anna spürte ein trockenes Kratzen in ihrer Kehle, während sie mit festen Schritten auf dem staubigen Feldweg in Richtung Rothenburg marschierte. Flirrend lag schon um diese frühe Uhrzeit – es mochte vielleicht gerade zehn Uhr sein – die Hitze über dem ausgedörrten Land, das in diesem Sommer nur wenig Regen gesehen hatte.

Die Ernte war eingebracht, und ein früher Herbst würde Einzug halten, das ließ sich an den dunkelbraun verfärbten Blättern der Bäume deutlich ablesen. Aber dass es Anfang September noch so heiß sein konnte! Anna blieb stehen und wischte sich mit dem Handrücken erschöpft über die schweißnasse Stirn. Das Kratzen in ihrer Kehle wurde stärker. Durst! Aber die Feldflasche, die sie im Ort Geslau mit frischem Wasser gefüllt hatte, war bereits wieder leer. Und es würde sicher noch eine gute halbe Stunde vergehen, bis sie wieder an einem Bach oder einem See vorbeikam. Und das im ansonsten doch so wasserreichen Franken! Ausgerechnet jetzt begann der steile Aufstieg hoch zur Frankenhöhe! Wenigstens tauchten dort vorne schon die ersten Bäume auf. Im Wald würde es angenehmer sein. Schattiger, kühler. Auch den Durst würde sie damit einigermaßen in Schach halten können. Aber nur, wenn sie sich beeilte. Vom bloßen Herumstehen ließ sich der Durst schließlich nicht löschen. Anna seufzte leise und nahm ihren Fußmarsch wieder auf. Bald schon war sie tief in Gedanken versunken. Gedanken, die um ihren Besuch in Lehrberg kreisten. Ihre beiden ersten richtig freien Tage auf dem Schandhof, die sie sich hart mit zusätzlicher Küchenarbeit erkämpft hatte. Nach über andertthalb Jahren harter Arbeit! Dennoch hatte ihr die Bäuerin nur widerwillig freigegeben, damit sie die Einladung der Tante Luise annehmen und zur Kirchweih nach Lehrberg gehen konnte.

Dieses Mal hatte Anna, die sich ansonsten widerspruchslos und traurig in ihr Schicksal gefügt hatte, nicht klein beigegeben, so wie man das sonst immer von ihr gewohnt war. Nein, sie hatte der ärgerlich die Stirn in Falten legenden Bäuerin zum ersten Mal widersprochen und darauf beharrt, die beiden Tage für den Besuch in Lehrberg vorarbeiten zu können. Zumal mittlerweile auch die Kartoffelernte vorüber war. Gleich nach der Christenlehre am Sonntagnachmittag in Rothenburg würde sie losmarschieren, hatte Anna der Bäuerin mit Bestimmtheit entgegnet. Am Dienstagmittag sei sie dann bereits wieder zurück. Die Frau hatte schließlich nachgegeben, nicht ohne ihr drohend den Zeigefinger entgegenzustrecken und zu verkünden, dass sich das widerborstige, undankbare Mädchen am besten gleich ganz zum Teufel scheren könne, falls sie nicht Punkt zwölf Uhr zum Mittagessen wieder zurückgekehrt wäre. Damit war sie aus der Küche gestampft, die Tür mit einem lauten Knall hinter sich zuschlagend. Noch nicht einmal zwei Tage waren also vergangen. Zwei Tage, in denen sich dennoch so vieles ereignet hatte, was ihr nicht mehr aus dem Sinn ging. Beispielsweise gleich zu Beginn, am Sonntagnachmittag noch in Rothenburg. Diese merkwürdige Begegnung nach der Christenlehre. Wo sie auf dem Marktplatz an der Rathaustreppe dieses Mädchen gesehen hatte. Beziehungsweise auf das blonde, schätzungsweise zehn Jahre alte Mädchen aufmerksam gemacht worden war. Von einer ihrer Nebensitzerinnen bei der Christenlehre. Die würde ja fast genauso aussehen wie Anna, hatte es geheißen. Ob sie denn noch eine Schwester in Rothenburg habe? Die überraschte Anna hatte hilflos mit den Schultern gezuckt und das Mädchen, das einer der Jungen zu ihnen hergewunken hatte, erstaunt gemustert.

»Natürlich ist das eine Art Schwester von der!«, hatte Lukas gegrinst und seinen Gefährten vieldeutig zugezwinkert. »Das haben wir gleich: Du bist doch die Maria, oder?«

Das Mädchen hatte den Kopf zu Boden gesenkt und keine Antwort gegeben.

Doch der Junge machte rücksichtslos weiter. »Das ist die Rößlers Maria. Die gehört auch zu denen in der Wenggasse, eigentlich wenigstens. Obwohl sie bei einer Pflegefamilie aufwächst! Komische Sache, findet ihr nicht auch? Die eine sieht aus wie die andere, und dennoch wohnen sie nicht zusammen, obwohl sie beide zu den Rößlers gehören. Die eine mehr, die andere weniger. Weil, du bist doch selber nur die Nichte von der Rößlers Magdalena, nicht wahr? Da brauchst du jetzt gar nicht einfach davonzulaufen. Haha, nun haut auch noch die andere ab, schaut nur her! Da könnt ihr aber rennen, so viel ihr mögt! Vor der Wahrheit kann man nicht weglaufen! Meine Eltern wissen nämlich ganz genau darüber Bescheid, wie es bei euch zugeht«, hatte Lukas der davonhastenden Anna noch lauthals hinterhergebrüllt, die vor Scham und Verzweiflung am liebsten im Erdboden versunken wäre.

Schluchzend hatte sie danach eine ganze Weile vor dem Haus ihrer Patentante in der Wenggasse gestanden, bis die erschrockene Magdalena das Mädchen schließlich bemerkt hatte.

»Aber Anna, was um alles in der Welt ist denn geschehen? Tut dir etwas weh? Geht es dir nicht gut?« Magdalena hatte sie in die Arme genommen und tröstend mit ihrer Rechten über Annas Kopf gestreichelt. »Alles wird gut, Anna. Du wirst schon sehen. Weine dich erst einmal richtig aus, und dann erzählst du mir, was dir auf der Seele liegt.«

Es hatte lange gedauert, bis sich Anna einigermaßen beruhigt hatte und endlich in der Lage war, ihrer Patentante zu erzählen, was sie so sehr erschüttert hatte. Sie hatte sogar noch mit sich gekämpft, ob es überhaupt angebracht sei, der Tante die Schilderung dieser üblen Szene wirklich zuzumuten. Doch dann hatte sie sich einen Ruck gegeben, denn die Tante sollte ruhig wissen, wie sich die Lästermäuler in Rothenburg das Maul über sie zerrissen – hinter ihrem Rücken natürlich. Und so hatte Anna ihr berichtet, wie Lukas sie mit der angeblichen Schwester Maria in aller Öffentlichkeit an den Pranger gestellt hatte. Samt der armen Maria, deren Reaktion ganz eindeutig gezeigt hatte, dass ihr solche Spottreden nicht zum ersten Mal begegnet waren.

Schon bei ihren ersten Worten hatte Anna gespürt, wie sich die sonst so freundlichen Gesichtszüge der Patentante verhärteten! Voller Bitternis presste Magdalena die Lippen zusammen und ließ sich langsam auf den wackligen Küchenstuhl sinken. »Dieser Schmutzfink!«, murmelte sie leise, nachdem Anna geendet hatte. »Nur weil die Herrschaften besser begütert sind oder aus einer dieser alteingesessenen Rothenburger Familien stammen, meinen sie, auf uns so genannte Hungerleider herunterschauen zu können! Als ob sie etwas Besseres wären!« Mit der flachen Hand schlug sie heftig auf die Tischplatte. »Aber sonntags in der Kirche, da spielen sie die guten, frommen Christenmenschen! Und kaum sind sie draußen, da zeigen sie mit den Fingern auf uns! Das heißt in Wirklichkeit sogar schon in der Kirche drinnen – sogar mit Unterstützung der Pfarrer. Kannst du dir vorstellen, was das für ein Gefühl ist, als ledige Mutter plötzlich in eine andere Kirchenbank verwiesen zu werden? Beim Gottesdienst nicht mehr bei den angeblich so frommen und gottesfürchtigen Frauen sitzen zu dürfen? Sondern auf der Bank für die ledigen Mütter? Auf der Hurenbank, so nennen sie es, sobald du ihnen den Rücken zugedreht hast! Die frommen

Christenmenschen! Ausgerechnet die, die schon ins warme Nest hineingeboren worden sind und sich noch nie haben Sorgen machen müssen um ihr tägliches Brot! Ihre Vorfahren haben sich den Wohlstand erworben – manchmal auch zusammengestohlen –, von dem diese Herrschaften jetzt leben, ohne sich jemals großartig die Finger schmutzig gemacht zu haben! Was für entsetzliche Leute!« Sie hatte die Hände zur Faust geballt und rieb die Fingerknöchel hart aneinander. »Als wenn wir andere Menschen wären! Statt dass sie dem Herrgott dafür danken, dass ihnen unser Schicksal erspart geblieben ist, zeigen sie noch mit den Fingern auf uns!« Magdalena erhob sich so abrupt, dass der Küchenstuhl polternd umkippte. »Aber das lasse ich mir nicht länger gefallen! Ich werde die Lästermäuler zur Rede stellen! Jetzt! Sofort!«

Erschrocken hatte Anna registriert, dass sie ihre Patentante noch nie in einer solchen Stimmung erlebt hatte. Noch Jahre später fragte sie sich bei der Erinnerung an diese Begebenheit, was wohl tatsächlich geschehen wäre, wenn Johann Rößler seine Frau nicht mit sanftem Druck an den Schultern gepackt und sie so am Hinauseilen gehindert hätte. Schon seit einiger Zeit hatte Johann vom Flur des kleinen Hauses aus den Wutausbruch seiner Frau mit besorgter Miene verfolgt und war nun geistesgegenwärtig eingeschritten, bevor sich Magdalena in ihrem grenzenlosen Zorn womöglich zu Äußerungen hätte hinreißen lassen, die ihnen in der Kleinstadt Rothenburg später einmal übel nachgetragen worden wären.

»Es ist ja gut, Magdalena. Aber ein Streit wird auch nichts an den Tatsachen ändern. Gönne ihnen doch diesen Triumph nicht!« Er bückte sich, griff nach dem auf dem Boden liegenden Stuhl und stellte ihn wieder auf. »Komm, Magdalena. Setz dich!«

Mit einem müden Kopfnicken setzte sich Magdalena, aus der mit einem Mal alle Aggression und alle Energie gewichen schienen. Minutenlang sprach niemand ein Wort. Beklemmende Stille hatte sich über die enge Küche gebreitet. Die Luft schien plötzlich schwer und stickig. Selbst die ewig lästigen Fliegen waren verschwunden.

Schließlich fand Anna den Mut, sich zaghaft zu räuspern. »Entschuldige, Tante Magdalena. Aber ich würde gerne wissen …«, begann sie leise, fast flüsternd. Während ihr Johann einen warnenden, abweisenden Blick hinüberschickte, hob Magdalena mit einer matten Geste beschwichtigend die Hand.

»Ist schon gut, Johann. Aber man kann sich halt nicht ewig verstecken. In einer Kleinstadt schon gleich gar nicht.« Sie schnaufte mit einem gequälten Seufzer auf, bevor sie Anna aus traurigen Augen fixierte. »Es stimmt schon, mit dieser Schwester. Natürlich ist sie nicht deine richtige Schwester, die Maria. Sie ist aber mein Kind – unser Kind«, setzte sie mit einem raschen Seitenblick auf Johann hinzu. »Die Maria ist vier Jahre jünger als du und geboren worden, als wir beide noch nicht einmal verheiratet gewesen sind. Beide als Dienstboten auf dem Schandhof. Es war uns unmöglich damals, das Kind zu behalten. Deshalb haben wir die Maria an gute Leute gegeben. Wir hätten sie ja längst gerne zu uns geholt, aber die Pflegeeltern wollen sie nicht mehr hergeben. Es ist schlimm, dass dies von den ewigen Lästermäulern in der ganzen Stadt herumgetratscht wird. Was glaubst du, was für ein Schock es gewesen sein muss, als diese elenden Gassenbuben ihr die Wahrheit über ihre Herkunft mitleidslos ins Gesicht geschleudert haben? Einfach so! Es hat mir fast das Herz gebrochen, als ich diese Geschichte neulich habe erfahren müssen. Ja …«, Magdalena nickte trübe, »… neulich erst ist es geschehen. Und sofort hat es sich natürlich wie ein Lauffeuer in der ganzen Stadt herumgesprochen.« Wieder entstand eine lange, bedrückende Pause. Jeder für sich hatte zunächst genug damit zu tun, das gerade Gehörte zu verarbeiten. »Und diese Ähnlichkeit zwischen dir, Anna, und der Maria …«, fuhr Magdalena schließlich zögernd fort.

»Die Ähnlichkeit ist wirklich verblüffend. Das ist ein typisches Reingrubergesicht, so würde das mein Vater jetzt nennen. Dein Großvater aus Auerbach«, fügte sie noch hinzu. »Ich habe ja auch immer eine gewisse Ähnlichkeit mit der Barbara gehabt, mit deiner Mutter – meiner Schwester. Und genau diese Ähnlichkeit tritt jetzt wieder bei euch beiden zu Tage. Bei dir und der Maria ...« Sie hob resigniert die Achseln. »Aber was nützt schon diese ganze Aufzählung. Ich ... wir ... wir beide haben einen Fehler gemacht damals. Der Johann und ich.« Magdalena richtete ihren Blick auf Johann, der langsam und ernst nickte. Dann wandte sie sich wieder Anna zu.

»Es war der größte Fehler meines Lebens! Ein Kind hergeben! Mach so etwas niemals, Anna! Glaube mir: Du wirst es ewig bereuen!«

Verständnislos hatte Anna ihren Kopf geschüttelt. Wie kam die Tante nur auf solch einen abwegigen Gedanken? Ausgerechnet sie, die sich so sehr eine richtige Familie gewünscht hatte, zumindest so eine, wie sie diese in ihren ersten Lebensjahren in Lehrberg hatte erleben dürfen! Ausgerechnet sie wurde davor gewarnt, auf keinen Fall jemals ein Kind wegzugeben! »Wie kannst du nur so etwas denken, Tante Magdalena? Niemals würde ich ein Kind weggeben! Nie!«

Der Schmerz in ihrem linken Fuß war allmählich nicht mehr zu ignorieren. Anna blieb stehen und warf einen gequälten Blick auf die neuen Schuhe, die sich während ihres Marsches allmählich mit einer feinen braunen Staubschicht überzogen hatten. Der Staub war nicht das Problem. Nein. Sie hätte die Schuhe erst einlaufen müssen, dann würden sie nicht dermaßen scheuern, dass allmählich jeder Schritt zur Pein wurde. Es war eben doch ein Fehler gewesen, den gut gemeinten Ratschlag der Tante Luise zu befolgen und den gesamten Rückweg von Lehrberg schon mit den neuen Schuhen anzutreten. Wenn sie die alten, derben und löchrigen

Schuhe wenigstens als Ersatz mitgenommen hätte. Aber Tante Luise hatte energisch den Kopf geschüttelt und gemeint, diese bestünden ja aus mehr Löchern als aus Leder und taugten noch nicht einmal mehr zu einer Reparatur. Sie hatte die Schuhe einfach an sich genommen und Anna das neue Paar in die Hand gedrückt. Tatsächlich – im Gegensatz zu ihren bisherigen durchlöcherten Gehwerkzeugen war es allerdings schon ein himmelweiter Unterschied gewesen, das spürte man schon beim Hineinschlüpfen.

Und die Schuhe waren tatsächlich fast neu. Nur wenig getragen. Eigentlich handelte es sich ja um Johanns Schuhe. Johann, ihr einige Monate jüngerer »kleiner Bruder«, der ihr in Wirklichkeit längst über den Kopf gewachsen war. Der hatte die Schuhe von Tante Luise, seiner Mutter, geschenkt bekommen, war aber sehr zu deren Unmut innerhalb von wenigen Wochen dann buchstäblich aus ihnen herausgewachsen. Der Schuhmacher habe von vornherein falsch gemessen, hatte die Tante ärgerlich geschnaubt, anstatt auf sie zu hören und vorsichtshalber zwei Nummern zuzugeben. Doch das half nun auch nichts mehr: Man musste den Tatsachen insofern ins Auge sehen, als zu klein eben nun einmal wirklich zu klein war. Basta. Dagegen half auch kein Lamentieren. Von daher war Anna mit ihren desolaten Stiefeln gerade zur rechten Zeit gekommen. Tante Luise hatte die Lage rasch erkannt und Anna mit Johanns Schuhen versorgt, die ihr jedoch noch gut und gerne eine Nummer zu groß waren. Aber man habe ja an Johanns Beispiel wieder einmal erleben können, wie schnell die Kinder in die angeblich zu großen Schuhe hinein- und darüber hinauswachsen würden, hatte Tante Luise gemeint. Selbst wenn es sich um eine so kleine und zierliche Person handelte wie Anna.

Das Mädchen hatte sich an den Rand des Weges gesetzt, um seine schmerzenden Füße zu massieren. Tatsächlich. Wie Anna es befürchtet hatte! Schon durch die dunkelgrauen Wollstrümpfe schimmerte es rötlich. Eine Blase, die sich mittlerweile aufgescheuert hatte. Kein Wunder: Das war die Ursache der Schmerzen gewesen, die jeden Schritt auf dem letzten Kilometer zur Qual hatten werden lassen. Sie hätte einfach schon früher stehen bleiben sollen. Früher! Anna lachte bitter auf. Stehen bleiben! Um dann verspätet auf dem Schandhof anzukommen. Zu spät in den Augen der unwirschen Bäuerin! Als ob eine halbe Stunde hin oder her etwas ausmachte im Tagesablauf. Die Arbeit, die ihr zugedacht war, die würde sie doch so oder so erledigen. Und immerhin war sie ja auch schon seit dem frühen Morgen auf den Beinen. In aller Herrgottsfrühe war sie in Lehrberg aufgebrochen. Um ja nicht zu spät zu kommen. Was aber nun? Mit der aufgescheuerten Blase am linken Fuß weiterlaufen? Und was war mit dem Knöchel am rechten Fuß, wo es auch schon gewaltig drückte? Auch hier war die Haut schon feuerrot, so sehr hatte das Leder trotz der dicken Strümpfe gescheuert. Klar, sie hätte sie einlaufen sollen, Johanns Schuhe. Schon allein deshalb, weil dieser einen ganz anderen Gang hatte. Weil er sie also seinem Schritt entsprechend abgelaufen hatte. Aber sitzen bleiben half auch nicht weiter.

Allein schon wegen dem Durst. Sie hatte schrecklichen Durst! Also zusammenreißen! Entschlossen nestelte Anna ihr großes Taschentuch aus der Rocktasche und faltete es auseinander. Dann zog sie heftig an den beiden Enden. So lange, bis das leinene Tuch in der Mitte auseinander riss. Das schöne Taschentuch! Aber was blieb ihr schon anderes übrig? Sie zuckte unwirsch mit den Schultern. Da half jetzt alles nichts. Hoffentlich ging ihre Rechnung auf, und die beiden zwischen die Wunden und die Strümpfe platzierten Tuchreste würden einigermaßen als Polster zu gebrauchen sein und das ständige Scheuern des Leders wenigstens etwas abdämpfen. So konnte es gehen – im wahrsten Sinne des Wortes. Also, weiter. Bald würde sie nämlich den Scheitelpunkt der Frankenhöhe erreicht haben und dann, bei der Neusitzer Steige, auf einen Bach mit frischem Quellwasser stoßen, an dem sie ihren Durst löschen, die allmählich wie Feuer brennenden Füße kühlen und die Feldflasche wieder würde füllen können – für die letzten zwei Stunden Weges, die sie dann noch vor sich hätte. Und vielleicht wäre ihr ja in dem doch stärker befahrenen Gebiet um Rothenburg so viel Glück beschieden, dass sie einem Fuhrwerk begegnete, auf das sie aufsteigen konnte und das ihr den letzten Teil des Marsches gar ersparte?

Während sich Anna also in das Unvermeidliche fügte und mit entschlossenen Schritten weiter ausschritt, indem sie die trotz der Tücher nach wie vor pochenden Schmerzen ignorierte, so gut es eben ging, versank sie in Gedanken neuerlich in den Erinnerungen über die letzten beiden Tage. Bevor sie vorgestern Lehrberg, das eigentliche Ziel ihrer Reise, erreichte, hatte Anna den Umweg über Auerbach gemacht. In die Heimat ihrer Mutter und der Patentante, dorthin also, wo sie geboren war. In das kleine, gut und gerne fünfundzwanzig Kilometer vom Schandhof entfernt gelegene Dorf, wo die mittlerweile verstorbenen Großeltern ihrem ärmlichen Bauernwerk nachgegangen waren. Von einem Ort mit Namen Frommetsfelden her war sie gekommen, war an der Schmiede vorbeimarschiert, in der gerade ein Pferd mit neuen Hufeisen beschlagen wurde.

Es hatte ihr einen unvermutet schmerzhaften Stich ins Herz versetzt, nachdem sie, verfolgt von den neugierigen Blicken des Schmieds und seines Gehilfen, weiter auf der breiten, sanft ansteigenden Durchgangsstraße des schön gelegenen Dorfes entlanggeschritten war. Auerbach, die kleine, auf einer Anhöhe gelegene fränkische Siedlung mit dem geradezu atemberaubend schönen Blick über die weit gedehnte, feuchte Wiesenlandschaft hinweg, durch die sich die junge Altmühl schlängelte, bis hinüber zur mächtigen Hohenzollernburg Colmberg, deren Ursprünge aus dem hohen Mittelalter stammten. Die stattlichen Höfe, die sich rings um die mit einer hohen Mauer umgebene Wehrkirche gruppierten. Der Friedhof innerhalb der Kirchenmauer. Zögernd hatte sie die Klinke des zweiflügeligen Eisentores an der Kirchenmauer niedergedrückt und das rechte Tor vorsichtig geöffnet. Mit einem metallischen Quietschen schwang es nach innen. Anna war einen Augenblick lang unsicher unter dem Torbogen stehen geblieben.

Wo sollte sie suchen? Es war doch schon so lange her. Wo würde sie das Grab der Mutter finden? Das Grab der Mutter und der Großeltern, die ja kurz nach dem Tod der Mutter ebenfalls rasch nacheinander verstorben waren. Vor so langer Zeit schon. Mehr als sieben Jahre mochten inzwischen vergangen sein. Seitdem war Anna nie wieder hier gewesen. Was hatte sie damals als kleines Mädchen schon mitbekommen von den Begräbnissen? Wie sollte sie sich jetzt, nach so vielen Jahren, orientieren? Andererseits, so groß war der Friedhof auch wieder nicht. Genauso klein und bescheiden wie das ganze Dorf. Es müsste sich doch also finden lassen, das Grab, selbst wenn ihre eigene Erinnerung verblasst war.

Und so hatte es eine ganze Zeit gedauert, in der Anna mit klopfendem Herzen und wachsender Unruhe nach dem Grab ihrer Angehörigen gesucht hatte. Das konnte doch nicht sein, dass nichts mehr vorhanden war. Ein Holzkreuz nach dem anderen nahm sie ins Visier und buchstabierte leise murmelnd die Namen, die darauf zu lesen waren. Namen wie Unbehauen, Lober, Dürr oder Weber. Aber nirgendwo Reingruber! Nirgendwo? Unmöglich! Die Grabsteine vielleicht? Augenblicklich verwarf sie den Gedanken wieder. Als ob sich ausgerechnet die Familie Reingruber einen Grabstein hätte leisten können, lachte sie bitter in sich hinein! Wo ja schon der letzte Rest des armseligen Besitzes ihrer Großeltern kaum für die Begräbniskosten ausgereicht hatte. Vielmehr hatte es tatsächlich nicht gereicht, und so wäre ein Teil der Gebühr an ihrer Patentante Magdalena als letzter Angehörigen hängen geblieben, wenn dies damals nicht die Tante Luise aus Lehrberg mitbekommen und die noch geforderten Reichsmark aus ihrer eigenen Tasche beigesteuert hätte, wie Anna später erfahren hatte. Ein Grabstein für eine Tagelöhnerfamilie! Wirklich ein Witz! Das war höchstens etwas für Großbauern und den begüterten Ortsadel – aber doch nichts für Leute wie die Reingrubers! Nie und nimmer! Also hatte Anna ihre Suche auf den hinteren Teil des Friedhofs konzentriert. Dort, wo noch einige windschiefe kleine Holzkreuze über den eingesunkenen Grabstellen hingen. Sie massierte sich mit den Fingerkuppen die schmerzende Stirn, während sie die verwahrlosten Gräber eines nach dem anderen intensiv in Augenschein nahm.

War es dieses? Wieder so ein verwildertes Grab – über und über zugewuchert mit einem wirren Gestrüpp aus Buchenschösslingen, Efeu und Heckenrosen. Die Erde, die kurz nach der Bestattung noch zu einem Hügel aufgeschüttet worden war, sie war im Lauf der Jahre längst in sich zusammengesunken. Eine Mulde, kein Hügel mehr. Aber es war die Grabstelle, die Anna suchte. Wieder krampfte sich ihr Herz schmerzhaft zusammen, als sie Buchstabe für Buchstabe auf dem verwitterten, schon stark angefaulten Holzkreuz entzifferte, das schon beim nächsten Windstoß ganz sicher zu Boden fallen würde. Nur mühsam schaffte sie es, die Namen der hier zur letzten Ruhe gebetteten Menschen zu erkennen.

Doch sie waren es: ein großes R für Reingruber, anschließend daran die folgenden Buchstaben, mehr schlecht als recht, aber eben dennoch zu entziffern. Dann die Vornamen: Anna, geb. Ehnes, sowie Johannes. Und schließlich – Anna spürte den Stich direkt in ihrer Magengrube – fast völlig unleserlich Maria Barbara. Doch, so hieß es: Maria Barbara, ihre Mutter! Deshalb am schwierigsten zu lesen, weil sie als Erste gestorben war. Weil das Holzkreuz, auf dem zunächst ihr Name als einziger gestanden hatte, schon seit nahezu acht Jahren dem Einfluss von Wind und Regen ausgesetzt gewesen war. Deshalb waren die Buchstaben, die den letzten Hinweis auf die hier zu Grabe getragene Frau darstellten, auch schon so stark verwittert.

Verblasst. Genauso wie auch Annas Erinnerungen an ihre Mutter mehr und mehr in den Nebel des Vergessens abglitten. Sosehr sie sich auch mit all ihrem Willen dagegenstemmte. Doch die Zeit nagte unaufhörlich weiter an den bruchstückhaften Erinnerungsfetzen eines kleinen Mädchens. An die Tage einer glücklichen Kindheit. Zumindest hatte sie es so für sich empfunden. Obwohl die Vorzeichen alles andere als gut gewesen waren. Doch das alles hatte sie ja damals noch gar nicht wissen können, hätte es auch kaum zu begreifen vermocht. All dies hatten die lieben Menschen in Lehrberg von ihr fern zu halten vermocht – und so war Annas frühe Kindheit glücklich verlaufen. In ihrer Erinnerung jedenfalls.

Mehr und mehr jedoch schoben sich die Schatten der folgenden Jahre über diese sonnenüberstrahlte, nach Blumen duftende Frühlingswiese, als die sie die Zeit in Lehrberg im Herzen trug. Die eine oder andere Erzählung ihrer Patentante Magdalena hatte Anna zwar die Zusammenhänge verdeutlicht, und auch ihre Fragen nach dem nie gekannten Vater hatte die Tante so schonend wie möglich beantwortet, aber dennoch blieb alles Stückwerk. Sie waren eben doch in diesem dunklen Schatten versunken, die unbeschwerten Tage der Kindheit, die immer mehr verblassten und in Wahrheit nur noch schemenhaft in ihrem Gedächtnis vorhanden waren. Wie die Buchstaben auf dem verwitterten Holzkreuz, konstatierte Anna bitter.

Sie hatte das Grab mit ihren bloßen Händen von dem wuchernden Gestrüpp befreit. Obwohl sich die Stacheln der wilden Rose schmerzhaft in ihre Haut bohrten und die Sträucher bereits tiefe Wurzeln gebildet hatten, ließ sie sich nicht beirren, sondern arbeitete beharrlich weiter. Es handelte sich doch um die letzte Ruhestätte ihrer Mutter und das Grab ihrer Großeltern. Nie und nimmer würde sie hinnehmen, dass es nicht mehr zu finden sein könnte, dieses allerletzte Band der Erinnerung an ihre Familie! Nein, solange sie lebte, das schwor sich Anna in diesem Augenblick in der Sonnenglut der Nachmittagshitze auf dem Friedhof von Auerbach, solange sie lebte, würde sie dafür Sorge tragen, dass dieses Grab nicht überwuchert wurde vom Gestrüpp des Vergessens. Niemals! Einmal im Jahr – mehr war ihr als einfache Dienstmagd ja nicht möglich – würde sie hierher kommen und nach dem Rechten sehen. Jahr für Jahr.

Schließlich hatte sie es trotz ihrer mittlerweile blutigen, von den Dornen zerkratzten Hände geschafft, auch die hartnäckigste Wurzel aus der Erde zu reißen. Aufatmend ergriff Anna das Holzkreuz, das sie inzwischen auf dem Weg neben dem Grab abgelegt hatte, und steckte es, so tief sie es vermochte, in die vom Gestrüpp befreite Erde.

»Und von meinem nächsten Lohn an Lichtmess werde ich ein neues Kreuz anfertigen lassen, das verspreche ich euch«, murmelte das Mädchen, das nun mit gesenktem Kopf und gefalteten Händen ernst auf das schmale, eingesunkene Rechteck zu ihren Füßen herunterblickte.

Bevor sie Auerbach dann endgültig den Rücken kehrte, hatte Anna noch am Rand der Viehweide vor dem Dorf einige Blumen gepflückt, die sie behutsam auf das Grab legte. Stattlich konnte man den Strauß ja nicht gerade nennen, aber was konnte man auch in dieser Jahreszeit noch groß an Blumen auf einer Wiese pflücken, erst recht nach der tagelangen Hitze und der damit verbundenen Trockenheit in diesem Jahr. Und eine der Bauersfrauen aus dem Dorf zu bitten, sie einige von den Astern pflücken zu lassen, die in den Bauerngärten unübersehbar den Beginn der Herbstzeit ankündigten – nein, dazu hatte sie den Mut nicht aufbringen können. Genauso wenig, wie sie es vermocht hatte, die Stelle zu suchen oder zu erfragen, wo noch vor wenigen Jahren der kleine Bauernhof der Großeltern gestanden hatte, den man inzwischen jedoch, wie ihr bekannt war, abgerissen hatte. Dem Erdboden gleichgemacht. Alles ausgelöscht, einfach verschwunden. Alles, bis auf die Grabstelle mit dem morschen Holzkreuz. Nein, sie hatte es nicht geschafft, nachzufragen. Aus Scham, aus Verlegenheit, aus Furcht? Furcht wovor? Obwohl sie doch so dringend mehr wissen wollte. Mehr über die Mutter und – erst recht – über ihren Vater.

Endlich! Anna stieß einen lauten Jubelschrei aus, als sie mit einem Mal den kleinen Wasserlauf entdeckte, der sich in einem rechten Winkel auf die Straße zubewegte und diese unterquerte. Frisches kühles Wasser aus der Quelle im nahen Wald!

Endlich! Sie legte sich flach auf den Boden und ließ ihren Kopf über den Rand des Baches baumeln, wo sie sich mit raschen, hastigen Handbewegungen Wasser in den Mund schöpfte. Wieder und wieder spritzte sie das angenehm kalte Wasser ins Gesicht und auf den Nacken. Was für eine Wohltat! Nachdem der ärgste Durst gestillt war, rutschte Anna vorsichtig noch weiter nach vorne, stützte sich mit den Unterarmen im flachen Bachbett ab und tauchte nun mit dem ganzen Kopf unter Wasser. Sie konnte förmlich spüren, wie die Lebensgeister in ihren erschöpften Körper zurückflossen. Hier würde sie noch eine Weile sitzen bleiben und die wundgescheuerten Füße in dem herrlichen Wasser kühlen. Das musste nun sein. Sorgen wegen einer möglichen Erkältung brauchte sie sich angesichts der fast hochsommerlichen Temperaturen sowieso nicht zu machen, die nassen Kleider trockneten in Windeseile. Eine Viertelstunde nur. Das tat ja auch den Füßen gut. Und die würde sie schon heute Nachmittag wieder brauchen bei der Arbeit. Das musste auch die

Schandhofbäuerin einsehen, wenn diese Anna je zur Rede stellen würde, warum sie zu spät wieder zurückgekommen sei. Aber weshalb eigentlich zu spät? Anna würde schon noch dem Fuhrwerk begegnen, das sie in Windeseile zum Schandhof zurückbrachte. Da war sie ganz zuversichtlich.

Mit einem befreiten Glucksen warf Anna ihren Kopf in den Nacken und genoss den Blick vom Waldsaum der Frankenhöhe herunter über die weite Ebene zu ihren Füßen, wo sich ganz in der Ferne die beeindruckende Silhouette der einst so mächtigen Freien Reichsstadt Rothenburg mit ihren zum Himmel ragenden Türmen abzeichnete. So viel Glück und Zufriedenheit wie in diesem gänzlich unvermuteten Augenblick hatte sie in ihrem Leben schon lange nicht mehr empfunden. Anna sah es als unverhofftes Geschenk und ließ die nach Feuchtigkeit und Frische schmeckende Waldluft dankbar in ihre Lungen strömen. Vielleicht hatte das Leben ja doch noch so manch angenehme Überraschung für sie. Vielleicht war es ja doch keine Last zu leben. Sondern ein Vergnügen. So jung, wie sie mit ihren fünfzehn Jahren ja noch war …

Vielleicht musste sie es ja auch nur schaffen, die Schatten der Vergangenheit aus ihrem Leben zu vertreiben. Was brachte es ihr schon ein an Glück und Zufriedenheit, wenn sie wieder und wieder traurig über das Schicksal ihrer Mutter oder das damit verbundene eigene Schicksal sinnierte? Und worin lag ihr Gewinn, wenn sie wirklich mehr über ihren Vater und dessen möglichen Verbleib herausfinden würde? Ein Vater, der von ihr, von seinem eigenen Kind, genauso wenig hatte wissen wollen wie von ihrer Mutter! Vergessen! Einfach vergessen! Das wäre sicherlich die beste Methode. Wieder holte sie tief und mit Inbrunst Atem. Vergessen …

Wenn es nur so einfach wäre!

Wie lässt sich Erinnerung einfach auslöschen? Niemals auf einen Schlag! Niemals einfach so. Schon gar nicht durch einen bloßen Beschluss. Denn schon wieder hatte sie sich wie eine dunkle Wand drohend vor Anna aufgebaut, diese Erinnerung, von der sie doch gar nichts mehr hatte wissen wollen. Von ihrer Suche in Lehrberg. Dort, im Brauereigasthof »Zum Goldenen Adler« war sie dem Vater ihres immer noch innig geliebten »Bruders« Johann begegnet, dem Gastwirt Johann Georg Klee. Auch Georg hatte freudestrahlend die Arme ausgebreitet, als Anna so plötzlich und unvermutet vor ihm gestanden hatte. Seine Anna, wie er sich ausgedrückt hatte. Die ihm in ihren ersten Jahren dermaßen ans Herz gewachsen war und die er so schmerzlich vermisst hatte. Ihm hatte Anna am Abend dann ihre Frage gestellt. Ihm, dem älteren Bruder ihres Vaters. Denn mit ihrem Onkel Georg konnte sie alles besprechen – auch nach so vielen Jahren war es sofort wieder da gewesen: das unsichtbare Band der Zuneigung, das Anna schon immer mit ihrem Onkel verbunden hatte.

»Onkel Georg, darf ich dir einmal eine Frage stellen?«, hatte Anna nach dem Abendessen ganz zaghaft begonnen.

»Eine Frage? Tausend Fragen! Alles, was du wissen willst, mein Mädchen«, hatte der Onkel mit breitem Grinsen verkündet und sich dabei bedeutungsvoll über seinen an den Enden sorgfältig gezwirbelten dunkelbraunen Oberlippenbart gestrichen.

»Was war das eigentlich für ein Mensch, mein Vater? Wie war er denn zu dir als Bruder? Und wie habt ihr euch in eurer Jugend vertragen? War er ein netter Mensch? Und wieso ist er denn eigentlich so plötzlich verschwunden? Hat er sich denn wirklich nie mehr wieder gemeldet? Wisst ihr tatsächlich nicht, wo er sich befindet? Und ob er überhaupt noch am Leben ist?« Die Fragen waren mit einem Mal einfach aus Anna herausgesprudelt. Ungefiltert in dieser Dichte. Wie ein Wasserfall! Fragen über Fragen! Antworten, auf die sie schon seit Jahren wartete! Zeitlebens wartete.

Doch noch während ihrer ersten Frage nach dem Wesen ihres Vaters hatte sich das gerade eben noch so freundliche Gesicht des Onkel Georg schlagartig verdüstert. Voller Ingrimm hatte er die rechte Faust auf die Tischplatte niederfahren lassen und war abrupt in die Höhe geschossen. »Mein Bruder!«, hatte er dann noch mit hochroter, verbissener Miene gezischt, bevor er mit wütenden Schritten davongestampft war. »Ich habe keinen Bruder!« Zwei Gläser im Schrank waren zu Bruch gegangen, so heftig hatte Georg Klee die Tür hinter sich ins Schloss geworfen.

Lange hatte sich keiner in der Stube getraut, das Wort zu ergreifen. Erschrocken und fassungslos hatten sie aneinander vorbeigeblickt. Die heitere, gelöste Stimmung, die seit dem fröhlichen Wiedersehen mit Anna im »Goldenen Adler« geherrscht hatte, war wie weggewischt. Es war schließlich Tante Luise gewesen, die sich langsam erhoben und der bis ins Mark erschütterten Anna zärtlich mit der Hand über das blonde Haar gestreichelt hatte.

»Er hat es nicht so gemeint, Anna«, versuchte sie dem Mädchen mit sanfter Stimme zu erklären. »Es ist nur ... es ist so viel Unangenehmes damals passiert ... Ich glaube, der Onkel Georg möchte nicht mehr darüber sprechen. Und er möchte es auch dir ersparen, diese schlechten Dinge zu erfahren. Glaube mir, er hat es dir gegenüber nicht böse gemeint, sondern fühlt sich nur völlig hilflos. Er würde es dir so gerne ersparen, von der Vergangenheit reden zu müssen. Er wünscht dir eine unbeschwerte und glückliche Zukunft ...«

»Aber jeder Mensch hat eine Vergangenheit«, hatte die am ganzen Leib zitternde Anna nach einer langen Pause schließlich trocken hervorgewürgt.

»Da hast du Recht, Anna. Und dennoch wäre es manchmal besser, die alten Geschichten auf sich beruhen zu lassen. Sie helfen einem ja nicht mehr weiter. Sie belasten nur noch die Gegenwart ...« Dennoch waren sie die halbe Nacht nebeneinander auf der Ofenbank sitzen geblieben, und Tante Luise hatte manche Begebenheit von früher erzählt – so schonend und vorsichtig, wie ihr dies angemessen schien. Geschichten, die zwanzig Jahre alt waren und sich in der Zeit zugetragen hatten, als sie selbst nach Lehrberg gekommen war und sich hier eingelebt hatte. Als sie Georg, den ältesten Sohn aus dem »Goldenen Adler« geheiratet hatte. Aber damals waren beide schon erwachsene Männer gewesen.

Und gerade diese Geschichten waren es doch, die Anna so sehr interessiert hätten. Wie der Vater in ihrem Alter denn wohl gewesen war. Ob es überhaupt ein Jugendbild von ihm gab? Die Tante zumindest behauptete, keines zu kennen. Von tiefer Traurigkeit erfüllt, war Anna spät in der Nacht zu Bett gegangen. Der so lange herbeigesehnte Besuch in Lehrberg war völlig anders verlaufen, als sie das erhofft hatte. Und vor allem würde zu dem verblassten Bild ihrer Mutter kein weiteres hinzukommen. Nicht einmal ein verblasstes Bild war es wenigstens, das sie sich von ihrem Vater machen konnte. Nein, sie konnte sich überhaupt kein Bild von ihm machen! So hatten sie sich also doch wieder auf ihr Gemüt gelegt, die dunklen Schatten. Anna machte eine ärgerliche Handbewegung. Gerade so, als wolle sie diese vor ihren Augen vertreiben. Die Schatten, die ihr jetzt auch die märchenhafte Sicht auf das alte Rothenburg vergällten. Den Blick, den sie gerade vorher noch so genussvoll in sich aufgesogen hatte. Was hatte die Tante Luise vorgestern am Abend gemeint?

»Manchmal wäre es besser, die alten Geschichten ruhen zu lassen. Sie belasten nur noch die Gegenwart.«

Wie Recht sie damit hatte …

21

Viele Fragen

Aber wir brauchen sie, die Fragen und die Antworten. Die Fragen, was gewesen ist in der Vergangenheit. Mit den Antworten, die uns die Gegenwart erklären können. Zumindest Teile davon. Denn jeder Mensch wurzelt eben auch in der Vergangenheit. Ob ihm das passt oder nicht. Ohne Vergangenheit keine Gegenwart und erst recht keine Zukunft. Das ist so.

Davon bin ich felsenfest überzeugt – und habe seit dieser intensiven Beschäftigung mit dem Leben von »Niemands Tochter« und deren Mutter Anna eine für mich völlig neue Sicht der Dinge geschenkt bekommen. Seitdem betrachte ich den mir lange fremd gewesenen mütterlichen Teil meiner Familie mit ganz anderen Augen. Und seitdem erlebe ich die mittelfränkische Landschaft, in der sich das alles zugetragen hat, ganz anders. Fasziniert und staunend nämlich. Es ist schon ein merkwürdiges Gefühl, durch ein winziges Dorf jenseits der großen Verkehrswege zu fahren und plötzlich dieses Empfinden zu verspüren. Heimat – oder wie sonst soll ich es nennen? Heimat an einem Ort, den ich nie zuvor gesehen habe. Aber hier – auch hier – liegen die Wurzeln meiner Familie. Zumindest Teile davon. Natürlich fächern sich diese Wurzeln immer weiter auf, je mehr ich in der Geschichte zurückblende. Und dennoch: Es ist da, dieses Gefühl. Dieses plötzliche Vertrautsein mit einem Ort, an dem einen niemand kennt. Aus dem die Nachkommen der Familie längst verschwunden sind. Wieder und wieder habe ich mich gefragt, wie sich wohl die Magd Anna vom Schandhof bei Rothenburg, meine Urgroßmutter, und der Urgroßvater Leonhard Ohr, der Bauernsohn vom Goschenhof bei Flinsberg, überhaupt kennen gelernt haben.

Die Familienüberlieferung hilft nicht so richtig weiter. Denn in den Erzählungen der Tanten und der Onkel heißt es nur, dass sich die junge Frau aus Rothenburg und der Bauer aus der Nähe von Dinkelsbühl halt irgendwann einmal getroffen hätten.

Vermutlich anlässlich einer Kirchweih. Vielleicht auf dem größten und ältesten fränkischen Volksfest: auf der jahrhundertealten so genannten »Muswiese« bei Rot am See, wo die Landbevölkerung ja früher schon zu tausenden hingeströmt ist. Wie heute auch noch. Da sollen sie also aufeinander getroffen sein. Glaubt man. Meint man. Gibt aber auf Nachfrage zu, so gesehen wisse man es wohl doch nicht ganz so genau ...

Ich habe an dieser Version von Anfang an Zweifel gehegt. Allein schon wegen der Entfernungen. Immerhin sind es von Rothenburg bis zum Festgelände knappe zwanzig Kilometer, was noch angehen mag, aber vom Bauernhof bei Flinsberg beträgt die Distanz schon gut und gerne dreißig Kilometer. Nicht gerade wenig, wenn wir uns die damaligen Reisebedingungen vor Augen halten! Anfang des 20. Jahrhunderts. Als man sich noch nicht »mal schnell ins Auto« setzen konnte und locker in einer Stunde achtzig oder noch mehr Kilometer absolviert hat – falls die Autobahn nicht verstopft ist. Zweiter gravierender Zweifel: Die Muswiese findet immer von Anfang bis Mitte Oktober statt. Seit Jahrhunderten schon.

Ein Anruf bei der Gemeindeverwaltung bestätigte meine Vermutung. Der Termin dieses Festes richtet sich nach dem so genannten Burkhardi-Tag – und der ist am 11. Oktober. Je nachdem, ob dieser Burkhardi-Tag nun auf einen Markttag fällt oder nicht, verschiebt sich die Festivität ein paar Tage nach hinten oder nach vorne. So ist das. Die Muswiese. In früheren Jahrzehnten schlichtweg *der* Feiertag in und um ganz Hohenlohe herum. Auch heutzutage noch ein bedeutendes Ereignis. Mit Jahrmarkt, Festzelt, Umzug und dem ganzen unvermeidlichen Drum und Dran: volles Programm mit Zehntausenden von Besuchern pro Tag. Tradition halt seit nunmehr nahezu sechshundert Jahren. Aber wie gesagt: Immer schon hat die Muswiese um die Oktobermitte herum stattgefunden.

Weshalb das alles wichtig ist? Ganz einfach: Meine Großmutter Maria Reingruber, »Niemands Tochter«, ist am 15. Mai 1903 geboren worden. Und eine Schwangerschaft dauert neun Monate. Somit muss ihre Mutter, Anna Reingruber, also um Mitte August schwanger geworden sein. Mitte Oktober wäre eindeutig zu spät. Eine um zwei Monate zu frühe Geburt hätte das Kind auf keinen Fall überlebt. Und dass sie sich »einfach so« einmal getroffen haben könnten? Möglich, ja. Aber angesichts der Entfernung zwischen Rothenburg und Flinsberg mehr als unwahrscheinlich. Die Reisemöglichkeiten!

Wie schon gesagt ...

Was also bleibt dann an Möglichkeiten noch übrig? Wird man es jemals noch herausfinden können? Eher unwahrscheinlich. Aber ist das denn auch wirklich so wichtig? Nein, natürlich ist es nicht wichtig. Sagt man angesichts der unüberwindlich scheinenden Mauer an Hindernissen dann natürlich gerne. Und dennoch: Interessieren würde uns eine Antwort auf die Frage ja schon, wie und weshalb sich ausgerechnet diese beiden weit voneinander entfernt lebenden jungen Leute begegnet sind.

Ich hatte die Sache aber dennoch schon abgehakt – wenngleich auch widerwillig. Umso elektrisierender war dann die Spur, die mir plötzlich und völlig unvermutet ins Auge gesprungen ist. Es war der Tag, als ich mich im Pfarrhaus von Lehrberg mit den Kirchenbüchern beschäftigt habe. Wer ist wann geboren worden im »Goldenen Adler«? Wer hat wen geheiratet, ist wann gestorben? Auch die Spur des Vaters der kleinen Anna, die Spur von Georg Friederich Klee, habe ich versucht weiterzuverfolgen. Mit dem bekannten Ergebnis: Er war und blieb verschwunden.

Hat seine Vaterschaft auch niemals anerkannt.

Wie war das mit seinem Bruder – dem Erstgeborenen aus dem »Goldenen Adler«? Mit Johann Georg Klee also. Diesem ist am 16. Februar des Jahres 1883 ein Sohn geboren worden. Von seiner Frau Margareta Barbara Klee, die ich in diesem Buch des besseren Verständnisses halber Luise genannt habe – weil sich die Namen Barbara und Margareta permanent in den beschriebenen Familien doppeln. Aber das mit dem Vornamen ist es gar nicht, was mich so plötzlich gefesselt hat, als ich ganz und gar ahnungslos darauf gestoßen bin. Es ist vielmehr der Mädchenname dieser Frau. Da war »geborene Ohr« hinter dem Familiennamen Klee vermerkt. Erst habe ich nur gestutzt, weshalb denn nunmehr der Name Ohr ins Spiel kommt, und es hat zugegebenermaßen schon einige Sekunden gedauert, bis ich begriffen habe. Als der Erkenntnisblitz dann aber durch meine Gedanken gezuckt ist, habe ich den Bleistift aus der Hand gelegt und erst einmal tief durchgeatmet. Ohr?

Wie war das möglich, dass plötzlich dieser Name hier auftauchte? Was hat denn der Familienname meines Urgroßvaters im Zusammenhang mit dem völlig anderen Verwandtschaftsstrang aus Lehrberg zu tun? Wie muss man sich diese Verknüpfung wohl vorstellen? Ganz einfach natürlich: Die beiden haben geheiratet. Der Brauereibesitzersohn Johann Georg Klee aus Lehrberg hat eine junge Frau namens Luise Ohr aus dem fränkischen Büchelberg bei Leutershausen geehelicht. Ein Blick auf die Landkarte bestätigt, dass das auch von der Entfernung her alles andere als unwahrscheinlich ist: Gerade mal zwölf Kilometer liegen zwischen den beiden Orten (und Auerbach befindet sich fast in der Mitte dieser Distanz).

Bleiben wir gleich bei der Landkarte und den Entfernungen: Von Büchelberg wiederum sind es keine zehn Kilometer mehr bis nach Vorderbreitenthann, einem Ort an der B 14 in der Nähe von Feuchtwangen. Und dieses Dorf hat vor rund hundert Jahren noch den Mittelpunkt der Familie Ohr gebildet – das belegen auch die Eintragungen in den Kirchenbüchern. Von hier aus haben sich die Ohrs dann sozusagen weiter verteilt: auf den Goschenhof, nach Büchelberg, nach Lehrberg. Also habe ich das fehlende Bindeglied während der Durchsicht der Lehrberger Kirchenbücher genauso plötzlich wie unvermutet in der Hand gehalten: Es war diese Heirat. Es war »Luise« Klee, geborene Ohr. Durch sie haben sich Anna Reingruber und Leonhard Ohr eines Tages kennen gelernt. Geschichte kann so spannend sein!

Weiter in der Recherche, um dies alles auch wirklich zweifelsfrei absichern zu können. Ein Besuch in Büchelberg bei Leutershausen. Eine Landschaft, die einem buchstäblich das Herz aufgehen lässt. Vergessene Heimat: sanft gewellte bewaldete Hügel, spärlich besiedeltes Weideland, viele Weiher, sumpfige Wiesen, die junge Altmühl, die sich tatsächlich noch unbegradigt durch die Ebene windet. Büchelberg: zehn, zwölf Häuser, mehr nicht. Der drei Kilometer entfernte Nachbarort heißt Sachsen. Ich wäre nicht überrascht gewesen, wenn ich irgendwo an der Straße ein Schild gesehen hätte mit der Aufschrift »Hier Ende der Welt«. Das ist beileibe nicht spöttisch gemeint. Nein, ganz im Gegenteil. Denn hier, in diesem fast vergessenen Teil von Franken, finden sich noch die längst verloren geglaubten Spuren der alten Zeit. Als die Landwirtschaft das Leben der Menschen bestimmt hat. Als ein Bauer noch etwas gegolten hat.

Die Touristen strömen in hellen Scharen nach Dinkelsbühl und Rothenburg, die so romantisch anzuschauenden »mittelalterlichen« Städte, um ihn zu finden: den Hauch der vergangenen Zeiten. Doch der ist – zumindest tagsüber – im

Trubel untergegangen. Hat sich zurückgezogen aufs flache Land, wohin sich ein Tourist höchstens verirrt, aber niemals bewusst hinreisen wird. Natürlich ist auch mir klar, dass der schöne Schein trügt und die paar Bauern, die noch übrig geblieben sind, hart um ihre Existenz zu kämpfen haben. Dass einer nach dem anderen das Handtuch wirft und die meisten dieser in den Himmel ragenden, das Dorfbild zerstörenden Silos längst leer sind. Auch der optische Alptraum der lang gestreckten, mit alten Autoreifen bedeckten weißen Plastikplanen auf den Wiesen wird ihnen auf Dauer nicht aus der Misere helfen. Auch wenn die großen Traktorenungetüme noch immer größer und größer werden. All dies spricht mittlerweile dennoch eine leider eindeutige Sprache.

Zurück nach Büchelberg. Ja, es gibt hier tatsächlich noch einen Bauernhof, der von einer Familie mit Namen Ohr bewirtschaftet wird. Der polnische Erntehelfer, der einzige Mensch weit und breit, der vor einem Schuppen in der Sonne sitzt, nickt auf meine Frage hin und deutet mit dem ausgestreckten Arm zu dem großen, grün gestrichenen Hof gegenüber. Ich klingle, habe Glück. Die zuerst etwas misstrauisch blinzelnde junge Bauersfrau fasst rasch Vertrauen, verschwindet für einen Augenblick im Haus und drückt mir dann eine Ahnentafel in die Hand, die einmal ein fachkundiger Mann aus Leutershausen in ihrem Auftrag angefertigt habe: Das sei alles, was man über die Familiengeschichte wisse.

Immerhin, die Aufzeichnungen gehen zurück bis ins Jahr 1703. Und tatsächlich taucht der Name Georg Leonhard Ohr auf – immer wieder dieser Vorname, der sich jahrhundertelang wie ein roter Faden durch die Familie zieht. Georg Leonhard Ohr, Bauer in Büchelberg, und seine Frau Maria Barbara, geb. Häßlein – bei deren Tochter handelt es sich um jene am 18. Februar 1854 in Büchelberg geborene Margareta Barbara, die ich gesucht habe. Margareta Barbara. Auch dieser Name zieht sich durch die Generationen. Volltreffer also!

Noch einmal zur Klarstellung: Ich habe Margareta Barbara ja für dieses Buch in Luise »umgetauft« – um so mögliche Verwechslungen zu umgehen. »Luise« also. Sie ist es, die dann in den »Goldenen Adler« nach Lehrberg eingeheiratet hat.

Der Großvater, meint die junge Frau, der wisse zwar vielleicht noch mehr über die Familiengeschichte, aber der sei gerade beim Silieren von Mais und könne jetzt auf gar keinen Fall bei dieser Arbeit gestört werden. Vielleicht aber könne ich es ja einmal bei dessen Schwester versuchen. Die sei ganz einfach zu finden: die Dorfstraße hoch, Richtung Sachsen, das letzte Haus links. Die könnte vielleicht auch noch etwas beisteuern. Auf ein Neues also! Und tatsächlich habe ich wieder Glück! Die freundliche ältere Frau weiß tatsächlich etwas und nickt beim Stichwort Klee und Lehrberg nachdrücklich mit dem Kopf.

»Luise« Klee, geborene Ohr, ist mein fehlendes Bindeglied. Sie ist es, die in Lehrberg den Kontakt mit der weit verzweigten Familie Ohr hält. Sie nimmt ihre »Kinder«, also Johann und Anna immer wieder mit zu den wenigen Familientreffen. Einmal im Jahr meistens, höchstens zweimal – öfter hat man sich kaum gesehen –, manchmal noch bei einer Hochzeit oder einer Beerdigung, ansonsten bildeten die damals äußerst beschwerlichen Reisemöglichkeiten eine natürliche Barriere. Und die Eisenbahn verkehrte ja auch nur zwischen den großen Orten. Selbst wenn man ein Pferdefuhrwerk besaß, gestaltete sich das Fortkommen von einem Dorf zum anderen noch beschwerlich genug.

Die beiden müssen sich also bei einer Familienfeier in Büchelberg oder in Vorderbreitenthann kennen gelernt haben, die Anna Reingruber und der Bauernsohn Leonhard Ohr. Vielleicht war es anlässlich der Kirchweih, vielleicht bei einer Hochzeit. Sicherlich haben sie sich nicht nur einmal gesehen, bevor es »passiert ist«. Eher zwei-oder dreimal, denke ich. Aber das ist, zugegeben, eine bloße Vermutung. Oft jedenfalls sind sie sich vorher sicherlich nicht begegnet. Wann hätte die einfache Magd Anna denn für zwei Tage freinehmen können bei ihrer Arbeit auf dem Schandhof? Und auch die Bauernfamilie Ohr, die ja immerhin selbst Herr auf dem eigenen Hof gewesen ist, hatte alle Hände voll zu schaffen. Denn sie hatten ihren Bauernhof, den Goschenhof bei Flinsberg, erst vor wenigen Jahren gekauft. Leonhard Ohr beispielsweise ist am 17. Juli 1880 noch in Vorderbreitenthann geboren worden. Irgendeine dieser Feiern muss dann Mitte/Ende August des Jahres 1902 wieder stattgefunden haben. Eine wichtige Familienfeier. So wichtig, dass sich selbst die Anna getraut hat, auf dem Schandhof freizunehmen. Mit der Tante Luise und deren Sohn Johann ist sie dann zum Treffen der Ohrs gekommen. Die Tante genauso wie deren Mann Georg, der ältere Bruder von Annas Vater Friederich Klee, haben bekanntlich immer Wert darauf gelegt, dass der Kontakt zu Anna nicht abriss. Schließlich war Anna die Nichte des Gastwirts. Eine Verwandte, der gegenüber er sich verpflichtet gefühlt hat, wenn sich schon sein Bruder nie um das Mädchen gekümmert hatte. Und auch Luise hat Anna als Teil ihrer eigenen Familie betrachtet, nicht zuletzt deshalb, weil ja die beiden Kinder Anna und Johann in deren ersten Lebensjahren beinahe wie Zwillinge aufgewachsen sind. Bei der Feier im August also ist die gerade vor wenigen Tagen zwanzig Jahre alt gewordene Anna wieder einmal dem zweiundzwanzigjährigen Leonhard Ohr begegnet. Dem erstgeborenen Sohn vom Goschenhof bei Flinsberg. Vielleicht war auch sein jüngerer Bruder Wilhelm dabei, ziemlich sicher sogar, aber das spielt im Moment eigentlich noch gar keine Rolle. Wie auch immer: Sie kennen sich schon. Haben sich vielleicht schon früher ineinander »verguckt«, wie man so sagt. Möglich, dass es aber auch erst an diesem Treffen zwischen den beiden gefunkt hat. Sei's drum: Jedenfalls verlieben sie sich ineinander …

22

Zweite Hälfte August 1902

»Na, Anna, wie wär's mit uns?« Erschrocken war Anna zusammengezuckt, als die tiefe volle Stimme so unvermittelt an ihr Ohr drang.

»Wieder mal weit weg gewesen? Ganz weit weg?«, lachte ihr der groß gewachsene stattliche junge Mann mit dem dunkelbraunen, vollen Haar und dem dichten Oberlippenbart entgegen.

Überrascht hatte sich Anna umgewandt und blickte in die tiefen braunen Augen von Leonhard Ohr, dem jungen Bauernsohn vom Goschenhof in der Nähe von Flinsberg, der ihr freundlich entgegenlächelte. In der Tat war sie mit ihren Gedanken ganz weit weg gewesen – an einem anderen Ort, in einer anderen Zeit. Warum auch immer. Jedenfalls nicht zum ersten Mal. Anna, die Traumtänzerin – mit diesem Beinamen hatte man sie in der Familie Ohr mittlerweile versehen, denn sie hatten schon oft erlebt, dass die kleine schmächtige Anna, die im Schlepptau der Tante Luise Klee erschienen war, mit ihren Gedanken völlig aus dem Geschehen um sie herum entschwunden war. Zunächst hatte es ärgerliche Kommentare gegeben. Und spitze Bemerkungen. Was sich die Kleine wohl einbildete und wer sie denn eigentlich war!

Ob es womöglich Absicht sei, dass die ärmlich gekleidete, einsilbige junge Frau kein Sterbenswörtchen mit ihnen zu reden hatte. Und sich – in geradezu provozierender Art und Weise – überhaupt nicht für die anwesenden Familienmitglieder und ihre Gespräche zu interessieren schien. Überhaupt, Familienmitglieder! Sie war ja eigentlich keines! Sie war nur von der Luise mitgebracht worden zu der Feier, ohne dass man direkt mit dem blonden Mädchen verwandt wäre. Da hatte diese doch nicht das geringste Recht, dermaßen einsilbig einfach über die Ohrs hinwegzublicken. Immerhin hatten es die verschiedensten Stränge der Familie doch zu recht bemerkenswertem Besitz und manche sogar zu einem gewissen Wohlstand gebracht. Nicht nur die beiden Bauernhöfe in Vorderbreitenthann gehörten den Ohrs, sondern auch noch das Anwesen in Hinterbreitenthann, Büchelberg und Flinsberg.

Der Goschenhof bei Flinsberg. Dabei handelte es sich um die neueste Erwerbung der Familie. Johann Hieronymus Ohr hatte den Hof vor noch nicht ganz zwanzig Jahren günstig erworben, und als Bauer mit Leib und Seele hatte er den Besitz schon nach wenigen Jahren kräftig erweitert. Tüchtige, stolze Bauersleute waren sie: die Ohrs. Und dann kam da eine dahergeschneit und meinte, sich von den anderen absondern zu können. Meinte wohl, sie sei etwas Besseres. Dabei musste man doch nur ihre Kleidung betrachten, das verfilzte blonde Haar, ihr von Wind und Wetter gegerbtes Gesicht, wie man dies nur von der Landbevölkerung her kannte – genauso wie die abgearbeiteten, schwieligen, mit Rissen durchzogenen rauen Hände. Nein, das war weiß Gott keine vornehme Frau aus besseren Kreisen, höchstens eine hochnäsige, eingebildete Göre. Missmutig hatten sie die Nase über den unwillkommenen Besuch gerümpft.

Erst als ihnen Luise Klee erklärt hatte, dass es sich bei dem seltsamen Schweigen und dem merkwürdig abwesenden Blick der Anna Reingruber nicht um eine wie auch immer geartete Hochnäsigkeit handele, hatten sie sich schließlich mit der Erklärung zufrieden gegeben und gar kein besonderes Augenmerk mehr auf Anna bei deren nächsten Besuchen gerichtet. Erstens auch allein schon deshalb, weil die Anna ja nur als eine einfache Dienstmagd auf einem Bauernhof in

Stellung war, also rein standesmäßig weit unter den stolzen Bauern mit ihren jederzeit vorzeigbaren Höfen rangierte, und zweitens, weil sie nun wussten, dass es in Wirklichkeit Schüchternheit war, die dieses klein gewachsene dünne Mädchen selbst vor belanglosen Gesprächen untereinander zurückschrecken ließ. Schüchternheit gepaart mit einer merkwürdigen Abwesenheit von der Wirklichkeit. Sie habe den Schock des frühen Todes ihrer Mutter nie richtig verdaut, hatte Luise erklärend hinzugefügt. Zumal sie ihren Vater niemals kennen gelernt habe. Dann der mehr oder minder gewaltsame Umzug nach dem Tod der Mutter aus dem Gasthof in Lehrberg in die Knechtbehausung des Schandhofs bei Rothenburg. Später sogar noch die Trennung von der Patentante, die sie damals zu sich geholt hatte und die – kaum dass sie nach langen Jahren eine Beziehung zu dieser aufgebaut hatte – auch schon wieder fast vollständig aus ihrem Leben verschwunden war. Dies alles habe aus dem einst so lustigen und lebendigen Mädchen mehr und mehr eine über die Maßen ernste Frau geformt, die mit ihren Gedanken lieber in der Vergangenheit zu Hause sei als in der Gegenwart, wo die viele schwere Arbeit, die ihr tagein, tagaus als Magd auf dem Schandhof zugedacht war, ihr Leben ja nicht unbedingt glücklicher gestaltete.

Logisch, dass ihr im Gegensatz dazu die ersten Lebensjahre heiter und beschwingt erschienen, was ja auch den Tatsachen entsprach. Wieder einmal war Anna also, ohne es zu wollen, abgetaucht in ihre kleine Traumwelt, während um sie herum die Feier längst in vollem Gange war. Aber die Familie Ohr hatte sich inzwischen an Anna, das kleine merkwürdige Anhängsel von Luise Klee, gewöhnt. So hatte niemand groß Notiz von dem still in einer Ecke vor sich hinträumenden Mädchen genommen. Nicht einmal ihr »Bruder« Johann, der sich selbst angeregt mit den Verwandten seiner Mutter unterhielt. Fast niemand!

»Und in welchem Zeitalter hast du dich gerade aufgehalten? Bei den alten Römern oder womöglich doch schon bei den ersten Franken?«, strahlte ihr Leonhard mit einem breiten, warmen Grinsen freundlich in das verwirrte Antlitz.

»Ich ... ich ...«, Anna rieb sich die Augen und senkte rasch ihren Blick, als sie bemerkte, wie verlegene Röte sich über ihrem Gesicht ausbreitete.

»Ich war wohl gerade mit meinen Gedanken ganz woanders ...«, murmelte sie leise.

»Ist doch egal!« Leonhard registrierte Annas Unsicherheit deutlich. Sie tat ihm Leid, dieses stille, viel zu klein gewachsene Mädchen mit dem melancholischen Blick ihrer wasserblauen Augen, die ständig nach einem niemals auffindbaren Punkt am Horizont zu suchen schienen. Immerhin: Bei ihren beiden letzten Treffen hatten sie sich eine Zeit lang miteinander unterhalten. Als würden sie sich schon lange kennen, so selbstverständlich und vertraut schien ihnen anschließend das Gespräch.

Schon die zweite Begegnung zwischen ihnen hatte somit viel zwangloser und umkomplizierter begonnen, als dies noch bei ihrem ersten Kontakt der Fall gewesen war.

Und dieses Mal schien es Leonhard trotz Annas erster Verlegenheit schon beinahe so zu sein, als träfen sich zwei gute alte Bekannte nach langer Zeit wieder. Freunde fast.

Er streckte ihr munter seine rechte Hand entgegen. »Komm mit!«

Überrascht blickte Anna auf. »Wohin soll ich denn kommen?«

»Na, wohin denn wohl?« Leonhard hatte ein breites Grinsen aufgesetzt und deutete mit dem Daumen hinter sich in die Scheune, die man für die Feier kurzerhand in einen Tanzboden umfunktioniert hatte. »Dorthin natürlich!«

»Aber da tanzen sie doch! Da ist die Musik so laut, dass man sich gar nicht unterhalten kann«, legte Anna ihre Stirn in verwunderte Falten.

»Wer will sich denn da drinnen schon unterhalten?«, lachte Leonhard und beugte sich vor, um die Hand des Mädchens zu ergreifen. »Tanzen will ich mit dir. Tanzen, wie die anderen auch! Reden können wir später, wenn die Musik wieder Pause macht! Aber jetzt wird erst einmal das Tanzbein geschwungen!« Mit einer raschen, entschlossenen Bewegung hatte er die verblüffte Anna von deren Stuhl hochgezogen. »Also dann, auf geht's!«

»Aber Leonhard! Ich kann doch gar nicht tanzen!«

»Das macht nichts! Ich doch auch nicht!«, lachte der junge Bauernbub unbekümmert. »Genauso wenig wie die meisten anderen da drinnen. Aber tanzen tun sie trotzdem – oder meinen zumindest, es zu tun. Auf alle Fälle scheint ihnen das Herumgehopse ja mächtig Spaß zu machen. Schau doch nur, wie sie lachen – und vor allem, wie sie schwitzen!«, deutete er mit dem Kinn auf die Menge schweißgeröteter, lachender Gesichter, die mehr oder minder im Rhythmus der Musik, aber dennoch fröhlich durch den Saal hüpften. »Und was die können, das können wir schon lange!«

»Aber ich nicht! Leonhard, bitte!« Es hörte sich beinahe schon an wie ein Flehen, mit dem sich Anna ihrem Tänzer entgegenstemmte. »Ich will das nicht. Du wirst dich bloß mit mir blamieren!«

»Ach was, papperlapapp!«, wischte Leonhard auch diesen Einwand achtlos beiseite. »Du wirst schon sehen, der Spaß kommt von ganz alleine! Jetzt hör endlich auf, dich wie ein störrisches Maultier zu benehmen, und lass uns reingehen. Ich lasse dich sowieso nicht mehr los, bis du mit mir getanzt hast!«

»Leonhard, bitte!«, wagte Anna noch einmal einen, wenngleich auch bereits zaghafter formulierten Einwand. »Du wirst kein Vergnügen mit mir haben!«

»Das kannst du getrost meine Sorge sein lassen!«

Es half alles nichts. Mit verschämt gesenktem Kopf ließ sich Anna hinter Leonhard auf den Tanzboden mitten unter die ausgelassenen Tänzer bugsieren. Sie konnte die Blicke der anderen förmlich auf ihrer Haut spüren. Blicke wie Nadelstiche, so jedenfalls empfand es Anna in diesem ersten peinlichen Moment. Erstaunte Blicke einerseits, neugierige von manch anderen. Und auch neidische Blicke. Hauptsächlich ausgesandt von den anderen jungen Frauen, die selbst so gerne mit dem jungen, attraktiven Bauernsohn das Tanzbein geschwungen hätten. Mit dem Erstgeborenen vom Goschenhof. Mit dem späteren Erben des Bauernhofes. Wie kam der Leonhard denn um alles in der Welt auf die Idee, ausgerechnet die verschüchterte, ärmlich gekleidete Anna zum Tanz aufzufordern.

Eine Dienstmagd! Unglaublich! Missmutig registrierten die verschmähten Tänzerinnen, dass es den beiden sogar Spaß miteinander zu machen schien. Richtiges Vergnügen! Zum ersten Mal, seit Anna dann und wann im Schlepptau ihrer Tante Luise bei den Familienfesten aufgetaucht war, hörten die Mädchen diese sonst so traurige Person lachen. Ja, tatsächlich! Lauthals lachen!

Voller Erstaunen steckten sie die Köpfe zusammen und tuschelten aufgeregt. Welche Verwandlung war in Minutenschnelle mit der schüchternen, zusammengesunkenen Anna vonstatten gegangen? Und: So klein und mickrig schien sie ihnen mit einem Mal gar nicht mehr. Dieses helle Lachen! Die strahlenden blauen Augen. Das blonde Haar, das sich durch den beschwingten Tanz immer mehr gelöst hatte und nun hin und her flog. Konnte es sich bei diesem plötzlich so lebenslustig wirkenden, durchaus nicht unattraktiven Mädchen tatsächlich um Anna handeln?

Auch Leonhard waren die verblüfften Blicke und das erstaunte Getuschel der anderen natürlich nicht entgangen. Ganz und gar nicht. Genauso wenig wie die in der Tat wundersame Veränderung, die bei Anna stattgefunden hatte. Als habe sie nur auf diesen Moment gewartet. Seit Jahren schon!

Wie bei diesem Märchen. Wie hieß es noch gleich? Dieses Märchen mit dem Prinzen und dem Kuss! Egal! Leonhard fühlte sich im Augenblick jedenfalls glücklicher als jeder Märchenprinz. Und das mit dem Kuss, das würde sowieso nicht mehr allzu lange auf sich warten lassen.

Es wurde eine lange Nacht für die beiden. Eine lange, ausgelassene Nacht. Die glücklichste Nacht in Annas Leben. Glücklicher hatte sie sich niemals zuvor gefühlt. Zumindest nicht mehr, seit die schwarzen Schatten gekommen waren, die ihr Leben so sehr verdüstert hatten. Hatte sie so viel Glück denn überhaupt verdient? Würden die schwarzen Schatten nun womöglich für immer verschwinden?! Das wäre zu schön, um wahr zu sein! Ein schwebend leichtes Glücksgefühl trug sie davon. Ein Gefühl, das Anna so niemals mehr erleben würde.

23

Mitte November 1902

Allmählich kam ihr das merkwürdig vor. Eigentlich hätte es doch längst wieder so weit sein müssen. Doch da war nichts. Irritiert schüttelte Anna den Kopf und betrachtete nachdenklich die dicke, gräuliche Leinenbinde zwischen ihren Oberschenkeln, auf der kein roter Fleck zu sehen war. Nicht die geringste Spur von Blut. Vielleicht ja heute Nachmittag. Oder am Abend. So ganz genau konnte man ja nie wissen.

Leise seufzend zog sie die Binde wieder hoch und befestigte diese am Knopf des Leinengürtels.

Der Keuschheitsgürtel, wie die spöttisch lachenden Knechte die gürtelartige Binde immer wieder nannten, wenn es ihnen gelungen war, das sorgsam hinter den großen Wäscheteilen versteckte intime Stoffteil dennoch von der Wäscheleine zu pflücken, um es zum Ärger der Mägde mit hämischem Grinsen über den Kopf zu schwenken. Merkwürdig. Wie sie die Monatsblutung mit einem Mal geradezu herbeisehnte.

Es wäre jetzt nämlich schon das dritte Mal hintereinander, dass ihre Blutung ausbliebe. Die Regelblutung, die sie seit ihrem vierzehnten Lebensjahr Monat für Monat heimsuchte. Die sie jedes Mal zum Teufel wünschte, weil diese sich anfangs immer mit heftigen Schmerzen durch den Unterleib bohrte. Weshalb denn musste ausgerechnet sie dermaßen leiden bei dieser sowieso schon unangenehmen Prozedur? Nur mit äußerster Disziplin war es Anna in den ersten beiden Tagen der Regel überhaupt möglich, ihrer Arbeit auf dem Hof nachzugehen. Obwohl sie von sehr starken, an- und abschwellenden Krämpfen geschüttelt wurde. Mehr als einmal war Anna von der unnachsichtigen Großmagd Gerlinde zu allem Überfluss auch noch barsch getadelt worden, weil sie beim mühevollen Auswringen der Wäsche nicht ganz so kräftig Hand angelegt hatte, wie man dies sonst von ihr gewöhnt war. Obwohl Gerlinde die Ursache dafür doch ganz genau kannte.

Wieder und wieder hatte sich Anna in einer fast schlaflosen, von Unterleibskrämpfen bestimmten Nacht gefragt, weshalb die Regel in ihrem Bauch denn nicht genauso nahezu schmerzfrei vonstatten gehen konnte wie eben bei Gerlinde. Obwohl die doch wesentlich größer und massiger war. Viel weniger belastbar. Oder bei der Bauersfrau, von der sie ebenfalls noch nie große Klagen über peinigende Monatsschmerzen gehört hatte. Ein scharfes Ziehen im Unterleib, ja. Aber richtiggehende Schmerzen im Unterleib? Die kannte man doch nur von einer Geburt.

Sie solle bloß nicht so wehleidig sein, sondern die Zähne zusammenbeißen und weiterarbeiten. So wie es ihre Pflicht sei. Hatte die Großmagd gemeint. Ausgerechnet Gerlinde! Eine Regel sei eine lästige Angelegenheit, keine Frage. Das ganze Blut, die damit verbundenen Umstände. Die Unannehmlichkeiten. Die Peinlichkeit, wenn eine der Frauen nicht rechtzeitig daran gedacht hatte, dass sie ihre Monatsblutung bekommen würde. Wenn ihr dann das Blut an den Beinen herunterlief, weil sie keinen Leinengürtel angelegt hatte. Nicht einmal die Schlüpfer, die, wie man hörte, neuerdings die besser gestellten Bürgersfrauen unter ihren Röcken zu tragen pflegten, vermochten die Blutmengen dann aufzusaugen. Aber solche Schlüpfer trugen sie auf dem Land ja sowieso keine. Und selbst die dicken Leinenbinden konnten oftmals nicht verhindern, dass es rot und feucht durch den Rock schimmerte oder sich rötliche Spuren an den Knöcheln zeigten. Wie peinlich, wenn das einer der Knechte dann entdeckte und mit ausgestrecktem Arm und meckerndem Gelächter die anderen darauf aufmerksam machte! Knechte! Die hatten gut lachen!

Solche Situationen waren unangenehm, keine Frage. Und welche Frau hätte nicht liebend gerne auf diese Tage verzichtet! Aber es war eben nicht zu ändern. Weshalb also dann darüber klagen? Es half ja nichts. Nein, für so etwas zeigte die kantige Gerlinde beim besten Willen nicht das geringste Verständnis. Und erst recht nicht, wenn eine meinte, sich deshalb krank ins Bett legen zu müssen! Von wegen! Nicht mit der Großmagd!

Auf gar keinen Fall! Die Tage der Regel kamen – und gingen ja auch wieder.

Aber jetzt kamen sie plötzlich gar nicht mehr. Die Erkenntnis packte Anna unbarmherzig wie eine Eisenfaust. Konnte das etwa bedeuten ... sie wäre doch nicht also ... Nein, alles in ihr sträubte sich, das Wort auch nur zu denken. Aber was, wenn doch? Konnte die schon zum dritten Mal ausbleibende Regel wirklich nur diesen einen, einzigen Schluss zulassen? Wie lange war es jetzt her? Wie viel Zeit war vergangen seit dem Familientreffen in Büchelberg? Seit ihrer Begegnung mit Leonhard. Seit dem ausgelassenen, fröhlichen Tanz. Den Umarmungen und Liebkosungen. Seit der glücklichsten Nacht in ihrem Leben.

Konnte es tatsächlich wahr sein? Mit Eiseskälte bahnte sich die Angst ihren Weg durch Annas Gedanken. Wenn es denn also tatsächlich so wäre ... wenn sie in dieser Nacht wirklich ... Nein, nur nicht daran denken! Es nicht einmal denken. Mit gerade einmal zwanzig Jahren! Aber dieses merkwürdige Spannen in ihren Brüsten, das sie seit einigen Tagen hin und wieder registrierte. Dieses Ziehen, das sich vom Unterleib nach oben zu schieben schien. Also doch nur die Regel, die sich halt irgendwie verdreht hatte. Das hörte man dann und wann von den anderen Frauen ja auch. Die Monatsblutung konnte sich durchaus einmal verschieben. Aber doch nur um

einige Tage, vielleicht auch in einem Monat aussetzen, gerade bei jüngeren Frauen. Aber gleich dreimal hintereinander? Wieder fraß sich die Panik durch Annas Gehirn. Wie würde Leonhard reagieren, wenn es also doch so war, wie sie es nicht einmal zu denken wagte? Würde er sich dann, in diesem Fall, der niemals eintreten durfte, vielleicht freuen? Sich freuen auf seine Vaterschaft? Auf das Kind, das in ihrem Leib …
Zwei Mal schon hatte Leonhard ihr geschrieben. Hatte Anna zur Verwunderung der anderen Dienstboten vom Schandhofbauern einen Brief überreicht bekommen, den dieser von der Post in Rothenburg mitgebracht hatte. Unter den neiderfüllten Blicken der Mägde hatte sie die Briefe in Empfang genommen und sie mit vor Freude zitternden Fingern erst einmal in die Tasche ihrer Schürze gesteckt. Erst als Anna allein und unbeobachtet war, hatte sie die Schreiben geöffnet und sich langsam Zeile für Zeile der ungelenken Handschrift zu Gemüte geführt. Es waren glückselige Momente, wenn sie diese Briefe las. Beinahe so schön wie damals, in Büchelberg. Denn auch für Leonhard war seitdem klar, dass sie sich nicht mehr aus den Augen verlieren durften. Die Zuneigung, die er für Anna empfand, sprach buchstäblich aus jedem Wort, das er ihr geschrieben hatte.

Dass Anna ihm nicht mehr aus dem Kopf gehe. Dass er ihr Bild ständig vor Augen habe, dass er an niemand anderes mehr denken könne als an Anna. Und an diesen herrlichen Tag in Büchelberg. Dass man sich unbedingt bald wieder sehen müsse. Dass er sich vor Sehnsucht beinahe verzehre. Wenn die meiste Arbeit für dieses Jahr auf dem Goschenhof gemacht sei, würde er kommen und Anna besuchen, hatte Leonhard in seinem zweiten Brief, den sie vor einer Woche erhalten hatte, geschrieben. Spätestens nach dem Ablassen des Karpfenweihers. Und auf alle Fälle bevor man in den Wald ging, um Holz zu machen. Mit anderen Worten: in längstens drei Wochen.

Annas Herz hatte vor Freude schneller geschlagen. Leonhard! Ein Besuch hier auf dem Hof. Hier bei ihr. Ausschließlich ihretwegen! Und schon wieder waren die Zweifel aufgestiegen: der Bauernsohn aus Flinsberg, der auf den Schandhof kam und eine Magd besuchte. Eine einfache Dienstmagd. Noch nicht einmal die Großmagd! Was würden die anderen dazu sagen? Die Schandhofbauern? Leonhards Eltern? In der Schandhofwirtschaft würden sie am Stammtisch hocken und sich das Maul über das ungleiche Paar zerreißen. So viel stand für Anna jetzt schon fest. Ein Bauernsohn, der ein Techtelmechtel mit einer Dienstmagd einging. Nun gut. Aber etwas Ernsthaftes? Ein Jungbauer, der fast dreißig Kilometer anreiste nur wegen einer Magd? Wegen einer klein gewachsenen, bedeutungs- und mittellosen Waise, wie sie die Anna Reingruber war? Unglaublich! Eine Schande für einen Bauernsohn! Die armen Eltern!

Und jetzt zu allem Überfluss auch noch diese Ungewissheit! War es tatsächlich passiert? War sie ... Nein! Energisch schüttelte Anna ihren Kopf. Einfach nicht daran denken! Nicht an ein Kind, nicht an eine Heirat, nicht an einen gemeinsamen Lebensweg und schon gar nicht an eine Zukunft als Bäuerin auf dem schönen Anwesen bei Flinsberg, das Leonhard ihr mit strahlenden Augen beschrieben hatte.

So ein Blödsinn! Als ob nicht genug Arbeit auf sie wartete. Und überhaupt, sie war nicht schwanger! Niemals! In drei Tagen, an ihrem freien Sonntagnachmittag, würde sie nach Rothenburg gehen. Zur Patentante Magdalena. Und diese um Rat fragen. Wie es denn kommen konnte, dass die Regel so lange auf sich warten ließ. Die Tante würde schon eine Antwort wissen.

24

Angst

»Und es ist sicherlich schon fast vier Monate her, dass du zum letzten Mal deine Blutung bekommen hast? Also drei Mal ist sie bereits ausgeblieben?« Mit nachdenklich gerunzelter Stirn saß Magdalena Rößler am Küchentisch ihres Hauses in der Rothenburger Wenggasse und musterte ihr Gegenüber sorgenvoll.

Anna, der die Frage gegolten hatte, nickte schwach. »Genauso ist es. Irgendetwas stimmt nicht mit mir«, murmelte sie kraftlos. »Ich muss mir irgendeine merkwürdige Krankheit eingefangen haben, so elend, wie ich mich momentan fühle. So völlig schlapp und müde bin ich, und dazu kommt seit ein paar Tagen noch diese Übelkeit am Morgen dazu! Es ist, als würde sich mein Magen nach außen stülpen.«

»Übelkeit auch noch«, wiederholte Magdalena gedehnt und schüttelte ratlos ihren Kopf. »Das klingt ja alles wirklich sehr seltsam. Am Morgen vor allem, sagst du?«

»Ja, wie gesagt, in letzter Zeit gleich nach dem Aufstehen. Was glaubst du, was mir die Großmagd zu allem Überfluss dann auch noch für eine Szene gemacht hat, nur weil ich in Windeseile aus der Kammer gestürzt bin, als die Übelkeit in mir hochgestiegen ist. Du kennst sie ja, die Gerlinde. Und für sich behalten kann sie auch nichts. Sie hat es gleich der Bäuerin erzählt, als es mir gestern Morgen wieder so ergangen ist. Und dann haben sie mich zur Rede gestellt und einfach so behauptet, ich sei schwanger!« Kaum hatte Anna mit vor Aufregung bebender Stimme geendet, da schossen ihr auch schon die Tränen in die Augen. »Wie können die denn einfach so etwas sagen! In aller Öffentlichkeit! Schon stehen die anderen da und deuten mit den Fingern auf mich! Das dürfen die doch nicht!« In dicken Strömen rannen die Tränen nun über Annas Wangen und tropften auf die hölzerne Platte des Küchentisches.

Magdalena registrierte erschrocken, wie sehr sich ihr Patenkind seit deren letztem Besuch vor einigen Wochen in ein regelrechtes Nervenbündel verwandelt hatte. Zwar war Anna immer schon ein schüchternes, ängstliches Mädchen gewesen, aber beim letzten Mal hatte es doch noch eher so ausgesehen, als würde sie ganz allmählich aufleben. Solch einen beschwingten, fast schon erstaunlich fröhlichen Eindruck hatte Anna an diesem Sonntagnachmittag hinterlassen. Und jetzt dieses Bild des Jammers! Und dazu noch dieses schreckliche Stichwort! Auch Magdalena war daraufhin erschrocken zusammengefahren.

»Schwanger? Du? Wie kommen die denn darauf?«

Anna zuckte schluchzend mit den Schultern. »Ich weiß auch nicht«, presste sie mühsam hervor. »Nur weil ich jetzt schon zweimal einen Brief bekommen habe. Vom Leonhard. Deshalb behaupten sie, sei ich schwanger. Der Leonhard hätte mir ein Kind gemacht!« Sie fingerte ein verwaschenes Taschentuch aus ihrer Schürze und schnäuzte sich unglücklich.

»Der Leonhard ... Du bekommst Briefe von einem Leonhard«, sinnierte sie leise. »Ist das einer von der Ohr-Verwandtschaft der Luise?«

»Ja, genau. Der Leonhard Ohr vom Goschenhof bei Flinsberg«, nickte das Mädchen zaghaft.

»Und mit dem hast du dich also angefreundet?« In Magdalena dämmerte ein schlimmer Verdacht. Oder vielmehr war es so, musste sie sich nun bitter eingestehen, dass der Verdacht von Anfang an bei ihr aufgetaucht war, kaum dass Anna ihr die Sorge über die dreimal ausgebliebene Monatsblutung geschildert hatte.

Anna nickte stumm.

»Und wann hast du den Leonhard zum letzten Mal getroffen?« Magdalena hoffte auf eine erlösende Antwort. Wohl wissend, dass sie diese Antwort nicht bekommen würde. In Wirklichkeit war ihr längst alles klar. Und tatsächlich fiel die Antwort genauso aus, wie sie dies befürchtet hatte.

»Ende August. Bei der Hochzeit in Büchelberg.« Obwohl sie auf das, was sie da gerade mitgeteilt bekommen hatte, eigentlich gefasst war, traf sie der Schock dennoch mit voller Wucht. Ein lautes Stöhnen entrang sich ihrem Mund.

»Anna! Weißt du, was du da sagst!« Wutentbrannt fuhr Magdalena in die Höhe. »Jetzt sag bloß noch, du hast dich mit dem Burschen eingelassen!«, donnerte sie in das Gesicht des leichenblassen Mädchens.

Doch Anna hielt den Kopf starr auf die Tischplatte gesenkt und gab keinen Mucks von sich.

Keine Antwort ist auch eine Antwort, dachte Magdalena bitter. Es war also geschehen. Anna war schwanger! Ihr zwanzig Jahre altes Patenkind hatte sich schwängern lassen! Von einem Bauernjungen! Du meine Güte! Was sollte das nur geben! Traf sie, Magdalena, als Patin womöglich eine Mitschuld? Sie war es ja schließlich gewesen, die ihrer Schwester seinerzeit bei der schweren Geburt in Auerbach in die Hand hinein versprochen hatte, sich um Anna zu kümmern, als sei sie ihr eigenes Kind. Nachdem es bei der Geburt ja für Mutter und Kind um Leben und Tod gegangen war. Wo sie in aller Eile die Nottaufe ausgerichtet hatten und Magdalena als Patin fungiert hatte. Was ja eine pure Selbstverständlichkeit gewesen war.

Sie hatte die Anna nach dem Tod der Schwester zu sich genommen. Und sie und Johann hatten extra geheiratet, um das kleine Mädchen bei sich aufnehmen zu können. Hätte sie als wirklich gute Patin denn die Anna damals nicht auch mit sich nach Rothenburg nehmen müssen, als sie vom Schandhof weggezogen waren? Obwohl es nach der Geburt von Margarete schwierig genug für die Familie geworden war und Magdalena nicht länger als Magd hatte arbeiten können. Aber Anna war doch schon fast vierzehn Jahre alt gewesen. Alt genug also, um in Stellung zu gehen. Wie so viele andere junge Leute in ihrem Alter auch. Immerhin hatten sie es ja auch geschafft, ihr die Anstellung als Magd auf dem Schandhof zu verschaffen. Hatte sie sich also wirklich etwas vorzuwerfen? Hatte sie als Patin versagt? Hatte sie das Versprechen gebrochen, das sie ihrer Schwester damals gegeben hatte?

Die verwunderte, helle Stimme der sechsjährigen Margarete riss sie aus ihren sorgenschweren Gedanken. »Mama, was ist denn da bei euch? Weshalb guckt ihr so ernst, und wieso weint denn die Anna?«, fragte das Kind, das gerade vom Spielen auf der Gasse vor dem Haus zurückgekehrt war, und musterte die beiden Frauen neugierig.

»Ach, Margarete! Es ist nichts!« Dankbar für diese Unterbrechung wandte sich Magdalena um und drückte ihr Mädchen eng an sich. Vielleicht lösten sich die ganzen Sorgen ja doch noch in Wohlgefallen auf. Vielleicht hatten sie sich einfach zu viele falsche Gedanken gemacht. Von vornherein das Falsche gedacht. Hoffentlich. Sie musste sich Klarheit verschaffen. Aber ohne Margarete. Das war nichts für das Kind. Die Mutter ging hinüber zum Brotkasten, nahm den großen Brotlaib heraus und schnitt eine große Scheibe davon herunter. »So, Margarete. Da hast du etwas zu essen! Ich muss nämlich noch mit der Anna ein bisschen weitersprechen. Komm, geh noch mal hinaus zum Spielen. Ich rufe dich dann, wenn wir fertig sind.« Sie versetzte dem Mädchen einen leichten Schubs und nickte mit dem Kinn zur Treppe hinüber. »Nun geh schon«, lächelte Magdalena mit gespielter Munterkeit. »Dauert nicht mehr lange!«

Achselzuckend betrachtete Margarete die dunkle Brotscheibe in ihren Händen. Wo es doch sonst immer hieß, man dürfe auf der Gasse nicht essen. Gegessen werde nur am Tisch, sonst nirgendwo. Merkwürdig, die Erwachsenen. Andererseits duftete das frische Roggenbrot verführerisch nach Kümmel. Herzhaft biss das Mädchen hinein und beeilte sich dann, rasch wieder die Treppe hinunterzuhüpfen – bevor es sich die Mutter womöglich noch einmal anders überlegte.

Magdalena schnaufte tief durch, nachdem die Tür hinter ihrer Tochter ins Schloss gefallen war. »Und nun wieder zu dir, Anna«, strich sie ihrem nach wie vor blass und apathisch am Küchentisch hockenden Patenkind sanft über die blonden Haare. »Wir sollten wissen, was mit dir ist, Anna. Es hat, denke ich, keinen Sinn, wenn wir uns weiter etwas vormachen. Und so, wie du mir das alles bisher geschildert hast …« Magdalena unterbrach sich mitten im Satz. Wollte die Erkenntnis, die für sie eigentlich längst zur Gewissheit geworden war, nicht aussprechen. Nicht einfach so. Nicht so, nicht in dieser Härte. Vielleicht war es ja auch gar nicht so. Vielleicht …

»Anna«, fuhr sie mit warmer Anteilnahme in der Stimme fort. »Lass mich doch bitte einmal deinen Bauch betrachten.« Magdalena merkte, wie sich Annas Körper bei diesen Worten unwillkürlich verkrampfte. »Anna«, wieder fuhr sie sanft über das Haar der jungen Frau. »Ich möchte uns doch nur Gewissheit verschaffen, dass es wirklich anders ist, als du befürchtest. Bitte!« Sie hätte sich ohrfeigen können für diese Lüge. Denn in Wirklichkeit handelte es sich um genau das Gegenteil. Um die letzte Gewissheit, dass sie mit ihrer Vermutung richtig lag und Anna tatsächlich schwanger geworden war. Aber weshalb sollte sie das aussprechen? Solange noch ein Funke Hoffnung vorhanden war, dass es eben doch ganz anders war. Ein winziger Funke.

Sekundenlang herrschte völlige Stille in der Küche. Angsterfüllte, beklemmende Stille. Keiner der beiden Frauen stand der Sinn nach weiteren Worten. Weshalb auch? Es war alles gesagt, was hatte gesagt werden müssen. Und es lag nun an Anna, der Bitte ihrer Tante nachzukommen. Es schien, als würde sie diese Bitte schlichtweg ignorieren, doch dann atmete Anna mit gequälter Miene erst tief ein und ließ anschließend langsam die Luft wieder aus ihrem Mund strömen. Danach erhob sie sich wortlos und griff an den Saum ihres schwarzen, knöchellangen Rocks, den sie zögernd nach oben zog.

Eigentlich genügte Magdalena schon der erste Blick auf Annas Bauch. Trotz der höchstens drei Monate, die seit der Empfängnis vergangen waren. Das, was sie da sah, war eindeutig. Nicht bei jeder Schwangeren war schon nach drei Monaten überhaupt etwas zu erkennen. Hier aber schon! Obwohl die leichte Wölbung um Annas Nabel unübersehbar war, redete sich Magdalena dennoch ein, es könne sich ja auch noch um eine Art Gewebsschwäche handeln. Jedes Fünkchen Hoffnung zählte – und zerstob im selben Augenblick, als Magdalena ihre Hand vorsichtig tastend auf Annas leicht gewölbten Unterleib legte. Nein, dabei handelte es sich nie und nimmer um eine Gewebsschwäche. Noch einmal fuhr sie zärtlich über die straff gespannte Haut unterhalb des Nabels, bevor sie Anna kurz zunickte, die nun den Rocksaum wieder fallen ließ. Magdalena setzte sich erschöpft und deprimiert wieder auf den Küchenstuhl und musterte die junge Frau, die sie mit flehend bittender Miene betrachtete, aus ernsten Augen. Sie räusperte sich trocken, bevor sie die Energie aufbrachte, das tatsächlich auszusprechen, worüber sich beide in Wirklichkeit schon zuvor im Klaren gewesen waren.

»Anna, ich glaube, wir müssen den Tatsachen ins Auge sehen: Du bist schwanger! An dieser Erkenntnis führt kein Weg vorbei! Du wirst ein Kind bekommen. Und wenn ich dich vorhin richtig verstanden habe, wird es Mitte oder Ende Mai wohl so weit sein.«

Anna war bei diesen Worten aschfahl geworden. »Also doch! Ich bin schwanger! Ledig und schwanger, wie es damals meiner Mutter ergangen ist! Tante Magdalena!«

Es zerriss beinahe das Herz ihrer Patin, als sie Anna so verzweifelt und ratlos vor sich sah. So angstvoll und hoffnungslos.

»Aber da gibt es doch noch andere Möglichkeiten, Tante Magdalena. Ich weiß doch, dass es Frauen gibt, die so eine Schwangerschaft beenden können!«

»Anna!« Magdalena zuckte beim scharfen Klang ihrer Stimme selbst erschrocken zusammen, so lautstark hatte sie reagiert. »Sag das nicht noch einmal! Erstens liegt es nicht in deiner Hand, das Leben zu zerstören, das durch den Willen unseres lieben Herrgottes entstehen soll ...«

»Unser lieber Herrgott!«, fuhr Anna bitter dazwischen. »Als ob der liebe Herrgott der Vater wäre! Als ob der sich um das Kind kümmern würde. Das ist doch immer dasselbe: die Pfarrer und ihre frommen Sprüche, aber wir können dann sehen, wo wir bleiben! Was nützt mir der Herrgott!«

»So darfst du nicht reden, Anna!« Magdalena konnte den Schmerz und die Bitterkeit nur allzu gut verstehen, die Anna erfasst hatten. War es ihr damals, bei ihrer ungewollten Schwangerschaft, bei der Geburt von Maria nicht genauso gegangen? Und erst recht dann später, als sie das Kind auch noch hatte weggeben müssen. Mehr als sechzehn Jahre war das nun schon her, und dennoch krampfte sich beim bloßen Gedanken daran immer noch ihr Herz schmerzhaft zusammen. Genauso wie bei den wenigen zufälligen Begegnungen mit Maria, die sie jedoch stets ignorierte und rasch die Straßenseite wechselte oder in eine angrenzende Gasse einbog, wenn sie ihre Mutter kommen sah.

»Aber lassen wir das mit dem Herrgott einmal beiseite. Es gibt dennoch keine andere Möglichkeit, als das Kind auszutragen. Lass dir da bloß um alles in der Welt nichts anderes einreden. Von den weißen Frauen, von den Kräuterhexen und Engelmachern. Wie viele verzweifelte Frauen haben das schon mit ihrem Leben bezahlen müssen und sind elendiglich verblutet, wenn sie sich in die Hände dieser Scharlatane begeben haben. Denk einmal nach, da ist doch vor Kurzem erst die Erna so plötzlich gestorben, diese junge Frau aus Rothenburg. Über die hat man doch auch getuschelt, dass sie zu einem dieser Kurpfuscher gegangen ist. Er hat sie auf dem Gewissen, aber das macht diesen Leuten ja nicht viel aus. Hauptsache, sie haben ihr Geld bekommen. Im Voraus natürlich. Und nicht gerade wenig. Woher solltest du das Geld auch nehmen! Nein, Anna«, Magdalena erhob sich und drückte sanft die Schultern ihres Patenkindes. »Es bleibt uns nur noch, sich in das Schicksal zu fügen. Trage es aus, dein Kind, und sage möglichst bald auch dem Leonhard Bescheid, dass du schwanger bist. Dass du ein Kind von ihm erwartest. Das ist jetzt die beste aller Lösungen!«

»Und wie soll es dann weitergehen?«, fragte Anna mit tonloser Stimme. »Ich kann doch dann nie und nimmer als Magd weiterarbeiten. Zumindest eine ganze Weile nicht. Die Bäuerin wird mich im hohen Bogen vom Schandhof werfen!«

»Also, solch eine schlechte Frau ist das wirklich nicht. Nein, sie wird dich nicht einfach so an die Luft setzen. Glaube mir. Ich kenne sie ja lange genug. Aber du wirst zusammen mit dem Kind dort auf Dauer nicht arbeiten können. Da wird schon der Bauer einiges dagegen haben. Samt der Gerlinde. Aber das ist jetzt alles nicht so wichtig. Sage du möglichst bald dem Leonhard Bescheid, dann wird man weitersehen. Und ihr mögt euch doch, sagst du. Er hat dir doch schon zweimal geschrieben. Er will dich demnächst doch sogar besuchen, oder?«

Anna nickte stumm und mit bangem Herzen. Wie würde ein solches Zusammentreffen wohl ausfallen? Jetzt, nachdem alles ganz anders gekommen war. Ganz anders als geplant.

»Wer weiß, Anna«, fuhr Magdalena mit beruhigender Stimme fort. »Vielleicht mögt ihr euch ja so sehr, dass ihr heiraten könntet. So wie du mir den Leonhard und seine Briefe geschildert hast. Außerdem scheint er ja ein sehr verantwortungsbewusster junger Mann zu sein. Und du magst ihn doch auch, oder?«

Wieder nickte Anna nur, dieses Mal aber weitaus heftiger.

»Na also, siehst du! Es wird schon noch alles gut werden. Warte nur einmal ab. Ihr werdet heiraten, das Kind kommt gesund und munter auf die Welt, und alles wird gut. Du wirst schon sehen.«

Zaghaft drehte Anna ihren Kopf mit den tränennassen, geröteten Augen in Magdalenas Richtung und bedachte ihre Tante mit einem hoffnungsvollen Blick. »Meinst du wirklich? Glaubst du, alles wird gut?«

Es kostete Magdalena alle Kraft, sich keinerlei Unsicherheit anmerken zu lassen. »Aber sicher, Kleines«, schmiegte sie sich zärtlich an Annas Wange, um mit gespielter Zuversicht noch hinzuzufügen: »Alles wird gut! Glaube mir!« Ihr Innerstes rebellierte bei diesen Worten, und es war ihr, als laste eine eiskalte Faust auf ihrem Herzen. Aber was sollte sie der Anna denn sonst sagen? Dass der Kindsvater ein Bauernbub war, von einer stolzen fränkischen Familie abstamme, die schon immer größten Wert auf die Unterscheidung zwischen Hungerleidern und Besitzenden gelegt hatte? Zwischen Bauern und Knechten! Sollte sie ihr die Wahrheit gnadenlos ins Gesicht schleudern? Zu welchem Nutzen? Oder sollte sie ihr etwa empfehlen, das Kind nach der Geburt wegzugeben, um dann als Magd weiter auf dem Schandhof arbeiten zu können? So wie sie es damals bei ihrer Maria gemacht hatte. Ein Fehlgriff, unter dem sie zeitlebens leiden würde. Und vielleicht täuschte sie sich ja auch wirklich. Vielleicht war sich der junge Leonhard Ohr seiner Verantwortung bewusst und heiratete Anna tatsächlich. Womöglich gar mit dem Segen seiner Eltern – wer konnte das schon mit letzter Gewissheit sagen?

»Am besten du machst Folgendes: Du gehst so bald wie möglich zu deiner Tante Luise nach Lehrberg. Denn die kennt sich in dieser Familie sehr gut aus. Und die wird auch einen Rat wissen, wie du es dem Leonhard und dessen Eltern am besten beibringst mit der Schwangerschaft. Die Luise wird schon die richtige Vorgehensweise an den Tag legen, da bin ich mir ganz sicher!« Im Gegensatz zu ihren überzeugend klingenden Worten war sich Magdalena in Wirklichkeit alles andere als sicher. Aber weshalb sollte sie den zarten Hoffnungsschimmer in Annas Augen wieder zerstören?

25

Anfang Dezember 1902

Fröstelnd zog Anna die dicke Pferdedecke höher und versteckte ihren Kopf darin, so gut es eben ging. Ein eiskalter Wind fegte über die fast baumlose Ebene hinweg, in der seit Tagen schon alles Leben im Frost erstarrt schien. Der Winter war in diesem Jahr zwar erst spät gekommen, dafür aber hatte er jetzt umso nachhaltiger und mit aller Macht Einzug gehalten im Land.

In der vergangenen Nacht hatte es leicht geschneit, sodass die Landschaft ringsum wirkte, als sei sie von feinem Puderzucker überstäubt worden. Ein herrlicher Anblick, richtig romantisch geradezu – wäre da eben nicht der eisige Wind gewesen, der sich erbarmungslos in ihre Glieder schlich. Trotz ihrer dicken Vermummung war Anna kalt. Elend kalt sogar. Was vielleicht aber auch etwas mit der Uhrzeit zu tun hatte, zu der sie heute Morgen aufgebrochen war. Heute Morgen? Von wegen!

Anna seufzte müde bei diesem Gedanken. Es war mitten in der Nacht gewesen, als sie sich schlaftrunken aus dem Bett geschält hatte. Begleitet von den mürrischen Kommentaren ihrer Zimmergenossin Gerlinde, die sie zornig anwies, gefälligst leiser zu Werke zu gehen. Wenn das nur so einfach wäre. Mitten in der Nacht. Bei völliger Dunkelheit. Und ein Licht anzuzünden, das traute sich Anna natürlich nicht. Auf die dann folgende unvermeidliche Auseinandersetzung mit Gerlinde konnte sie nämlich verzichten. Gerne verzichten.

Gott sei Dank war in den letzten Tagen die Übelkeit gewichen, die sie wochenlang beim Aufstehen überfallen hatte. Wenigstens mit ihrem Magen hatte sie nun nicht mehr zu kämpfen. Aber es reichte auch so. Denn mittlerweile konnte auch Anna nicht mehr über die leichte Wölbung an ihrem Unterleib hinwegsehen. Das war keine Gewebsschwäche. Zumal die Monatsblutung auch in den vergangenen zwei Wochen seit ihrem Besuch in Rothenburg ausgeblieben war. Nein, keine Gewebsschwäche. Es war das Kind, das in ihrem Leib allmählich heranwuchs. Anna hatte sich eigentlich schon seit dem Gespräch mit der Tante Magdalena nichts mehr vorgemacht, aber dennoch: Zugegebenermaßen hatte sie immer noch einen kleinen Funken Hoffnung gehegt und sich erst jetzt, in den letzten Tagen, eingestanden, dass sie ein Kind zur Welt bringen würde. Dass sie demnächst Mutter sein würde. Mit noch nicht einmal einundzwanzig Jahren! Was andererseits auf dem Land alles andere als ungewöhnlich war, auch darüber war sie sich längst im Klaren. Ein schwacher Trost – wenn überhaupt einer …

An diesem Sonntag also war sie in aller Herrgottsfrühe zur Schandhofwirtschaft hinübergeeilt, wo der Fuhrmann gerade noch einmal sorgsam die Anspannung der beiden stämmigen Pferde überprüft hatte, bevor er laut gähnend auf den Kutschbock geklettert war. »Na, schau mal einer an: Sie kommt tatsächlich, unser junges Fräulein«, hatte der Mann mit anerkennendem Lächeln gebrummt, als Anna mit schnellen Schritten um die Ecke gebogen war.

»Hätte ich nicht gedacht, dass du es schaffst, mitten in der Nacht aufzustehen und pünktlich zu erscheinen! Die Jugend von heute hat außer einem großen Mundwerk wenig vorzuweisen. Aber du scheinst mir ja tatsächlich eine Ausnahme zu sein. Das lob ich mir!« Nach dieser anerkennenden Feststellung hatte der Mann wortlos seine derbe, schwielige Hand ausgestreckt und Anna mit festem Griff zu sich auf den Kutschbock gezogen.

Es hatte sich wirklich gut gefügt, dass sie in der vergangenen Woche von einem Fuhrwerk der Gastwirtschaft auf dem Schandhof erfahren hatte, welches am heutigen Morgen nach Ansbach fahren wollte und am selben Abend bereits wieder zurückkommen würde. Besser hätte sie es gar nicht treffen können. Anna hatte sich also beim Fuhrmann erkundigt, ob er wohl so freundlich sei, sie bis nach Lehrberg und wieder zurück mitzunehmen. Der derbe Kutscher hatte lediglich einen undefinierbaren Grunzlaut ausgestoßen und schließlich noch gemeint, die Frage sei von vornherein schon deshalb überflüssig, weil sie es nie und nimmer schaffen würde, schon lange vor dem Morgengrauen, nämlich um halb fünf an diesem Morgen, reisefertig vor ihm zu stehen. Er würde einen Besen fressen, falls sie es dennoch schaffte. Umso verständlicher war sein Staunen gewesen. Damit aber war das Eis gebrochen. Sie hatte die Abmachung eingehalten und sich so den Respekt des vierschrötigen Kutschers erworben.

»Einen Besen musst du aber trotzdem jetzt nicht fressen«, hatte sie ihm noch schelmisch zugeblinzelt, kaum dass sie neben ihm auf dem Kutschbock Platz genommen hatte. Der Kutscher hatte zunächst irritiert gestutzt, dann aber schallend gelacht.

»Da bedanke ich mich aber artig für diese Gnade«, hatte er gemeint und danach mit dem Zeigefinger an den nahezu sternenklaren Himmel gedeutet, aus dem der Vollmond die weiß überzuckerte Landschaft mit seinem Licht bestrahlte. »Schau mal, was wir für ein Glück haben. Es ist zwar eiskalt, und der Wind geht einem durch und durch, aber dafür müssen wir uns nicht im Dunkeln orientieren, sondern haben genügend Sicht, um jedes Schlagloch rechtzeitig zu erkennen. Also dann, Liesel, Klara! Auf geht's!«, schnalzte er froh gelaunt mit der Zunge, nachdem er mit der Kurbel auf seiner rechten Seite die Bremsen der großen Wagenräder gelöst hatte.

Anna war froh, dass es ihr gelungen war, den Ratschlag ihrer Patin Magdalena so schnell befolgen zu können. Den Rat, sobald es ging, nach Lehrberg zu reisen. Nicht Leonhard einfach in einem Brief von den Dingen zu berichten, die sich da ohne sein Wissen entwickelten. Ohne sein Wissen, aber nicht ohne sein Zutun, dachte Anna bitter. Nun denn. Auf alle Fälle wäre es sicher das Beste, erst einmal mit der Tante Luise zu sprechen und dann mit dieser zu beratschlagen, wie sie Leonhard seine bevorstehende Vaterschaft am besten beibringen konnte. Und nicht nur Leonhard. Vor allem auch dessen Eltern.

Handelte es sich eigentlich nun um eine eher glückliche Fügung des Schicksals, dass Leonhard sein Versprechen noch nicht wahr gemacht hatte, sie auf dem Schandhof zu besuchen? Zwischen dem Ablassen des Fischweihers und der Waldarbeit, die jetzt bei diesen Temperaturen doch sicher auch schon in Flinsberg begonnen hatte.

Anna war sich nicht so recht schlüssig darüber, wie sie das bewerten sollte. Immerhin hätte sie ihm dann die Schwangerschaft gestehen müssen – gänzlich unvorbereitet. Und ob das gut gewesen wäre? Es war wohl doch besser, erst mit der Tante Luise sprechen zu können, die sicherlich die richtigen Ratschläge würde geben können. Auch wenn ein leiser Schatten der Enttäuschung bei ihr zurückblieb, weil Leonhard sein Versprechen nicht eingehalten hatte. Noch nicht!

Aber sie wollte nicht schon wieder zweifeln. Immerhin hatte sie es ja bewerkstelligt, die Einwilligung der Bäuerin zu ihrer Abwesenheit an diesem Sonntag zu bekommen. Auch wenn diese zuerst recht mürrisch geschaut hatte. Was wiederum mit der ewig hinterhältigen Gerlinde zusammenhing, die wieder einmal vor allen anderen mitbekommen hatte, was Anna vorhatte. Deshalb war die falsche Schlange kurz zuvor zur Bäuerin gegangen und hatte dieser vorgeschwindelt, wie wichtig es sei, an diesem Sonntag die Wäsche auf Mottenbefall hin zu kontrollieren und die Kleiderschänke auszuräumen, zu säubern und danach wieder einzuräumen. Sonntag hin oder her. Aber die Löcher in der Wäsche seien nun einmal nicht mehr zu übersehen. Es bestehe rascher Handlungsbedarf. Aus diesem Grund hatte die Bäuerin zunächst ihre Zustimmung für Anna verweigert. Erst nach Annas Versicherung, dafür am nächsten und am übernächsten Sonntag auf den freien Nachmittag zu verzichten, hatte sie schließlich eingewilligt. Sehr zu Gerlindes Verdruss. Aber die Mottensäuberungsaktion, die würde vom restlichen Gesinde auch ohne Annas Mithilfe bewältigt werden. So viel Arbeit hatte man jetzt im Winter auch wieder nicht.

»Wie heißt die Gastwirtschaft, sagst du?« Die raue, dunkle Männerstimme an ihrem Ohr ließ Anna erschrocken hochfahren. Sie war tatsächlich eingeschlafen. Trotz der eisigen Kälte, trotz des ständigen Schaukelns auf dem hohen Kutschbock, von dem ihr zuerst übel geworden war. Dennoch war sie in einen tiefen, erschöpften Schlaf gefallen. Anna blinzelte überrascht in das dämmrige, fahle Licht dieses Dezembermorgens.

»Die Gastwirtschaft?«, murmelte sie schlaftrunken und rieb sich mit der rechten Hand die vom unbequemen Kauern auf dem harten Sitz schmerzende Stelle an ihrem Hals. Es dauerte einige Sekunden, bis sie die Orientierung wiedergefunden hatte. Da vorne, konnte es wahr sein? Das sah ja aus, als seien es schon die Häuser, die vor dem Fuhrwerk auftauchten. Natürlich. Das war die merkwürdig geformte Spitze des Turmes der St. Margarethenkirche von Lehrberg. Sie hatten ihr Ziel also schon erreicht. Anna zumindest. Der Fuhrmann musste ja noch ein paar Kilometer weiter. Nach Ansbach.

»Ja, die Gastwirtschaft. Wie die Gastwirtschaft heißt, zu der du willst, habe ich dich gefragt!« Jetzt war der Tonfall schon etwas ungehaltener geworden.

»Das ist der »Goldene Adler«. Der ist nicht zu verfehlen. Ich sag dir rechtzeitig Bescheid. Soll ich fragen, ob sie dort einen warmen Tee oder vielleicht sogar einen Kaffee haben? Einen echten Bohnenkaffee?«, fragte Anna, um den Fuhrmann wieder versöhnlicher zu stimmen.

»Ein Bier wäre mir lieber«, brummte der in seinen dichten grauen Vollbart hinein. »Aber das reicht noch heute Nachmittag, wenn ich dich wieder abhole. Jetzt möchte ich nur so schnell wie möglich nach Ansbach. Bei dieser Kälte! Die geht einem ja wirklich durch Mark und Bein!«

Luise Klee hatte einen überraschten Laut ausgestoßen, als Anna so unvermittelt mit einem Mal vor ihr gestanden hatte. Am helllichten Sonntagmorgen um neun Uhr! Einfach so!

»Anna! Das ist aber eine nette Überraschung! Schön, dich zu sehen. Und ein Glück, dass du nicht eine Viertelstunde später gekommen bist. Dann wäre ich nämlich schon in der Kirche gewesen. Na gut, dann kannst du ja gleich mit mir mitkommen. Und nach dem Mittagessen begleitest du uns noch auf einen Spaziergang in den Wald. Wir wollen da nämlich einen Christbaum aussuchen. Einen Christbaum für Weihnachten. Du kannst beim Aussuchen mithelfen – und dich mit dem Johann über den richtigen Baum streiten, obwohl der gar kein großes Interesse an unserem Weihnachtsbaum zu haben scheint.«

Es war die Tante Luise, wie sie leibte und lebte! Wie Anna sie schon immer gekannt hatte. Sprühend vor Aktivität und Unternehmungslust. Immer im Einsatz. Immer gut gelaunt und freundlich. Und immer mit neuen Ideen.

»Einen Christbaum?« Anna hob verblüfft die Achseln. »Was meinst du damit?«

»Kennt ihr das noch nicht in Rothenburg?« Die Tante lächelte überrascht und gleichzeitig auch ein klein wenig stolz über ihren offensichtlichen Wissensvorsprung. »Das ist so ein neuer schöner Brauch, dass man sich an Weihnachten ein grünes Tannenbäumchen in die Stube stellt, wenn alles draußen schon so trist und abgestorben aussieht. Das Bäumchen wird dann geschmückt: mit Engelchen, Strohsternen und Gebäck – vielleicht sogar noch mit ein paar kleinen bunten Glaskugeln. Das nennt man dann einen Weihnachtsbaum. Eine schöne Idee, oder?«

»Ja, doch«, murmelte Anna, die momentan andere Dinge beschäftigten, verwirrt. »In der Stadt machen sie das sicher auch, in den großen Bürgerhäusern. Aber bis zu uns aufs Land heraus, auf den Schandhof, hat sich das noch nicht herumgesprochen. Ich habe zumindest noch nie etwas von so einem komischen Weihnachtsbaum gehört!«

Luise Klee hatte Anna bei deren Erwiderung überrascht gemustert. Etwas in der Stimme des Mädchens hatte sie stutzen lassen. War es der merkwürdig schleppende Tonfall gewesen, war es der Hinweis auf ihre Tätigkeit auf dem Schandhof – der damit verbundene Hinweis auf den Gegensatz zu den soliden bürgerlichen Verhältnissen, die im »Goldenen Adler« herrschten? Handelte es sich bei dieser müde blickenden, in sich gekehrten schmächtigen jungen Frau tatsächlich um dieselbe Anna, die im Spätsommer auf dem Fest in Büchelberg noch so ausgelassen das Tanzbein geschwungen hatte?

Zu aller Erstaunen. Und überdies zu ihrer, Luises, großer Erleichterung.

Sie trat einen Schritt auf Anna zu und schlang zärtlich ihre Arme um deren Schultern. Doch, da war etwas. Jetzt konnte es Luise ganz deutlich spüren. Konnte fühlen, wie sich Anna richtiggehend versteifte, ganz offenkundig mit ihren Gefühlen im Zwiespalt war. Welchen Gefühlen auch immer. Sie würde auf den Besuch des Gottesdienstes heute Morgen verzichten, beschloss Luise in diesem Augenblick. Sollte der Georg halt dieses Mal alleine mit Johann in die Kirche gehen. Ohne Luise. Denn sie wurde im Augenblick hier wesentlich dringender gebraucht. Von Anna. Das war ihr mittlerweile klar geworden.

»Entschuldige, Anna. Es tut mir Leid. Ich habe es nicht so gemeint, wie du es verstanden hast.«

Sie verstärkte den Druck ihrer Arme und zog die junge Frau ganz eng zu sich heran.

»Es ist schon gut, Tante Luise«, flüsterte Anna erstickt. Eine ganze Weile verharrten die beiden Frauen in der Umarmung. Wortlos. Eng umschlungen.

Eine laute, ungeduldige Männerstimme, die vom Hinterhof her in das Haus drang, durchbrach die Stille unversehens. »Luise! Was ist nun? Wo bleibst du denn wieder?« Es war die Stimme von Georg, ihrem Ehemann, der im selben Augenblick mit ärgerlich stampfenden Schritten auch schon im Raum erschien. »Was ist denn jetzt? Es hat schon geläutet. Der Pfarrer wartet nicht extra ...« Mitten im Satz unterbrach er sich und stieß einen erstaunten Laut aus. »Ja, was ist das denn? Wir haben Besuch. Anna! Wann bist du denn gekommen? Und weshalb hast du mir denn nichts gesagt, Luise?« Vorwurfsvoll stemmte Georg Klee seine Hände in die Hüften und musterte die beiden Frauen eindringlich. Er hatte rasch verstanden. Nach einem kurzen Blickkontakt mit Luise nickte er knapp und wandte sich anschließend wieder um. »Na, dann bleibt erst einmal hier und sprecht euch aus, ihr beiden«, murmelte er verlegen. »Dann gehen der Johann und ich heute halt einmal alleine zur Kirche.« Vorsichtig zog er beim Hinausgehen die Türe hinter sich zu.

»Na, das wäre also geschafft«, lachte Luise in gespielter Heiterkeit. »Jetzt haben wir also erst einmal zwei Stunden ganz für uns alleine. Wie lange bleibst du überhaupt bei uns, Anna?«

»Nur bis heute Nachmittag, mehr Zeit habe ich nicht.« Immer noch schmiegte sich Anna eng an ihre Tante. »Der Fuhrmann hat gesagt, dass er um zwei Uhr in Ansbach losfährt und um spätestens drei Uhr wieder hier sein wird.«

»Um drei Uhr schon wieder?!«

»Ja, denn dann brauchen wir ja noch vier Stunden, wenn wir um sieben Uhr wieder zurück auf dem Schandhof sein wollen, hat er gesagt. So lange haben wir heute Morgen auch gebraucht. Das passt schon. Ich solle ja pünktlich sein und kurz vor drei Uhr am Eingang stehen, sonst fährt er ohne mich weiter, hat er gemeint.«

»Der soll sich mal nicht so aufplustern«, schnaubte Luise. »Es wäre der erste Fuhrmann, der für ein frisches Bier nicht stehen bleiben würde. Also bekommt der ein Bier oder meinetwegen auch zwei bei uns, und schon wartet der gerne. Du wirst sehen. Am Ende bist nämlich du es, die warten muss. So wird es werden. Und deshalb kommst du auch auf jeden Fall mit in den Wald. Mir scheint, das kannst du gerade gut gebrauchen, frische Waldluft und andere Gedanken. Oder?« Wieder drückte sie sanft die Schultern der traurigen Frau und versuchte, einen munteren Tonfall anzuschlagen. »Jetzt komm, Anna. Freu dich. Weihnachten liegt in der Luft! Die Zeit, in der uns das Jesuskind geboren worden ist.«

»Nicht nur das Jesuskind«, flüsterte Anna kaum hörbar. Luise stutzte. Wie hatte die Anna das gerade eben gemeint? Hatte sie richtig gehört? Und: Was sollte das bedeuten?

»Was meinst du damit, Anna?«

Der Schock saß auch Luise Klee noch Tage danach in den Knochen. Sie hatte es anfangs kaum glauben wollen, was ihr die Anna da erzählte. Mehrmals hatte sie noch versucht, die Schwangerschaft anzuzweifeln. Es sei noch längst nicht sicher, dass Anna tatsächlich ein Kind bekomme, nur weil die Regel ein paarmal ausgeblieben sei. Das könne alles Mögliche bedeuten, hatte sie ihre Befürchtungen dennoch nur schlecht in scheinbar belanglose Worte zu kleiden vermocht. Die Tatsachen sprachen eine andere eindeutige Sprache, daran war nicht zu deuteln. Und mit diesen Tatsachen hatte sich Anna, wenngleich auch widerstrebend, mittlerweile abgefunden. Deshalb sei es besser, nicht mehr groß darum herumzureden, hatte sie die Tante gebeten, sondern vielmehr den Dingen ins Auge zu sehen. Dem Unvermeidlichen. Dass sie ein Kind bekommen würde. Es war so.

Was also tun? Wie sollte sie sich nun verhalten? Auch von Luise bekam Anna denselben Rat, wie sie ihn schon von ihrer Patin Magdalena in Rothenburg erhalten hatte. Nämlich Leonhard so rasch wie möglich Bescheid zu geben. Dem werdenden Vater, der zurzeit noch völlig ahnungslos war.

»Es wird auf jeden Fall zunächst ein Schock für ihn sein«, meinte Luise nachdenklich. »Denk doch nur mal an den Johann, an deinen ›Bruder‹. Der ist ja ungefähr so alt wie du, also demnächst zwanzig Jahre alt. Das heißt, er ist zwei Jahre jünger als der Leonhard. Stell dir nun einmal vor, es käme da eines Tages ein Mädchen an und würde ihm mitteilen, sie sei schwanger und erwarte ein Kind von ihm. Ein Kind von Johannes!« Schaudernd spürte Luise, wie ihr bei der bloßen Schilderung eine Gänsehaut über den Rücken lief. »Was glaubst du wohl, Anna, wie der Johann da reagieren würde? Es wäre ein Schock für ihn! Aus heiterem Himmel! Ein Schock für uns alle.« Hoffentlich würde es niemals so weit kommen. Ein uneheliches Kind in der Familie Klee, das reichte ja wohl schließlich. Das Gespött der Leute, die hämischen Kommentare hinter ihrem Rücken. Nein, darauf konnte Luise wirklich verzichten. Obwohl es hinter den angeblich so braven, bürgerlichen Fassaden der Lehrberger Einwohnerschaft mehr als genug solcher Schicksale gab. Schicksale, über die man gerne hinwegging, so häufig sie andererseits auch durchlebt werden mussten. Eine verlogene Gesellschaft! Annas scharfe Erwiderung ließ Luise aus diesen Gedanken schrecken.

»Ein Schock! Dass ich nicht lache!« Anna trat einen raschen Schritt zurück und stampfte zornig mit dem Fuß auf dem Boden auf. »Die armen Männer! Immer nur die Männer! Und was ist mit mir?!« Aus ihren vorwurfsvollen Augen sprühten Blitze. Urplötzlich war das Leben in Anna zurückgeströmt. »Ich bin es doch, die das ganze Elend im Bauch hat! Ich – und nicht der Leonhard!« Sie bebte vor Zorn, als sie mit dem Zeigefinger auf ihren Unterleib deutete. »Ich muss das Kind auf die Welt bringen. Und ich soll geduldig warten, ob der Leonhard der Vater sein will oder nicht! Das ist nicht gerecht! Nein, das ist absolut nicht gerecht!« Mit hochrotem Kopf stand sie vor Luise und fixierte sie mit einem verzweifelten Blick.

»Du hast ja Recht, Anna.« Fürsorglich breitete Luise von Neuem ihre Arme aus. »Komm her, Anna. Komm zu mir und weine dich ruhig aus. Du hast ja Recht mit dem, was du da sagst. Wir Frauen haben das schwerere Bündel zu tragen. Das ist so. Leider. Schon immer so gewesen. Aber da hilft jetzt auch keine Bitterkeit mehr. Es ist so, wie es ist.« Luise Klee hoffte inständig, dass ihre besänftigenden Worte auch wirklich bis in das Bewusstsein der verzweifelten jungen Frau vordrangen. Dass sie es schaffte, Anna zu beruhigen und ihr die richtigen Ratschläge zu geben. Denn panische Verzweiflung half nicht weiter. Ganz im Gegenteil. Da gab es jetzt nur noch die Möglichkeit, einen beherzten Schritt nach vorne zu machen, nachdem man sich in das nicht zu ändernde Schicksal gefügt hatte.

»Wir machen es also folgendermaßen. Du schreibst dem Leonhard einen Brief, am besten gleich heute noch. Darin schilderst du ihm, dass du ein Kind bekommst. Wir können den Brief ja zusammen aufsetzen«, fügte sie rasch hinzu, als sie das Stirnrunzeln bei Anna bemerkt hatte, dem nach diesen Worten ein dankbares Aufatmen folgte. »Und ich – ich werde ebenfalls versuchen, mit den Eltern zu sprechen, es sind ja enge Verwandte von mir. Das wird zwar weiß Gott nicht einfach werden – du kennst sie ja. Sie und ihren unglaublichen Stolz auf den eigenen Hof! Der ganze Dünkel, der da mitschwingt. Der freie, fränkische Bauer auf der eigenen

Scholle! Dabei ist es ja noch gar nicht so lange her, dass auch die Ohrs in Wirklichkeit Leibeigene gewesen sind. Noch keine zwei Generationen ist das her. Wenn es damals nicht diese gewaltigen Veränderungen gegeben hätte, die der furchtbare Franzose eingeleitet hat. Dieser Bonaparte. Nie und nimmer hätten sie es geschafft, ihren eigenen Hof zu bewirtschaften. Oder vielmehr ihre Höfe. Inzwischen sind es in der Familie ja mehrere geworden – eben auch der Goschenhof, der erst seit gerade einmal zwanzig Jahren in ihrem Besitz ist.«

Anna hatte den letzten Teil von Luises Rede gar nicht mehr wahrgenommen, so sehr nahm sie bereits der Inhalt dessen, was sie an Leonhard schreiben wollte, in Beschlag. Die Wirtin hatte Recht – genauso wie die Tante Magdalena. Es war sicher richtig, so schnell wie möglich Kontakt mit Leonhard Ohr aufzunehmen. Und ihm die Lage der Dinge darzulegen. Alles andere hatte ja keinen Wert. Vom Hinausschieben wurde es schließlich auch nicht besser. Obwohl sie ja bislang immer noch gehofft hatte, dass Leonhard seine Ankündigung wahr machen würde und eines Tages einfach plötzlich vor ihr stünde. Nach dem Ablassen des Weihers und vor dem Holzmachen im Wald. So wie er dies ja in seinem zweiten Brief geschrieben hatte. Versprochen hatte! Merkwürdig genug, dass er bisher nicht gekommen war!

Also würde Anna ihm nun schreiben. Und ihn am Ende bitten, doch möglichst bald auf den Schandhof zu kommen. Es hatte einige Blatt Papier und mehrere Entwürfe gebraucht, bis die beiden Frauen den Brief schließlich so formuliert hatten, dass sie damit einigermaßen zufrieden gewesen waren. Aber wie sollte man sich auch ausdrücken? Schließlich schrieb Anna gerade ein- bis zweimal im Jahr überhaupt einen Brief, und das Schreiben fiel ihr deshalb schwer genug. Schwerer noch als das Lesen. Es fehlte halt einfach die Übung. Kunststück, beim tagtäglichen Alltag auf dem Bauernhof. Da war Briefe schreiben sicherlich das Letzte, an das man dachte.

Und außerdem: Konnte man in einem derartigen Brief denn gleich mit der Tür ins Haus fallen? Aber irgendwann hatte Luise, die das Konzept auf einem eigenen Bogen vorformuliert hatte, den Federkiel aufatmend beiseite gelegt und zu Anna gemeint: »So, das ist es jetzt. So schreibst du es. Genau so. Nein, nicht ich, es sollte schon deine eigene Handschrift sein«, hatte sie noch energisch ihren Kopf geschüttelt, als sie Annas bittenden Blick bemerkte.

»Das sähe alles andere als gut aus, wenn nur deine Unterschrift darunter wäre. Das ist deine ganz persönliche Angelegenheit, und deshalb darf das auch gar niemand anderer schreiben. So schwer dir das Schreiben auch fällt. Aber wir haben ja Zeit. Es dauert noch eine Weile, bis die Männer aus der Kirche kommen. Die sind nämlich danach sicher noch zum Frühschoppen eingekehrt – und aus Rücksicht auf uns beide natürlich nicht hier, sondern in der ›Linde‹, wo sie sonst ja nicht so gerne hingehen.«

Tatsächlich waren Georg und Johann erst eine ganze Weile nach dem Mittagsläuten wieder im »Goldenen Adler« aufgetaucht. Zeit zum Schreiben hatten Anna und Luise also zur Genüge gehabt.

Kurz nach drei Uhr verabschiedete sich Anna wieder von den Klees, nachdem sie ihnen hoch und heilig versprochen hatte, bald zu schreiben und ihnen mitzuteilen, wie sich die Dinge entwickelten. Auch Luise würde sich melden, sobald sie eine Antwort von Leonhards Eltern erhalten hätte. Hastig drückte Anna die Hand von Johann und kletterte auf das Fuhrwerk hoch, wo sie sich neben dem Kutscher platzierte, der mit zufriedener Miene in die tief stehende Dezembersonne blinzelte, die die Häuser lange Schatten über die Lehrberger Hauptstraße werfen ließ. Der Fuhrmann hatte wie erhofft seine zwei Gläser Freibier erhalten und war so nunmehr mit sich und der Welt im Einklang. Johann wunderte sich über das knappe Lebewohl seiner »Schwester«, die am heutigen

Tag einen fremden Eindruck auf ihn gemacht hatte. Die einstige enge Vertrautheit zwischen den beiden war mit einem Mal einer merkwürdigen Entfremdung gewichen. Ob es die lange Zeit war, die zwischen ihren Begegnungen lag? Oder eben doch die unterschiedliche Lebensweise: Anna als Magd, er, Johann, als Gastwirtschaftserbe und Bierbrauer? Möglich. Auf jeden Fall hatte die Mutter nur kurz den Kopf geschüttelt und ihm ein hastiges »Jetzt nicht!« ins Gesicht gezischt, als er sich nach der Ursache erkundigt hatte, weshalb man denn plötzlich nicht mehr den in der letzten Woche so oft besprochenen Waldspaziergang samt Christbaumsuche machen wolle. Und was mit der Anna denn eigentlich los sei. Weshalb die Mutter und Anna fast die ganze Zeit über in der Stube gesessen und ernst die Köpfe zusammengesteckt hatten. Selbst der Vater hatte nur mit den Achseln gezuckt und einen Bogen um sie gemacht. Obwohl er sich doch wirklich jedes Mal richtig freute, wenn Anna nach langer Zeit wieder einmal bei ihnen zu einem ihrer kurzen Besuche vorbeikam.

Schade! Johann hätte der Anna so gerne über seine Fortschritte beim Bierbrauen berichtet. Und dass ihm der Vater kürzlich versprochen hatte, demnächst erstmals sein eigenes Bier brauen zu dürfen. Ganz ohne väterliche Hilfe! Dass er ihn vor allen Leuten sogar gelobt hatte. Was doch sonst gar nicht seine Art war. Aber es schien Johann fast so, als hätte all dies Anna auch gar nicht interessiert. Sie schien ganz andere Sorgen zu haben.

26

20. Dezember 1902

Jetzt waren doch schon gut und gerne zwei Wochen vergangen, und sie hatte noch keine Antwort auf ihren Brief an Leonhard erhalten. Mehr als zwei Wochen! Auch dieses Mal hatte Anna schon am frühen Nachmittag wieder voller Ungeduld auf den Bauern gewartet, der mit seinem Fuhrwerk heute Morgen in die Stadt gefahren war, um in Rothenburg Kartoffeln zu verkaufen, wie er dies bei geeigneter Witterung in diesem Monat schon mehrmals getan hatte. Falls die steile Blinksteige hinunter ins Taubertal nicht vereist war, sodass er keine Gefahr lief, mit dem schwer beladenen Fuhrwerk ins Rutschen zu kommen. Dasselbe galt natürlich für die Kobolzeller Steige hinauf zur Stadt. Auch diese war nur zu bewältigen, wenn sie einigermaßen eisfrei geräumt werden konnte. Heute also war wieder solch ein Tag gewesen, an dem der Bauer auf der Rückfahrt auch immer die Post abholte, die für die Leute auf dem Schandhof bestimmt war. Wenig genug meistens. Falls überhaupt Briefe ankamen.

Der Bauer hatte ärgerlich auf Annas Nachfrage reagiert, die ihn ein zweites Mal gefragt hatte, ob da auch wirklich kein Brief für sie auf der Post gelegen habe. »Also meinen Augen kann ich wohl schon noch trauen, selbst dann, wenn ich in der »Glocke« vorher zwei Bier getrunken habe! Was soll denn eigentlich diese dumme Fragerei die ganze Zeit über schon?«

Es war Anna nichts anderes übrig geblieben, als eine kurze Entschuldigung zu murmeln und sich mit gesenktem Kopf wieder zum Haupthaus zu begeben, wo die übliche Arbeit auf sie wartete. Wieder nichts! Wieder keine Nachricht von Leonhard. Wieder keine Antwort auf ihren Brief. Auch keine Mitteilung aus Lehrberg. Die Tante Luise hätte doch ebenfalls längst Bescheid wissen müssen. Hätte ihr doch mitteilen können, wie die Reaktion von Leonhards Eltern ausgefallen war. Oder hatte sie es denen gar nicht mitgeteilt? Vielleicht war ihr ja ein Zusammentreffen noch gar nicht gelungen. Möglich, dass sie damit bis Weihnachten warten musste. Möglich ... Aber wahrscheinlich? Nein, sie durfte ihn gar nicht erst Gestalt annehmen lassen, diesen bittersüßen Beigeschmack, der ihr vom Besuch in Lehrberg geblieben war. Denn weshalb, diese Frage hatte sie sich seitdem immer wieder gestellt, hatte die Tante Luise nicht anders reagiert. Ganz anders. Zumindest im Hinblick auf die Zukunft.

Weshalb war denn nie das Angebot gekommen, dann eben zu den Klees in den »Goldenen Adler« nach Lehrberg zu ziehen? Anna und ihr Kind. Wie damals ihre Mutter Barbara – mit ihr. Mit Anna. Natürlich nur im Fall des Falles. Wenn sich Leonhard anders verhalten würde als erhofft. Anders, als sie bereit war, sich das auch nur auszumalen. Leonhard und dessen Eltern. Hauptsächlich dessen Eltern. Hatte die Tante Luise diese Möglichkeit erst gar nicht in ihre Überlegungen mit einbezogen? Stand für sie von vornherein also fest, dass die Angelegenheit ein gutes Ende nehmen würde? Für Anna. Für Leonhard. Und für das Kind. Oder hätte es – im Fall dieses Falles – eben doch zu viel an Zumutung der Familie Ohr gegenüber bedeutet, der Luise ja entstammte, wenn sie der ledig geborenen Dienstmagd Anna Unterschlupf gewährt hätte? Wäre das denn wirklich schon zu viel verlangt? Durfte sie so etwas gar nicht erst denken? Ging das womöglich schon zu weit? Was hätte es denn schon ausgemacht, wenn ihr die Tante diese Möglichkeit wenigstens in Aussicht gestellt hätte? Sie hatte es nicht getan.

Aus den Augenwinkeln sah sie in diesem Moment einen Mann mit festen Schritten von der Schandhofwirtschaft her auf den Weg von unten einbiegen. Offensichtlich jemand, der die Absicht hegte, dem Schandhofbauern einen Besuch abzustatten. Wie auch immer. Nicht für sie bestimmt. Und in Gesprächslaune befand sich Anna sowieso nicht. Es war ja nicht ihr Besuch. Wer sollte schon eine einfache Dienstmagd besuchen?

Aber diese Stimme! »Anna!«, rief die Stimme. Von weit oben zwar – aber dennoch deutlich zu hören. Woher kannte der Mann sie denn? Der junge Mann. Mit einer durchaus vertrauten Stimme. Wieder hörte sie es rufen: »Anna!« Natürlich! Das galt ihr. Denn außer ihr selbst war keine Anna weit und breit zu sehen. Überhaupt niemand.

Die Erkenntnis traf sie völlig unvermittelt. Wilhelm! Bei dem jungen Mann, der seinen Schritt beschleunigt hatte und ihr nun rasch näher kam, handelte es sich um Wilhelm. Leonhards jüngeren Bruder. Den zwanzigjährigen Wilhelm Ohr. Der genauso alt war wie Anna selbst. Die Antwort! Er kam im Auftrag seines Bruders! Persönlich! Denn Leonhard ließ nicht nur einfach so die Post für sich arbeiten. Sondern er schickte ihr seinen Bruder! Ein Schimmer der Hoffnung durchzuckte die junge Frau. Tränen schossen ihr in die Augen, als Wilhelm vor ihr stand. Tränen der Rührung.

»Wilhelm! Das ist aber eine nette Überraschung! Du hast extra den weiten Weg auf dich genommen?! Herzlich willkommen!« Die erleichterte Anna schlang die Arme um Wilhelms Hals und küsste den überrascht zusammenzuckenden jungen Mann auf beide Backen. Eine Geste des freudigen Überschwangs, die vollkommen spontan über sie gekommen war. Zum ersten und einzigen Mal in ihrem Leben. Anna nahm die erstaunten Blicke der beiden anderen Mägde kaum wahr, die gerade mit dem Füttern der Schweine im Stall beschäftigt gewesen waren und die nun neugierig aus der Türe in den Hof spähten.

»Das ist aber ein ganz schön großer Hof«, blickte sich Wilhelm mit gespieltem Interesse neugierig um, was in Wirklichkeit jedoch seine Verlegenheit angesichts der stürmischen Begrüßung überspielen sollte.

»Ja, schon«, nickte Anna ungeduldig. Eigentlich stand ihr der Sinn jetzt weiß Gott nicht nach dem Austausch von irgendwelchen Belanglosigkeiten.

»Schickt dich der Leonhard zu mir?«, traute sie sich schließlich mit merkwürdig belegter Stimme ihre Frage zu stellen.

Wilhelms Gesichtsfarbe wechselte sekundenschnell in tiefes Rot. »Wie? Ja, doch! Natürlich«, stammelte er nervös. Als ob er auf eben diese Frage nicht vorbereitet gewesen wäre. Merkwürdig. Doch Anna hatte den Gedanken bereits wieder verworfen, bevor er noch richtig in ihr Bewusstsein gedrungen war. Viel zu gespannt war sie jetzt auf Leonhards Antwort. Auf seinen Brief. An sie. An Anna. Und wie er ihr seine Überraschung schildern würde. Seine Überraschung – und seine Freude.

In der Zwischenzeit hatte Wilhelm den Brief, ein zweimal zusammengefaltetes Blatt Papier, aus der Ledertasche gezogen, die er um seine Schulter gehängt hatte, und streckte ihn Anna wortlos entgegen. Den ersehnten Brief. Endlich! Auf Leonhard war eben doch Verlass. Einige Tage hin oder her – wer konnte es sich auf dem Land schon leisten, kleinlich die Tage aufzurechnen. Zumal doch immer etwas dazwischenkommen konnte: Krankheiten beim Vieh, ein Unfall, Schäden an den Gebäuden, die dringend repariert werden mussten, und …

Mit zitternden Händen faltete Anna das Blatt auseinander und betrachtete einen Moment lang verblüfft die wenigen, in einer derben, unbeholfenen Handschrift verfassten Zeilen. Ganz offensichtlich hatte es dem Schreiber fast genauso viel Mühe bereitet, den Brief zu verfassen, wie Anna nun das ungewohnte Lesen schwer fiel.

Aber darum sollte es jetzt nicht gehen! Anna drehte sich mit dem Rücken zum fahlen Licht der schwächlichen Dezembersonne und hielt sich das Schriftstück nahe an die angestrengt zusammengekniffenen Augen. Mühsam buchstabierte sie die wenigen Zeilen, während Wilhelm mit allen Anzeichen des Unbehagens neben ihr stand und mit der Spitze seines rechten Schuhs ein Loch in die gefrorene Hoferde bohrte. Doch Anna registrierte Wilhelm gar nicht. Zumindest momentan nicht. Nur langsam schaffte sie es, den Worten, die sie da zusammenbuchstabiert hatte, einen Sinn zu geben. Nein, das konnte nicht sein.

Das konnte Leonhard doch niemals so geschrieben haben! Nach einem entsetzten Blick auf Wilhelm, der den Kopf starr zu Boden gerichtet hatte, hielt Anna sich das Schreiben noch einmal konzentriert vor Augen. Wort für Wort. Satz für Satz.

Doch der Sinn dessen, was hier geschrieben stand, hatte sich nicht verändert. Im Gegenteil: Die dunkle Wand, die sich schlagartig vor Anna auftürmte, wuchs in Sekundenschnelle.

Er, Leonhard, habe sich gefreut, von ihr zu hören, und bedanke sich herzlich für ihren Brief. Von Herzen sei er ihr zugetan und denke gerne an ihre Gespräche und den netten Abend in Büchelberg zurück. Doch heiraten? Nein, das sei leider ausgeschlossen. Das sei ihm verwehrt. Das würden ihm die Eltern nie und nimmer erlauben. Dass ein fränkischer Bauernsohn eine – Verzeihung – einfache Dienstmagd eheliche: Nein, beim besten Willen bekomme er dafür nicht den Segen seiner Eltern! Sosehr er dies auch bedauere! Er wünsche ihr, Anna, alles Liebe und Gute für die Zukunft. »Dein Leonhard!« So hatte er seine Zeilen unterschrieben.

Das also war der Brief! Das war Leonhards Antwort!

Keine Zeile von der Schwangerschaft! Kein Wort über das Kind, das sie erwartete! Von ihm erwartete! Nur eine fadenscheinige Verabschiedung. Sonst nichts. Gar nichts!

»Aber Wilhelm!« Fassungslos wandte sie sich Leonhards Bruder zu, der es offensichtlich nicht wagte, ihr direkt in die Augen zu blicken. »Wilhelm! Weißt du, was mir dein Bruder da geschrieben hat?«

Der Gefragte nickte unglücklich.

»Du kennst also auch die ganzen Umstände?« Wieder nickte Wilhelm, ohne aufzublicken.

»Und das da ist alles?«, deutete Anna auf das Blatt Papier. »Wirklich alles? Mehr hat er mir nicht zu sagen? Hat er dir nicht noch etwas ausgerichtet? Etwas, das nicht in diesem Brief steht?« Es war ja möglich, dass Leonhard von seinen Eltern zu diesem Schreiben gezwungen wurde. Dass er aber seinem Bruder heimlich noch eine Botschaft mit auf den Weg gegeben hatte. Eine Botschaft für Anna.

»Sollst du mir nicht noch etwas mitteilen?«

Wilhelm schüttelte traurig den Kopf. »Nein. Nichts!«, flüsterte er mit heiserer Stimme.

Und so schwand auch der allerletzte Hoffnungsschimmer in Anna. »Aber das kann doch nicht wahr sein! Das kann er doch nicht machen! Er kann mich doch jetzt nicht einfach im Stich lassen. Das darf er nicht!«

»Er tut es aber, Anna. Mein Bruder hat nicht die Kraft, sich gegen unsere Eltern aufzulehnen. Er hatte noch nicht einmal den Mut, dir von Angesicht zu Angesicht gegenüberzutreten und es dir selbst zu sagen. Ich habe es tun müssen. Glaube mir, Anna, ich schäme mich für meinen Bruder!« Wie durch einen immer dichter werdenden dunklen Nebel hindurch drangen die Worte von Wilhelm an Annas Ohr. Doch nicht mehr in ihr Bewusstsein. Die schwarzen Schatten waren zurückgekommen und hatten von ihr Besitz ergriffen, während sie ohnmächtig auf den eisigen Boden sank.

27

1. Januar 1903

»Ein gutes Jahr auch, Anna. Und hauptsächlich Gesundheit. Wirst es brauchen können, so elend, wie du in der letzten Zeit daherkommst.« Lukas, der alte Pferdeknecht, mit dem Anna sich immer schon gut verstanden hatte, streckte der jungen, blassen Frau freundschaftlich die Hand entgegen. »Es wird schon wieder werden. Was immer es auch ist, was dich so beschäftigt, Anna. Kopf hoch. Nichts ist so schlimm, dass es nicht auch wieder besser werden kann. Und wenn du dich einmal richtig ausweinen musst, dann weißt du ja, wo du mich findest!«

Anna ergriff die schwielige Hand des alten Mannes und drückte sie dankbar. »Ich weiß, Lukas. Das ist nett von dir. Es wird schon alles gut. Vielen Dank. Ich wünsche dir auch ein gutes Jahr!«

»Was kann ich schon großartig noch erwarten?«, brummte der Alte lächelnd. »Dass ich womöglich noch ein Jahr älter werde, als ich sowieso schon bin. Nun gut, wenn es der Herrgott so haben will …«

Irgendwie beneidete sie Lukas in diesem Augenblick. Wie er so vor ihr stand: der drahtige kleine Mann mit dem lichten grauen Haupthaar und dem von jahrzehntelanger harter Arbeit tief gebeugten Rücken. Und dennoch schien der Mann mit sich und seinem Los zufrieden. Schien in sich selbst zu ruhen und mit den Dingen im Reinen zu sein. Was ihm das Jahr auch immer bringen würde … Beneidenswert!

Jahreswechsel. Der erste Tag des neuen Jahres. 1903. Anna schluckte die Bitterkeit tapfer hinunter, die allein beim Gedanken an die kommenden Monate in ihr aufgestiegen war. Das Jahr 1903. Was würde es bringen? Neuerliche Auseinandersetzungen mit England und Russland wegen der deutschen Kolonialpolitik? Würde es eventuell noch einmal einem fränkischen Adeligen gelingen, in den Rang eines Reichskanzlers aufzusteigen, nachdem ja dieses Amt der ganz in der Nähe von Rothenburg beheimatete greise Fürst Chlodwig zu Hohenlohe-Schillingsfürst von 1894 bis zum Jahr 1900 innehatte? Was die Männer an den Stammtischen mit sichtlichem Stolz wieder und wieder herausstellten. Als ob es die etwas anginge! Einfache Landarbeiter und Dienstboten. Im Vergleich zu den hohen Herrschaften ja tatsächlich unbedeutende Bauern, die weiß Gott keine große Rolle spielten. Die aber zu allem und jedem meinten, ihre Kommentare abgeben zu müssen. Bis sie sich dann wieder dermaßen zerstritten hatten, dass die Bierkrüge flogen und sich so mancher am Ende mit einer blutigen Nase auf den Heimweg machte.

Ohne dass sich die Politik deswegen verändert hätte! Die Politik! Nichts für kleine Leute. Und schon gar nichts für die Knechte und Mägde, die, wie in jedem Jahr, hoffnungsfroh auch diesem Jahr entgegenblickten. Wie immer halt. Das ewig gleiche Spiel. Obwohl sie doch alle wissen mussten, dass sich speziell an ihren Lebensumständen erst ganz zuletzt etwas zum Besseren hin verändern würde. Jetzt waren erst einmal die Arbeiter am Zug. Die Arbeiter in den Stahlwerken, auf den Bootswerften und in den Rüstungsbetrieben, die sich zu machtvollen Organisationen zusammengeschlossen hatten. Zu Gewerkschaften, die man zwar einerseits nicht sonderlich gerne sah in den Kreisen der Fabrikanten und Industriellen, mit denen man es sich aber auch nicht verscherzen konnte angesichts der immensen Herausforderungen, vor denen man glaubte, das Deutsche Kaiserreich stehen zu sehen. Ganz abgesehen von den unglaublichen Summen, die dabei zu verdienen waren! Welche völlig unbedeutende Rolle spielte dagegen die Landbevölkerung. Was hatte die schon groß zu erwarten! Und dennoch feierten diese Leute auch den Beginn des Jahres. Das musste wohl in der Natur des Menschen liegen, das Schlechte ausblenden zu können. Eben um schlichtweg zu überleben. Aber was konnte Anna im neuen Jahr schon Gutes widerfahren? Gar nichts! Immer stärker hatte in den letzten Tagen nach Leonhards unseligem Brief die Verzweiflung von Anna Besitz ergriffen.

Was sollte bloß aus ihr werden? So ganz auf sich allein gestellt. Mit einem Kind im Bauch, dessen Vater plötzlich nichts mehr von ihr wissen wollte. Es wäre Anna auf alle Fälle nicht möglich, das Kind zu versorgen und gleichzeitig weiter als Magd zu arbeiten. Nein, das ging auf gar keinen Fall. Das würde der Schandhofbauer niemals erlauben. Ein bitterer Kloß setzte sich in Annas Hals fest. Selbst die Schwangerschaft musste sie also verheimlichen!

Dieses ewige sich ducken, sich verstecken müssen. Diese immerwährende Demut, mit der man als einfache Dienstmagd sein Schicksal anzunehmen hatte. Wo man schon froh sein musste, überhaupt eine Stellung gefunden zu haben. Weshalb man nicht undankbar sein durfte. Was ja auch der Pfarrer in seinen Predigten wieder und wieder betonte. Aber der hatte gut reden. Der gehörte ja schließlich auch auf die andere Seite. Sie konnte es allmählich nicht mehr ertragen, diese ewigen Ermahnungen mit dem sinnbildlich vor Augen gehaltenen erhobenen Zeigefinger.

Wie man sein Leben sittsam und bescheiden zu führen hatte. Und keusch noch obendrein. Und dennoch blieb ihr keine andere Wahl, als das alles zu ertragen. Bloß nicht aufmucken. Es würde zu schlimmen Konsequenzen führen. Die Schwangerschaft verbergen. Zum Glück waren die Röcke weit, und der darüber gebundene lange Schurz war zusätzlich gut dafür geeignet, so manche Rundung zu verstecken. Am besten würde sie den Rock jetzt schon etwas breiter fallen lassen. Immer wieder ein kleines Stück, sodass es eigentlich niemandem auffallen konnte. Und am Morgen würde sie auf alle Fälle schon vor Gerlinde aufstehen müssen, um dann aber auch möglichst vor der Obermagd wieder ins Bett zu gehen. So würde Gerlinde ihren Zustand kaum bemerken, nachdem sie die in ihren Augen in der Hofhierarchie deutlich unter ihr rangierende Anna sowieso die meiste Zeit kaum eines Blickes würdigte.

Wo sollte sie das Kind nur unterbringen? Das Kind, zu dem sie sich in keiner Weise hingezogen fühlte. Mütterliche Empfindungen? Nein, sie spürte nichts in dieser Hinsicht. Gar nichts. War sie deshalb ein schlechter Mensch? Nur weil sie nichts für das in ihrem Leib heranwachsende Kind empfinden konnte? Anna zuckte resigniert mit den Schultern. Es war nun einmal so. Kein Wunder schließlich. Aber das stand jetzt überhaupt nicht zur Debatte. Wie würde es ihr gelingen, auch die Geburt zu verheimlichen? Sicherlich würde die Tante Magdalena nichts dagegen einwenden, dass Anna das Kind in Rothenburg zur Welt bringen wollte. Ganz sicher nicht. Sie hatte ja kürzlich schon eine solche Andeutung gemacht. Doch es galt eben auch, die ersten Anzeichen der bevorstehenden Geburt richtig zu deuten und dann rechtzeitig vom Schandhof weg nach Rothenburg zu gehen. Was schließlich ebenfalls alles andere als unproblematisch war. Denn einfach so mir nichts, dir nichts freizunehmen, das ginge nie und nimmer. Schon gar nicht zum voraussichtlichen Geburtstermin, also Mitte bis Ende Mai, wo es auf dem Hof Arbeit in Hülle und Fülle zu verrichten gab. Vielleicht wäre es gut, mit der Bäuerin ein vertrauliches Gespräch zu führen. Die Bäuerin war ja eine verständnisvolle Frau, die im Gegensatz zu ihrem Mann eigentlich immer ein offenes Ohr für die Sorgen und Nöte ihrer Bediensteten hatte. Und darüber hinaus schien ihr Anna schon deshalb mehr als die anderen ans Herz gewachsen zu sein, weil sie Anna ja schon seit deren Kindesalter kannte und außerdem mit Magdalena ebenfalls einen fast schon freundschaftlichen Umgang gepflegt hatte. Die Bäuerin also würde sicherlich Verständnis für ihre Situation aufbringen, wenn Anna der Frau offen und ehrlich die schwierige Lage schilderte, in der sie sich befand. Nur ein oder zwei Wochen Abwesenheit vom Schandhof, das müsste eigentlich reichen. Und nach der Geburt würde man dann weitersehen. Irgendwie halt.

Irgendwie? Wieder spürte Anna den Kloß in ihrem Hals. Weitersehen. Gab es vielleicht doch noch eine Möglichkeit für sie und Leonhard? War das letzte Wort tatsächlich schon gesprochen?

Oder war es nur der erste Schock gewesen, den ihre Nachricht bei ihm und seinen Eltern ausgelöst hatte und der ihn so dermaßen enttäuschend hatte reagieren lassen? Vielleicht besann er sich ja doch noch eines Besseren. Und mit ihm seine Eltern. Das wäre ganz wichtig. Wo Leonhard ja offensichtlich die Kraft fehlte, sich über deren Willen hinwegzusetzen. Sehr zum Ärger seines jüngeren Bruders, der ihr gegenüber angedeutet hatte, dass Leonhard seinen folgenschweren Brief nicht aus freien Stücken heraus geschrieben hatte. Sondern auf den Druck der Eltern hin. Dennoch schlimm genug, dass er sich diesem Druck einfach gebeugt hatte. Auf Annas Kosten. Und auf Kosten des Kindes. Seines Kindes. Die Tante Luise hatte in der Zwischenzeit ebenfalls an Anna geschrieben. Auch sie hatte in deutlichen Worten ihr Unverständnis über die Haltung von Leonhard und dessen Eltern ausgedrückt. Und sie hatte Anna versprochen, diese erste Reaktion nicht widerspruchslos zu akzeptieren. Sie würde noch einmal mit den Eltern reden. Von Angesicht zu Angesicht. Vielleicht gab es ja doch noch eine Möglichkeit zur Heirat. Was für eine Ehe aber konnte das schon werden, wenn sich der Bräutigam voll und ganz dem Willen seiner Eltern unterwarf? Wer fragte eigentlich Anna nach ihren Gefühlen

Leonhard gegenüber? Nein, so durfte sie nicht denken! Ärgerlich strich sich Anna eine Haarsträhne aus der Stirn. Sie hatte keine Veranlassung, wählerisch zu sein. Falls sie überhaupt jemals die Gelegenheit gehabt hätte. Und jetzt mit dem Kind in ihrem Leib war sie sowieso nicht mehr vorhanden. Sie musste froh sein, wenn die Heirat wider Erwarten doch noch zustande käme. Gefühle? Nein, die durfte sich Anna beim besten Willen nicht mehr leisten.

Da konnte sie noch so sehr die Faust in ihrer Rocktasche ballen.

28

Lichtmess 1903

»Also, Anna, dann erzähl doch mal, wie es dir neulich in Lehrberg ergangen ist.« Magdalena Rößler schenkte Anna einen aufmunternden Blick über den Küchentisch hinüber, an dem die beiden Frauen Platz genommen hatten. Irgendwie sei die Küche halt doch der geeignetste Ort für vertrauliche Gespräche, hatte die Patentante gemeint, und Anna hatte ihr kopfnickend Recht gegeben.

Die beiden waren an diesem frühen Nachmittag alleine im Haus. Die drei Kinder, der bald elfjährige Georg, der achtjährige Johann und ihre fast sieben Jahre alte Schwester Margarete hatten sich mit ihren Freunden aus der Wenggasse zum Schlittenfahren auf der steilen Rodelbahn vor der Rothenburger Stadtmauer verabredet. Schnee war ja mittlerweile in Hülle und Fülle vorhanden – auf jeden Fall auch noch ausreichend für eine der dann unvermeidlichen Schneeballschlachten. So sehr das auch die Kinder erfreute, so lautstark schimpften die Fuhrleute, die alle Hände voll zu tun hatten, wenn sie mit ihren Fuhrwerken schrittweise die eisigen Steigen ins Tal hinabkrochen, um ja nicht die Kontrolle über ihre Gefährte zu verlieren. Was mehr als einmal in der vergangenen Woche passiert war, wenn die schwer beladenen Wagen auf einer Eisplatte ins Rutschen geraten waren und samt den Zugtieren die Böschung hinuntergekracht waren. Wehe dem Kutscher, der sich dann nicht geistesgegenwärtig in letzter Sekunde mit einem beherzten Sprung in Sicherheit gebracht hatte!

Auch Johann Rößler war heute bereits am frühen Morgen zum Bahnhof aufgebrochen, wo traditionell an Lichtmess ein reges Treiben herrschte. Denn Lichtmess war der Tag, an dem die Knechte und Mägde ihren Jahreslohn ausbezahlt erhielten und sich nach einer neuen Arbeit umschauen konnten, sofern sie auf ihrer bisherigen Stelle nicht mehr gebraucht wurden oder aus eigenem Antrieb eine andere Tätigkeit bevorzugten. Natürlich hatten sich auch zahlreiche Bauern am Bahnhof eingefunden und nahmen die Männer und Frauen schon auf dem Bahnsteig prüfend ins Visier. Er wolle heute einfach einmal schauen, ob sich womöglich im Laufe des Tages ein Bauer oder einer der Müller unten im Taubergrund finden lasse, der ihm eine besser bezahlte Arbeit bieten könne als die eines städtischen Tagelöhners in Rothenburg. Seit ihrem Umzug in die Wenggasse hatte Johann wieder und wieder den besseren Zeiten auf dem Schandhof nachgetrauert, wo ihm die Arbeit als Knecht wesentlich mehr Freude bereitet hatte. Die Schwierigkeit war nur die, einerseits bei der Familie in Rothenburg wohnen zu können, andererseits eine geeignete Arbeit in erreichbarer Nähe zu finden. Und in die eine oder andere Mühle in den Taubergrund hinunter war es eben schnell eine halbe Wegstunde, wenn nicht mehr. Dennoch – man konnte sich ja einmal umschauen, hatte Johann gemeint. Umschauen und Glück haben.

»Glück haben«, hatte Anna zerknirscht den Faden aufgenommen. »Es wäre schön, wenn wenigstens einer von uns ein bisschen Glück hätte.« Sie schloss die Augen und atmete tief durch, bevor sie mit ihrem Bericht vom Besuch in Lehrberg begann. Erneut hatte sich der Fuhrmann aus der Schandhofwirtschaft bereit erklärt, sie auf seiner Reise nach Ansbach bis Lehrberg mitzunehmen und am Nachmittag wieder abzuholen – wieder gegen ein bis zwei Krüge Bier aus dem »Goldenen Adler«, wie er lachend erklärt hatte. Diese Fahrt steckte ihr immer noch in den Knochen – zum einen wegen des Unfalls, dem sie mit dem Fuhrwerk nur um Haaresbreite entgangen waren, weil die drei Krüge, die der Kutscher in aller Eile geleert hatte, eben doch dessen Aufmerksamkeit stärker als von diesem behauptet von den winterlich tückischen Straßenverhältnissen abgelenkt hatten – und zum anderen wegen der alles andere als gut verlaufenen Gespräche in Lehrberg.

Eines Tages war Anna nämlich in den Sinn gekommen, dass es vielleicht doch möglich sein könnte, sich zusammen mit dem Kind eine bescheidene Existenz aufzubauen. Vielleicht war sie ja gar nicht so gänzlich mittellos, wie sie das bisher immer angenommen hatte. Müsste da in Lehrberg denn nicht eventuell etwas Geld von ihrem Vater vorhanden sein? Eine Hinterlassenschaft des nach wie vor ja spurlos verschwundenen Mannes? Eine Art Erbe also? Das man ihr als der einzigen Tochter des Friederich Klee vielleicht jetzt in dieser Situation ausbezahlen könnte. Doch die Hoffnung war genauso schnell zerstoben, wie sie ihr in den Sinn gekommen war. Der Onkel Georg, also der ältere Bruder des Vaters, hatte zunächst wieder ein verdrossenes Gesicht gemacht, als die Rede auf Friederich gekommen war. Und erst seine Miene, als sich Anna nach einem möglichen Erbe erkundigt hatte!

»Nein, da sei nicht das Geringste vorhanden«, hatte der Brauereibesitzer heftig den Kopf geschüttelt. Erstens sei es doch wohl so, dass er seine Vaterschaft niemals öffentlich oder gar amtlicherseits anerkannt habe. Das könne man bedauern, so viel man wolle, und es sei auch ein durchaus verwerfliches Verhalten seines Bruders gewesen, aber es sei nun mal eben so. Schon von daher könne Anna nicht einfach so als legitime Erbin auftreten. Und schon allein die Geschichte mit dem Erbe. Man habe von niemandem einen Hinweis auf den Verbleib von Friederich bekommen, andererseits aber wisse man auch nichts Verlässliches darüber, ob er womöglich schon gestorben sei. Mit gerade einmal fünfundvierzig Jahren sei dies ja nicht unbedingt anzunehmen. Und für tot erklärt worden sei sein Bruder ebenfalls nicht. Weshalb auch? Und selbst wenn beide Voraussetzungen dennoch erfüllt wären, hatte der Onkel Georg abschließend auch die letzte Hoffnung in Anna zunichte gemacht, dann hieße das noch lange nicht, dass ein Erbe vorhanden wäre. Nein, Friederich habe bei seinem plötzlichen Verschwinden nichts hinterlassen. Zwei, drei Kleidungsstücke und damit gut. Und die wenige Barschaft habe er ohnedies mitgenommen, ansonsten habe es da nur die Anstellung als Brauer und das Wohnrecht in seinem Elternhaus gegeben, während das Gasthaus und die Brauerei nach dem Tod des Vaters in seinen, Georgs Besitz, übergegangen seien. Natürlich habe Friederich im Gegensatz zu seinen immerwährenden Klagen als Ausgleich noch einige hundert Reichsmark erhalten, doch diese habe er im Handumdrehen beim nächtelangen Kartenspielen mit seinen manchmal recht zwielichtigen Kumpanen durchgebracht. Er hätte ihr diese Auflistung gerne ersparen wollen, hatte der Onkel mitleidsvoll noch hinzugefügt. Aber nachdem sie ihn nun ausdrücklich danach gefragt habe, sei ihm nichts anderes übrig geblieben, als eben die Fakten auszubreiten. Dann hatte er sich erhoben, und Anna hatte ihn erst beim Abschied aus Lehrberg noch einmal kurz zu Gesicht bekommen.

Aufmunternd legte Magdalena ihre Hand auf Annas Unterarm.

»Also ich hätte, ehrlich gesagt, schon etwas mehr von Georg Klee erwartet. Er hätte dir ja zumindest etwas Unterstützung in Aussicht stellen können …«

»Es seien schwierige Zeiten, in denen wir uns befinden, hat er zwischendurch einmal gesagt«, murmelte Anna düster.

»Schwierige Zeiten! Dass ich nicht lache!« Wütend donnerte Magdalena ihre Faust so heftig auf den Küchentisch, dass Anna erschrocken zusammenzuckte. »Das sagen sie immer, wenn es ums Geld geht! Schwierige Zeiten! Sie wollen immer alles beisammenhalten, die besser gestellten Herrschaften. Sparen, das kannst du nur von den Reichen lernen. Es sind immer die Kleinen, die sowieso kaum etwas haben und dieses Wenige dann auch noch teilen. Nie die anderen ...«

»Das wäre sicher ungerecht dem Onkel Georg gegenüber, das so zu sagen. Immerhin muss er die Wirtschaft und die Brauerei in den nächsten Jahren kräftig umbauen, und das kostet sicher viel Geld!«, gab Anna zu bedenken.

»Jetzt musst du ihn auch noch in Schutz nehmen! Also wirklich, Anna!«, schnaubte die grauhaarige Frau erbost. »Und was hat deine Tante Luise gemeint? Sieht sie noch eine Möglichkeit, Leonhards Eltern umzustimmen? Oder glaubt sie, dass sich dein Leonhard vielleicht doch noch einen Ruck gibt und sich über den Willen seiner Eltern hinwegsetzt? So innig, wie er dir doch anscheinend zugetan war?«

Anna lachte bei der Frage bitter auf. »Leonhard. Sich über den Willen seiner Eltern hinwegsetzen! Das hieße dann ja, dass er vom Hof gehen und sich womöglich als Knecht verdingen müsste! Niemals!«

»Dieser Dünkel!« Magdalena klatschte wütend in die Hände. »Das darf doch wohl alles nicht wahr sein! Weshalb geht der denn nicht diesen Weg? Was wäre denn so schlimm daran, sich seinen Lebensunterhalt selbst zu verdienen – und damit seinen Stolz zu behalten? Oder meinetwegen auch nur seinen aufrechten Gang? Lässt der dich also tatsächlich im Stich – nur um sein Erbe nicht zu verlieren?«

»Es scheint so«, murmelte Anna tonlos.

Lange Zeit herrschte Stille in der Küche. Jede der Frauen hing wieder ihren eigenen, traurigen Gedanken nach.

»Wenn ich dein Kind nur bei mir aufnehmen könnte!«, nahm Magdalena schließlich den Gesprächsfaden mit belegter Stimme wieder auf. »Aber gerade jetzt, wo ich selber endlich wieder mehr Arbeiten annehmen kann, nachdem die Margarete bald sieben Jahre alt ist und wir das Geld so dringend brauchen! Ich würde dir ja so gerne helfen, aber«, mit einer hilflosen Geste breitete sie die Arme aus, »wir haben mit drei Kindern selbst kaum genug zum Leben. Allein wenn ich daran denke, wie lange es gedauert hat, bis wir die letzte Rate von Johanns Stiefeln abbezahlt haben. Der Schuster hat mir meine Schuhe neulich nicht einmal mehr besohlen wollen, wenn ich das nicht gleich auf der Stelle bezahlt hätte. Und Johanns Vater lebt ja nicht mehr. Ich frage mich manchmal wirklich, welcher Fluch nur über unserer Familie liegt …«

Wieder dauerte es eine ganze Weile, bis Magdalena, die ihren Blick düster vor sich auf den Küchenboden gerichtet hatte, fortfuhr.

»Andererseits sage ich mir immer, dass wir nicht undankbar sein dürfen. Denn es gibt weiß Gott schlimmere Schicksale – und wir sind wenigstens gesund. Habe ich dir eigentlich schon erzählt, dass uns die Maria seit einigen Wochen wieder besucht?«

Überrascht hob Anna ihren Kopf.

»Maria? Wen meinst du damit? Deine Maria etwa?« Magdalena nickte, während ein leichtes Lächeln um ihre Mundwinkel spielte.

»Ja, tatsächlich. Meine Maria. Es ist fast wie ein Wunder. Mein Mädchen, das ich damals habe weggeben müssen, weil meine Situation ja ganz ähnlich war wie deine jetzt. Sie kommt tatsächlich wieder zu mir – auch wenn das ihre ehemaligen Pflegeeltern gar nicht gerne sehen. Aber nachdem es sich in der Stadt herumgesprochen hatte, dass ich die wirkliche Mutter von der Maria bin, hat sie mich doch einmal besucht und mir natürlich erst einmal heftig Vorwürfe gemacht, wie ich sie bloß habe weggeben können und wie man so etwas nur machen kann.«

Sie holte tief Atem, bevor sie weitersprach. »Aber irgendwann hat Maria dann verstanden, dass ich in einer Notsituation gewesen bin – und dass es mir fast das Herz zerrissen hat damals. Was war mir denn auch anderes übrig geblieben, als sie zu guten Leuten in Pflege zu geben? Und dass ich sie dann wieder zu mir holen wollte, das hat Maria natürlich nie erfahren. Erst von mir neulich. Seitdem kommt sie uns regelmäßig besuchen. Sie ist ja in Stellung bei einer Schneidersfamilie und kann von daher selbst entscheiden, zu wem sie geht und zu wem sie nicht geht. Natürlich besucht sie auch ihre Pflegeeltern. Das wäre ja nicht recht von ihr, wenn sie das nicht täte. Schade nur, dass die es nicht verstehen, dass sie nun ab und zu eben auch zu ihrer leiblichen Mutter will«, zuckte Magdalena abschließend bedauernd die Schultern.

Anna betrachtete nachdenklich ihre von der schweren Hofarbeit rauen und schwieligen Hände. Dann blickte sie mit entschlossener Miene auf.

»Genau, das ist es. Maria! Ich werde das Kind auch Maria nennen!«

Verblüfft runzelte Magdalena Rößler die Stirn.

»Wie? Du willst dein Kind tatsächlich Maria nennen – so wie meine Maria?«

»Genau. Das ist ein schöner Name für ein Mädchen. Und ganz besonders für dieses Kind«, deutete sie auf ihren Bauch. »Denn es ist ja so gesehen auch ein passender Name, wenn diesem Kind ein ähnliches Schicksal beschieden ist wie deiner Maria …«

»Wenn es ein Mädchen wird«, warf ihre Patentante rasch dazwischen, um das Gespräch möglichst in eine andere Richtung zu lenken.

»Es wird ein Mädchen werden«, bekräftigte Anna mit fester Stimme. »Das spüre ich. Glaub es mir ruhig!«

»Dann ist es ja gut. Was ich dich aber unbedingt noch fragen wollte: Hast du in der Zwischenzeit jetzt eigentlich mit der Bäuerin auf dem Schandhof gesprochen?«

Anna nickte.

»Ja, wie du es mir geraten hast. Gleich nach meiner Rückkehr aus Lehrberg bin ich zu ihr gegangen und habe ihr meine Situation geschildert.«

»Und? Wie hat sie reagiert?«

»Du hast Recht gehabt mit deinem Rat. Es war gut, die Bäuerin gleich ins Vertrauen zu ziehen. Sie schien mir sogar richtig dankbar dafür, dass ich ihr von Anfang an nichts vormachen wollte, sondern ihr offen und ehrlich meine Lage geschildert habe. Sie hat gesagt, sie würde es schon hinbekommen, mir bei der Geburt zwei oder drei Wochen freizugeben. Sie meint auch, es sei nicht gut, wenn es die anderen erfahren. Gerlinde mit ihrem Lästermaul ...«

»Das hat sie gesagt?«

Magdalena staunte nicht schlecht.

»Und ich habe immer gedacht, sie hat sich von der Gerlinde blenden lassen!«

»Von wegen«, verneinte Anna bestimmt. »Sie weiß schon, was das für eine ist. So tüchtig die auch zupacken kann. Aber auf jeden Fall sei es besser, das mit dem Kind nicht an die große Glocke zu hängen. Ich bin dann halt angeblich ziemlich krank, wenn es so weit ist. Ich sei in Rothenburg, bei dir. Du würdest mich pflegen. Was ja so falsch dann auch wieder nicht ist. Und der Gerlinde kann es schon deshalb recht sein, dass ich als angeblich Kranke nicht mit ihr im Zimmer liege, wo sie doch immer so eine furchtbare Angst hat, sich anzustecken, wenn jemand Husten hat. Also ...«, Anna spreizte die Finger ihrer rechten Hand auseinander und deutete auf Daumen, Zeigefinger, Mittelfinger. »Zwei bis drei Wochen wird es möglich sein. Länger wird es aber kaum gehen. Denn sonst werden die anderen dann doch neugierig und fragen in Rothenburg herum. Und bis dahin müssten wir die Adoption wohl auch geregelt haben, hat die Bäuerin gemeint«, fügte Anna mit einem bitteren Blick zu ihrer Patin noch hinzu.

»Das müsste reichen«, bestätigte Magdalena, der es fast das Herz zerriss, mehr oder minder hilflos mit ansehen zu müssen, wie Anna sich ihr gegenüber zwar tapfer gab, in Wirklichkeit aber gewaltige Seelenqualen durchlitt, angesichts der Dinge, die da unweigerlich auf sie zukamen. Sie fixierte die traurige junge Frau mit ernsten Augen. »Aber du versprichst mir eines, Anna. Du machst keine Dummheiten! Hörst du? Keine Panikreaktionen bitte! Wenn dir alles zu viel wird, dann kommst du zu mir. Hast du gehört? Versprichst du mir das? Keine Dummheiten zu machen?« Sie streckte Anna auffordernd ihre rechte Hand entgegen. »Komm, schlag ein. Versprich es mir!« Anna schien nicht zu begreifen.

»Was meinst du damit?«

»Dass du eben keine Dummheiten machen sollst. So eine Dummheit, wie sie die Gertrud erst neulich gemacht hat.«

»Welche Gertrud denn?«

»Habt ihr da oben auf dem Schandhof nichts davon mitbekommen? Von der schlimmen Sache mit der Neinleins Gertrud. Das war ein Dienstmädchen aus der Stadt. Die haben sie neulich unten bei Dettwang aus der Tauber gezogen. Tot.« Magdalena machte eine Pause, um ihren Worten eine zusätzliche Wirkung zu verschaffen. »Sie ist von einem angesehenen Rothenburger Bürger geschwängert worden, wie man sagt – offiziell zugeben wird das natürlich keiner hier. Aber das muss der Grund dafür gewesen sein, dass sie dann aus lauter Verzweiflung ins Wasser gegangen ist. Denn der feine Herr hat plötzlich nichts mehr von dem Mädchen wissen wollen. Entlassen hat er sie, einfach rausgeworfen, als sie ihm erklärt hat, dass sie schwanger ist. Einfach rausgeworfen. Und da hat die Arme dann keinen anderen Ausweg mehr gesehen und sich in die Tauber gestürzt!«

Anna war schaudernd zusammengezuckt.

»Das ist ja furchtbar! Grauenhaft!«

»Das ist es. Versprich mir also, dass du so etwas nicht machen wirst. Hörst du? Es gibt immer einen Ausweg, so hoch auch die Wand scheinen mag, die sich vor einem auftürmt.« Magdalena streckte ihre Rechte noch weiter zu Anna hinüber, die nun zögernd ihre Hand hob und einschlug.

»Also, ehrlich gesagt habe ich manchmal auch schon daran gedacht. Einfach Schluss machen. Das wäre doch das Beste. Dann hätten alle ihre Ruhe ...«

»Anna! So etwas darfst du nicht einmal denken!«

»Das lässt sich gar nicht vermeiden. Das ist mir plötzlich einfach in den Sinn gekommen. Neulich, auf der Rückfahrt von Lehrberg. Dann hätte ich mit einem Schlag keine Probleme mehr – und das Kind auch nicht. Was kann das Schicksal solch einem Kind schon bieten?«

»Anna!« Erregt war Magdalena aufgesprungen und rüttelte ihre Nichte heftig an deren Schultern.

»Schau doch einmal, wie sich das mit der Maria und mir entwickelt hat! Es gibt immer einen Weg! Auch für dich und dein Kind – wieder eine Maria. Wir dürfen nur die Hoffnung nicht aufgeben!« Mit einem flehenden Gesichtsausdruck beugte sie sich nieder und nahm Anna direkt ins Visier.

»Versprich es mir, bitte! Jetzt gleich! Versprich mir, dass du keine Dummheiten machen wirst!«

Anna nickte müde.

»Ich verspreche es«, flüsterte sie tonlos. Dann stemmte sie ihre Hände auf die Tischplatte und erhob sich langsam. »Aber jetzt muss ich wieder gehen. Es wird nicht mehr lange dauern, bis es dämmert. Die Kinder werden sicherlich auch bald zurückkommen. Höchste Zeit für mich, dass ich aufbreche. Bevor mir die Gerlinde sonst wieder Vorhaltungen macht, dass ich zu spät komme ...« Anna verabschiedete sich von ihrer Patentante mit einem müden Lächeln.

Minutenlang blickte ihr Magdalena mit tränennassen Augen traurig hinterher.

»Arme Anna. Wenn ich dir doch nur helfen könnte, du armes Kind. Lieber Herrgott: Was haben wir Reingrubers denn nur verbrochen, dass du uns dermaßen strafst? Welcher Fluch liegt auf meiner Familie? Reicht es denn noch immer nicht? Irgendwann muss es doch zu Ende sein! Erst die Barbara! Dann die Eltern, jetzt die Anna! Lass doch wenigstens dieses Kind, das demnächst auf die Welt kommen wird, eine glückliche Zukunft erleben!«, flüsterte sie mit krampfhaft ineinander geschlungenen Händen. »Wenigstens dieses Kind!«

29

15. Mai 1903

Die Geburt! Sie würde genauso schwer verlaufen wie Annas eigene Geburt! Das wurde ihr mehr und mehr bewusst. Fröstelnd erinnerte sich Magdalena wieder an die hilflose Ohnmacht, mit der sie damals am Bett ihrer Schwester Barbara gestanden hatte, die sich unter entsetzlichen Schmerzen krümmte. Und so war es auch jetzt wieder!

Ein lang gezogener, gequälter Schrei drang aus der Kehle der Gebärenden, die ihren Kopf mit den panisch geweiteten Augen unruhig von einer Seite auf die andere rollte. Zwei Wochen zu früh – mindestens zwei Wochen zu früh – hatten die Wehen eingesetzt, wie Magdalena sorgenvoll noch einmal zurückrechnete. Eigentlich hatten sie die Geburt erst für Ende Mai erwartet, und nun war Anna doch bereits gestern am späten Vormittag mit schmerzverzerrter Miene in der Wenggasse aufgetaucht. Geburtstermin hin oder her: Es bestand kein Zweifel, dass das Kind jetzt schon auf die Welt drängte! Es half nichts. Da konnten sie rechnen, so viel sie wollten!

»Immerhin hast du es dann schon hinter dir, wenn es Ende Mai ist«, murmelte Magdalena mit wenig Überzeugungskraft in der Stimme. Anschließend wandte sie sich suchend um, bis ihr Blick Maria gefunden hatte, die seit dem gestrigen Abend nicht mehr von ihrer Seite gewichen war. »Maria, es wird gleich hell werden. In einer Stunde solltest du auf jeden Fall wieder bei den Gerlingers sein.«

Maria machte eine wegwerfende Handbewegung.

»Es ist schon in Ordnung so. Ich habe der Frau Gerlinger gestern Abend erklärt, dass ich ganz dringend wegmuss, weil jemand in der Familie krank geworden ist. Sie hat mir deshalb für heute freigegeben, falls es sein müsse. Ich müsse die Arbeit halt an einem anderen Tag nachholen, aber das war ja von vornherein klar.« Am späten Abend war Maria in die Wenggasse geeilt, nachdem sie von Margarete, ihrer kleinen Schwester, erfahren hatte, dass plötzlich die Anna bei ihnen aufgetaucht sei. Und dass die Anna anscheinend unter furchtbaren Bauchschmerzen leide.

»Soll ich noch einen kalten Lappen holen? Was meinst du?«, deutete sie auf Annas schweißnasse Stirn.

»Das wäre nicht schlecht«, nickte ihre Mutter dankbar. »Und Maria, wenn du schon dabei bist. Wir sollten das Feuer im Herd anzünden und Wasser aufsetzen. Wer weiß, wann es so weit ist …«

Hoffentlich bald, dachte sie bekümmert und streichelte zärtlich über den Kopf der von einer neuerlichen Schmerzwelle erbarmungslos heimgesuchten jungen Frau.

Die Geburt sollte sich noch eine Ewigkeit lang hinziehen, auch die Miene der am Morgen herbeigerufenen Hebamme sprach inzwischen Bände. Selbst die erfahrene Geburtshelferin schien sich mehr und mehr Sorgen zu machen. Sorgen um Mutter und Kind. Ganz eindeutig ging es bei beiden um Leben und Tod. Das Kind steckte im Geburtskanal fest und kam anscheinend keinen Millimeter weiter, während die Wehen in immer kürzeren Abständen Annas kraftlosen Körper durchschüttelten. Die lang gezogenen, durchdringenden Klagelaute hatten sich in ein leises, immerwährendes Wimmern verwandelt. Nicht einmal mehr für laute Schmerzensschreie hatte die Gebärende mittlerweile noch Kraft. Alle Energie war offensichtlich bereits verbraucht. Es sah schlimm aus. Wirklich schlimm. Das musste einem niemand erklären, das konnte Magdalena mit eigenen Augen sehen und fast schon selbst körperlich spüren. Schließlich hatte auch sie ja vier Geburten hinter sich gebracht. Längst nicht solch schwere Geburten zwar, aber dennoch. Sie schauderte beim bloßen Gedanken daran, welchen Qualen Anna seit Stunden ausgesetzt war. Wie zur Bestätigung ihrer hilflosen Gedanken suchte die Hebamme ihren Blick. »Jetzt können wir nur noch beten«, flüsterte ihr die Frau zu, während sie hilflos die Schultern zuckte und ratlos ihren Kopf schüttelte.

»Vielleicht hilft das ja. Ich bin auf alle Fälle am Ende meiner Möglichkeiten angelangt.« Stumm falteten die drei Frauen die Hände und murmelten, jede für sich, ein leises Gebet. Wenn Anna die Niederkunft doch überleben könnte! Wenigstens Anna!

Im Rückblick bezeichnete es Magdalena später mehrfach als ein Wunder, das sich am Abend des 15. Mai 1903 in ihrem Haus zugetragen hatte. Als es mit der Geburt plötzlich voranging. Kurz nachdem die in erschöpfte Agonie verfallene Anna einen durchdringenden Schrei ausgestoßen hatte, der den überraschten Frauen durch Mark und Bein gefahren war. »Schnell! Es ist so weit!«, hatte die Hebamme noch gerufen. Wenige Augenblicke später war das Wunder geschehen und ein Mädchen geboren worden.

»Es lebt!« Sie konnte es selbst kaum glauben, doch das winzige Kind in ihren Armen lebte. Tatsächlich. Unüberhörbar. Nach einem geübten Klaps auf seinen Rücken stieß das Neugeborene sofort seinen ersten Schrei aus. Den ersten Laut seines Lebens. Ein gurgelnder, gequälter Schrei! Die kraftlose Anna wandte ihren schweißnassen Kopf mühsam in die Richtung, aus der das Schreien an ihr Ohr drang. Als sie das dunkelrote Bündel in den Armen der Hebamme wahrnahm, stahl sich ein leichtes Lächeln in ihre gequälten Gesichtszüge.

»Es soll Maria heißen. Maria, wie du!«, nickte sie zu Magdalenas Tochter schwach hinüber, die beinahe regungslos und voller Bangen die letzte Phase der Geburt verfolgt hatte.

Maria konnte kaum glauben, dass die erschöpfte Frau in diesem Augenblick zu ihr herüberlächelte. Ausgerechnet zu ihr. Und was hatte Anna da gesagt? Wie sollte das Kind heißen? »Maria! Wie ich!« Damit war es endgültig um die Fassung des Mädchens geschehen. Maria ließ ihren Tränen nunmehr freien Lauf.

Maria Margareta Reingruber war geboren. Die Geburt dieses Kindes – es war der niemals verarbeitete Alptraum in Annas Leben.

30

29. Mai 1903

»Du meine Güte!« Erschrocken schlug Luise Klee die Hand vor den Mund, nachdem sie in die Kammer getreten war und das blasse Häufchen Elend entdeckt hatte, das ihr aus dem Bett entgegenblickte. In der Tat bot Anna auch noch zwei Wochen nach der Geburt einen jammervollen Anblick. Die strähnigen blonden Haare, die in den letzten Wochen einen grauen Schimmer angenommen hatten, verstärkten noch den Eindruck, dass es sich um eine alte Frau handelte, die sie da vor sich sah. Diese blauvioletten Ringe unter den wässrig schimmernden Augen. Die fahle Gesichtsfarbe, die tiefen Furchen, die sich innerhalb weniger Wochen in Annas Haut gegraben hatten. Der Geruch nach Elend und Krankheit, der ihr schon beim Betreten des Hauses entgegengeschlagen war. Und dann noch der Blick! Dieser stumpfe, hoffnungslose Ausdruck, begleitet von der rauen, krächzenden Stimme, mit der Anna die Gastwirtsfrau aus Lehrberg begrüßte.

»Guten Morgen, Tante Luise. Schön, dass du bei mir vorbeikommst.« Wieso Morgen? Es war bereits kurz nach Mittag gewesen, als Luise Klee an die Tür des Hauses Nummer 43 in der Rothenburger Wenggasse geklopft hatte. Tränen schossen in ihre Augen, als sie die bettlägerige Anna erblickte. Die einst so muntere, lebenslustige Anna! Johanns geliebte »Schwester«. Was hatte das Leben nur aus diesem Mädchen gemacht. Ganz offensichtlich hatte die Anna immer noch mit den Folgen der schweren Geburt zu kämpfen, die sie beinahe mit dem Leben bezahlt hatte. Diese Nachricht war auch bis nach Lehrberg gedrungen, und aus diesem Grund war Luise nach Rothenburg gereist. Aber auf diesen jammervollen Anblick war sie dann doch nicht vorbereitet gewesen, nie und nimmer.

»Anna!« Es versetzte Luise einen schmerzhaften Stich mitten ins Herz, als sie das Mädchen so elend vor sich liegen sah. Geschwächt und ausgezehrt, genau wie damals ihre Mutter, die Barbara, nach der Geburt, schoss es Luise bitter durch den Kopf. Weshalb musste sich alles wiederholen? Weshalb schon wieder in dieser Familie?!

Anna würde das Kind nicht behalten können, so viel stand fest. Es war einer der Gründe für die Tatsache, weshalb Luise heute nach Rothenburg gereist war. Um ihr von den Gesprächen zu berichten, die sie mit den Ohrs, mit Leonhards Familie, noch einmal geführt hatte. Jetzt, nach der Geburt des Mädchens. Nachdem keiner mehr insgeheim darauf hoffen konnte, das Kind könnte seine Geburt womöglich gar nicht überleben. Dass die Heirat in diesem Falle ja sozusagen kropfunnötig gewesen wäre. Doch, es konnte ihr niemand weismachen, dass ganz im Stillen nicht auch diese Möglichkeit ins Kalkül gezogen worden war! Für manche sicherlich die beste aller Möglichkeiten – so schrecklich das auch klingen mochte.

Doch es war anders gekommen. Das kleine Mädchen Maria hatte zwar zwei Wochen zu früh das Licht der Welt erblickt, und sein Überleben hatte auf Messers Schneide gestanden. Aber es würde überleben, so viel stand mittlerweile fest. Auch Anna würde sich wieder erholen. Langsam zwar, aber auch sie würde am Leben bleiben. Vor dem Hintergrund dieser Nachrichten, die sie vor vier Tagen in Lehrberg erreicht hatten, war Luise kurzerhand zum Goschenhof nach Flinsberg gereist, um direkt mit Leonhards Eltern zu sprechen. Und natürlich mit Leonhard selbst. Schließlich war er ja der Vater des kleinen Mädchens. Doch Leonhard war nur schmerzlich zusammengezuckt und hatte sich rasch abgewandt, nachdem ihm Luise von der Geburt seiner Tochter berichtet hatte. Noch nicht einmal nach dem Namen des Kindes hatte er sich erkundigt! Weniger wohl aus Trotz oder Desinteresse, sondern schlicht und einfach aufgrund der Tatsache, dass der junge Mann eindeutig unter dem Einfluss seiner Eltern stand, die ihn in dieser Hinsicht völlig dominierten. Der fröhliche, lebenslustige Leonhard, der attraktive, kräftige Jungbauer war ein geknicktes, mutloses Wesen geworden?! Sehr zum grimmigen Zorn seines jüngeren Bruders Wilhelm, der sich im Gegensatz zu Leonhard mit heftigen Worten gegen seine Eltern gestellt hatte. Doch dieses Thema ginge ihn nichts an, es handle sich in allererster Linie um eine Angelegenheit zwischen Leonhard und ihnen, den Eltern, hatte ihn sein Vater scharf in die Schranken verwiesen.

Eine Heirat also kam für die Eltern nicht infrage. Auf keinen Fall! Luise Klee merkte bald, dass sie auf verlorenem Posten kämpfte, so sehr sie auch an das Verantwortungsgefühl ihrer Verwandten appellierte und so nachdrücklich sie auch beteuerte, um welch nette und arbeitsame junge Frau es sich bei Anna doch handelte, die sie schließlich schon von Geburt an kannte. Alles vergeblich! Eine Magd war und blieb eine Magd – zumindest im Weltbild der Ohrs vom Goschenhof. An eine Heirat zwischen dem Sohn freier, fränkischer Bauern und einer einfachen Magd war nicht zu denken. Unmöglich! Weiterer Gespräche bedürfe es in dieser Hinsicht nicht mehr, hatte der Bauer schließlich in die Hände geklatscht und sich erhoben. Falls Leonhard – wider Erwarten – doch noch eine andere Entscheidung träfe, dann tue er dies ausdrücklich ohne den Segen seiner Eltern. Dann müsse er eben schauen, wo er bleibe. Samt Frau und Kind. Jedenfalls nicht auf dem Goschenhof.

Luise hatte sich vor Wut und Scham über diese knallharte Festlegung kaum noch beherrschen können. Nur mit äußerster Mühe war es ihr gelungen, eine einigermaßen gelassene

Miene an den Tag zu legen, auch wenn sie sich vor lauter Anspannung die Lippen blutig gebissen hatte. Doch was würde es schon helfen, wenn sie den beiden nun ihre wirkliche Meinung ins Gesicht schleudern würde? Dann wäre alles aus! Dann hätte sie zwar ihrem Zorn freien Lauf gelassen und den Ohrs das gesagt, was ihnen Leonhard eigentlich längst hätte sagen sollen. Aber was hätte sie andererseits damit erreicht? Sie hätte auch noch den winzigen Rest eines Hoffnungsschimmers zunichte gemacht. Ein Stückchen Hoffnung für das Kind – für die kleine Maria.

Mit höchster Willenskraft, die ihr hart bis an die Grenze der gerade noch zumutbaren Selbstverleugnung zu stoßen schien, hatte Luise es geschafft, eine dennoch freundliche Miene an den Tag zu legen und so den Bauern dazu bewegt, sich wieder auf seinen Stuhl zu setzen. Nach dem geduldigen Austausch von familiären Belanglosigkeiten und Erinnerungen hatte sie sich ganz allmählich zum Kern ihres Anliegens vorgetastet: zu der Zukunft des neugeborenen Kindes. Dessen Großeltern die beiden Ohrs nun einmal waren – ob diese das wollten oder nicht. Es war halt einfach eine Tatsache! Missmutig brummend hatte Leonhards Vater schließlich mit dem Kopf genickt und gemeint, er fühle sich aber weiß Gott noch nicht so gebrechlich, um sich aufs Altenteil zurückziehen zu müssen. Und außerdem grenze es beinahe an eine Zumutung, wenn er sich nun, in seinen besten Mannesjahren, bereits mit einer Großmutter ins Bett legen müsse, hatte er mit einem verstohlenen Seitenblick auf seine unwirsch zusammenzuckende Frau kichernd hinzugefügt.

Luise hatte die dümmliche Bemerkung mit einem hellen Lachen quittiert und besänftigend den Unteram der Bäuerin getätschelt – allein um der guten Sache willen. So gerne sie dem grobschlächtigen Bauern auch andere Worte ins Gesicht geschleudert hätte. Doch auf diese Art und Weise war es ihr, zu ihrer eigenen Verblüffung, tatsächlich gelungen, Leonhards Eltern behutsam an das Thema heranzuführen. An das Thema und an das Kind. Das unschuldige Kind, das ja nichts für die Verstimmungen konnte, die durch seine bloße Existenz entstanden waren. Das kleine Mädchen, das vor zwei Wochen das Licht der Welt erblickt hatte. Ihr erstes Enkelkind! Welche Zukunft war der kleinen Maria wohl beschieden, nachdem die Mutter das Kind ja nicht behalten konnte.

»Sie kann es nicht behalten?«, hatte sich die Bäuerin plötzlich zum ersten Mal direkt in das Gespräch gemischt, das bislang zwischen Luise und dem Bauern geführt worden war.

»Wie sollte sie auch?«, gab Luise achselzuckend zurück. »Als einfache Dienstmagd kann sie das Kind auf keinen Fall aufziehen! Demnächst wird sie es weggeben, damit sie wieder auf dem Schandhof arbeiten kann. Mit dem Kind geht das ja nicht!«

»Und wohin soll es dann kommen, das Kind?«, erkundigte sich die Bäuerin atemlos.

Wieder hob Luise hilflos die Schultern. »Wenn ich das wüsste. Ich glaube, das weiß noch nicht einmal die Mutter selber. Aber wahrscheinlich bleibt ihr nur das Waisenhaus, falls sie nicht noch eine Familie findet, die ein kleines Mädchen bei sich aufnimmt.«

»Aber das geht doch nicht! Sie kann das Kind doch nicht einfach weggeben! Das tut doch keine Mutter!«

»Was soll sie denn sonst machen? Zusammen mit dem Kind auf der Straße sitzen und betteln? Oder sich ins Bett legen und verhungern? Das heißt, sie hat dann ja keines. Sie müsste in irgendeine Scheune. Sich ins Stroh legen mit ihrem Kind und warten, bis ihr jemand etwas zu essen bringt. Oder auch nicht …« Luise hatte ihren Tonfall nun bewusst verschärft. Sie spürte, dass die Frau jetzt an dem Punkt war, auf den sie von Beginn an zugesteuert hatte. »Nein, die Anna hat keine andere Wahl. Sie muss ihre Maria hergeben, ob ihr das passt oder nicht! Irgendwer wird sich schon finden.«

»Irgendwer!«, empörte sich die Bauersfrau. »So weit kommt es noch, dass die unser Enkelkind an irgendwelche fremden Leute gibt! Das kommt ja überhaupt nicht infrage!«, hieb sie mit der flachen Hand heftig auf die Tischplatte. »Lieber nehme ich das Kind zu mir!«

Verwundert kniff ihr Mann bei dieser Bemerkung die Augen zusammen. »Was sagst du da? Du willst das Kind nehmen? Zu dir nehmen? Zu uns, meine ich?«

»Was bleibt uns denn sonst anderes übrig! Soll es etwa zu fremden Leuten kommen? Nie und nimmer! Schließlich ist es unser Enkelkind, da hat die Luise schon Recht. Das Kind kommt zu uns!« Energisch reckte die Bäuerin das Kinn in die Höhe. Ihr Entschluss war gefallen, ob ihr Mann damit einverstanden war oder nicht. Doch der Bauer war klug genug, sich ihrer Meinung anzuschließen.

»Gut«, nickte er. »Das ist ja im Großen und Ganzen auch deine Sache. Wenn du das Kind aufziehen willst: einverstanden! Nur dass eines klar ist: Diese Anna kommt mir deshalb aber nicht auch noch mit auf den Hof!«

»Natürlich nicht«, schüttelte die Frau ihren Kopf. »Es geht mir nur um das Kind, nicht um diese Magd da, die unseren Leonhard verführt hat. Es geht nur um das kleine Mädchen!«

Wieder ballte Luise Klee unter dem Tisch krampfhaft ihre Fäuste. Doch was würde es schon nützen, den beiden ihre eigene Meinung ins Gesicht zu schleudern? Dass dieses Verhalten eine Schande sei. Eine Schande für die ganze Familie! Was hätte das schon bewirkt? Nicht das Geringste! Also machte sie noch einmal gute Miene zum bösen Spiel. Sie hatte ihr Ziel ja erreicht. Zumindest eines der beiden Ziele. Um die Zukunft des Kindes musste sie sich nun keine Sorgen mehr machen. Um Annas Zukunft dagegen schon. Sollte also Luise der jungen Frau, die immer noch so schwer von der Geburt gezeichnet war, wirklich schon heute die Nachricht überbringen? Sollte sie ihr sagen, dass Leonhards Eltern dazu bereit wären, die kleine Maria bei sich aufzuziehen? Ohne Anna. Dass dies aber dennoch die beste aller schlechten Möglichkeiten darstelle? Dass ihr Kind somit wenigstens nicht zu fremden Leuten käme, sondern zu den Großeltern? Und zum Vater, wenngleich sie dem willenlosen Leonhard dieses Glück am allerwenigsten gönnte.

Luise warf Magdalena einen fragenden Blick zu, den diese mit einem fast unmerklichen Kopfnicken beantwortete. Auch Magdalena war also der Meinung, Anna sollte es wissen. Musste es wissen. Hatte ein Recht darauf, es zu wissen. Was mit ihrem Kind geschehen würde. Bevor sie sich noch weiter in die bitteren Gedankengänge verstrickte, die sie seit Tagen schon heimsuchten. Wem man ihr kleines Mädchen denn wohl anvertrauen konnte. Ihre Maria, zu der sie nun doch eine Beziehung entwickelt hatte. Als das hilflos wirkende kleine Neugeborene zum ersten Mal an ihrer Brust gelegen hatte …

Erst gestern Abend wieder hatte Anna, weiß Gott nicht zum ersten Mal seit der Geburt, ihre Patin tränenüberströmt gefragt, ob diese nicht doch noch eine Möglichkeit sehe, das Kind behalten zu können. Ob Leonhard sich nicht vielleicht noch besinnen würde oder ob die Schandhofbäuerin, die doch bekanntermaßen so ein großes gutes Herz hatte, ihr gestatten würde, das Kind mitzubringen und dort großzuziehen. Magdalena, der es bei dieser Frage fast das Herz zerriss, hatte bedauernd ihren Kopf geschüttelt und Anna diese Illusion schnell wieder genommen. Der Bauer würde so etwas nie und nimmer erlauben. Dazu kannte sie ihn gut genug. Wenn man es einem Dienstboten gestatte, käme morgen der nächste mit derselben Bitte daher. Und wie sollte man es diesem dann verweigern! Maria, ihre siebzehnjährige Tochter Maria, die ebenfalls zu Besuch in der Wenggasse gewesen war, hatte sich daraufhin spontan zu Wort gemeldet und gemeint, dann würde sie eben für das Kind sorgen. Sehr gerne sogar würde sie das für »ihre« Maria tun. Aber wie sollte das gehen? Wo sie doch selbst in Stellung war – und wo Magdalena nun auch wieder als Aushilfe bei den Bauern arbeitete. Den drei Kindern, Georg, Johann und Margarete aber konnte man den Säugling auch nicht überlassen.

»Tante Luise«, flüsterte Anna mit einem unübersehbaren Hoffnungsschimmer in ihren trüben Augen. »Hast du neue Nachrichten für mich?«

Wieder fühlte Luise Klee dieses Stechen in der Magengrube, als sie die Hoffnung wahrnahm, mit der ihr Anna entgegenblickte. Diesen letzten Strohhalm, an den sich ein Mensch offenbar immer noch klammerte, ganz egal, wie unwahrscheinlich sich eine Wendung zum Guten auch immer darstellte.

Noch einmal warf sie einen verstohlenen Blick zu Magdalena hinüber, die ihrem Gesichtsausdruck nach zu urteilen ähnlich zu empfinden schien. Sie zwinkerte ihr dennoch mit den Augenlidern bestätigend zurück. Und sie hatte ja Recht. Was nützte es schon, die Dinge zu verschleiern. Hoffnung aufzubauen, wo keine Hoffnung mehr war. Es würde alles nur noch schlimmer machen.

Luise räusperte sich heiser. »Ja, Anna, ich habe dir etwas mitzuteilen. Etwas Gutes und etwas weniger Gutes. Erst das weniger Gute, in Ordnung?« Sie hätte sich am liebsten selbst geohrfeigt bei diesen Worten! Was sollte das denn auch? Schon wieder dieses Herumreden um den heißen Brei! Das verstärkte doch nur die Hoffnung wieder – samt dem folgenden Leiden. Aber es war ihr einfach so herausgerutscht. Jetzt aber nicht mehr lange fackeln. Anna hatte schließlich ein Recht darauf, die Dinge so zu erfahren, wie sie nun einmal waren. »Also, Anna«, formulierte sie nun mit sanfter Bestimmtheit. »Erst also die schlechtere Neuigkeit, würde ich sagen. Also, der Leonhard und du – mit einer Heirat wird es wohl nichts werden. So gern er dich auch haben mag, wie ich vermute. Aber heiraten kann er dich nicht, weil seine Eltern es nicht erlauben. Und ihm selbst fehlt die Kraft, sich über den Willen der Eltern hinwegzusetzen. Ich habe es versucht, glaube mir. Aber da war nichts zu machen!« Nicht schon wieder abschweifen! Nicht diese endlosen Sätze und dieses Herumgerede! Auch wenn es Luise beinahe das Herz brach. Jetzt, wo sie mit ansehen musste, wie auch das letzte Fünkchen Hoffnung aus den fiebrig glänzenden wasserblauen Augen entschwand. Ins Nichts entschwand!

»Und die bessere Nachricht?«, krächzte die Kranke, die für diese Frage noch einmal all ihre Energie zusammengenommen hatte, mit kaum vernehmbarer Stimme.

Die bessere Nachricht! Doch Luise durfte sich jetzt nicht gehen lassen. Nicht jetzt! Sie zwang sich dazu, Anna fest in die Augen zu blicken. »Leonhards Eltern werden die Maria bei sich aufnehmen. Sie werden die Maria als ihr Enkelkind aufziehen. Sie haben zugestimmt, dass der Leonhard sie in Rothenburg abholt. Spätestens nach der Taufe dann. Sodass du also wieder auf dem Schandhof arbeiten kannst und dir keine Sorgen mehr zu machen brauchst …«

Den letzten Teil des Satzes hatte Anna schon nicht mehr wahrgenommen. Sie war in tiefe Bewusstlosigkeit gefallen. Eine gnädige Ohnmacht hatte ihr weitere Seelenqualen erspart. Wenngleich auch nur vorübergehend.

31

30. Juni 1903

»Geben ist seliger denn nehmen, das also ist der Taufspruch, der dich auf deinem weiteren Lebensweg begleiten soll. Maria Margareta Reingruber, auf diesen Namen habe ich dich im Namen Gottes, des Vaters, des Sohnes und des Heiligen Geistes getauft. Amen.« Der Pfarrer in der Rothenburger St. Jakobskirche blickte den beiden Paten des kleinen Täuflings feierlich in das Gesicht, bevor er sich zu den wenigen Angehörigen umwandte, die mit verlegenen Mienen auf der vorderen Kirchenbank Platz genommen hatten. Mit einem leichten Kopfnicken deutete er eine Verbeugung an, anschließend verließ er gemessenen Schrittes das mächtige Gotteshaus.

Selten hatte der Geistliche eine solch traurige Taufe erlebt wie dieses Mal. Selten? Nie! Noch gar nie! Er kannte die Leute so gut wie gar nicht, die diese merkwürdige Taufgesellschaft gebildet hatten. Die Magdalena Rößler und ihr Mann, der Tagelöhner. Gut, diese beiden kannte er, schließlich gehörten sie ja auch zu seinem Pfarrbezirk, seit sie das Haus in der Wenggasse bezogen hatten. Aber die leichenblasse, spindeldürre Mutter des Mädchens, das er gerade getauft hatte. Ihr war er noch niemals zuvor begegnet. Zumindest konnte er sich nicht an eine solche Begegnung erinnern – kein Wunder, so verhuscht und unauffällig die klein gewachsene graublonde Frau auch auf ihn wirkte. Obwohl sie bei näherem Hinsehen längst nicht so alt sein konnte, wie dies auf den ersten Eindruck hin scheinen mochte.

Auf jeden Fall war sie noch keine vierzig, sondern zählte womöglich doch erst nicht viel mehr als zwanzig Jahre. Was hieß hier womöglich? Er wusste es doch, auch wenn er es kaum hatte glauben wollen, als er die Geburtsurkunde der Mutter in den Händen gehalten hatte. Der ledigen Mutter! Wieder einmal so eine! Aber was sollte man von so einer auch erwarten, die selbst als lediges Kind zur Welt gekommen war? In der Urkunde hatte sich kein Hinweis auf den Vater gefunden. Immer dasselbe Lied! Immer dieselben Lebensläufe! Pack bleibt eben Pack, so pflegte sich sein Pfarrerskollege ja immer wieder wenig mitfühlend auszudrücken. Nicht sein Stil, durchaus nicht. Aber so ganz und gar im Unrecht war der Amtsbruder mit diesen Äußerungen auch wieder nicht, das musste er diesem durchaus zugestehen.

Wie gesagt, es hatte sich auf alle Fälle um eine sehr merkwürdige Taufe gehandelt. Ein beklemmendes Gefühl, wie diese Leute da mit sichtlichem Unwohlsein vor ihm auf der Kirchenbank gesessen hatten. Klar, das waren diese Dienstboten ja auch nicht gewohnt, ganz vorne in der ersten Reihe zu sitzen. Ihr Platz war normalerweise hinten – ganz hinten. Und die Mutter wäre eigentlich viel besser in der Spitalkirche aufgehoben als in der St. Jakobskirche, dem zentralen, alles überragenden Bauwerk der stolzen Freien Reichsstadt Rothenburg ob der Tauber. Die Bauern von den Höfen rings um Rothenburg gehörten ja samt ihrem Gesinde zur Spitalkirche, weswegen die ehrsamen Rothenburger Kirchgänger am heutigen Morgen auch durchaus gestutzt hatten, als sie der bescheidenen und von der Anzahl der Personen her winzig kleinen Taufgesellschaft ansichtig geworden waren, die schon vom äußeren Eindruck her eher zu der bäuerlichen Klientel der Spitalkirche passte als zu der stolzen St. Jakobskirche mit ihrem bedeutenden Interieur.

Doch das Gemeindemitglied Magdalena Rößler hatte auf der Taufe in St. Jakob bestanden. Schließlich sei sie als Bewohnerin des Hauses Wenggasse 43 Bürgerin von Rothenburg und als evangelische Christin auch Mitglied der Pfarrgemeinde von St. Jakob. Auch das Kind Maria sei hier in Rothenburg zur Welt gekommen – folglich also habe die Taufe in St. Jakob stattzufinden, nicht in der Spitalkirche, die der Pfarrer vergeblich versucht hatte, für zuständig zu erklären – mit dem Hinweis auf die Tätigkeit der Kindesmutter als Dienstmagd auf dem Schandhof weit vor den Rothenburger Stadtmauern.

Natürlich war es das Kalkül von Magdalena Rößler gewesen, die Taufe hier in St. Jakob abhalten zu lassen. Denn hier war eine Anna Reingruber so gut wie unbekannt. Selbst Magdalena und ihren Johann kannten nur wenige Menschen. Dafür wohnten sie einfach noch nicht lange genug in Rothenburg, und außerdem vermieden die ehrbaren, besser situierten Bürger aus den alteingesessenen Rothenburger Geschlechtern eine Bekanntschaft mit irgendwann dahergeschneiten, simplen Dienstboten sowieso, wann immer dies möglich war. Schon deshalb hatte Magdalena auf der Taufe hier bestanden. Manchmal konnte man einen Nachteil auch ausnahmsweise einmal zum Vorteil ummünzen. In der Spitalkirche wäre die Taufgesellschaft garantiert aufgefallen, und der eine oder andere Gottesdienstbesucher hätte sich erstaunt die Augen gerieben angesichts der Tatsache, dass da ein Kind der Anna Reingruber zum Taufaltar geführt wurde. Ein Kind der Schandhofmagd Anna. Brühwarm hätten sie diese Erkenntnis weitererzählt. Schnell wie ein Lauffeuer hätte die Geschichte ihre Runde gemacht. Doch so war es besser – weitaus besser. Die Chance war groß, dass keiner der Bekannten etwas mitbekam von Kind und Taufe. Zeitung lesen war für die Knechte und Mägde von vornherein kein Zeitvertreib, sofern sie des Lesens überhaupt mächtig waren – ohne ständige Übung. Oder es jemals gelernt hatten.

Wenigstens diese Schmach hatte sie ihrer Anna also ersparen können. Kummervoll betrachtete Magdalena die junge, völlig in sich zusammengesunkene Frau aus den Augenwinkeln. Nur allzu gut konnte sie sich in deren Lage versetzen. Nachdem sie sich selbst einmal in einer ganz ähnlichen Situation befunden hatte. Obwohl da zumindest Johann an ihrer Seite gestanden und ihr Trost und Zuspruch gespendet hatte. Ihr damaliger Gefährte und jetziger Mann. Dem es selbst beinahe das Herz zerrissen hatte vor Kummer, als sie ihre Maria hatten weggeben müssen. Aber er war bei ihr gewesen, und sie hatten es gemeinsam durchgestanden. Im Gegensatz zu Anna und dem Vater ihres Kindes, Leonhard!

Aber heute! Heute war der junge, fast dreiundzwanzig Jahre alte Bauernsohn tatsächlich in der Kirche anwesend. Zum ersten Mal hatte Magdalena ihn sehen können. Ein sicherlich attraktiver junger Bursche, der gleichwohl am heutigen Morgen leichenblass und nervös vor ihr gestanden hatte. Mit fahrigen Handbewegungen hatte er sich und seinen jüngeren Bruder Wilhelm den anderen vorgestellt. Wilhelm, der sich zusammen mit Magdalena als Pate für die kleine Maria zur Verfügung gestellt hatte. Maria, die mittlerweile genau sechs Wochen alt war. Ein kerngesundes, lebendiges, kleines Mädchen. Ihrer Mutter wie aus dem Gesicht geschnitten. Obwohl Anna im Gegensatz zu ihrer Tochter alles andere als einen lebenslustigen und glücklichen Eindruck machte. Wie sollte sie auch? Morgen würde sie ihr Kind zum letzten Mal sehen. Morgen würde sie Maria an deren Vater Leonhard übergeben. Für immer. Auch die drei kleineren Kinder der Rößlers hatten die Zeremonie mit angespannten Mienen verfolgt. Georg, mit seinen elf Jahren der Älteste, schien als Einziger zu begreifen, welches Drama sich da unmittelbar vor seinen Augen abspielte, während der fast neunjährige Johann und die sieben Jahre alte Margarete lediglich spürten, dass nicht alles im Lot war, was an Zuversicht nach außen hin zur Schau gestellt wurde. Dafür waren in den letzten Tagen und Wochen einfach zu viele Tränen in der Wenggasse vergossen worden. Viel zu viele Tränen!

Dass ihre fast schon erwachsene Schwester Maria beim Verlassen der Kirche dem verschüchterten, jungen Mann, der heute Morgen mit seinem Bruder plötzlich vor ihnen gestanden hatte, noch einige zornige Sätze ins Gesicht geschleudert hatte, passte zu der merkwürdigen Stimmung, die ein feierliches Gefühl gar nicht erst aufkommen ließ, wie dies ein so wichtiger kirchlicher Akt wie eine Taufe normalerweise in ihnen hervorrief.

»Da, schau mich an! Ich bin jetzt siebzehn Jahre alt. Wie sehe ich aus? Wie findest du mich? Ansehnlich? Abstoßend? Zum Verlieben? Komm, sag schon!« So hatten sie ihre ansonsten zurückhaltende, eher schüchtern wirkende Schwester Maria noch nie erlebt. Dermaßen erregt und aufgebracht. Wie sie sich vor Leonhard aufgebaut hatte. Wie eine Rachegöttin! Wie sie ihm ihre Anklage mitten ins Gesicht geschleudert hatte. »Du sagst ja gar nichts! Schämst dich wohl! Dazu hast du auch allen Grund! Oder willst du gar nicht mit mir reden, weil ich auch nur eine Tochter von den Rößlers bin. Von einfachen Dienstboten. Nicht von stolzen, reichen Bauern. Und auch aus mir ist ja schon wieder nur eine Dienstmagd geworden – was auch sonst! Nicht gut genug für die besseren Herrschaften! Gut genug für eine Nacht vielleicht – aber nicht für mehr! Eine wie die Anna halt!«

Es hatte Magdalena und ihrem Mann einige Mühe bereitet, die sich mehr und mehr in Rage redende Maria von dem hilflos vor der Kirchentür verharrenden Leonhard wegzuziehen. Aber eine lautstarke Auseinandersetzung konnten sie nun wirklich nicht gebrauchen. Beim besten Willen nicht. Wenn dies den neugierig ihre Ohren spitzenden Kirchgängern auch noch so sehr gefallen hätte. Genug Gesprächsstoff für die Stammtische in der nächsten Woche. Nein, darauf konnten die Rößlers weiß Gott verzichten. Bei allem Verständnis für den Zorn, den Maria in sich trug. Ihre Tochter, die auch bei fremden Leuten hatte aufwachsen müssen.

Schon früh am nächsten Morgen klopfte es vorsichtig an der Haustüre in der Wenggasse. Magdalena, die auf diesen Moment schon voller Ungeduld und gleichzeitig mit klopfendem Herzen gewartet hatte, erhob sich langsam vom Küchentisch. Im Aufstehen blinzelte sie der neben ihr sitzenden Schandhofbäuerin fast unmerklich zu, dann warf sie einen prüfend besorgten Blick auf Anna, die bei dem Geräusch erschrocken zusammengezuckt war. Alle drei Frauen wussten nur allzu genau, was sich hinter dem Klopfen verbarg. Die Zeit des Abschieds war gekommen. Des endgültigen Abschieds.

Es hätte gar keiner Aufforderung bedurft. Die Bäuerin, die bereits kurz nach der Morgendämmerung vom Schandhof herunter zu ihnen gekommen war, hatte sich schon hinter Anna aufgebaut und schlang mitfühlend ihre Arme um deren Oberkörper, wobei sie die leichenblasse junge Frau eng an sich drückte.

Wortlos öffnete Magdalena die Türe und nickte den beiden jungen Männern nur kurz zu. Anschließend ergriff sie das dicke Stoffbündel, das sie gestern Abend auf dem Wohnzimmertisch bereitgelegt hatte, und streckte es Leonhard entgegen. »Das könnt ihr ja vielleicht auf der Fahrt schon brauchen. Es sind ein paar alte Leinenwindeln, die uns die Luise Klee gestern mitgebracht hat. Und von meinen Kindern habe ich auch noch ein paar aufbewahrt. Ich werde sie wohl nicht mehr brauchen«, setzte sie ausdruckslos noch hinzu. »Wie ich sehe, habt ihr ja nichts dabei, um ein Kind zu wickeln, falls es nötig wird. Da tun es die alten Windeln also auf jeden Fall – auch wenn sie nur von Dienstboten stammen. Aber besser als nichts, oder?«

Doch, sie weidete sich geradezu an der verlegenen Röte, mit der sich Leonhards Gesicht bei ihren Worten überzogen hatte. Der Mann, von dem sie alle erzählt hatten, welch stolzer, attraktiver Bauernjunge er vor nicht allzu langer Zeit noch gewesen war, und der jetzt als jämmerlicher Feigling vor ihr auf den Boden starrte, tat ihr überhaupt nicht Leid. Nicht im Geringsten! Im Gegenteil! Es war Anna, die einem Leid tun musste. Anna, die diese schwere Geburt hatte durchstehen müssen. Erst die Schwangerschaft, dann die Geburt. Dazu die Enttäuschung. All die Erniedrigungen, die ihre Herkunft betrafen. Und jetzt, nach der Geburt, kam dieser Waschlappen von einem Vater daher und nahm auch noch das Kind mit sich fort. Einfach so!

Was also blieb der Anna? Nichts! Nicht einmal ihr Kind durfte sie behalten, um das sich Leonhard kaum gekümmert hätte, wenn es ihm seine Eltern letztendlich nicht doch gestattet hätten, die kleine Maria auf den Goschenhof zu bringen. Der kam nun einfach so daher und nahm das Kind mit sich fort! Magdalena fühlte eine unbändige Wut in sich aufsteigen. Wie sie sich verhalten hätte, wenn nicht die Bäuerin vom Schandhof hinter sie getreten wäre und ihre Hand sanft auf ihre Schultern gelegt hätte, sie konnte es auch später nicht sagen. Auf alle Fälle war es vermutlich besser gewesen, sich zu beherrschen. Die Bäuerin mit ihrem feinen Gespür für verzwickte Situationen hatte richtig gehandelt und mit einer einfachen, leichten Handbewegung eine Zuspitzung der Dinge verhindert.

»Und die Kleider hier, die könnt ihr dann auch gleich mitnehmen. Wenn sie euch nicht gefallen, könnt ihr sie im Waisenhaus abgeben!« Diesen Satz aber, den hatte ihnen Magdalena doch noch ins Gesicht schleudern müssen. Dem Leonhard und seinem Bruder Wilhelm – auch wenn der ein ganz anderer Typ zu sein schien als sein feiger Bruder und auch wenn es nichts nutzte! Bei Leuten vom Stand der Rößlers ließen sich die so genannten besseren Herrschaften ja auch niemals zu feinfühligeren Unterscheidungen herab! Sollten die beiden also ruhig einmal erleben, wie so etwas wirkte! Einmal in ihrem Leben wenigstens!

Die Bäuerin hatte den Druck ihrer Hand leicht verstärkt. Was gar nicht mehr nötig war, denn Magdalena war mit sich wieder einigermaßen im Reinen. Sie nickte der Frau dennoch dankbar zu. Immerhin war sie heute Morgen in aller Herrgottsfrühe vom Schandhof aufgebrochen, um rechtzeitig hier zu sein und Beistand zu leisten, falls es sich als nötig erweisen sollte. Ganz heimlich hatte sie die Kleider für das Kind mitgenommen, denn das war nicht für die Augen der Knechte und Mägde bestimmt. Und erst recht nicht für deren Tratsch, der ansonsten unweigerlich einsetzen würde, samt der brodelnden Gerüchteküche, nachdem sie die Anna heute Nachmittag wieder mit sich auf den Hof zurücknehmen würde. Zwar hatte allein schon diese Absicht bei ihrem Mann für ordentlichen Verdruss gesorgt – wenn man die Mägde nun schon sozusagen im Triumphzug mit persönlicher Begleitung zurück auf den Hof geleite, wo man da hinkäme, wie er sich ärgerlich ausdrückte –, doch die Bäuerin hatte ihn unbeeindruckt eben reden lassen. Er würde sich auch wieder beruhigen, wichtiger schien ihr, dass die vom Schicksal in der Tat übel gebeutelte Anna den langen steilen Weg zum Schandhof nicht alleine beschreiten musste. Angesichts auch ihrer immer noch schwachen Gesundheit. Von den auf sie einstürmenden Erinnerungen ganz zu schweigen.

Natürlich hatten sie auch darüber noch einmal gesprochen, dass keiner auf dem Hof etwas erfahren durfte. Schon um Annas Zukunft willen. Und eben auch, um sie davor zu bewahren, im Mittelpunkt des Gespötts der anderen stehen zu müssen. Dafür hatte sie schon viel zu viel erleiden müssen. Das musste nicht auch noch sein. Man würde also nicht darüber reden auf dem Schandhof. Sie sei lange krank gewesen, das müsse genügen, hatte die Bauersfrau gemeint. Keiner auf dem Hof wisse ansonsten Bescheid. Gerade einmal noch der Bauer – aber der würde nichts verlauten lassen. Das hatte er seiner Frau versprechen müssen. Und was der Bauer versprach, daran hielte er sich auch. So kannte man ihn. Darauf konnte man sich fest verlassen. Und auch die Gerüchte, die unvermeidlichen, sie würden bald schon wieder verstummen. Der Mehltau der Zeit würde sich über die Angelegenheit legen, und die Leute auf dem Schandhof würden neue Themen finden, denen sie sich mit Freude zuwenden konnten.

»Ja, also dann.« Verlegen und unschlüssig, wie er sich nun weiter verhalten sollte, stand Leonhard Ohr mit gesenktem Kopf im Flur des kleinen Hauses und wartete. Wartete auf das Kind, das ihm nun gleich übergeben würde. Doch, Magdalena genoss in ihrer ohnmächtigen Wut auch diesen Augenblick. Die Hilflosigkeit in seinen Augen. Die Scham. Dieses Gefühl, am liebsten in den Erdboden versinken zu wollen.

Es war Wilhelm, der die Dinge schließlich vorantrieb. Der die Situation wohl ähnlich empfand und es nun nur noch hinter sich bringen wollte.

Der junge Mann legte ernst seine Stirn in Falten, bevor er Magdalena entschlossen ins Gesicht sah.

»Dann wären wir also so weit. Geben Sie uns nun bitte das Kind?«

»Es hat einen Namen, dieses Kind«, gab sie scharf zurück. »Maria heißt sie. Maria Margareta. Und Reingruber mit Nachnamen, auch das sollten wir nicht vergessen. Immer noch Reingruber, nicht Ohr. Sonst wäre sie ja adoptiert worden ...« Nein, es hatte keinen Zweck mehr. Jedes Wort war doch eigentlich überflüssig. Verstärkte höchstens noch den Kummer und den Schmerz. Sie wandte sich um und warf einen Blick in die Küche, wo Anna immer noch zusammengesunken auf dem Stuhl hockte und regungslos auf die Tischplatte starrte.

»Anna! Willst du sie holen?«, flüsterte Magdalena mit vor Rührung vibrierender Stimme. Doch Anna gab keine Antwort. Es schien fast so, als habe sie die Frage gar nicht verstanden.

»Anna«, versuchte es nun die Bäuerin vom Schandhof, die sich auf die Knie hatte sinken lassen, um der jungen Frau direkt ins Gesicht blicken zu können. »Willst du die Maria jetzt holen?«

Anstelle einer Antwort schüttelte Anna kaum merklich ihren Kopf, den sie in ihren Händen vergraben hatte. Die beiden Frauen zuckten hilflos mit den Schultern. Dann mussten sie das Kind also den Männern übergeben. Worauf Magdalena nur allzu gerne verzichtet hätte. Doch es half alles nichts. Entschlossen öffnete sie die Tür zur Kammer der beiden Rößler-Jungen, in der sie Anna mit ihrem Kind seit der Geburt untergebracht hatten, und hob das friedlich schlafende Mädchen behutsam aus dem Bett. Sie drückte die kleine Maria eng an ihre Wange und schloss für einen bitteren Moment die Augen.

»Du bist auch mein Patenkind, kleine Maria. Wie deine Mutter schon. Auch du kannst immer zu mir kommen, wenn du Hilfe brauchst. Das verspreche ich dir als deine Patin. Soweit ich dir eben helfen kann. Auch wenn es manchmal nicht genug ist, was ich tun kann.«

Magdalena konnte die Tränen nun nicht mehr zurückhalten, die sich ihren Weg über ihre Wangen bahnten. Doch sie schämte sich dieser Tränen nicht. Weshalb auch? Langsam schritt sie mit dem sechs Wochen alten Wickelkind durch den Flur, verharrte einen Augenblick lang an der Küchentüre und ging dann weiter, nachdem Anna keinerlei Reaktion hatte erkennen lassen, während die Bäuerin ihr mitleidsvoll über die Haare streichelte.

Wortlos übergab Magdalena die kleine Maria ihrem Vater, der unsicher die Hände nach dem weißen Bündel ausstreckte und ein unbeholfenes »Danke« murmelte. Dann wandte er sich um und schritt rasch davon, froh, der peinlichen Situation endlich entronnen zu sein. Auch Wilhelm atmete erleichtert auf und reichte Magdalena zum Abschied die Hand.

»Also dann, auf Wiedersehen. Und vielen Dank für alles!« Mit einer entschuldigenden Geste hob er die Achseln, schien noch etwas sagen zu wollen, überlegte es sich aber anders und eilte seinem Bruder nach, der bereits hinter der Straßenecke verschwunden war. Schwer fiel die Haustür ins Schloss. Dröhnend. Fast wie eine Unheil kündende Explosion, so schien es Magdalena in diesem bitteren Moment, als das Geräusch an ihre angespannten Nerven drang. Wieso ankündigen? Das Unheil war doch bereits über sie gekommen! Jetzt, gerade eben war es doch geschehen. Ein hemmungsloses, bitteres Schluchzen drang aus der Küche.

Es war Anna, die ihren so lange unterdrückten Gefühlen nunmehr freien Lauf ließ. Es war das Beste, was sie machen konnte.

»Weine ruhig, mein Mädchen! Der Schmerz muss heraus, ganz heraus. Du musst dich deiner Tränen weiß Gott nicht schämen«, murmelte die Bäuerin mitfühlend, während es auch in ihren Augen feucht zu glitzern begann.

32

1. Juli 1903, Mittagszeit

Immer stärker wurde das klägliche Wimmern des Säuglings in dem stickigen, heißen Zugabteil.

Schon warfen die ersten Mitreisenden unwirsche Blicke zu den beiden jungen Männern hinüber. Oder bildeten diese sich das nur ein? In ihrer ganzen Hilflosigkeit und Verlegenheit, die wie eine Woge über sie hereingebrochen war, seit sie an diesem Vormittag das Haus in der Rothenburger Wenggasse verlassen hatten. Wenn nicht schon vorher! Und wie froh war Leonhard doch gewesen, als er mit dem Kind im Arm ins Freie hinausgestürmt war, wie erleichtert hatte er aufgeatmet. Zum Glück hatte es keine Auseinandersetzung mehr mit Anna gegeben. Er hatte sie ja noch nicht einmal zu Gesicht bekommen. Hatte nur ahnen können, dass sie sich wohl irgendwo hinter der offen stehenden Küchentüre aufhalten musste. Aber gesehen hatte er sie nicht. Eigentlich andererseits auch wieder schade. Denn es war ja nicht so, dass er nichts für die junge Frau empfinden würde. Ganz im Gegenteil sogar.

Doch es half alles nichts. Die Eltern waren gegen eine Verbindung mit Anna, und dieser Meinung hatte er sich schließlich fügen müssen. Wenngleich auch widerstrebend. Aber was war ihm denn anderes übrig geblieben? Die anderen hatten gut lachen! Die anderen, wie beispielsweise sein jüngerer Bruder Wilhelm, der ihm mehr als einmal vorwurfsvoll entgegengehalten hatte, was für ein elender Schwächling er doch sei! Er solle die Anna gefälligst heiraten und zu seiner Verantwortung stehen! Wo er ihr ja auch das Kind gemacht hatte.

Heiraten? Gegen den Willen der Eltern, die ihn dann, wie der Vater lautstark und eindeutig gedroht hatte, vom Hof jagen würden. Und dann? Was geschah nach solch einer Heirat? Dann konnte er sehen, wo er Arbeit fand. Arbeit als Stallknecht oder als Müllersgehilfe etwa. Er, der Bauernsohn Leonhard Ohr als dahergelaufener Knecht! Nein, es war nicht nur die Tatsache an sich, die ihm dieses Handeln unmöglich erscheinen ließ. Nicht nur der gewaltige soziale Unterschied zwischen einem Jungbauern und einem einfachen Knecht. Es war auch schlicht und einfach die Frage, wie er denn die Anna und ihr Kind mit seinem kärglichen Lohn ernähren sollte. Als Knecht! Und welcher Bauer würde ihnen schon gestatten, ein Kind mit auf den Hof zu bringen? Nein, so einfach, wie es sich die Leute machten, war es für Leonhard nun wirklich nicht. Und es stimmte auch nicht, dass er sich keine großen Gedanken gemacht hatte. Im Gegenteil. Nächtelang war er wach gelegen und hatte keinen Schlaf gefunden. Aus Kummer über die so jäh zu Ende gehende Beziehung. Aus Wut über die Haltung seiner Eltern! Aus Verzweiflung, weil er keinen Ausweg für sich sah! Genauso wenig wie die Anna! Sie waren eingepresst in die Zwänge ihrer Herkunft. Ob sie es wollten oder nicht.

Es war schlichtweg ungerecht, wenn diese Magdalena ihm heute Morgen voller Verachtung seine angebliche Verantwortungslosigkeit ins Gesicht geschleudert hatte. Seinen Standesdünkel, den er doch gar nicht hatte! Nun gut, er gehörte nicht unbedingt zu den allermutigsten seines Jahrgangs. Das musste, ja das konnte Leonhard ohne weiteres zugeben. Aber weshalb sollte er sich auch besonders mutig geben? Sollten sich das doch die anderen auf ihre Fahnen schreiben, diejenigen, die hinterher in der ersten Reihe einer Feldschlacht nach vorne stürmten – und auch als Erste den feindlichen Kugeln zum Opfer fielen. Nein, da musste er nicht unbedingt dabei sein. Nicht an vorderster Front. Natürlich wäre es vermutlich besser gewesen, wenn er Anna seit ihrem ersten Brief noch einmal von Angesicht zu Angesicht gegenübergetreten wäre. Wenn er nicht, feige wie er war, seinen Bruder Wilhelm vorgeschickt hätte. Wenn er sich nicht als Mann gezeigt hätte, der sich hinter einem Brief versteckte. Und der vor dem Willen der Eltern kuschte!

Aber sich dem Willen seiner Eltern ganz einfach zu widersetzen! Du meine Güte, wenn das nur so einfach wäre. Sollten die anderen doch von ihm denken, was sie wollten. Er, Leonhard, wusste es besser.

Nun gut, dass er gestern bei der Taufe nicht den Mut aufgebracht hatte, Anna direkt anzusprechen, als er sie da mit dem Kind vor sich in der Kirche hatte stehen sehen, das war sicherlich keine Glanztat gewesen. Obwohl sie sich ja schnell von ihm abgewandt hatte, als sich ihre Blicke kurz begegnet waren. Dennoch, er hätte sie ansprechen müssen. Aber vorbei: Er hatte es nicht getan. Vielleicht hätte er sich auch heute Morgen in diesem kleinen geduckten Bauernhaus noch einmal nach Anna erkundigen sollen. Hätte ein zumindest kurzes Gespräch mit ihr führen können. Falls sie das überhaupt gewollt hätte. Wahrscheinlich ja eher nicht. Doch, umso mehr hätte er um das Gespräch nachsuchen sollen.

Doch dafür hatten ihm heute Morgen die Kraft und der Mut gefehlt. Allein diese stickige, spannungsgeladene Atmosphäre im dunklen Flur der ärmlichen Behausung. Der abweisende, ja geradezu feindliche Blick dieser Patin Magdalena, die ihm damit zeigte, dass sie ihn für alles verantwortlich machte. Für ganz und gar alles! Wie dieses andere Mädchen da gestern nach der Taufe auch, wohl ebenfalls eine Maria. Dieses anscheinend ledig geborene Kind der Rößlers – die doch aber miteinander verheiratet waren. So richtig hatte Leonhard die Verhältnisse nicht begriffen, die ihm Wilhelm abends in dem Gasthof, in dem sie abgestiegen waren, zu erläutern versucht hatte. Aber es interessierte ihn auch nicht wirklich. Schlimm genug, wie diese Maria ihn da vor allen Leuten bloßgestellt hatte – unverschämt geradezu! Nur gut, dass ihn in Rothenburg niemand kannte. Dass Flinsberg und der Goschenhof fast eine ganze Tagesreise entfernt waren – trotz Eisenbahn.

»Geben Sie mir das Kleine doch einmal her«, drang nun eine ihm fremde Stimme an sein Ohr. Überrascht fuhr Leonhard aus seinen Gedanken auf und blinzelte in das schweißnasse Gesicht einer korpulenten blonden Frau, die auf der Holzbank gegenüber von ihm saß.

»So heiß, wie es hier drinnen ist. Wahrscheinlich hat Ihr Kind auch Durst. Geben Sie es mir ruhig einmal her, vielleicht kann ich es ja beruhigen.« Sie beugte sich zu Leonhard und dem erbärmlich schreienden Bündel in seinen Armen hinüber und drückte das Kind leise murmelnd an ihre Brust. »Du meine Güte, das ist ja wirklich noch ein ganz Kleines! Höchstens ein paar Wochen alt – und nass ist es auch!«, streckte sie Leonhard vorwurfsvoll die Innenfläche ihrer Hand entgegen, mit der sie gerade zärtlich über den verblichenen weißgrauen Leinenstoff auf der Rückseite des Bündels gefahren war. »Ihr Kind gehört dringend gewickelt, so nass, wie es ist! Da würden Sie sich ja auch nicht wohl fühlen, mit einer nassen Hose, oder?«

Leonhard merkte, wie ihm die Schamröte ins Gesicht stieg, doch er war machtlos dagegen. Rasch fingerte er das Tuch aus der Hosentasche, das ihm seine Mutter gestern noch rasch zugesteckt hatte, und tat so, als müsse er sich schnäuzen – halt ungefähr so, wie er meinte, dass dies die Bürgersleute machten. Er als Bauer hatte dagegen noch nie ein Taschentuch gebraucht, wozu auch. Doch jetzt in diesem peinlichen Augenblick konnte er das an seinen Rändern schön bestickte Tuch gut gebrauchen – um seine Verlegenheit dahinter zu verbergen.

»Und wo haben Sie denn eigentlich die Mutter gelassen?«, setzte die dicke Frau ihr Frage- und Antwortspiel neugierig fort. Wieder fühlte er, wie eine heiße Welle aus Scham und Unbeholfenheit über ihn hinwegbrandete. Was sollte er auf diese Frage nur antworten? Ja, was denn? Auf eine simple, einfache Frage. Am besten mit den Tatsachen: so, wie sie eben waren.

»Es gibt keine Mutter«, drang es dumpf hinter dem Taschentuch hervor, während er sich wieder umständlich zu schnäuzen begann.

Die Verblüffung auf der gegenüberliegenden Seite war geradezu mit Händen greifbar. »Aber jedes Kind hat eine Mutter! Was erzählen Sie mir denn da?«, hielt ihm die Dicke unwirsch entgegen.

Was sollte er darauf noch sagen? Sich auf eine Diskussion mit der resoluten Dame einzulassen ergab doch keinen Sinn. Und der ihm völlig fremden Frau seine Geschichte zu erzählen? Nein, danach stand ihm wirklich nicht der Sinn. Andererseits: Eine Antwort musste er ihr darauf schon geben – rgendeine Antwort. Aber welche?

»Dieses Kind hat keine Mutter!«, ertönte in diesem Augenblick eine feste, streng klingende Stimme. Eine Männerstimme. Dankbar wandte Leonhard den Kopf und nickte seinem Bruder erleichtert zu. Wilhelm war es gewesen, der den Älteren mit seiner scharf formulierten Feststellung geistesgegenwärtig aus dessen Verlegenheit befreit hatte. Den früher so stark und vorbildhaft wirkenden Bruder, aus dem seit Monaten alle Kraft gewichen schien.

Die blonde Frau schien verstanden zu haben. Zumindest hakte sie kein weiteres Mal nach, sondern gab sich mit der barschen Antwort zufrieden. »Aber Ersatzwindeln, die haben Sie doch hoffentlich dabei«, murmelte sie mit deutlich leiserer Stimme. »Wohin fahren Sie denn eigentlich? Das Kind muss gewickelt werden.«

»Wir steigen erst in Schopfloch aus«, antwortete Wilhelm in einem wesentlich sanfteren Tonfall, nachdem ihm das Einlenken der Frau natürlich ebenfalls nicht entgangen war.

»Schopfloch? Das müsste eigentlich reichen«, lächelte die Dicke dankbar zurück. »Ja, und haben Sie denn nun Ersatzwindeln?«

Wilhelm nickte und deutete mit dem ausgestreckten rechten Arm auf ein gräuliches, mehrmals geflicktes Betttuch, das an seinen Enden zusammengeknotet war und in dem sich die gesuchten Ersatzwindeln befinden mussten. »Eigentlich müsste alles da drin sein, was man braucht. Wir haben es uns noch gar nicht angeschaut – aber das ist alles, was sie uns mitgegeben haben. Wir dachten, von Rothenburg bis Flinsberg, wohin wir dann noch gehen müssen, könnte es ja auch so reichen«, erklärte er seinem Gegenüber mit seinem entwaffnenden Jungeburschenlächeln.

»Denken ist halt Glückssache«, brummelte die Frau, während sie trotz ihrer Leibesfülle versuchte, sich nach dem Tuch zu bücken, das neben Wilhelms Füßen auf dem Boden des Zugabteils lag. »Dann wollen wir mal schauen, was Sie da so alles in Ihrer Wundertüte haben.«

Leonhard hatte sich mittlerweile aus seiner Verlegenheit lösen können und kam der mühsam schnaufenden Dicken zuvor.

»Lassen Sie nur, ich mache das schon«, erklärte er, während er sich bereits daranmachte, die Enden des Tuches auseinander zu knoten. Wenig später hatte er es geschafft und zog zwei graue Leinenwindeln hervor, die ebenfalls bereits an mehreren Stellen geflickt worden waren. Schon wieder legte die Frau ihre Stirn in ärgerliche Falten, nachdem sie die Stofftücher in Augenschein genommen hatte.

»Ist das alles?«, fragte sie ungehalten. »Diese beiden Dinger, die mehr Löcher haben als Stoff? Das sollen Windeln für ein Kleinkind sein?!«, schnaubte sie den beiden aufgebracht entgegen.

Doch Leonhard und Wilhelm zuckten nur ratlos mit den Schultern.

»Mehr als das hier haben sie uns nicht mitgegeben. Zumindest hat es heute Morgen so geklungen, als seien in dem anderen Bündel hier nur Kleider drin. Aber das wäre wohl schon noch etwas zu früh für das Kind hier!«, deutete Wilhelm auf das zweite Leinenbündel, das er neben sich auf der Holzbank deponiert hatte.

»Kleider!«, lachte die Frau in gespielter Fassungslosigkeit. »Was sich die Männer so alles vorstellen, wie man mit einem Kleinkind umzugehen hat! Ich glaube ja nicht, dass Sie gelernt haben, einen Säugling zu wickeln, oder?«, nahm sie die beiden Brüder, einen nach dem anderen, streng in ihr Visier. »Obwohl das keinem Mann schaden könnte, wenn er auch so etwas beherrschen würde. Nun denn«, seufzte sie hingebungsvoll, ohne wirklich auf eine Antwort zu warten.

»Dann mache ich mich halt einmal an die Arbeit. Wie alt ist es denn eigentlich, Ihr Kind? Sie sind doch der Vater, oder?«, wandte sie sich direkt an Leonhard, während sie das immer noch weinende Kleinkind mit geübten Handbewegungen von seinen nassen Windeln befreite.

Wieder schoss die Röte in Leonhards Gesicht, ohne dass er dies in irgendeiner Weise hätte verhindern können. Er nickte kurz und verlegen.

»Sie ist sechs Wochen alt. Am 15. Mai ist sie geboren worden!«

»Sechs Wochen erst!« Die Frau schien überrascht und atmete tief durch, vermied aber nach dem vorangegangenen Disput jeden weiteren Kommentar. »Und wie heißt es, Ihr kleines Mädchen?«

»Maria heißt sie. Maria Margareta, um ganz genau zu sein.«

»Maria Margareta. Soso. Das ist aber ein schöner Name«, nickte die Dicke anerkennend, während sie die frische Windel an den Enden sorgfältig verknotete. »Maria heißt du also!« Sie hob das Kind, das in der Zwischenzeit mit dem Schreien aufgehört hatte, zu sich hoch und schenkte dem Vater ein strahlendes Lächeln. »Da haben Sie aber wirklich ein niedliches kleines Mädchen. Eine brave Maria. Hören Sie, jetzt schreit sie auch nicht mehr. Sie ist wieder so glücklich und zufrieden, wie dies nur ein unschuldiges kleines Kind sein kann.« Zwar krampfte sich Leonhards Magen bei diesen Worten bitter zusammen, doch gleichzeitig empfand er der Frau gegenüber eine tiefe Dankbarkeit, nachdem diese ihnen so freundlich geholfen hatte. Es konnte einem schon den allerletzten Nerv rauben, solch ein jammervolles Säuglingsgeschrei! Erst recht dann, wenn man mit seinen Nerven sowieso am Ende war. Umso erleichterter fühlte sich Leonhard jetzt. Und dem Wilhelm schien es ganz ähnlich zu gehen, vergewisserte er sich mit einem raschen Seitenblick auf seinen Bruder.

»Vielen Dank, dass Sie das für uns getan haben. Sie haben uns wirklich sehr geholfen«, ergriff Leonhard die Hand der Frau und drückte sie innig.

Kurze Zeit später erreichte der Zug den Bahnhof von Schopfloch, wo die Brüder samt ihrem friedlich schlafenden Säugling aus dem Waggon kletterten und der netten Dame, die sie vom Fenster aus beobachtete, zum Abschied noch einmal freundlich zuwinkten, als sich die schwarze Dampflok mit lautem Zischen und Stöhnen allmählich wieder in Bewegung setzte.

Dann machten sie kehrt und stapften in der brütenden Hitze dieses Sommernachmittags davon. Eine knappe Wegstunde würden sie noch vor sich haben, bevor sie den Goschenhof erreichten. Marias neues Zuhause. Die Heimat ihres Vaters Leonhard. Den Bauernhof, den Marias Mutter nur vom Hörensagen her kannte.

Diese Szene ist Realität: die Rückkehr der beiden jungen Männer im Zug von Rothenburg nach Schopfloch. Mit dem sechs Wochen alten Wickelkind in den Armen des blutjungen Vaters! Sie ist beinahe mit den Händen zu greifen, die beklommene Atmosphäre, die damals im Zugabteil geherrscht haben muss. Die Verlegenheit. Die Scham. Die Hoffnungslosigkeit, was Leonhards Zukunft betraf. Und erst recht die bange Frage nach der Zukunft dieses Kindes, zu dem er bislang nicht die geringste Beziehung hatte aufbauen können. Das unwillkommene Kind, das er als dessen Vater am Tag zuvor zum ersten Mal in seinem Leben zu Gesicht bekommen hatte. Das der Grund war für all diese Verwicklungen! Vielleicht mag Leonhard an diesem Tag sogar auch eine gewisse Sehnsucht nach Anna empfunden haben. Wie in den Wochen zuvor. Wir wissen es nicht. Ist es auch so wichtig?

Auswegloser hat sich auf alle Fälle die Situation von Anna dargestellt. Was hat sich in dem Haus in der Wenggasse wohl abgespielt, als Leonhard und dessen Bruder mit der kleinen Maria endgültig verschwunden waren? Als sie ihr Kind für immer verloren hatte? Was ist dann in den Mauern dieses Hauses vorgegangen? War es die nackte Verzweiflung, die Anna hat in sich zusammenbrechen lassen? Oder eher dumpf hoffnungslose Trauer? Unbändige Wut vielleicht? Auch diese Frage können wir nicht beantworten, obwohl wir uns vieles ganz deutlich vor Augen führen können. Nachfühlen, wie hart das Schicksal seinerzeit mit dieser jungen Frau umgesprungen ist! Zum wiederholten Mal. Doch all das, was sie in ihren fast einundzwanzig Lebensjahren bisher schon hatte durchmachen müssen, war nichts verglichen mit dem Alptraum, der ihrem Leben am 1. Juli des Jahres 1903 in der Rothenburger Wenggasse einen furchtbaren Schlag versetzt hat. Einen Schlag, von dem sie sich nie wieder erholt hat.

Es ist kein Wunder, wenn sich ein Mensch nach einem solchen Negativerlebnis von seiner Außenwelt weitgehend abkapselt. Wenn sich diese junge Frau danach in sich selbst zurückgezogen hat und ihren ganz eigenen Weg gegangen ist, der auf unsereinen mitunter seltsam und befremdlich wirken mag. Obwohl es doch in Wahrheit nur eines war, nämlich die bloße Überlebensstrategie.

Und noch eine Erkenntnis: Im Standesamtsregister von Rothenburg wird man bei den Daten von Anna Reingruber vergeblich einen Eintrag über die Geburt des ersten Kindes suchen. Alle später geborenen Kinder gibt es. Aber ein ledig geborenes Kind der Anna Reingruber mit Namen Maria? Fehlanzeige! Da ist nichts vermerkt. Kein Eintrag – kein Kind! Nicht unter Annas Namen! Nein, sie hatte tatsächlich kein Kind mehr!

33
Seelenqualen

»Merk Dir eines, Kind: Die Zeit heilt alle Wunden! Das kannst du mir getrost glauben! Und wenn dann noch recht viel Arbeit dazukommt, dann geht es gleich zweimal so schnell. Das ist genauso, wie ich dir das sage!« Der alte glatzköpfige Bauer vom Altenteil des unteren Schandhofes, der gerade eben mit leicht unsicherem Schritt aus der Wirtschaft wankte, als Anna ihn beinahe samt der Feldhacke auf der Schulter über den Haufen gerannt hätte, der hatte gut reden! Er als Mann sowieso. Und als ehemaliger Bauer gleich zweimal. Was konnte der schon von den Seelenqualen einer jungen Mutter ahnen. Wie sollte der sich vorstellen, wie es im Herzen von Anna aussah! Tief in ihrem Inneren.

Und dann hatten die Alten immer nur das ewig gleiche Geschwätz auf Lager. Dass es mit der Jugend heutzutage halt so eine Sache sei. Dass man früher erst gar nicht auf dumme Gedanken gekommen war. Dass man sich auch niemals so hatte gehen lassen, wie dies die jungen Burschen und Mädchen heute machten, wenn sie ihre Gefühle offen zur Schau stellten. Heitere genauso wie traurige. Nein, das hatte es früher in der guten alten Zeit nie gegeben. Und um den Jungen all diese Flausen auszutreiben, dafür war Arbeit immer noch die beste Medizin. »Die allerbeste sogar«, kicherte der Alte blöde. Sollte er doch sagen, was er wollte. Grußlos eilte Anna weiter auf das Haupthaus zu. Immerhin hatte der alte Bauer trotz seines angeheiterten Zustandes bemerkt, dass Anna einen Kummer mit sich herumschleppte. Dafür schien er tatsächlich ein Auge zu haben. In der Tat war sie vor den anderen Knechten davongeeilt, und das war auch der Grund gewesen, weshalb sie den Alten beinahe umgerannt hatte. Denn die Knechte und Mägde hatten nach dem Ende der monotonen Feldarbeit, die heute vom frühen Morgen bis zum Abend mit dem Unkrauthacken im Rübenacker ausgefüllt gewesen war, noch gemeint, sich am Ende dieses Tages mit einigen Späßchen schadlos halten zu können. Auf Annas Kosten wieder einmal. Anna, die sich nie zur Wehr setzte, sondern die Spottreden stumm und apathisch über sich ergehen ließ. Aber heute war es ihr dann doch zu viel geworden. Einem plötzlichen Impuls folgend hatte sie rasch zu ihrer Hacke gegriffen und war davongestürmt. Das höhnische Gelächter in ihrem Rücken, mit dem die anderen ihre Flucht quittierten, hatte sie fast völlig ignorieren können. Vielleicht also ein gutes Zeichen? Vielleicht wich die alles lähmende Traurigkeit doch ganz allmählich von ihrer Seele? Wie auch immer.

Natürlich war sie nicht mehr dieselbe Anna wie noch vor wenigen Monaten. So sehr konnte sie sich beim besten Willen nicht verstellen. Auch wenn sie eine noch so bemüht neutrale Miene an den Tag zu legen suchte. Doch, natürlich hatte sich in ihr etwas verändert. Gewaltig verändert. Ihr ganzes Wesen hatte sich gewandelt. Obwohl sie ja noch nie zu den Menschen gehört hatte, die ihr Herz auf der Zunge trugen und die niemals Probleme zu haben schienen. Diese Veränderung hatten auch die anderen Dienstboten längst bemerkt und die ewig ernste Anna des Öfteren zur Zielscheibe ihres beißenden Spottes werden lassen. Und dann war da keiner auf dem Hof, mit dem sie sich aussprechen konnte. Niemand mit Ausnahme der Bäuerin. Doch die Momente, in denen man sich zu zweit, ungestört von den anderen, zu einem vertraulichen Gespräch zurückziehen konnte, waren wahrlich dünn gesät. Überdies musste sie sich in Acht nehmen – nicht zuletzt vor der bereits misstrauisch gewordenen

Gerlinde, die eifersüchtig darüber wachte, dass nur sie als Verbindungsscharnier zur Bäuerin fungierte und keine der übrigen Mägde sonst. Wehe, sie zog die Eifersucht der anderen auf sich. Dabei hätte sie so dringend eine Vertrauensperson gebraucht. Die Tante Magdalena in Rothenburg war einfach zu weit weg. Viel zu weit weg. Wenn am Abend die dunklen Schatten über sie hereinbrachen und Anna in einem Meer von Traurigkeit versank. Das waren die Momente, in denen sie Beistand benötigt hätte. Um sich die Dinge von der Seele zu reden. Wie schlimm nämlich die Taufe und das anschließende Weggeben ihrer kleinen Maria für sie gewesen waren. Sie schaffte es auch nicht, diese dunklen Gedanken zurückzudrängen. Wieder und wieder tauchten sie plötzlich auf und standen wie eine unüberwindliche schwarze Mauer drohend vor ihr. Und in den wenigen Stunden, in denen es Anna tatsächlich geschafft hatte, aus diesem Teufelskreis von Erinnern und Seelenqual auszubrechen, waren es andere Ereignisse, die sie wieder schonungslos an ihren Ausgangspunkt zurückbrachten. Bis ans Ende ihres Lebens sollte sie an ihren Alptraum erinnert werden.

Neulich sogar in der Kirche. Ausgerechnet in der St. Jakobskirche, die sie kürzlich aufgesucht hatte, nicht die Spitalkirche, zu deren Sprengel ja eigentlich auch der Schandhof gehörte. Wo sie den Gottesdienst hätte besuchen sollen. So wie das all die anderen auch taten, die auf dem Schandhof lebten. Der Gottesdienst in der Spitalkirche war für das Bauernvolk bestimmt. Doch Anna war weitergegangen zur St. Jakobskirche. Weshalb auch immer. Sie wusste anschließend selbst keine Erklärung dafür. Oder war es doch mit voller Absicht erfolgt? Weil es sie wieder und wieder mit geradezu magischer Kraft zu jenem Ort hinzog, an dem sie ihr Mädchen hatte taufen lassen? Wo Anna noch während der Taufe ein stilles Gebet an den Herrgott gerichtet hatte. Ein flehentliches Gebet. Dass der liebe Herrgott sie doch jetzt, in diesem heiligen Augenblick der Taufe, um seiner Gnade willen erhören möge. Und alles, alles gut werden würde! Noch war es ja möglich! Doch das Wunder war nicht geschehen. Der Herrgott hatte sie nicht erhört. Der Herrgott! Anna schnaubte ärgerlich, als sie an diesen vergangenen Sonntag in der großen Rothenburger Kirche zurückdachte.

Sie hatte ganz bescheiden in einer der hinteren Reihen Platz genommen. Nicht vorne. Natürlich nicht. Dort vorne befanden sich ja die Plätze der reichen und angesehenen Rothenburger Patrizierfamilien, des Bürgermeisters, der Stadträte und der wohlhabenden Bürger und Kaufleute. Nein, nach vorne hatte sie sich erst gar nicht getraut, sondern sich mit gebührendem Abstand zur nächsten Besucherin ganz hinten auf eine Bank gesetzt.

Bis sich eine der schwarz gekleideten älteren Frauen zu ihr herumgedreht und Anna streng ins Visier genommen hatte. Mit einem stechenden, vorwurfsvollen Blick. »Was soll denn das?«, hatte die Frau ihr ungehalten entgegengezischt. »Was erlaubst du dir eigentlich?«

Die erschrockene Anna hatte nicht das Geringste verstanden. Was wollte die zornige Frau denn von ihr? Sie hatte der doch niemals etwas angetan! Sie kannte die Frau doch gar nicht!

»Unglaublich! Was für eine Frechheit!«, fiel nun auch eine zweite in die Schimpftirade ein. »Was man sich alles gefallen lassen muss heutzutage! Also wirklich!« Ihre Blicke schienen Anna zu durchbohren. Aber immer noch verstand sie nicht, welchen Vergehens sie sich schuldig gemacht haben sollte. Wo sie doch nur einfach still und leise gekommen war und sich auf einen freien Platz beinahe ganz hinten gesetzt hatte. Weit und breit war niemand, dem sie diesen Platz eventuell weggenommen haben könnte.

»Das muss man sich überhaupt nicht gefallen lassen«, zischelte jetzt eine dritte groß gewachsene Bürgersfrau, die sich drohend erhob und mit ihrem gebieterisch ausgestreckten Arm nach hinten wies. Ganz nach hinten auf die letzte Bank, auf der zu Annas Erstaunen ebenfalls einige wenige, verlegen dreinschauende Frauen Platz genommen hatten. Obwohl doch die letzten fünf Bänke unbesetzt waren. Dennoch saßen sie auf der Bank ganz hinten. »Als ehrbare, verheiratete Frau muss ich mir das nicht bieten lassen. Die Huren haben neben uns nichts verloren! Ab mit dir nach hinten zu deinesgleichen. Und zwar rasch, sonst hole ich den Messner!« Wie ein Racheengel hatte sich die Frau vor der verschüchterten Anna aufgebaut. Aus ihren Augen schienen drohende Blitze zu sprühen.

»Was ist jetzt? Gleich beginnt der Gottesdienst – und dann möchte ich dich nicht mehr hier sehen! Nach hinten jetzt – oder raus aus der Kirche!«

Jetzt erst hatte Anna begriffen. Ihr Platz war auf dem so genannten Hurenbänkchen. Sie hatte dort zu sitzen, wohin man auch die anderen ledigen Mütter verbannt hatte, wenn sie den Gottesdienst besuchten. Denn keine der verheirateten Frauen wollte sich mit »einer von denen« abgeben müssen, die als Ledige ein Kind zur Welt gebracht hatte. Über diese Frauen zu tuscheln und sich genauso genüsslich wie ungeniert das Maul über sie zu zerreißen, mit den Fingern auf sie zu zeigen war ja etwas ganz anderes. Aber als ehrbare Frau konnte man sich doch nie und nimmer mit solch einer sehen lassen. Eine gewisse Distanz musste schließlich gewahrt bleiben. Also, ab mit denen auf die Ledigenbank. Auf die Hurenbank, wie es die meisten ganz ungeniert nannten, wenn sich keine Kinder in der Nähe befanden.

Ohne Widerrede hatte sich Anna erhoben und war, verfolgt von den bitterbösen Blicken der ehrbaren Damen, zur hinteren Bank gewankt, wo eine der Frauen zur Seite gerutscht war, um Platz für Anna zu machen.

»Nimm's dir nicht so zu Herzen. So sind sie eben, die ehrbaren Damen!«, hatte sie Annas Hand genommen und diese beruhigend getätschelt.

Der Gottesdienst war vorübergegangen, ohne dass Anna das Geringste davon mitbekommen hätte. Stumm und apathisch hatte sie auf der Hurenbank gesessen und das Entsetzen in sich wirken lassen. Sie, die ledige Mutter, die also gebrandmarkt war für immer und ewig. Selbst in der Kirche noch. Mitten in der Kirche!

»Es ist vorbei!«, hatte ihr die Nebensitzerin schließlich zugeflüstert und ihr vorsichtig auf die Schulter getippt. »Der Gottesdienst ist zu Ende.« Sie lächelte Anna mitfühlend an. »Jetzt nimm es halt nicht so schwer. Man gewöhnt sich an alles, sogar daran. Auch in der Kirche!« Doch völlig überzeugt von ihren Worten hatte die Frau nicht geklungen. Und weshalb hätte sie es auch sein sollen?

»Es waren keine Männer, die das gesagt haben«, murmelte Anna beim Hinausgehen fassungslos. »Es waren Frauen! Wie können Frauen nur so etwas sagen?!«

Nein, das konnte sie beim besten Willen nicht begreifen. Dass ausgerechnet Frauen so handelten. Die Frauen, die es doch eigentlich besser wissen mussten! Ausgerechnet die waren die Allerschlimmsten! Legten die gehässigsten Reden an den Tag! Schandmäuler! Weshalb nur? Weshalb? Auf jeden Fall war Anna schlagartig bewusst gemacht worden, dass sie gebranndmarkt war! Für ihr ganzes weiteres Leben. Möglich, dass sie es eines Tages schaffen würde, diese Demütigungen zu überhören! Das vielleicht! Doch den Verlust ihres Kindes würde sie niemals verwinden können! Auf keinen Fall! Und wieder krampfte sich Annas Herz bitter zusammen. Ihr Kind! Ihr Mädchen! Was war wohl mit ihrer kleinen Maria? Schlief sie wohl gerade jetzt, in diesem Augenblick? Wie waren die Leute zu ihr? Diese Großeltern, die von der Mutter nichts hatten wissen wollen. Waren sie wenigstens lieb zu Maria? Wie würde ihr Kind dort aufwachsen, auf dem Hof, den Anna noch nie gesehen hatte? Würde Maria sich wohl eines schönen Tages überhaupt an ihre Mutter erinnern? Nein, natürlich nicht! Wie denn auch? Wo sie doch schon nach sechs Wochen voneinander getrennt worden waren. Für immer? Oder würde Maria irgendwann eine unbestimmte Sehnsucht verspüren? Die Sehnsucht nach der unbekannten Mutter? Würde sie sich plötzlich aufmachen und die Frau suchen, die ihre Mutter war? Um dann auf einmal völlig überraschend vor ihr zu stehen? Was dann für Anna der glücklichste Moment in ihrem Leben wäre?

Falls sie ihre Tochter dann überhaupt noch erkennen würde – und umgekehrt.

34

Ende Oktober 1904

»Gut sind sie gewachsen in diesem Jahr!« Der hoch gewachsene, grauhaarige Bauer nickte zufrieden und ließ den zappelnden Fisch aus seinen Händen wieder in den hölzernen Wasserbottich zurückgleiten, wo er in der graublau zuckenden Menge seiner Artgenossen untertauchte.

»Und die Reiher haben auch längst nicht so zugeschlagen wie noch vor zwei Jahren.« Wilhelm Ohr deutete stolz auf die zahlreichen Eimer und Wannen, die bis an den Rand mit Fischen gefüllt waren. Und sie waren noch längst nicht fertig mit ihrer Arbeit. In den wenigen verbliebenen Wasserlachen auf dem schlammigen Grund des Himmelfahrtsweihers sah man noch jede Menge Karpfen in ihren verzweifelten Kampf mit der unabänderlichen Tatsache verstrickt, dass das Wasser mehr und mehr zurückwich und ihnen so der Lebensraum genommen wurde. Am frühen Morgen hatten die beiden Brüder den »Mönch« geöffnet, also die Abflusssperre des Himmelfahrtsweihers am Goschenhof mit wenigen kräftigen Hammerschlägen entfernt, sodass sich das Wasser in einem regelrechten Sturzbach aus dem kleinen See auf die Wiese und in den während des Sommers ausgetrockneten Wasserlauf zum unteren Weiher ergossen hatte. Jetzt, einige Stunden später, war der Weiher leer gelaufen, sodass die Menschen einfaches Spiel hatten. Sie brauchten mit ihren Käschern lediglich ein bis zwei Zentimeter tief in die nasse modrige Schlammschicht eintauchen, die über und über mit Fischleibern bedeckt war, und dann den Käscher mit einem kraftvollen Ruck hochziehen. Mindestens fünf, wenn nicht gar zehn oder noch mehr Karpfen zappelten anschließend in dem Netz, welches danach in einen der am Rand des Weihers bereitstehenden großen Holzzuber entleert wurde.

»Kunststück«, warf sich Wilhelms Vater stolz in die Brust. »Dafür habe ich ja auch höchstpersönlich gesorgt. Wenn ich die Stunden zusammenrechne, die ich auf der Lauer gelegen habe, um diese Viecher zu erwischen: Also, da kommt einiges zusammen. Mein größter Erfolg war aber ganz eindeutig, dass ich die beiden Fichten mit den zwei Reihernestern gefunden habe und dass wir die Bäume dann gleich umgesägt haben. Wenn man bedenkt, da waren in jedem Nest sieben Jungvögel drin. Also, da wäre auf Dauer ganz schön was zusammengekommen. Da kann dieser Stadtmensch hinterher zetern und jammern, so viel er will: Es sind ja nicht seine Karpfen, die von diesen Biestern gefressen werden.«

»Ach, der Lehrer da, aus Dinkelsbühl!«, lachte Wilhelm lauthals los. »Das war ein schönes Bild, wie der plötzlich Fersengeld gegeben hat, als du mit der Flinte in der Hand auf ihn zugegangen bist. Man glaubt ja gar nicht, wie schnell so einer dann plötzlich rennen kann!«

»Der hat es aber auch wirklich nötig gehabt!«, brummelte der Bauer und legte seine Stirn in ärgerliche Falten. »Das kann ich auf den Tod nicht ausstehen, wenn plötzlich diese besserwisserischen, hochnäsigen Stadtmenschen vor einem auftauchen und einen belehren, was man tun darf und was nicht. Wir hätten die Bäume nicht fällen dürfen! Unsere Bäume! Sagt der uns, was wir mit unserem Eigentum anstellen dürfen und was nicht! Bloß weil zwei Reihernester da oben drin waren! Und wie der blöde geglotzt hat, als ich gesagt habe: eben drum!«

»Der hat am Anfang noch gemeint, wir hätten die Bäume mit den Jungreihern nur versehentlich gefällt«, kicherte Wilhelm. »Wenn wir gewusst hätten, dass da die Nester drauf sind, hätten wir andere ausgesucht. Das hat der tatsächlich geglaubt und gemeint, wir würden die Viecher jetzt nur deshalb totschlagen, weil wir uns anders nicht zu helfen wüssten!«

»Ich sage ja: Stadtmenschen!«, knurrte Hieronymus Ohr verdrießlich.

»Der hätte doch glatt dafür gesorgt, dass die Biester in Dinkelsbühl durchgefüttert worden wären. Um sich hinterher dann wieder voller Lust und Freude auf unsere Karpfen zu stürzen. Es ist unglaublich! Da redest du gegen eine Wand bei diesen Herrschaften. Einerseits wollen sie unbedingt Karpfen essen. Dass es aber andererseits keine Karpfen geben würde, wenn wir den Fischreihern das Feld wehrlos überließen, das geht anscheinend nicht in deren Spatzenhirn hinein. Na ja, wer nicht hören will, muss eben fühlen. Und wenn der glaubt, mir mit einer Anzeige drohen zu müssen, dann braucht er sich nicht zu wundern, dass ich ihn vom Hof scheuche!«

»Scheuchen ist gut! Der ist ja förmlich geflogen, so hast du dem eingeheizt. Und die Lust auf eine Anzeige ist ihm unterwegs anscheinend auch vergangen.«

»Wäre auch noch schöner gewesen. Dass man auf seinem eigenen Grund und Boden nicht mehr tun und lassen kann, was man für richtig hält. Und es war ja richtig, sonst könnten wir uns heute das Abfischen glatt schenken, da bin ich mir ganz sicher! Wenn du als Bauer nicht tüchtig in den Kreislauf der Natur eingreifst, dann hast du verloren, mein Sohn. Merke dir das gut. Das nützt im Übrigen auch in allen anderen Lebenslagen. Selbst handeln, bevor es zu spät ist und andere dein Geschick bestimmen. Wenn wir Ohrs nicht schon immer nach diesem eisernen Grundsatz gelebt hätten, dann säßen wir heute eben nicht auf diesem schönen Hof!« Voller Zufriedenheit ließ er seinen Blick vom Rand des abgelassenen Weihers über die Felder bis hoch zum Waldrand schweifen und dann weiter über die Dächer des benachbarten Weilers Flinsberg, hinter denen im nebligen Dunst dieses Oktobertages die blaue Mauer des Hesselbergs auftauchte.

Das Hauptgebäude des Goschenhofes, flankiert von einigen Schuppen und einem weiteren See, an dessen Ufer ein stattlicher Birnbaum in den Himmel ragte. Doch, es war wirklich ein schönes Anwesen, für das es sich lohnte zu arbeiten. Ein Gehöft, das den Ohrs noch jahrhundertelang ihr Auskommen sichern würde. Da war sich der alte Bauer in diesem stolzen Augenblick ganz darüber im Klaren.

»Zuber! Wir brauchen noch mehr Zuber!«, tönte da plötzlich ein lauter Ruf zu ihnen herüber. Einer der Helfer stand, mit seinem gefüllten Käscher in der Hand, am Rand des Weihers und deutete mit dem Kinn vor sich auf den bereits gut mit zappelnden Karpfen angefüllten Holzbottich vor seinen Füßen. »Es reicht nicht! Wir brauchen noch mehr Zuber! Wenn ich die Fische da hinein leere, dann hüpfen sie mir gleich wieder heraus.« In der Tat war es einigen der sich verzweifelt windenden Karpfen bereits gelungen, durch einen energischen Schlag mit der Schwanzflosse aus dem Gefäß zu entwischen. Auch wenn es ihnen im Grunde genommen nicht viel nützte. Auf dem feuchten Wiesenboden, auf dem sie nun mit allmählich kraftloser werdenden Bewegungen einige Zentimeter vorwärts glitten, gab es nicht das Wasser, das sie so dringend zum Überleben benötigten. »Also, wenn ihr euch nicht zweimal dieselbe Arbeit machen wollt, dann sorgt ihr jetzt für mehr Zuber!«, wiederholte der Mann ein weiteres Mal seine Aufforderung.

»Ist ja schon gut, Josef. Nur keine Aufregung!«, beschwichtigte der Bauer sein Gegenüber. »Wird gleich erledigt. Ich meine, dass ich im Stall noch einen finden werde. Und wenn das dann immer noch nicht reicht, dann fahre ich halt schnell nach Flinsberg rüber und leihe mir einen.«

»Das solltest du auf jeden Fall! Mit einem Zuber werden wir nicht weit kommen. Schau doch nur, was da noch alles im Schlamm zappelt. Man sieht kaum den Boden vor lauter Fischen!«

Während der alte Bauer zufrieden zum Stallgebäude hinübertrottete, um neue Zuber herbeizuschaffen, legte Wilhelm seine Hand auf die Schulter des älteren Bruders.

»Na, was meinst du? Das müsste sich ja also wirklich gelohnt haben, oder?« Leonhard schürzte die Lippen und wiegte abschätzend seinen Kopf.

»Doch, da kannst du wohl Recht haben. Falls die Gastwirte uns jetzt aber auch einen ordentlichen Preis zahlen. Du kennst sie ja, die Gauner. Die werden gleich wieder kommen und behaupten, der Preis sei dieses Mal gewaltig in den Keller gerutscht, weil die Karpfenernte überall so gut ausgefallen ist wie bei uns. Und dann reicht's gerade wieder dafür, die Helfer zu verköstigen und mit dem restlichen Geld im Frühjahr neue Jungfische zu kaufen.«

»Na ja. Ganz so schlimm wird's wohl nicht kommen«, lachte Wilhelm und musterte den anderen kopfschüttelnd. »Typisch Leonhard. Immer musst du die schwarzen Wolken an den Horizont malen. Also, für eine kräftige Abfischfeier heute Abend wird es ja wohl schon noch reichen. Und am nächsten Samstag ist Tanz in Lehengütingen. Da gehen wir auch hin und lassen es so richtig krachen! Einverstanden?« Er streckte seinen rechten Arm aus und drehte die Handfläche nach oben. »Komm, schlag ein!« Doch Leonhard machte keinerlei Anstalten, auf das Angebot seines Bruders einzugehen.

»Ach, Wilhelm! Lass mich lieber! Du weißt doch!«, murmelte er mit gesenktem Kopf.

»Nichts weiß ich«, schnaubte der andere ungehalten. »Ich weiß nur, dass du dich schlimmer aufführst als ein Witwer, dem die Frau gestorben ist. Und das schon seit über einem Jahr. Seit anderthalb Jahren nun beinahe. Das ist nun aber wirklich langsam zu viel. So eine Trauerzeit geht normalerweise ein Jahr, höchstens. Aber dann ist endgültig Schluss! Und bei dir ist ja noch nicht einmal jemand gestorben! Außerdem hast du doch die Maria. Denk doch mal an die. Das ist ein so nettes kleines Mädchen. Die hat es einfach nicht verdient, einen Trauerkloß zum Vater zu haben. Du kommst mit – und damit Schluss!« Wilhelm verschränkte energisch seine Arme und starrte aufgebracht über die Wiesen hoch zum Waldrand. Er konnte es allmählich wirklich nicht mehr ertragen, dieses ewige Selbstmitleid seines Bruders. Wenn der tatsächlich dermaßen unter der Tatsache litt, dass er seine Anna verraten hatte, obwohl er sie doch eigentlich hätte heiraten sollen, warum zum Teufel hatte er es denn dann nicht getan? Wo ein Wille war, da war bekanntlich ja auch ein Weg! Nur anscheinend bei Leonhard nicht. Der schien gar keinen eigenen Willen mehr zu besitzen!

»Also, ich weiß nicht«, gab der Ältere nachdenklich zurück. Immerhin! Zum ersten Mal schienen die Worte zu verfangen, die er seinem älteren Bruder nicht nur am heutigen Tag vorwurfsvoll entgegengeschleudert hatte. Immerhin hatte Leonhard nun doch eine gewisse Bereitschaft erkennen lassen, auf die Vorhaltungen von Wilhelm eingehen zu wollen.

»Du, sag mal: Wer ist denn das dort hinten?« Der Helfer, der sie gerade eben auf den Mangel an Zubern und Bottichen hingewiesen hatte, stupste Wilhelm in die Seite und streckte seinen Arm weit aus. »Da drüben, an der Kuppe kurz hinter dem Waldrand. Schau mal dorthin. Die ist mir vorhin schon aufgefallen. Steht da wie eine Salzsäule und beobachtet uns die ganze Zeit schon!«

»Wo?« Wilhelm Ohr kniff die Augen zusammen und folgte mit seinem Blick dem Arm des anderen. Angestrengt spähte er zu der Stelle hinüber, an der die Person offenbar stehen sollte. »Ich sehe nichts!«

»Na, da drüben!« Der Helfer wedelte nun mit beiden Händen ungeduldig in die angegebene Richtung. »Jetzt sperr halt mal die Augen auf!«

Noch einmal richtete er seinen Blick konzentriert nach vorn. »Ach, da! Ha, jetzt sehe ich sie! Eine Frau anscheinend!« Regungslos stand sie da und beobachtete das Geschehen am Weiher. Eine kleine blonde Frau. Fast grauhaarig schon ... Im selben Moment hörte er einen gequälten Seufzer seines Bruders und drehte sich überrascht zu Leonhard hinüber. Dessen Miene war schlagartig aschfahl geworden.

»Anna. Es ist Anna!«, flüsterte er tonlos und ließ die weit entfernte merkwürdige Frauengestalt nicht mehr aus den Augen.

»Anna?« Allein bei der Nennung dieses Namens zuckte Wilhelm zusammen. Anna! Ausgerechnet jetzt, wo sich Leonhard von den Schatten, die auf seinem Gemüt lasteten, allmählich zu befreien schien! »Das kannst du doch auf diese Entfernung gar nicht sagen! Eine Frau, nun gut, das ist zu erkennen! Aber Anna? Dazu brauchst du Adleraugen!«, versuchte er, die Lage schönzureden.

»Es ist Anna!«, beharrte Leonhard auf seiner Erkenntnis. Er schien ansonsten wie erstarrt zu sein und würdigte die beiden anderen keines Blickes.

»Blödsinn«, knurrte Wilhelm, selbst nur mäßig überzeugt von seiner so entschieden hervorgestoßenen Feststellung. Denn in der Tat konnte es sich bei der graublonden, schmächtigen Frau dort drüben wirklich um Anna handeln. So hatte er sie in etwa in seiner Erinnerung abgespeichert. Andererseits, weshalb sollte die Anna denn so plötzlich hier auftauchen? Nach so langer Zeit! Wo sie doch so weit entfernt, in der Nähe von Rothenburg, tätig war. Was sollte sie denn ausgerechnet heute hierher getrieben haben? »Nie und nimmer ist es die Anna«, bekräftigte er seine Aussage noch einmal. Doch Leonhard hatte ihm überhaupt nicht zugehört.

Er warf seinen Käscher achtlos auf den Boden und rannte los.

»Anna!«, rief er der jungen Frau am Waldrand entgegen. »Anna! Warte auf mich!«

Es schien das Stichwort für die rätselhafte Frauengestalt zu sein. Kaum dass er ihren Namen gerufen hatte, wandte die Frau sich um und verschwand mit eiligen Schritten hinter der Wiesenkuppe. »Anna!« Der junge Bauer keuchte vor Anstrengung, während er verzweifelt versuchte, sein Tempo zu beschleunigen. Doch er war das Rennen nicht gewohnt. Leonhard verfing sich mit seinem Fuß in einem Mäuseloch und geriet ins Stolpern, sodass er hart auf dem Wiesenboden aufschlug. »Anna! Bleib! Bleib doch stehen!«, stieß er erschöpft hervor und rappelte sich schnell wieder auf. Doch kaum hatte er seinen Fuß auf den Boden gesetzt, da fuhr ein höllischer Schmerz durch seinen Knöchel. Offensichtlich hatte er sich bei seinem Fall den Fuß verstaucht. An eine weitere Verfolgung war nicht mehr zu denken Und dennoch versuchte es Leonhard weiter. Hinkend und mit dem Ausdruck schierer Verzweiflung im Gesicht schleppte er sich noch einige Meter weiter.

»Anna! Bitte! Bleib doch bitte stehen!« Jetzt erst übermannte ihn die Erkenntnis, dass es nicht mehr ging. Dass er die Frau nie und nimmer würde einholen können. Falls sie nicht stehen blieb. Doch das hatte sie nicht getan. Er hatte Anna schon wieder verloren. Falls es sich tatsächlich um Anna gehandelt hatte. Seine Anna. Heftig um Atem ringend, sank der erschöpfte Mann auf den feuchten Wiesenboden und rieb sich den schmerzenden Knöchel. »Anna. Weshalb hast du denn nicht auf mich gewartet?« Allmählich näherten sich Wilhelm und zwei der anderen Männer dem Verletzten.

»Was war denn jetzt mit der? Hast du sie wirklich richtig erkannt?« Forschend musterte Wilhelm seinen großen Bruder. Doch der zuckte nur ermattet mit den Schultern.

»Nein, richtig erkannt habe ich sie nicht.« Und dennoch war er sich sicher, hundertprozentig sicher, dass es Anna war, die sie heimlich beobachtet hatte. Die hierher zu ihnen gekommen war. Seinetwegen? Empfand sie Sehnsucht nach Leonhard? Immer noch? Etwa so stark, wie er auch sie, seine Anna, vermisste? Oder war sie wegen des Kindes gekommen? Wegen ihrer kleinen Maria, die mittlerweile siebzehn Monate alt war. Der Sonnenschein im Leben ihrer Großeltern. War Maria der Grund, warum Anna hier aufgetaucht war? War sie eben doch nicht seinetwegen gekommen? Weshalb auch? Was hätte es an den Tatsachen geändert? Obwohl ... Jetzt, wo die Großeltern sich so stolz und glücklich über ihr Enkelkind zeigten ...

»Komm, gib mir mal deine Hand, dann helfe ich dir hoch«, streckte ihm Wilhelm seine Rechte entgegen. Sie schlangen die Hände fest ineinander, und mit einer kraftvollen Bewegung zog Wilhelm seinen Bruder in die Höhe. Der mit ihm herbeigeeilte Knecht schob seine Schulter unter Leonhards Achsel, sodass dieser auf dem Rückweg seinen verletzten Fuß nicht auf dem Boden aufzusetzen brauchte. Es würde Wochen dauern, bis das Bein wieder richtig belastbar war, selbst wenn er die hohen Lederstiefel fester schnürte als sonst. Solche Verletzungen hatte er schon viel zu oft erlitten, um sich in dieser Hinsicht etwas vorzumachen. Außerdem würde es ihm noch ordentliche Schmerzen bereiten: beim Füttern des Viehs, bei der Waldarbeit, überhaupt beim Laufen. Denn sich mit dieser Verletzung einfach so ins Bett zu legen, wie es die Stadtleute taten, das ging auf einem Bauernhof wie dem ihren natürlich nicht. Da hieß es jetzt also Augen zu und auf die Zähne beißen. So weh es auch tat. Ärgerlich das Ganze! Ärgerlich, und dazu unnötig! In der Zwischenzeit hatten sie sich bis an die Haustür des Gehöfts hinübergeschleppt. Im selben Moment wurde von innen die Tür geöffnet, und Leonhards Mutter blinzelte ihnen mit einem kritischen Blick entgegen. Auf ihrem Arm trug sie ein kleines blondes Mädchen, das Leonhard freudig entgegenstrahlte.

»Papa!« Das Kind auf dem Arm der Großmutter gluckste begeistert, als es seinen Vater erblickt hatte. »Papa, Arme!«

»Was ist denn mit dir passiert?«, ignorierte die Frau den Wunsch des Kindes, das beide Hände nun in Richtung seines Vaters streckte.

»Ich bin gestolpert und habe mir anscheinend den Knöchel verstaucht«, gab Leonhard zerknirscht zur Antwort, während ein neuer scharfer Schmerz wie ein Messerstich durch seinen Fuß drang.

»Warst du das, der plötzlich so über die Wiese gerannt ist, als sei der Leibhaftige hinter ihm her?«, musterte die Frau ihren Sohn kopfschüttelnd. »Was war denn los?«

»Ach, nichts. Ist schon gut. Na, Maria, dann komm mal zu mir«, versuchte Leonhard, das Thema zu überspielen, während er seiner Tochter beide Arme entgegenstreckte.

»Papa!«, klatschte das Kind begeistert in die Hände.

»Lass das lieber bleiben! Mit einem kaputten Knöchel! Nachher liegt ihr noch alle beide auf dem Boden!« Die Frau hatte sich mit dem Kind unwirsch zur Seite gedreht. »Und jetzt sagst du mir bitte, was da los war, Leonhard.« Nachdem ihr Sohn dennoch keine Antwort gab, wandte sich Barbara Ohr an ihren Zweitgeborenen. »Dann sagst du es mir eben, Wilhelm. Nun komm schon! Wer hat denn da gestanden, dass der Leonhard gerannt ist, als habe ihn eine Hummel gestochen?«

»Ach, niemand!«

»Was heißt hier niemand!«, stampfte die Frau ärgerlich mit ihrem Fuß auf den Boden. »Wer war denn dieser Niemand? Jetzt sag schon!«

»Niemand!«, echote das Kind arglos.

Nach einem zerknirschten Blick auf Leonhard gab sich Wilhelm geschlagen. Ihre Mutter würde es ja doch erfahren. So oder so. »Marias Mutter.«

»Maria – Mutter!«, wiederholte die Kleine auf dem Arm der Großmutter stolz, ohne den Sinn ihrer Worte zu begreifen.

»Wer?« Urplötzlich war die Farbe aus Barbara Ohrs Gesicht gewichen. Sie drückte das Kind eng an sich und legte ihre Hand auf Marias Wange. Gerade so, als ob sie das Mädchen vor irgendetwas schützen müsse.

»Maria – Mutter!«, lachte diese zum zweiten Mal.

»Und – was hat die gewollt, diese … Frau da?«, stieß die Großmutter schließlich mit Mühe hervor. »Hat sie etwa …«

»Sie hat gar nichts, Mutter!«, schnitt ihr Leonhard in einer heftigen Gefühlsaufwallung plötzlich das Wort mitten im Satz einfach ab. »Gar nichts hat sie gewollt von uns. Sie ist nur dagestanden und hat uns beobachtet. Und als ich zu ihr wollte, da ist sie einfach davongerannt!«

»Einfach davongerannt …«, jubilierte Maria in ihrer ganzen kindlichen Freude. Barbara Ohr hatte mittlerweile ihre Fassung wiedererlangt. Sie hob den Kopf und fixierte ihren Sohn aus strengen Augen.

»Schade, dass du sie nicht eingeholt hast. Sonst hättest du ihr nämlich gleich sagen können, dass wir die Maria nicht mehr hergeben. Nie mehr! Sie ist unser Kind!«

»Unser Kind!«, folgte postwendend das fröhliche Echo.

»Ja, unser Kind!«, nickte die Großmutter ernst und wandte sich um in Richtung Hausflur. »Und jetzt gehen wir wieder hinein, wir beide. Sicherlich ist gleich unser Kuchen fertig!« Sie drückte einen zärtlichen Kuss auf die Wange des Mädchens und verschwand danach in dem dunklen Hausflur, ohne sich weiter um einen der unschlüssig vor der Tür verharrenden Männer zu kümmern.

35

Leonhards Bruder Wilhelm

Noch nicht einmal eine Stunde war seit diesem Wortwechsel vergangen. Leonhard hatte sich auf das strenge Geheiß des Vaters hin mit seinem verletzten, grünblau angeschwollenen Knöchel auf die Ofenbank gelegt und die Augen geschlossen. Das deutliche Zeichen für die anderen, dass er im Augenblick zu keinem Gespräch bereit gewesen wäre. Weshalb auch.

Hieronymus Ohr hatte sich in der Zwischenzeit auf seinen Kutschbock geschwungen, um bei den Nachbarn in Flinsberg noch einige zusätzliche Holzbottiche zum Transport der unvermutet großen Karpfenmenge zu erbitten. Und Wilhelm? Nachdem er sich vergewissert hatte, dass die anderen mit der Arbeit auch ohne ihn zurande kommen würden, hatte er sich vorsichtig vom Karpfenteich entfernt und sich zum Waldsaum hinüberbegeben, an dem er langsam bis zu der Stelle voranschritt, an der er meinte, Anna sei dort vorher verschwunden.

Er brauchte gar nicht lange zu suchen. Schon nach wenigen Minuten hatte er sie entdeckt. Erst hatte er sie gehört, bevor er sie vor sich auf dem Waldboden zusammengekauert hocken sah. Wie das sprichwörtliche Häuflein Elend, war ihm bitter durch den Kopf geschossen. Schluchzend und von heftigen Weinkrämpfen geschüttelt, hatte die schmächtige junge Frau die Hände verzweifelt vor ihr Gesicht geschlagen.

Sie hatte Wilhelm erst wahrgenommen, als er schon unmittelbar vor ihr stand und sich mit einem verlegenen Räuspern bemerkbar gemacht hatte. Erschrocken zuckte sie zusammen.

»Was willst du von mir? Lass mich in Ruhe!«, schleuderte sie ihm mit tränenerstickter Stimme entgegen. »Lasst mich doch alle einfach in Ruhe!«

»Aber Anna«, versuchte Wilhelm seinen Worten einen milden Klang zu verleihen. »Ich möchte doch nur mit dir reden ...«

»Es gibt nichts zu reden! Schon lange nicht mehr!« Augenblicklich schoss Anna in die Höhe und stolperte mit unsicheren Schritten davon.

»Anna! Was soll das denn? Bleib doch stehen! Bitte!« Wilhelm konnte sich keinen rechten Reim auf das merkwürdige Verhalten der jungen Frau machen. Weshalb war sie dann überhaupt hier am Goschenhof aufgetaucht und hatte sie lange beobachtet, wenn sie gar nichts mit ihnen zu tun haben wollte. Noch nicht einmal mit ihm reden wollte. Wo er doch immerhin der Pate ihrer Tochter war. Der Einzige aus der Familie Ohr, mit dem sie noch jemals ein Wort wechseln würde, wie sie ihm bei der Taufe mit bitterer Stimme versichert hatte. Nein, das war nicht richtig von ihr. Zumindest wollte er Bescheid wissen. Wilhelm beschloss, der jungen Frau zu folgen. Sie konnte sich doch ihm gegenüber wenigstens erklären!

Nach wenigen Metern hatte er Anna bereits eingeholt und legte seine Hand schwer auf ihre Schulter. »Anna! Jetzt bleib doch bitte stehen!«

Doch Anna wischte die Hand mit einer raschen Bewegung von sich und machte keine Anstalten, ihren Schritt zu verlangsamen. »Lass mich!«, murmelte sie rau, während sie sich weiter ihren Weg durch das Unterholz bahnte.

»Anna! Das macht doch keinen Sinn. Da kommst du nicht durch!« Wieder hatte Wilhelm die Fliehende eingeholt. Dieses Mal war der Druck seiner Hand wesentlich stärker, sodass sie tatsächlich innehielt. »Anna. Da führt kein Weg durch. So kommst du nicht weiter. In keiner Hinsicht!«

Ein heftiges Schluchzen ließ Anna neuerlich erbeben. Es dauerte eine ganze Weile, bis der Weinkrampf abgeebbt war. Wilhelm war einfühlsam genug, sie jetzt nicht zu bedrängen. Mit betreten gesenktem Kopf blieb er stehen und gab Anna die Zeit, die sie benötigte, um sich wieder einigermaßen zu beruhigen. Nach einem tiefen Atemzug, dem ein langsames Ausatmen folgte, wandte sie sich schließlich um und richtete ihren tränenverschleierten Blick unglücklich auf den jungen Bauernsohn.

»Ach, Wilhelm«, flüsterte sie mit kaum hörbarer Stimme, der dennoch die Seelenqualen zu entnehmen waren, die so sehr auf ihrem Gemüt zu lasten schienen. Wieder wartete er eine ganze Weile, doch Anna sprach nicht weiter. Schaute jetzt nur an ihm vorbei ins Leere. Irgendwohin. Dieses raue Lachen aus ihrer Kehle. War das wirklich Annas Lachen? Wieder schnaufte sie schwer. »Ach, Wilhelm. Es ist nichts!«

»Und weshalb bist du dann heute so plötzlich hier aufgetaucht und hast uns von dort hinten beobachtet? Wegen nichts und wieder nichts?« Natürlich konnte er sich denken, weshalb. Andererseits konnte es auch nicht schaden, wenn sie es ihm erzählen würde. Sich die Last von der Seele reden würde. Und eine Frage war es dennoch, die sich Wilhelm schon die ganze Zeit über stellte. Die Frage, ob Anna lediglich des Kindes wegen gekommen war. Oder doch auch, um Leonhard zu sehen. Aus der Ferne zumindest.

»Du kennst doch die Antwort, Wilhelm. Du kannst es dir doch denken, oder? Ich habe es einfach nicht mehr ausgehalten vor Sehnsucht. Seitdem ich meine arme Maria habe weggeben müssen, vergeht kein Tag, an dem ich nicht an sie denken muss. Wie es ihr geht, wie sie sich entwickelt hat, wie sie wohl aussieht. Wilhelm!« Sie machte einen Schritt auf Wilhelm zu und schüttelte traurig ihren Kopf. »Kannst du dir vorstellen, was das für eine Mutter heißt! Wenn sie nicht einmal weiß, wie ihr Kind aussieht? Ein kleines Mädchen von knapp anderthalb Jahren?! Es war wirklich so. Ich konnte nicht mehr anders. Ich musste sie unbedingt sehen. Deshalb bin ich heute Morgen einfach fortgegangen.«

»Einfach fortgegangen«, wiederholte Wilhelm einfältig. Eine Bemerkung, für die er sich hätte ohrfeigen können, kaum dass sie ihm entschlüpft war.

Anna zuckte die Schultern. »Die Bäuerin wird schon Verständnis dafür haben. Und wenn nicht, dann kann ich es auch nicht ändern. Ich konnte einfach nicht anders. Ich musste hierher. Unbedingt!«

»Dann hättest du aber auch nicht weglaufen dürfen vorher! Wärst du doch stehen geblieben, als ich zu dir gekommen bin.«

Anna lachte bitter. »Wenn das so einfach wäre, wie du dir das vorstellst. Je näher ich eurem Hof gekommen bin, desto unsicherer bin ich geworden. Umso mehr habe ich regelrecht Angst davor bekommen, jemandem von euch zu begegnen.«

»Aber du musst doch keine Angst vor uns haben, Anna! Vor mir doch schon gleich gar nicht!«

»Ach, Wilhelm. Das verstehst du nicht. Auf alle Fälle war es ein merkwürdiges Gefühl, als ich den Hof zum ersten Mal gesehen habe. Und euch da unten bei dem abgelassenen Weiher. Da ist dann plötzlich die ganze Erinnerung wieder in mir hochgestiegen. Schlagartig. Die ganzen schrecklichen Tage. Wilhelm, sag mir: Wie geht es ihr? Geht es ihr gut?« Es war ein geradezu flehentlicher Ausdruck in ihren Augen.

Ein Blick, der Wilhelm fast das Herz zerriss. Einer spontanen Eingebung folgend, ergriff er ihre Hand und forderte sie zum Mitkommen auf. Als hätte sie auf eine heiße Ofenplatte gefasst, so schnell zog Anna ihre Hand zurück und ließ sie hastig in der Rocktasche verschwinden.

»Nein, das kann ich nicht! Unmöglich! Ausgeschlossen!« Wilhelm hatte es noch ein zweites Mal und sogar ein drittes Mal versucht. Doch Anna weigerte sich standhaft, mit zum

Goschenhof zu kommen. Sie habe ganz einfach nicht mehr die Kraft dazu. Ausgerechnet jetzt, wo sie lediglich wenige hundert Meter von dem Hof und von ihrem Mädchen trennten, fühlte sie sich nicht mehr dazu in der Lage. Monatelang hatte sie diesem Tag entgegengefiebert, mit all ihrem Sehnen, mit all ihren Wünschen. Doch jetzt, unmittelbar vor dem Ziel, war es zu viel geworden. Die so lange auf das Höchste strapazierten Nerven ließen ihn nicht mehr zu, diesen allerletzten Schritt. Auf keinen Fall heute, an diesem Tag. Zu viel war einfach zu viel. Ob die Furcht vor Leonhards Eltern eine Rolle spielte, die Anna so gnadenlos die Aufnahme in ihre Familie verweigert hatten? Möglich, dass auch dies ein Grund war. Oder die im Falle eines Besuchs kaum zu vermeidende Begegnung mit Leonhard. Leonhard! Nein, den wolle sie auf gar keinen Fall mehr sehen, hatte Anna heftig ihren Kopf geschüttelt. Und erst recht nicht mehr mit ihm sprechen. Was denn auch?! Maria. Doch, die hätte sie schon gerne zu Gesicht bekommen. Und dennoch, es ging nicht mehr. Es sei einfach zu viel. Viel zu viel. Wieder hatten sich bittere Tränen ihren Weg über die Wangen der unglücklichen jungen Frau gebahnt, als sie Wilhelm stumm die Hand zum Abschied reichte. Ohne ein weiteres Wort wandte sie sich um und lenkte ihre Schritte zum Wald hinaus. Auf den Weg, der sie zurück zum Bahnhof führen würde. Ohne dass sie ihr Kind gesehen hätte. Weswegen sie doch eigentlich gekommen war.

Schwer legte Wilhelm an diesem Abend seine Hand auf Leonhards Schulter: »Du hättest sie sehen sollen, die Anna. Wie sie da vor mir gestanden hat. Ein elendes Häufchen Kummer und Seelenqual. Ohne den Mann, den sie geliebt hat, und ohne ihr Kind!«

»Fragt mich denn einmal jemand nach meinen Gefühlen?«, hatte sich Leonhard einen unwirschen Anstrich zu geben versucht, um hinter dieser rauen Fassade seine eigenen

Empfindungen zu verbergen. »Willst du vielleicht auch einmal wissen, wie es denn mir geht?«

Doch Wilhelm ließ sich nicht beirren. Streng nahm er den Älteren in sein Visier. »Du hast ja immerhin noch dein Kind, die Maria. Aber Anna – was hat die? Die hat nichts und niemanden mehr. Gar nichts. Nein, so einfach darfst du es dir nicht machen – und das weißt du auch ganz genau. Ob du das hören willst oder nicht – ich sage es dir trotzdem. Und danach kannst du meinetwegen denken von mir, was du willst. Bei der Anna, da hast du einen riesigen Fehler gemacht. Einen Fehler, der dich dein ganzes Leben lang begleiten wird!«

Wilhelm machte auf dem Absatz kehrt und ging.

»Aber was hätte ich denn tun sollen, damals?«, flüsterte Leonhard mit kraftloser Stimme, während er seinen Blick hoffnungsvoll auf die Tür gerichtet hatte, hinter der sein Bruder gerade verschwunden war. »Ich war doch noch so jung. Und jetzt ... jetzt ist es zu spät!«

36

Helfende Hände

Dampfend und fauchend näherte sich das große schwarze Ungetüm dem Bahnhof von Schopfloch an der Wörnitz. Die wenigen Reisenden, die sich an diesem Nachmittag auf dem Bahnsteig versammelt hatten, wichen unwillkürlich einige Schritte zurück. Man konnte das Vibrieren förmlich spüren, mit dem die rasch heranbrausende tonnenschwere Masse aus Stahl und Eisen den Boden erzittern ließ. Immer noch war es ein beeindruckender und gleichzeitig nach wie vor Respekt einflößender Anblick, wenn der Schnellzug Dinkelsbühl – Rothenburg in den Bahnhof Schopfloch einfuhr, um dort neue Fahrgäste aufzunehmen. Wenige Minuten nur, dann ging es bereits mit noch vor ein paar Jahren kaum für möglich gehaltener Geschwindigkeit weiter. Die Eisenbahn – ein Phänomen der Neuzeit. So viel Zeit war überdies noch gar nicht vergangen, dass die Bauersleute noch furchterfüllt auf ihren Wiesen gestanden und sich bekreuzigt hatten, als das schwarzen Rauch und feurig knisternde Funken ausstoßende Teufelsross an ihnen vorbeigerast war. Mit der unbändigen Kraft, die es aus dem Höllenfeuer in seinem Bauch bezog. Mit unerschrockenen Menschen darin, die es wagten, ihr Leben dieser Eisenbahn anzuvertrauen. Und wie viele es waren! Dutzende, die gleichzeitig diesen Zug benutzen konnten. Welche unglaubliche Energie in diesem Wunderwerk der Technik steckte. Im Gegensatz zu einer Pferdekutsche! Wenn man sich andererseits die Tatsache vor Augen hielt, was für eine Kraft ein durchgehendes Pferd zu entwickeln vermochte. Und dennoch eine geradezu lächerliche Kraft, verglichen mit dieser Maschine! Näher und näher schob sich die Lok, die in diesem Augenblick einen lauten, durch Mark und Bein dringenden Warnton ertönen ließ. Noch einen! Und ein drittes Mal! Die Räder der Lok schienen metallisch aufzukreischen, als der Zugführer mit ganzer Kraft die Notbremse betätigte, Pferde wieherten erschrocken, Menschen fluchten und rannten ihren in wilder Hast davongaloppierenden Tieren nach.

»Mensch, Frau! Achtung!«

Ein stahlharter Griff um ihre Schulter riss Anna auf den Boden des Bahnsteigs, während sich die Räder der Dampflok quietschend an ihr vorbeischoben, bevor der Zug, begleitet von entsetzten Angstschreien, dann endgültig zum Stehen kam. Erschrocken sah die auf dem Rücken liegende Anna hoch.

Ein grauhaariger, uniformierter Bahnbeamter beugte sich über sie und musterte Anna mit einem zornigen Blick. »Was sollte das denn werden, um Gottes willen?«, blaffte er ihr aufgebracht in das Gesicht.

Anna, die sich von ihrem Schrecken noch immer nicht erholt hatte, war zu keiner Antwort fähig.

Jetzt streckte ihr der Mann seinen Arm entgegen. »Es wäre besser, Sie würden aufstehen, anstatt es sich hier auf dem Bahnsteig bequem zu machen.«

Kaum hatte sich Anna mithilfe des Bahnhofsvorstehers wieder erhoben, da schoss auch schon ein untersetzter, schwarz gekleideter Mann auf sie zu, in dessen hochrotem Gesicht sich Wut und Empörung spiegelten.

»Ja, sind Sie denn noch ganz bei Trost? Lebensmüde etwa oder was!«, schleuderte ihr der aufgebrachte Lokführer entgegen, während er sich mit den Fingern mehrmals heftig an die Stirn tippte.

»Wie kann man sich dermaßen blöde verhalten?«

Auch der Schaffner kam nun aus dem Waggon der ersten Klasse geklettert, nachdem er sich zuvor die Gewissheit verschafft hatte, dass sich bei der überraschenden Vollbremsung keiner seiner Passagiere ernstlich verletzt hatte. Mit strenger Miene kam er auf die Gruppe zugeschritten und deutete mit dem Zeigefinger auf die verschüchterte Anna, die von zahlreichen Menschen umlagert war, die sie vorwurfsvoll musterten. »War sie das?«, erkundigte sich der Schaffner beim Bahnhofsvorsteher.

Der ältere Mann nickte ernst.

»Ja. Ich habe es gerade noch geschafft, sie im letzten Augenblick zurückzureißen. Im allerletzten Augenblick«, setzte er kopfschüttelnd hinzu.

»Die spinnt ja wohl! Die hat doch einen Vogel!«, tippte sich der Zugführer von Neuem, immer noch aufs Äußerste erregt, an die Stirn. »Sich einfach so vor meinen Zug werfen zu wollen! Also wirklich! Eingesperrt gehört die! Auf der Stelle eingesperrt! In die Klapsmühle!«

»Ist ja schon gut, Ketterer. Schon gut. Jetzt beruhigen Sie sich erst einmal. Ich regle das hier schon. Das ist schließlich meine Aufgabe. Kümmern Sie sich lieber wieder um Ihre Lok, und schauen Sie zu, dass wir gleich weiterfahren können. Der Fahrplan muss eingehalten werden. Dass das klar ist.« Der Schaffner machte eine gebieterische Geste und wies den erzürnten Mann zurück in den Führerstand seiner mächtigen Lokomotive, aus deren Schornstein eine feine weiße Rauchfahne in den Himmel stieg. Kaum dass seine Anweisung, wenngleich auch murrend, befolgt worden war, richtete der Schaffner seinen stechenden Blick wieder auf Anna. »Also, Fräulein. Was sollte das denn gerade eben werden …?«

Doch Anna, die sich seit ihrer panischen Flucht vom Waldrand oberhalb des Goschenhofes noch immer nicht in der Gewalt hatte, gab keine Antwort. Ein leichtes Kopfschütteln blieb der einzige Hinweis darauf, dass die ärgerliche Frage überhaupt in ihr Bewusstsein gedrungen war. Was war denn eigentlich passiert? Nur schemenhaft konnte sie sich an die letzten Minuten erinnern. Bis sie sich, wie plötzlich aus alles betäubender Trance erwacht, mit dem Rücken auf dem Bahnsteig liegend wiedergefunden hatte. Die Flucht vor Wilhelm, der sie mit seinem ratlosen Blick so lange verfolgt hatte, bis der Wald sie endgültig verschluckt hatte. Wie sie mit raschen Schritten die steile Dorfstraße von Schopfloch hinabgeeilt war. Grußlos an den ärgerlich die Stirn in Falten legenden Menschen vorbeigestolpert war. Der Bahnhof, an dem sie heute Morgen den Zug verlassen hatte. Voller Hoffnung, Aufregung und Vorfreude. Wo sie sich bei dem grauhaarigen, älteren Bahnhofsvorsteher nach dem Goschenhof in der Nähe von Flinsberg erkundigt hatte. Wie der sie neugierig und scheinbar ganz nebenbei nach dem Weshalb und Warum gefragt hatte. Wie er ihr dann den Weg beschrieben hatte, die Dorfstraße hoch, dann eine knappe Dreiviertelstunde durch den Wald, bis sie unterhalb des Waldrandes das in einer Senke liegende, von zwei Weihern flankierte Gehöft entdecken würde. Nein, sie könne gar nicht falsch gehen, es sei der einzige Weg. Und um ganz sicherzugehen, hatte er noch hinzugefügt, dass ihr ein Stückchen weiter hinten die wenigen Bauernhöfe von Flinsberg ins Blickfeld geraten würden und noch ein Stückchen weiter die hohe blaue Mauer des alles überragenden Hesselberges, der höchsten Erhebung von ganz Franken. Alles Schilderungen, wie sie Anna schon einmal gehört hatte. In einem früheren Leben, wie ihr schien. Aus Leonhards Mund.

Wie hilflos und verloren sie sich gefühlt hatte, als sie wenige Stunden später wieder auf dem Bahnsteig stand, den sie am Morgen erfüllt mit so großen Hoffnungen und Erwartungen verlassen hatte. Und jetzt? Kein einziger von ihren Wünschen war in Erfüllung gegangen! Ihr Kind! Sie hatte es noch nicht einmal zu Gesicht bekommen. Ihre Maria, nach der sie sich in den letzten beinahe anderthalb Jahren vor Sehnsucht verzehrt hatte! Nichts! Gar nichts! Sie hatte kein Kind mehr! War es denn so schwer, dies zu begreifen? Maria war nicht länger ihr Kind! Schon lange nicht mehr! Schon seit der Taufe nicht mehr! Nein, Anna Reingruber, die Dienstmagd Anna Reingruber, geboren am 5. August des Jahres 1882 in Auerbach, wohnhaft auf dem Schandhof bei Rothenburg, hatte keine Tochter mehr! Es gab keine Maria Reingruber mehr. Zumindest nicht in ihrem, Annas, Leben. Wie aus weiter Ferne war dann ein selten gehörtes Geräusch an ihr Ohr gedrungen. Ein Geräusch, das sie heute am frühen Morgen in Rothenburg schon einmal vernommen hatte. Das gleichmäßige Schnauben und Stampfen der Lokomotive, die sich mit den großen grünen hölzernen Waggons im Schlepptau unaufhaltsam dem Bahnhof von Schopfloch näherte.

Dem Bahnhof der unerfüllten Hoffnungen! In diesem Moment war es über sie gekommen. Schlagartig. Wie eine Welle war die Trauer über ihr zusammengeschlagen. Ein Schritt vorwärts. Und noch ein Schritt. Abwarten, den Zug näher kommen lassen. Dann – jetzt: der nächste, der entscheidende Schritt! Und alles Leiden wäre vorbei. Schlagartig vorbei. Ein für allemal. Sie hatte ihren Fuß bereits angehoben, als sich die Ereignisse in einem wirren Strudel überschlugen. Erst der durchdringende, warnende Pfeifton der Lok, die gleichzeitig eingeleitete Vollbremsung mit ihrem schrecklichen metallischen Quietschen, das die Funken von den Gleisen sprühen ließ und – immer noch in genau demselben Moment – der kräftige Ruck an ihrer Schulter, der sie von den Füßen riss und rücklings auf den Bahnsteig fallen ließ. Die entscheidende Handlung des Bahnhofsvorstehers. Denn trotz der vom Lokführer geistesgegenwärtig eingeleiteten Vollbremsung wäre es zu spät gewesen, hätte die Lok nie und nimmer so schnell zum Halten gebracht werden können. Was man im Übrigen ja auch deutlich sehen konnte. Sie brauchte nur zu schauen, an welcher Stelle der Zug endgültig zum Stillstand gekommen war. Ohne die rasche Reaktion des Bahnhofsvorstehers von Schopfloch wäre sie nicht mehr am Leben und wäre erlöst von ihren Seelenqualen. Endlich erlöst. Ein für alle Mal. Für alle Zeiten.

Bei dem Bahnhofsvorsteher, ihrem Lebensretter, handelte es sich um einen einfühlsamen Menschen. Zu Annas Glück. Er hatte die Seelenqual, die ganz offensichtlich auf der bleichen, schmächtigen jungen Frau zu lasten schien, rasch erkannt und sie schnell aus dem Blickfeld des aufgebrachten Schaffners gebracht. Selbstverständlich würde er den Dingen auf den Grund gehen und die Personalien der lebensmüden Frau notieren, die leichtfertig nicht nur sich, sondern den gesamten Bahnverkehr in Gefahr gebracht hatte, wie sich der Schaffner wichtigtuerisch in die Brust warf. Natürlich würde er genauestens prüfen, ob der Fall sogar zur Anzeige gebracht werden musste, was durchaus nicht unwahrscheinlich sei, hatte der Bahnhofsvorsteher dem Kollegen versichert. Doch dabei handele es sich um seine Obliegenheiten und nicht um die eines Zugschaffners, der nun bloß nicht glauben solle, einem Bahnhofsvorstand in maßloser Überschreitung seiner Kompetenzen plötzlich Weisungen erteilen zu müssen. Er solle lieber dafür sorgen, dass sich sein Zug so schnell wie möglich wieder in Bewegung setze, und seinen Fahrplan einhalten. Eine Anweisung, die er ja gerade erst selbst dem Lokomotivführer erteilt hatte.

Murrend war der Mann danach wieder in den Waggon zurückgeklettert, nicht ohne mehr oder minder deutlich vor sich hin zu brummen, dass er es selbstverständlich als seine Aufgabe ansehe, den Vorfall am Endbahnhof in Rothenburg zur Meldung zu bringen.

»Mach doch, was du willst«, hatte der Bahnhofsvorstand diese Bemerkung kommentiert, während er Anna bereits zu seinem Büro bugsierte, wo er einen Stuhl heranzog, auf dem sie sich erschöpft niederließ. »So, mein Mädchen. Und jetzt erzählst du mir alles. Aber der Reihe nach«, setzte sich der Mann Anna gegenüber hinter seinen dunkel getönten Schreibtisch aus Eichenholz und musterte die zusammengesunkene Frau besorgt. So ein junges Ding und dermaßen traurig und vom Leben gezeichnet.

Was mochte bloß in den letzten Stunden in ihr vorgegangen sein, dass sie in ihrer Verzweiflung keinen anderen Ausweg mehr gesehen hatte, als sich vor den Zug zu werfen? Gott sei Dank hatte er bereits ein Auge auf sie geworfen gehabt, als sie mit tränenverschleierten Augen auf den Bahnsteig geeilt war. »Also, komm. Wir haben Zeit. Alle Zeit der Welt. Sag mir, was dich so sehr bedrückt, dass du nicht mehr weitergewusst hast ...« Ganz bewusst hatte er seinen Satz ins Leere laufen lassen, und tatsächlich war ihm damit Erfolg beschieden.

Sie nahm den Faden auf. Trotz der krampfhaften Schluchzer, die ihren Oberkörper durchzuckten, begann sie zu reden. Anfangs stockend nur, doch dann brach es mehr und mehr aus ihr heraus. »Mein Kind.«

»Welches Kind?«

»Meine Maria. Es geht um meine Maria.«

»Um das kleine Mädchen bei den Ohrs auf dem Goschenhof?« Schon immer hätte der Mann gerne erfahren, wie die Ohrs plötzlich zu ihrem Kind gekommen waren. Natürlich hatte er seinerzeit den Ältesten der Ohrs gesehen, wie er mit einem Wickelkind im Arm den Zug aus Rothenburg verlassen hatte. In Begleitung seines Bruders. Doch die Familie hatte eine regelrechte Mauer des Schweigens um das Kind herum aufgebaut. Niemand wusste etwas Genaues, sosehr sich mancher auch darum bemühte. Anfangs hatten sich die Leute noch die Mäuler zerrissen, hatten die abenteuerlichsten Theorien aufgestellt, doch genauer hatte keiner Bescheid gewusst. Zumal der Leonhard mit dem Kind ja genauso gut in Feuchtwangen zugestiegen sein könnte. Oder in Dombühl. Nicht unbedingt schon in Rothenburg. Was die Angelegenheit umso undurchschaubarer gemacht hatte.

Aber nun saß Anna vor ihm. Anscheinend also die Mutter des Kindes. Und sie erzählte ihm ihre Geschichte. Endlich saß sie einem verständnisvollen Menschen gegenüber, den sie zwar nicht kannte, der aber gleichwohl ihr Leben gerettet hatte. Bei ihm, zu dem sie instinktiv Vertrauen gefasst hatte, konnte sie sich all das von der Seele reden, was ihr seit Monaten die Luft zum Atmen nahm. Das alptraumhafte Erlebnis auf dem »Hurenbänkchen« in der St Jakobskirche. Wo niemand mit ihr geredet hatte. Wo man sie wie eine Aussätzige behandelt hatte. Und die ganze Zeit davor. Der Grund, warum das Kind nicht bei ihr hatte bleiben können, wie enttäuscht sie über Leonhards Verhalten gewesen war und wie schockiert über die Haltung seiner Eltern …

Mit einem Mal schrak Anna mitten in ihrer bitteren Aufzählung zusammen und stieß einen erschreckten Laut aus. »Der Zug! Du meine Güte! Er ist längst weg! Wie komme ich jetzt nach Rothenburg? Sie werden mich vom Hof werfen, wenn ich heute Abend nicht zurück bin. Nachdem ich einfach so gegangen bin. Selbst die Bäuerin wird nichts mehr tun können für mich, wenn ich nicht spätestens am Abend wieder zurück bin. Dann wird es der Bauer merken, und der kennt da überhaupt kein Pardon!«

Der alte Bahnbeamte hob beschwichtigend die Hand und lächelte dem zitternden Häufchen Elend auf der anderen Seite des Schreibtisches beschwichtigend zu. »Jetzt bleibe mal ganz ruhig und hör mir zu.« Er deutete auf die große Bürouhr, deren Pendel leise und regelmäßig von der einen Seite auf die andere schwang. »In nicht einmal zwei Stunden kommt der nächste Zug! Und dann reicht es dir immer noch bis Rothenburg. Also haben wir zwei noch jede Menge Zeit, um miteinander zu sprechen. Um uns darüber einig zu werden, dass sich solch eine Situation wie die vorige nie mehr wiederholen darf. Hörst du, nie mehr!« Anna nickte bestätigend. Schon merkwürdig, aber zu diesem wildfremden, älteren Mann hatte sie unwillkürlich sofort Vertrauen gefasst. Es schien ihr, als würde eine geradezu magische Gelassenheit von ihm ausströmen, die sie auf wundersame Weise beruhigte und die das zaghafte Flämmchen der Lebensenergie neu in ihr zu entfachen schien.

Ein fremder Mann! Wo sie doch ansonsten zu allen fremden Menschen auf scheue Distanz ging. Und sich selbst mit ihren wenigen Bekannten kaum einmal in tiefer gehende Gespräche einließ. Bei diesem Mann war das nicht so. Nun gut, immerhin hatte der ihr ja schließlich das Leben gerettet. Und je länger sie hier auf ihrem Stuhl vor dem Schreibtisch des Bahnhofsvorstehers von Schopfloch saß, desto klarer setzte sich die Erkenntnis in Anna durch, dass er sie wirklich vor Schlimmerem bewahrt hatte. Nachdem sie unmittelbar danach, auf dem Bahnsteig, noch ganz anders darüber gedacht hatte. Aber so ein Gespräch tat ihr gut. Endlich ein Mensch, dem sie ihre Lage vorbehaltlos schildern konnte. Der sie kein einziges Mal unterbrach, sondern ihr lediglich geduldig zuhörte, während er ab und an bedächtig mit dem Kopf nickte. Es mochte über eine halbe Stunde gedauert haben, bis Anna ihre Geschichte zu Ende erzählt hatte. Bis zum Ende auf dem Bahnsteig, bis zu dem Augenblick, als der Bahnbeamte sie buchstäblich in letzter Sekunde noch vor dem einfahrenden Zug zurückgerissen hatte.

Lange Zeit blieb es still in dem schmucklosen Raum, an dessen kahlen weißen Wänden lediglich zwei große Fahrpläne angebracht waren. Und eine Fotografie des Kaisers Wilhelm. Aber das war ja nichts Außergewöhnliches. Die sah man ja in jedem Büroraum des Deutschen Reiches. Der Mann atmete schließlich tief durch und klatschte sich mit beiden Händen auf den Oberschenkel.

»Weißt du was?«, beugte er sich über den Schreibtisch und musterte Anna mit entschlossener Miene. »Ich werde demnächst einmal zum Goschenhof hinübergehen und den Ohrs einen Besuch abstatten. Einfach so. Nein, nein, da brauchst du gar nicht gleich wieder abwehren«, schüttelte er angesichts von Annas Reaktion mit Bestimmtheit seinen Kopf. »Ich kenne die Leute ja schon lange genug, da werde ich auch mal auf einen Sprung bei ihnen vorbeikommen können. Es könnte ja sein, dass ich in Dürrwangen, bei meiner Verwandtschaft, etwas zu erledigen gehabt hätte und nun auf dem Rückweg eben kurz beim Goschenhof vorbeischaue. Das wäre weiß Gott nichts Besonderes. Und natürlich falle ich bei denen nicht gleich mit der Tür ins Haus. Ich werde auch nicht sagen, dass mir bereits bekannt war, dass sie ein Kind bei sich aufgenommen haben ...«

»Bei sich aufgenommen haben ...«, wiederholte Anna.

»Du weißt, was ich damit sagen will. Aber immerhin kann ich mich dann ja ein bisschen umschauen und umhören. Und dir dann schreiben, wie es dem Kind geht. Wer weiß, vielleicht komme ich ja auch mit dem Wilhelm ins Gespräch. Das ist ja ein verständiger Bursche. Und als Patenonkel von der Maria werde ich ihm schon mehr sagen dürfen als den anderen. Lass mich nur machen«, legte er seine große warme Hand beschwichtigend auf Annas Hände, als diese bereits wieder zu einem Widerspruch ansetzen wollte. »Glaube mir, ich weiß schon, wie ich das bewerkstelligen kann. Ein bisschen Erfahrung gewinnt man bei meinem Beruf ja im Umgang mit den Menschen. Ich werde dich also auf dem Laufenden halten. Jetzt müssen wir uns aber allmählich bereitmachen. Der Zug nach Rothenburg wird gleich ankommen.« Er zwinkerte Anna lächelnd zu. »Aber dass du mir dieses Mal auf dem Bahnsteig ordentlich Abstand von den Gleisen hältst! Eine Lebensrettung pro Tag reicht mir nämlich vollkommen! Versprochen?«

»Natürlich!« Schüchterne Röte legte sich über Annas Miene, während sie dem Mann dankbar ihre Rechte entgegenstreckte. »Und vielen Dank, dass Sie mir so geduldig zugehört haben. Es hat mir richtig gut getan, das alles erzählen zu dürfen!«

»Na, also«, ergriff der Mann die Hand und drückte sie herzlich. »Dann ist mein Tag heute immerhin nicht ganz umsonst gewesen! Und jetzt aber ab auf den Bahnsteig. Dort hinten sehe ich nämlich schon die Lokomotive kommen.«

37

30. April 1905

»Jetzt sag halt schon ja! Das ist doch nichts Besonderes. Das würde dir doch sicherlich auch Spaß machen! Komm, gib dir einen Ruck!« Der junge, durchaus stattliche Mann, der sich erst in diesem Winter als Knecht auf dem unteren Schandhof verdingt hatte, stupste Anna augenzwinkernd auf deren rechte Schulter. »Geh halt mit mir zur Wirtschaft hinüber, nachher!« Doch Anna schüttelte mit Entschiedenheit ihren Kopf. Zum dritten Mal an diesem Tag nun schon. Aber der fast zwanzigjährige Johann Georg Hammel schien keiner von denen zu sein, die sich so leicht abwimmeln ließen, wenn sie sich erst einmal etwas in den Kopf gesetzt hatten.

»Anna, ich bitte dich! Da ist doch nichts dabei!«, schlug er jetzt einen beinahe flehentlichen Ton an.

Schon gestern Abend hatte er so eine Andeutung fallen lassen. War scheinbar zufällig mit der Magd zusammengetroffen, als diese einen Eimer mit gekochten Kartoffeln zum Schweinestall hinübergetragen hatte. »Komm, Anna, gib her. Das ist doch viel zu schwer für dich«, hatte Georg Hammel hilfsbereit nach dem Eimer gegriffen. »Für so eine zarte Person, wie du es bist!«

Einen merkwürdigen Blick hatte er Anna dabei zugeworfen. Einen Blick, der Anna schamhaft hatte erröten lassen. So einen Blick, wie er sie damals aus Leonhards Augen getroffen hatte. Die Erinnerung allein genügte, um Anna den Rücken straffen zu lassen und den Knecht mit kühlen Worten in seine Schranken zu weisen.

»Lass mir den Eimer. Das ist meine Arbeit. Misch dich da nicht ein. Ich dränge mich ja auch nicht in deine Arbeit hinein. Zugegeben, die Worte waren ihr etwas schärfer über die Lippen gekommen als beabsichtigt. Aber die Erinnerung ...

Doch Georg, der junge unbekümmerte Knecht, schien sich von ihrer Zurechtweisung nicht sonderlich beeindruckt zu fühlen.

»Ach, Anna! Jetzt lass aber mal gut sein«, lachte er und schleppte den Eimer weiter in Richtung Schweinestall hinüber. »Spar dir lieber deine Kräfte für morgen Abend.«

»Morgen Abend? Was soll da sein?«, legte Anna ihre Stirn in kritische Falten.

»Na, der Maitanz an der Schandhofwirtschaft natürlich. Wenn wir mit der Arbeit hier fertig sind, dann gehen wir alle rüber. Es klappt tatsächlich mit der Musik.«

»Ach was«, machte Anna eine wegwerfende Handbewegung.

»Doch, wirklich! Der Ludwig und der ... wie heißt er noch, der Knecht von oben?« Georg kratzte sich nachdenklich an der Stirn. »Richtig! Der Hugo noch. Der so schön Flöte spielen kann. Die beiden machen Musik. Da müssen wir hin.«

»Nein«, versetzte Anna. »Das ist nichts für mich.«

»Wieso soll das denn nichts für dich sein? Das ist für uns alle etwas. Und alle gehen doch mit. Alle, von beiden Höfen, von der Wirtschaft und sicher auch noch ein paar Leute aus Burgstall und von der Hammerschmiede, das gibt doch einen schönen Tanz. Zumal das Wetter meiner Meinung nach halten dürfte«, schnupperte Georg zufrieden mit der Nase in die milde Frühjahrsluft.

»Ist mir einerlei. Ich geh da nicht hin!«, hatte Anna dem verwundert dreinschauenden jungen Burschen mit einem raschen Griff den Eimer wieder aus der Hand gerissen und war mit energischen Schritten hinter der Stalltür verschwunden, ohne sich noch einmal nach Georg umzuschauen. Doch allem Anschein nach handelte es sich bei dem neuen Knecht tatsächlich nicht um einen, der sich so schnell abwimmeln ließ. Schon am nächsten Morgen hatte er es geschafft, Anna wiederum ganz zufällig abzupassen. Alleine natürlich. Doch diese hatte ihn genauso brüsk zurückgewiesen wie am Tag zuvor. Georg jedoch schien daraus keinerlei Kummer zu erwachsen. Und so war es heute also schon der dritte Versuch, Anna doch noch zum Umdenken zu bewegen. Wenngleich auch erfolglos.

»Jetzt sage ich es dir zum letzten Mal! Zum allerletzten Mal!« Anna hatte die Hände in die Hüften gestemmt und blitzte Georg aus zornigen Augen ins Gesicht. »Ein für alle Mal: Ich geh da nicht rüber! Wenn du unbedingt eine suchst, mit der du tanzen kannst, wirst du sicher ein Mädchen da drüben finden. Eine, die nur darauf wartet, dass du sie aufforderst. Aber ich, ich bin es auf jeden Fall nicht. Heute nicht – und morgen übrigens auch nicht. Nächste Woche genauso wenig! Hast du das endlich begriffen?«

Während dem völlig verdatterten Georg ob dieser strengen Maßregelung nun doch die Kinnlade herunterklappte, machte Anna auf dem Absatz kehrt und stapfte wütend zurück in die Küche, um der Bäuerin bei der Vorbereitung des Nachtessens zu helfen. Einen solchen Wutausbruch hatte er bei der sonst so schüchtern und eher verschlossen wirkenden Anna noch nie erlebt. Er hätte eine solche Szene auch nie und nimmer erwartet. Wo sie doch ein so hübsches, wenn auch in sich versunkenes trauriges Mädchen war. Und wo er, Georg, sich doch dermaßen zu ihr hingezogen fühlte. Vielleicht gerade deshalb, weil sie nicht so war wie die anderen. Sondern ernster, arbeitsamer und deshalb für ihn auch begehrenswerter. Weshalb auch immer. Er konnte sich die Faszination, die Anna von seinem ersten Tag im Schandhof an auf ihn ausgeübt hatte, selbst auch nicht erklären.

»Na, hat sie dir einen Korb gegeben? Typisch Anna! Die geht zum Lachen in den Keller, wenn überhaupt!«

Erschrocken zuckte Georg zusammen und blinzelte überrascht in das rötliche Gesicht von Lotte, einer der anderen Mägde, die ihn mit spöttischem Lächeln musterte. »Aber weshalb sich eine Abfuhr holen? Es sind doch noch genügend andere Mädchen da, die nichts gegen ein kleines Maitänzchen einzuwenden hätten, heute Abend«, schwenkte sie kokett die rundlichen Hüften.

»Was meinst du?«

»Wie wäre es denn mit uns beiden, beispielsweise?«

»Mit uns beiden?«, gab Georg verblüfft zurück. »Wie kommst du denn darauf?«

»Wieso nicht?« Lotte warf ihren Kopf in den Nacken und fuhr sich mit der Hand langsam über das straff zurückgekämmte dunkelbraune Haar. Eine Geste, die offensichtlich verführerisch wirken sollte. Doch das Gegenteil war der Fall.

»Ohne mich!« Georg machte eine eindeutige Handbewegung, dann trottete er mit hängenden Schultern davon, ohne sich weiter um die enttäuschte Lotte zu kümmern.

»Mir ist die Lust aufs Tanzen heute Abend inzwischen sowieso gründlich vergangen ...«

38

Mai 1905

»Da. Schon wieder!« Mit allen Anzeichen von Missmut in ihrer Miene fuchtelte Gerlinde, die Obermagd, mit einem Papierstück in der Luft herum, als sie das Stallgebäude betrat, in dem die Mägde gerade mit dem Aussortieren und dem Ausbessern von alten Leinensäcken beschäftigt waren.

»Schon wieder ein Brief. Natürlich wieder für die Anna! Du kommst sicherlich bald vor lauter Lesen gar nicht mehr zum Arbeiten!« Während die anderen sich vieldeutige Blicke zuwarfen, streckte Anna mit einem verlegenen Lächeln die Hand nach dem Schriftstück aus.

»Na, so häufig kommt es ja auch wieder nicht vor, dass ich Post bekomme. Alle paar Wochen vielleicht einmal.«

»Aber immer vom selben Absender!« Gerlinde, die den Brief nach wie vor in ihren Händen hielt, machte keinerlei Anstalten, ihn endlich an Anna weiterzureichen. Mit angestrengt zusammengekniffenen Augen entzifferte sie die schwungvolle Handschrift des Absenders. »Aus Schopfloch. Wie jedes Mal. Und wieder von einem gewissen Link. Karl Link heißt der. Was ist denn das eigentlich für ein Kavalier, den du dir da angelacht hast? Willst du uns denn den Burschen nicht irgendwann einmal vorstellen? Kein Wunder, dass sie den armen Georg seit Monaten schon zappeln lässt. Wenn sie einen anderen Kavalier bevorzugt. Einen, der sogar richtig vornehm schreiben kann! Guckt euch nur die Handschrift einmal an. Womöglich ist es ja einer aus besserem Hause!« Die anderen Mägde schüttelten sich vor Lachen. Mit keiner von ihnen pflegte Anna einen näheren Kontakt, und so war es kein Wunder, dass ausgerechnet sie, obwohl sie doch am längsten von allen schon auf dem Schandhof lebte, als Außenseiterin galt. Nie konnte man sie für gemeinsame Unternehmungen oder Zusammenkünfte interessieren.

Kein Wunder also auch, dass keine der Mägde Anna wirklich mochte. Obwohl die doch niemandem etwas zuleide tat und meist zwar wortkarg, aber fleißig ihre Arbeit verrichtete. Es war ihnen zu wenig. Sie mochten sie eben nicht, zumal Anna merkwürdigerweise bei der Bäuerin einen Stein im Brett zu haben schien, denn diese hielt, wo immer es nötig schien, ihre schützende Hand über die seltsame Magd. Doch immerhin gab die in sich gekehrte, ganz auf sich allein gestellte Anna ein geradezu ideales Opfer ab, wenn es denn wieder einmal sein musste. So wie heute beispielsweise.

Erfüllt von einer Mischung aus Scham und Ärger, erhob sich Anna abrupt und riss der hämisch grinsenden Gerlinde den Brief aus deren Hand. »Gib her. Das geht dich nichts an!«, fauchte sie die andere an, um anschließend das Gebäude samt ihrem Brief rasch zu verlassen.

Die erstaunten Kommentare der Mägde drangen nur noch als Geräuschkulisse zu ihr. Auf deren Inhalt konnte sie überdies wahrhaft gerne verzichten.

»Da schau an! Was die doch plötzlich für ein Temperament entwickeln kann! Unglaublich.«

»Ja, wenn's um die Liebe geht ...«

»Meinst du wirklich?«

»Worum denn sonst?«

»Der arme Georg!«

»Selber schuld! Was muss er sich auch ausgerechnet in diese Trübsalbläserin vergucken! Als ob's nicht noch genügend andere Mütter gäbe, die eine hübsche Tochter auf die Welt gebracht haben ...«

»Wie dich etwa?«

»Beispielsweise!«

Während die mit solcherlei Gesprächsthemen befassten Mägde kichernd ihrer weiteren Arbeit nachgingen, hatte sich Anna hinter den Holzschuppen zurückgezogen, wo sie sich gegen die Bretterwand lehnte und den Brief mit zitternden Fingern öffnete. Den Brief aus Schopfloch. Wieder einmal also hatte Karl Link, der Bahnhofsvorsteher, sein Versprechen wahr gemacht und schrieb Anna, was es Neues zu berichten gab. Von Maria natürlich. Immerhin war es nun schon der dritte Brief, der sie mit Neuigkeiten vom Goschenhof erreichte. In dem der Bahnhofsvorsteher schilderte, wie es dem Kind erging. Ihrem Kind. Mühsam entzifferte die im Lesen alles andere als geübte Anna die schwungvolle Handschrift. Leise buchstabierte sie Wort für Wort, bis sie den Satz dann ein zweites Mal schneller las und damit die Worte in ihren Zusammenhang bringen konnte.

Ein richtiger kleiner Sonnenschein sei aus der Maria geworden, schrieb Link, seit dessen letztem Besuch auf dem Hof gerade einmal anderthalb Wochen vergangen waren. Es sei eine wahre Freude, das kleine Mädchen zu beobachten. Wie es innerhalb weniger Monate Fortschritte mit dem Laufen gemacht hatte. Wie Maria immer deutlicher imstande war, nicht nur einzelne Worte zu sprechen, sondern mehr und mehr auch schon kleine Sätze bildete. In ihrer kindlich einfachen Sprache natürlich. Und, auch dies müsse er ihr unbedingt mitteilen, es mute tatsächlich geradezu rührend an, mit welcher Liebe und Hingabe sich die beiden Großeltern um ihr Enkelkind kümmerten. Gerade so, als gäbe es für sie nichts Wichtigeres auf der ganzen Welt. Auch wenn er sich beim Schreiben dieser Zeilen darüber im Klaren sei, wie die Erwähnung der Großeltern Anna schmerzen müsse, so könne er ihr doch andererseits damit dahingehend Trost spenden, dass es Maria wirklich gut gehe. Auch Wilhelm, der Patenonkel, sei dem Kind sehr zugetan. Leonhard natürlich auch, aber darüber brauche man ja keine großen Worte verlieren, schrieb der einfühlsame Mann an die leibliche Mutter. Nachdem sein Erscheinen bei den Ohrs auf dem Goschenhof also allmählich zu einer monatlichen Routine zu werden beginne – nur im Januar hatte Karl Link aufgrund der Schneeverhältnisse auf einen Besuch verzichtet –, wolle er beim nächsten Mal ein bisschen auf den Busch klopfen, wie er sich in dem Brief ausdrückte.

Es sei ja geradezu unfassbar, dass die Großeltern einerseits die Mutter völlig ablehnten, während sie zu dem Mädchen eine dermaßen innige Beziehung entwickelt hätten. Ganz und gar verschlossen könnten die Herzen dieser Leute aber doch wohl nicht sein, das bewiesen sie im Umgang mit ihrem Enkelkind tagtäglich. Man müsse sich der Frage behutsam nähern, aber er werde sie stellen. In einem günstigen Augenblick. Darauf dürfe sich Anna gerne verlassen. Ebenso wie auf die Tatsache, dass er nichts überstürzen werde, sondern sich vorsichtig an dieses Thema herantaste. Aber dann müsste es doch eigentlich zu schaffen sein, das Herz von Anna Barbara und Hieronymus Ohr aufzuschließen. Er sei diesbezüglich durchaus mit Zuversicht erfüllt, versicherte Karl Link in seinem Brief abschließend. Verbunden mit dem Versprechen, dass er sich schon in Kürze wieder melden würde. Denn es sei ihm selbst ein Anliegen, das Eisen zu schmieden, solange es heiß sei.

Langsam ließ Anna die Hand mit dem Brief sinken, während sie die Augen schloss und ihre Stirn gegen die ungehobelten, rohen Latten des Holzschuppens drückte. Ein unterdrücktes Schluchzen drang aus ihrer Kehle.

Wie lange sie so in ihrem Kummer versunken hier gestanden hatte, vermochte sie später nicht mehr zu sagen. Zu tief war sie in ihrem Schmerz versunken, als dass sie ihre Umgebung noch wahrgenommen hätte. Erst als sich eine große Hand vorsichtig auf ihre Schulter legte und eine besorgte leise Männerstimme an ihr Ohr drang, löste sie sich aus ihrer Erstarrung.

»Ist es so schlimm, Anna?«

Erschrocken fuhr sie aus ihren traurigen Gedanken und öffnete die Augen. Hammel! Es war Georg Hammel, der Anna mitleidig betrachtete. Der junge Knecht, der sich anscheinend dazu berufen fühlte, sich um sie kümmern zu müssen. Der sie wieder und wieder in Gespräche zu verwickeln versuchte. Und den sie bisher doch jedes Mal brüsk zurückgewiesen hatte. Mit einem hilflos wirkenden Achselzucken blinzelte er zu ihr hinüber.

»Anna. Wenn ich dir irgendwie helfen kann. Ich bin gerne für dich da. Wenn du willst, dann kannst du dich ruhig bei mir aussprechen.«

Unbeholfen strich er über ihren Arm.

»Lass mich!« Mit einer raschen Bewegung wischte Anna die Hand herunter und schüttelte heftig ihren Kopf. »Ich brauche dich nicht. Niemanden brauche ich. Gar niemanden!« Sie drückte Georg zur Seite und eilte mit raschen Schritten davon.

»Schade«, murmelte Georg enttäuscht. »Wo ich sie doch wirklich so gerne mag ...«

Aber vielleicht hatten die anderen Mägde ja doch Recht, wenn sie behaupteten, es gebe anscheinend einen anderen Mann in Annas Leben. Einen, der ihr seit Monaten regelmäßig Briefe schrieb. In einer geübten Handschrift überdies. Also wohl ein besser gestellter Herr, mit dem es ein simpler Bauernknecht nie und nimmer aufnehmen konnte, wie sie ihm spöttisch beschieden hatten. Diese Lästermäuler! Aber deshalb eine von denen umwerben? Niemals! Es gab eben nur eine einzige Frau, zu der sich Georg hingezogen fühlte. Die wollte aber leider nichts von ihm wissen. Nun ja, wenn sie wirklich eine Bekanntschaft aus besseren Kreisen hatte. Andererseits war sie nach der Lektüre dieses Briefes nicht eben erst in Tränen ausgebrochen? Hatte der Kavalier vielleicht in seinem Schreiben ihre Beziehung für beendet erklärt?

Wäre ja durchaus möglich. Der Inhalt war ihr auf alle Fälle nahe gegangen. Und weshalb sonst, wenn nicht aus diesem Grund, hatte sie die bitteren Tränen vergossen? So etwas tat man doch nicht, wenn die Beziehung in Ordnung war! Bei rechtem Überlegen schien es also doch noch Hoffnung für ihn zu geben. Georg Hammel durfte nur nichts überstürzen. Er musste der Anna halt noch etwas Zeit lassen, um ihren Kummer zu bewältigen …

39

Oktober 1905

»Sag mal. Du bist doch aus Schopfloch, habe ich gehört. Bist du kürzlich wieder einmal dort gewesen?«

Überrascht kniff der untersetzte rothaarige Handwerker die Augen zusammen und musterte die Fragestellerin missbilligend. Was ging es diese junge Magd schon an, woher er stammte und wann er zum letzten Mal in Schopfloch war! Er ließ seine Klempnerzange sinken und wischte sich die Hand an der Hose sauber. »Ja, und? Wenn es so wäre? Was wäre dann?«, knurrte er unfreundlich. Der Zeitpunkt, zu dem Anna ihre Frage stellte, hätte ungünstiger gar nicht sein können. Den ganzen Vormittag über hatte er sich schon damit geplagt, ein Vordach des Stallgebäudes auf dem Schandhof auszubessern. Doch das alte Zinkblech war nicht gut gearbeitet und stärker verrostet, als es zunächst den Anschein gehabt hatte. Vielleicht auch mehr, als der Bauer hatte zugeben wollen. Natürlich zeigte sich der alles andere als begeistert von der Aussicht, das Blech womöglich völlig ersetzen zu müssen. Da sei ihm eine Reparatur schon wesentlich lieber, und schließlich auch billiger, hatte er brummend noch hinzugesetzt. Dass aber nun das Dach an allen möglichen (und eben auch unmöglichen!) Stellen einfach zerbröselte und immer neue Löcher auftauchten, das war zweifelsohne nicht dazu angetan gewesen, die Laune des Klempners zu heben. Zumal dieser ursprünglich davon ausgegangen war, am zeitigen Nachmittag mit der Arbeit fertig zu sein. Dann wäre ein Bier in der Schandhofwirtschaft auf jeden Fall noch möglich gewesen. Und eine frühe Heimkehr nach Gebsattel, wo er seit einiger Zeit wohnte. Jetzt würde er mit Sicherheit erst nach Einsetzen der Dunkelheit daheim sein. Und dann kam ihm zu allem Überfluss jetzt auch noch diese Magd mit ihrer Fragerei in die Quere. Was sollte das überhaupt werden? Was interessierte es die denn, ob er aus Schopfloch kam oder nicht?

»Dein Gehilfe hat es mir gesagt. Weil ich dich noch gar nie bei uns gesehen habe. Dass du noch nicht so lange in Gebsattel wohnst, sondern aus Schopfloch stammst, meine ich.«

»Na und? Ist das etwa ein Verbrechen?«, knurrte der Handwerker unfreundlich.

Doch Anna ließ sich nicht beirren. Unverdrossen fuhr sie fort. »Natürlich nicht. Ich will dich auch gar nicht groß aushorchen. Ich hätte da nur eine Frage ...«

»Und die wäre?«

»Was ist denn mit dem Karl Link? Mit dem Bahnhofsvorsteher? Den kennst du doch sicherlich, oder?«

»Natürlich. Den kennt doch jeder«, schüttelte der Mann verständnislos seinen Kopf. »Das heißt vielmehr – kannte. Es hat ihn jeder gekannt. Aber jetzt ist er gestorben. Ist schon einige Wochen her. Blinddarm, soweit ich weiß. Da kann ich ihm neulich ja schlecht über den Weg gelaufen sein. Wieso fragst du eigentlich?«

Die Frage des Handwerkers blieb unbeantwortet. Voller Entsetzen schlug Anna die Hände vor das Gesicht. Gestorben! Karl Link war tot! Das also war der Grund, weshalb kein Brief mehr von ihm gekommen war. Eine weitere Nachricht von Maria, auf die sie doch so sehnsüchtig gewartet hatte. Vor allem, nachdem er in seinem letzten Schreiben doch angekündigt hatte, auf dem Goschenhof in Annas Sinne nun einmal behutsam vorzufühlen. Und nun war er tot! Karl Link konnte ihr nicht mehr helfen. Anna stürmte davon, ohne sich um die verwunderte Miene des Klempners zu kümmern.

»Merkwürdig! Erst fragt sie mir ein Loch in den Bauch, und dann, wenn ich auch etwas wissen will, dann rennt die dumme Kuh heulend davon! Ernst!«, blickte er sich laut rufend nach seinem Gehilfen um. »Wo steckst du denn schon wieder? Komm endlich her und bewege dich, sonst sind wir heute Nacht noch nicht fertig mit diesem verfluchten Dach!«

Was um alles in der Welt hatte sie nur verbrochen? Weshalb musste selbst der kleinste Funke Hoffnung wieder erlöschen, den sie nach wie vor in ihrem Herzen bewegte. Warum nur? Weshalb hatte Karl Link ausgerechnet jetzt sterben müssen? An einem entzündeten Blinddarm offensichtlich. Zu früh! Die letzte Verbindung zum Goschenhof war damit zunichte gemacht. Noch bevor sie richtig zu Stande gekommen war. Anna hatte verloren.

Wieder einmal verloren. Sie musste sich endlich damit abfinden! Die Vergangenheit war endgültig vorbei. Es konnte nur noch eine Zukunft geben. Schon um ihretwegen. Um ihres eigenen Überlebens willen. Sie konnte diese ständigen Wechselbäder der Gefühle nicht mehr ertragen. Es ging einfach nicht mehr. Die Vergangenheit durfte es einfach nicht mehr geben. Nur noch das Hier und Heute. Heute ließ es Anna geschehen. Sie schickte Georg Hammel nicht mehr fort, als dieser tröstend seinen Arm um ihre Schultern legte.

40

Mitte Mai 1910

Doch, es war ein schöner Tag gewesen. Ein richtig schöner Tag, der allzu schnell zu Ende gegangen war. Doch auch jetzt, nachdem sich die Nacht allmählich über das Land gelegt hatte, konnte man die Magie dieses Tages noch spüren. Der Geruch nach Frühjahr und Sommer. Nach duftenden Blumen in der Abendkühle. Das nunmehr langsam verstummende muntere Zwitschern der Schwalben, die vor einigen Tagen zurück ins Land gekommen waren. Der Duft frisch gemähten Grases.

Und die Erinnerung. Die Erinnerung an ihren längst schon überfällig gewesenen Besuch in Lehrberg. Jetzt, in der Zeit, in der demnächst die Heuernte anstehen würde, war es ihre letzte Möglichkeit für die nächsten Wochen gewesen, den lange geplanten Besuch im »Goldenen Adler« endlich noch zu verwirklichen.

Und so war Anna in aller Herrgottsfrühe aufgebrochen. Zusammen mit dem Fuhrwerk, das wieder einmal unterwegs nach Ansbach war. Selbst der Kutscher hatte eine reichlich erstaunte Miene an den Tag gelegt, als die junge Frau am Morgen vor ihm stand, denn schließlich war doch einige Zeit ins Land gegangen, seitdem Anna sich zum letzten Mal neben ihn auf den Kutschbock geschwungen hatte, um die Lehrberger Verwandtschaft zu besuchen. Zwar war es Anna leider nicht gelungen, den Mann zu einem Abstecher nach Auerbach zu bewegen, wo sie gerne noch das Grab ihrer Mutter und der Großeltern besucht hätte, aber dennoch hatte sie sich auf ein Wiedersehen mit der Tante Luise und vor allem mit ihrem »Bruder« Johann gefreut. Nach so langer Zeit. Das mit dem Friedhofsbesuch, das würde sie sich dann für das Spätjahr vornehmen – wenn der Fuhrmann, wie er ihr versicherte, auch wieder mehr Zeit für solch einen Umweg aufbringen könne. Aufgeschoben war ja schließlich nicht aufgehoben.

Wie es wohl zuging im »Goldenen Adler«, nachdem Georg Klee, der Gastwirt und Brauer, vor sechs Jahren völlig überraschend verstorben war? Genauso schnell und unerwartet wie damals sein Vater. Der erst einundzwanzigjährige Johann war nun für Brauerei und Gastwirtschaft verantwortlich. Zwar hatte er von seinem Vater frühzeitig das Handwerk des Bierbrauens erlernt, aber dennoch stellte es für den blutjungen Mann eine gewaltige Aufgabe dar, alle Entscheidungen nun eigenständig treffen zu müssen – und dies eben völlig unvermittelt. Ein riesiger Berg an Problemen habe sich seinerzeit vor ihm aufgetürmt. Erst in einem ihrer letzten Briefe hatte Tante Luise, die Gastwirtswitwe, darüber berichtet.

Und nun war Johann siebenundzwanzig Jahre alt. Eine harte Zeit lag hinter dem jungen Mann, aber jetzt, so schien es ihm, waren die Dinge wieder im Lot. Bei aller nach wie vor vorhandenen Trauer über den allzu frühen Tod des Vaters. Leider habe er bei all der Arbeit nicht einmal Zeit dafür gehabt, sich eine tüchtige Frau zu suchen. Umso mehr freue er sich nun über Annas Besuch, hatte er erzählt und seine »Schwester« stürmisch in die Arme geschlossen. Und Anna? Im Überschwang des von ihr so selten erlebten Glücksgefühls verkündete sie fröhlich, sich im Sinne des Bruders auf die Suche nach der geeigneten Gemahlin zu machen. Da müsse sich doch eine patente Heiratskandidatin finden lassen. Bei solch einem stattlichen Burschen. Gleichwohl müsse man natürlich auf der Hut sein, damit Johann nicht womöglich an eine Frau gerate, die es in erster Linie auf den Besitz abgesehen habe. Kurz und gut. Endlich hatte Anna nach so langer Zeit wieder einmal einen ganz und gar unbeschwerten Tag verleben dürfen. Und sie hatte die freundliche, warme Atmosphäre in Lehrberg dementsprechend genossen. Bei allen Zwischentönen, die dennoch auch im »Goldenen Adler« nicht zu überhören waren. Dass die Geschäfte trotz Johanns Tüchtigkeit nicht mehr so liefen wie noch vor zehn oder gar zwanzig Jahren. In der Euphorie der so genannten Gründerzeit. Und dass man es sich mit dem einen oder anderen Veteranenverein ziemlich verscherzt habe, nur deshalb, weil Johann den deutschnational gesinnten Männern bei ihrer alljährlichen Feier am 1. September, dem so genannten Sedanstag, kein Freibier ausschenken wollte. Noch nicht einmal die erste Runde! Es sei ihm ein mehr als unangenehmer Gedanke, den Tag der erfolgreichen Schlacht im Krieg gegen die Franzosen 1870/71 zu begehen und damit Jahr für Jahr Öl ins Feuer zu gießen. Irgendwann würde es zu einer gewaltigen Explosion in ganz Europa kommen, wenn man anstelle von Größenwahn und überschäumenden patriotischen Eifers nicht schleunigst wieder zu Vernunft und guten Beziehungen mit den Nachbarn zurückfände, die das mehr und mehr aufrüstende Deutsche Reich seit geraumer Zeit argwöhnisch beäugten. Als Vaterslandsverräter war Johann daraufhin beschimpft worden, und zahlreiche ehemalige Soldaten samt ihren Familien machten seitdem um den »Goldenen Adler« einen großen Bogen. Nun denn, sollten sie.

Auf solche Leute könne er verzichten, hatte Johann leichthin erklärt. Wobei Anna freilich nicht der zweifelnde Ausdruck entgangen war, der sich bei dieser Aussage in den Augen ihrer Tante widerspiegelte.

Luise Klee konnte sogar Neuigkeiten vom Goschenhof berichten. Von Maria natürlich in allererster Linie. Auch wenn sie seit Jahren nicht mehr zu Besuch dort gewesen war. Das letzte Mal bei der Beerdigung der alten Ohrs, die beide kurz vor Weihnachten 1905 überraschend gestorben waren. Erst Hieronymus Ohr nach einem Unfall bei der Waldarbeit und dann – aus Kummer über den Verlust ihres Mannes – Anna Barbara Ohr am Tag darauf. Ein Jahr nach dem Tod des Gastwirts Georg Klee in Lehrberg also. Und so war der Kontakt zwischen Luise und den Verwandten auf dem Goschenhof nur noch recht lose, zumal Leonhard inzwischen auch geheiratet hatte. Eine Frau, die das Regiment schnell an sich gerissen hatte und nach Möglichkeit dafür sorgte, dass man sich von nun an eher an ihrer Verwandtschaft orientierte als an der ihres Mannes. Kein Wunder also, dass man gerade noch einmal im Jahr mehr oder minder belanglose Briefe austauschte. Doch immerhin hatte sich Wilhelm neulich wieder einmal schriftlich gemeldet – und sich wie immer auch im Namen seines Bruders dafür entschuldigt, dass sie so wenig von sich hören ließen. Aber man kenne den antriebsschwachen Leonhard ja, und ehrlich gesagt sei es für Bauern, die sie ja nun einmal waren, auch keine leichte Übung, Briefe abzufassen. Allein schon das Schreiben …

Überrascht hatte Luise zur Kenntnis genommen, wie unbeeindruckt sie mit Anna über Leonhard und die Verhältnisse auf dem Hof hatte sprechen können. Über dessen Heirat mit der Bauerntochter Hedwig. Über weitere Kinder, die dort inzwischen geboren worden waren. Natürlich waren dies für Anna auch keine überraschenden Neuigkeiten. Aber sie schien Schmerz und Trauer überwunden zu haben. Zumindest nach außen hin. Als sie erzählte, dass die mittlerweile sieben Jahre alte Maria zu einem netten Mädchen mit dicken blonden Zöpfen herangewachsen war und mittlerweile die Schule in Lehengütingen besuchte, Schlittschuh fahren gelernt hatte und auch schon fleißig auf dem Hof mit anpackte, schien dies alles Anna durchaus zu erfreuen. Auch wenn sich Luise mit einem Mal voller Erschrecken der Tatsache bewusst wurde, dass Maria ja an einem 15. Mai auf die Welt gekommen war. Vorgestern vor sieben Jahren! Sie hätte sich vorsichtiger ausdrücken sollen! Andererseits machte Anna wirklich nicht den Eindruck, als habe sie an dieser Last noch schwer zu tragen. Fast konnte man meinen, es interessiere sie nur oberflächlich. Nicht als Mutter, sondern höchstens als entfernte Verwandte. So als habe sie überhaupt kein Kind. Nun gut. Es war ja wohl wirklich besser so. Und genauso empfand es Anna auch. Es machte ihr tatsächlich nichts mehr aus, Nachrichten vom Goschenhof zu erhalten.

Kurz bevor sie mit dem Fuhrwerk am Abend wieder den Schandhof erreichten, bat Anna den Kutscher anzuhalten. An der Abzweigung der Straße nach Rot am See kletterte sie rasch vom Kutschbock und erklärte ihrem staunenden Begleiter, dass sie gerne die letzten Meter zu Fuß gehen wolle. Mitten durch die so herrlich duftenden Wiesen.

Der Mann, der von solcherlei Anwandlungen der romantischen Art bislang verschont geblieben war, zuckte verständnislos mit den Schultern. Dann ließ er die Peitsche knallen, und das Fuhrwerk setzte sich wieder in Bewegung. Sollte sie eben laufen, wenn ihr das lieber war. Verstehe die jungen Leute, wer wolle!

Anna verharrte eine Weile fast regungslos und ließ die würzige Abendluft in ihre Lungen strömen. Die Zeit heilt alle Wunden, wie richtig doch die Alten mit dieser scheinbar belanglosen Feststellung wirklich lagen. Sie hatte es geschafft! Spätestens am heutigen Nachmittag war ihr dies endgültig klar geworden. Die Tränen, die Schmerzen, die Trauer, Wut und Depression, all das war überwunden. Sie war zurückgekommen! War wieder angekommen im Leben! Als andere Frau zwar, als sie dieses Leben damals vermeintlich verlassen hatte. Reifer, vorsichtiger und sicherlich alles andere als unbekümmert. Aber dennoch hatte sie es überstanden. Endgültig. Hoffentlich. Vergangenheit? Nein, die gab es nicht mehr. Nur noch die Zukunft. Eine vielleicht ja doch noch glückliche Zukunft. Oder wenigstens ein Leben ohne Kummer. Ein atemberaubender Anblick war das: Die Türme der alten Stadt schienen auf der gegenüberliegenden Hangseite im Horizont zu versinken! Gerade jetzt, zu dieser Abendzeit. Wo sich nun gleichzeitig der dunkelblaue Schleier dieser sternenklaren Mainacht über Rothenburg senkte. Und wie die Wiesenblumen dufteten. Herrlich. Mit beschwingten Schritten legte Anna die letzten Meter zum Hof zurück. Um ein Haar wäre sie noch mit einem jungen Mann zusammengestoßen, als sie um die Ecke des Hauptgebäudes bog. Denn dort lehnte Georg Hammel an der Wand. Samt seinem unvermeidlichen Feierabendpfeifchen im Mundwinkel hatte er seinen verträumten Blick an den prächtigen Sternenhimmel geheftet. Geradeso als habe er sich vorgenommen, all die blitzenden und funkelnden Sterne am Firmament zu zählen.

»Ach, Georg«, strahlte Anna dem Knecht fröhlich entgegen. »Das wirst du doch nie schaffen.«

Georg lächelte genauso unbeschwert zurück. »Spielt auch gar keine Rolle. Hauptsache, dass wir dieses prächtige Schauspiel hier überhaupt erleben dürfen. Und uns daran erfreuen können.« Vorsichtig musterte er Anna aus den Augenwinkeln. »Hast du Lust, Anna, dich heute Abend noch eine Weile mit mir auf die Wiese zu setzen? Dort unten, am Hang, wo man auf die Schandtauber heruntersieht. Es ist so schön heute draußen. Viel zu schön, um nur im Bett zu liegen und diese herrliche Nacht einfach zu verschlafen.«

»Da hast du Recht, Georg! Gerne!« Anna nickte zustimmend. »Auch wenn wir es morgen früh um fünf beim Aufstehen dann wieder bereuen werden …«

»Was heißt hier bereuen? Man muss die Tage nehmen, wie sie kommen – und die Nächte auch! Komm, gib mir deine Hand!« Und das in Georgs Augen beinahe Unglaubliche geschah: Anna streckte ihm tatsächlich ihren rechten Arm entgegen! Hand in Hand schlenderten sie zu der Böschung hinüber.

41

August 1910

Schweigend saßen die beiden Gruppen an dem langen Tisch im Wohnzimmer des unteren Schandhofs. Die Bauernfamilie war am oberen Ende versammelt, das Gesinde am unteren Teil.

Gerade hatte der Bauer das Mittagsgebet beendet und als Erster seinen Löffel in die Suppenschüssel getaucht. Das Zeichen für die anderen, nun ebenfalls mit dem Essen beginnen zu dürfen. Das beständige Klappern der Holzlöffel, begleitet von lautem Schmatzen, war das einzige Geräusch, das sich in der Stube vernehmen ließ. Zumindest so lange, bis der erste Hunger gestillt war.

»Gerstengraupensuppe! Ich kann sie allmählich nicht mehr sehen«, brummelte einer der Knechte mit verdrießlicher Miene zu seinem Nachbarn hinüber.

»Wieso soll es dir denn besser gehen als mir?«, gab dieser ebenso leise zurück.

»Da oben sollte man sitzen«, nickte der Erste mit dem Kinn andeutungsweise zu der Bauernfamilie hinauf. »Bei denen ist wenigstens nicht ganz so viel Wasser dazugeschüttet worden wie bei uns. Typisch wieder!«

»Sei vorsichtig«, mahnte der andere. »Wenn das der Bauer hört, dann macht der kurzen Prozess mit dir!«

Tatsächlich hatte der dunkelhaarige Bauer, der wie ein kleiner König am Kopfende des Tisches thronte, die Stirn bereits in unwillige Falten gelegt und ließ seinen Blick missmutig über die Köpfe des Gesindes schweifen.

»Wer meint denn da schon wieder, auch noch beim Mittagessen reden zu müssen? Am Tisch herrscht Ruhe! Haben wir uns verstanden?« Anstelle einer Antwort konzentrierten sich die Mägde und Knechte umso eifriger auf die Schüssel vor ihren Augen und löffelten schweigend die wässrige Suppe aus der großen irdenen Schüssel.

»Das würden wahrscheinlich nicht einmal die Schweine mögen«, nahm der unzufriedene Esser den vorherigen Faden flüsternd wieder auf. »Und dir scheint es ja auch nicht zu schmecken, Anna. Oder? Kannst du da nicht einmal ein gutes Wort für uns bei der Bäuerin einlegen – oder halt einfach die beiden Schüsseln mal vertauschen?«

»Ich habe mir Ruhe ausgebeten vorher!«, schallte die ärgerliche Stimme des Bauern durch die Stube. »Ein für alle Mal! Wer jetzt noch redet, den werfe ich aus dem Haus!« Wie zur Bekräftigung seiner Worte hieb der Bauer seine Faust krachend auf die Tischplatte, dass sogar die Schüsseln wackelten. Den vorwurfsvollen Blick seiner Frau ignorierte der Mann geflissentlich, als er sich mürrisch wieder der Suppe zuwandte. Aber was war mit Anna los? Georg Hammel fiel auf, dass sie nicht nur blass und deprimiert wirkend neben den anderen Platz genommen hatte, sondern dass der Suppenlöffel nach wie vor unbenutzt vor ihr auf dem Tisch lag. Er fixierte sie mit einem besorgten Blick, doch Anna schlug rasch die Augen nieder, als sie seine fragende Miene bemerkte.

Spätestens in der vergangenen Nacht war ihr geradezu alptraumhaft bewusst geworden, was sich als finstere Ahnung bereits seit Wochen mehr und mehr in ihr Denken geschlichen hatte. Immer stärker, immer drängender, immer drohender. Die Monatsblutung war schon wieder ausgeblieben. Zum dritten Mal hintereinander! Nun gut, mochte es sich beim ersten Mal um eine wodurch auch immer ausgelöste Unregelmäßigkeit handeln. Auch noch bei der nächsten ausbleibenden Regel hatte sie sich gezwungen, gar nicht erst darüber zu grübeln. Vielleicht war es ja auch bedingt durch die schwere Arbeit bei der Heuernte oder die dann folgende drückend schwüle Hitze, die jede Tätigkeit zur Anstrengung werden ließ. Und es hatte viel zu tun gegeben in den letzten Wochen. Ausreden. Alles Ausreden. Denn ein drittes Mal konnte sie an diesen frommen Selbstbetrug nun wirklich nicht mehr glauben. Zumal Anna seit Tagen schon von dieser Übelkeit heimgesucht wurde. Immer am Morgen. Immer beim Aufstehen. Mit Mühe und Not hatte sie es ein paar Mal gerade noch aus der Kammer hinaus bis zur Toilette geschafft. Verfolgt von Gerlindes missbilligenden Blicken. Alles geradeso wie damals! Ein Zustand, der Anna nur allzu bekannt war. Die Antwort auf das Ausbleiben der Regel konnte also gar nicht mehr anders lauten, und Anna hatte dies in Wahrheit ja auch schon lange gespürt. Sie war wieder schwanger!

Eine Woge der Verzweiflung war in dieser Nacht über ihr zusammengeschlagen. Wieder schwanger! Wieder würde sie ein uneheliches Kind zur Welt bringen müssen! Wieder als ledige Dienstmagd! Fast mittellos! Auch die Tante Magdalena würde ihr nicht weiterhelfen können. Wie schon damals nicht. Denn finanziell waren die Rößlers alles andere als auf Rosen gebettet. Johanns Verdienstmöglichkeiten bei den Bauern waren nach wie vor dermaßen bescheiden, dass Magdalena fast jede Arbeit annehmen musste, die ihr angeboten wurde, damit die Familie nur irgendwie durchkam. Von den Rößlers konnte sie also keine Hilfe erwarten, so gerne Magdalena mit Sicherheit auch tun würde, was immer im Bereich ihrer Möglichkeiten stand. Also blieb als Ausweg nur die Heirat! Aber wie denn? Und selbst wenn dies möglich wäre, selbst wenn sie mehr für Georg Hammel empfinden würde als diese Sympathie für den doch recht netten Burschen, den sie wieder und wieder zurückgewiesen hatte. Bis zu dieser unseligen Mainacht vor einigen Monaten.

Also, selbst wenn sich dies alles regeln ließe: Was wäre wohl mit Georg Hammel? Wie würde der wohl reagieren, wenn sie ihm das mit der Schwangerschaft berichtete? Dass er der Vater dieses Kindes sei. Ob er sich dann auch verhalten würde wie damals Leonhard? Den sie ja wirklich geliebt hatte! Und dessen Voraussetzungen doch wesentlich besser gewesen waren. Der sie hätte heiraten können. Als Bauernsohn! Im Gegensatz zu dem einfachen, ebenfalls so gut wie mittellosen Stallknecht Georg Hammel? Den hatte sie doch lange nicht so in ihr Herz geschlossen wie damals den Leonhard. Sicherlich ein netter Bursche. Aber Liebe? Und dennoch, trotz aller Bitterkeit, die sie bei diesem Gedanken empfand – wählerisch zu sein, das konnte sie sich in dieser Situation gleich gar nicht leisten! Eine Heirat mit Georg Hammel. Es wäre der einzige Ausweg, um das Kind nicht wieder weggeben zu müssen. Das Kind in ihrem Leib, für das sie noch nicht das Geringste empfand. Doch die Gefühle würden sich verändern. Sie gehörte nicht zu jenen Frauen, denen es anscheinend nichts ausmachte, ein Kind wegzugeben. Geschichten, die man immer wieder hörte. Nein, Anna würde auch zu diesem Kind wieder eine Beziehung entwickeln. Es würde ihr erst recht das Herz zerreißen, wenn sie das Kleine dann fortgeben müsste! Aber genauso würde sie eine weitere Zurückweisung nicht überstehen.

Noch ein Mann, der nichts mehr mit ihr zu tun haben wollte, nur weil sie ein Kind von ihm erwartete. Nein, sie würde eine dermaßen demütigende Situation nicht mehr überstehen! Dazu die Geburt! Allein beim Gedanken an Marias Geburt vor mehr als sieben Jahren zuckte Anna schmerzhaft zusammen. Diese Schmerzen. Diese Qualen. Bis ans Ende ihrer Kräfte. Wo doch die Hebamme seinerzeit eindringlich vor einer weiteren Schwangerschaft gewarnt hatte. Aber diese Hinweise waren ihr damals ja unnötig erschienen. Sie würde nicht noch einmal schwanger werden. Hatte Anna gedacht …

Der Druck in ihrem Magen wurde stärker. Der Würgereiz in ihrer Kehle ließ sich nun kaum noch zurückdrängen. Gleich würde es ... »Lass mich raus«, keuchte Anna, während ihr der Schweiß aus allen Poren brach. Mit einem groben Armstoß schob sie ihre verdrießlich aufblickende Tischnachbarin von der Holzbank und hastete in panischer Eile hinaus ins Freie. Es verging geraume Zeit, bis sich ihr Magen wieder einigermaßen beruhigt hatte. Erschöpft wankte Anna zum Brunnen und wischte sich mit dem Zipfel ihrer Schürze die Schweißperlen von der Stirn. Dann beugte sie sich zu dem Wassereimer nieder und spülte ihren Mund. Der saure Geschmack ließ sich dadurch zwar etwas neutralisieren, doch die Verzweiflung blieb. Das würde sich mit ein bisschen Wasser nicht so einfach wegwischen lassen. Genauso wenig wie die Tatsache, um die es nun wieder ging. Die Schwangerschaft! Es waren die schwarzen Schatten der Vergangenheit, die sich unbarmherzig in ihr zurückmeldeten. Wenn sie jemals wirklich vollständig verschwunden gewesen waren! Ein meckerndes Hohngelächter schien durch ihren Kopf zu dröhnen. Verschleierte Annas Wahrnehmung. Wie in Trance durchlebte sie die nächsten Minuten.

Und plötzlich war sie oben. Ganz oben. Auf dem dunklen Bretterboden des großen Lagerschuppens. Meter um Meter tastete sie sich weiter, immer vorwärts, weiter vorwärts. Öffnete die Verriegelung der Tür, die mit leisem Knarren nach außen schwang, wodurch mit einem Mal die Mittagssonne einen hellen Lichtstrahl in die Dunkelheit zeichnete. Geradeso wie ein Fingerzeig. Eine Wegweisung. Sie musste nur noch dem Lichtstrahl folgen. Und es war nur ein weiterer Schritt. Ein einziger Schritt ... Hinaus. In das gleißende Licht, das ihr der Himmel entgegenschickte. In die gähnende Tiefe unter ihren Füßen ...

42

Verlobung und Hoffnung

»Um Gottes willen! Anna!« Eine schwielige Hand riss sie mit ungestümer Kraft von der Tür zurück ins Innere des Schuppens, wo Anna hart auf die staubigen Bretter des Dachbodens krachte. Benommen blieb sie liegen, während eine dunkle Woge der Bewusstlosigkeit über sie hinwegschwappte.

»Anna! Was hast du nur im Sinn gehabt!« Es war die Stimme von Georg Hammel, die rau und betroffen an ihr Ohr drang. Mit unsicherem Blinzeln öffnete Anna die Augen und begegnete dem sorgenvollen Blick des jungen Knechtes. Als Anna nämlich auch eine gute Viertelstunde nach ihrer überstürzten Flucht vom Mittagstisch noch immer nicht zurückgekommen war, hatte Georg den Entschluss gefasst, sie zu suchen. Schließlich war sie ihm ja schon den ganzen Morgen über so traurig und in sich gekehrt erschienen und war auf keinerlei Gesprächsversuche eingegangen. Und wenn er es sich recht überlegte, dann hatte sich Anna eigentlich schon seit mehreren Wochen mehr und mehr von ihm entfernt und schien allmählich wieder in den alten Zustand der mutlosen Depression zurückzufallen, der sie über Jahre hinweg bestimmt hatte. Weshalb auch immer! Georg war da völlig ratlos, zumal er sich an kein einziges böses Wort erinnern konnte, das bei einer ihrer Begegnungen gefallen sein könnte. Was also war mit ihr geschehen? Weshalb aus heiterem Himmel diese plötzliche Distanz, die ihre mittlerweile doch so freundschaftliche Beziehung dermaßen hatte abkühlen lassen? Erst jetzt kam ihm diese Tatsache so richtig in das Bewusstsein!

Auf dem Hof war niemand zu sehen gewesen. Alle saßen ja schließlich noch beim Mittagessen in der Stube. Bis auf Anna. Aber wo war Anna? Von wachsender Sorge getrieben, warf Georg einen Blick in den Schweinestall. Fehlanzeige! Vielleicht im Kuhstall? Ebenfalls niemand!

Wo konnte sie nur stecken? Im großen Schuppen vielleicht? Was auch immer sie da suchte. Genau in diesem Moment schwang die Tür unterhalb des Dachgiebels mit leisem Knarren auf. Georg brauchte gar nicht mehr hochzuschauen. Er begriff sofort. Oder war es der pure Instinkt, der ihn in panischer Hast die Leitern im Inneren des Schuppens hinaufklettern ließ?

In allerletzter Sekunde war es ihm gelungen, seinen Arm nach Anna auszustrecken und sie von der Tür zurückzureißen. Sie hatte ihn überhaupt nicht bemerkt. Jeder Ruf, jede Bitte, alles wäre vergeblich gewesen. Hätte Annas Bewusstsein nicht mehr erreicht. Einzig und allein Georgs blitzschneller Reaktion war es zu verdanken, dass Anna jetzt noch am Leben war.

»Anna!«, keuchte Georg erschöpft, während er ihr mit der Hand zärtlich über die kalte Stirn streichelte. »Was hat dich bloß dazu gebracht? Was um alles in der Welt hast du nur vorgehabt?«

Es vergingen quälend lange Minuten, in denen Anna keine Antwort gab. Regungslos lag sie noch immer auf dem Boden und starrte aus traurigen Augen in die Dunkelheit über ihr. Und auch Georg verharrte beklommen, während er weiter mit unbeholfener Zärtlichkeit Annas Stirn streichelte. Er konnte sich einfach keinen Reim auf das Ganze machen. Nicht den geringsten Reim!

Erst die Stimmen der anderen Knechte und Mägde, die nach dem Mittagessen ihrer weiteren Arbeit zustrebten und deren lautes Kichern und Lachen vom Hof nach oben drang, lösten die Erstarrung.

Mit einem leichten Stöhnen richtete sich Anna auf und massierte ihre vom harten Aufprall schmerzende linke Körperseite. Dann richtete sie ihren Blick auf Georg. Ihren traurigen, niedergeschlagenen Blick. Ein Ausdruck, der Georg traf wie ein Messerstich. So hoffnungslos, so leer.

»Anna, was ist denn bloß mit dir passiert?«

»Ach, Georg!« In Annas Augen schimmerte es wässrig. Verlegen senkte sie den Kopf. »Wenn du wüsstest ...«

»Wenn ich was wüsste?« Der junge Knecht schnaufte unwillig. »Jetzt sag halt schon: Was ist denn? Weshalb tust du so etwas?«

»Hmm ...« Anna ließ ein kurzes, bitteres Lachen vernehmen. Dann hob sie traurig die Achseln. »Weshalb tut man so etwas ...«, wiederholte sie tonlos. »Die einen gehen ins Wasser, die anderen springen von der Brücke ...«

»Anna! Es reicht jetzt!« Georg spürte, wie kalte Wut in ihm aufstieg. Er hatte es allmählich satt! Was redete die Anna da für einen Unsinn? Was sollte das alles? Konnte man auf eine klare Frage denn keine klare Antwort erwarten? Und als ihr Lebensretter hatte er doch wohl auch ein Recht darauf zu erfahren, was sie zu dieser Verzweiflungstat getrieben hatte. Die ihr ja um ein Haar geglückt wäre! »Anna! Jetzt rede schon!« Georg packte die apathische Magd an ihren Schultern und schüttelte sie grob. »Ich will jetzt wissen, was passiert ist, dass du meinst, in den Tod springen zu müssen!«

Wieder drangen Stimmen von unten hoch auf den Dachboden. »Hallo, ist da oben jemand? Wer hat denn da die Luke aufgemacht? Hallo? Bist du da oben, Georg?«

»Ja«, rief der Knecht laut zurück. »Ich bin es!«

»Und was soll das mit der Tür?«, schallte ihm die Männerstimme neuerlich entgegen.

»Ach nichts, lass nur! Ich komme gleich runter!« Klar war ihm, dass sich der oder die anderen so einfach nicht würden abwimmeln lassen. Sicherlich würden sie heimlich und leise die Leitern hochklettern, um sich selbst ein Bild darüber zu machen, was ihr Kollege dort oben trieb. Wo er hier doch gar nichts zu suchen hatte. Zumindest nicht in dieser Woche. Nachdem die Heuernte ja längst vorüber war. Und natürlich war ihnen auch die Tatsache bewusst, dass erst Anna vom Mittagstisch verschwunden war und danach dann Georg. Was die beiden also da oben wohl miteinander trieben? Das würden sie wissen wollen. Darüber war sich Georg im Klaren. Umso stärker regte sich nun seine Ungeduld.

»Also komm schon, Anna. Sag mir jetzt, was los war!« Wieder legte er beide Hände auf Annas Schultern und fixierte sie nun mit einem durchdringenden Blick. Anna schlug verlegen die Augen nieder.

»Nein, schau bitte jetzt nicht weg. Ich will es jetzt wissen. Ich habe ein Recht darauf.«

Tatsächlich folgte Anna seiner scharf formulierten Anweisung. Langsam hob sie wieder den Kopf und begegnete Georgs Blick.

»Es ist nicht einfach, Georg. Aber ich sage es dir jetzt. Ich bin nämlich schwanger!«

»Schwanger …«, wiederholte der Knecht verblüfft.

»Ja, schwanger. Seit ungefähr drei Monaten. Ich bekomme ein Kind!«

»Ein Kind …« Alles hatte er erwartet, nur nicht diese Begründung. Anna war schwanger. Darum ging es also. Und kaum hatte er sich diese Tatsache vergegenwärtigt, da kroch auch schon der erste Zweifel in ihm hoch. »Du bekommst ein Kind …«, wiederholte er vorsichtig. »Und der Vater?« Anna lachte gereizt auf.

»Der Vater! Georg! Wer wohl?« Sie zuckte mit den Schultern. »Was denkst du denn von mir? Wer anders kann schon der Vater sein, wenn nicht du?«

»Ich?!« Es war Georg in diesem Moment, als würde ein heißer Strahl durch seinen Körper schießen. Ein Gefühl der Erleichterung und des Erschreckens. Völlig widerstreitende Empfindungen! Georg schluckte trocken. »Du … bekommst ein Kind … von mir?!«

»Ja …« Anna senkte ihren Blick wieder traurig zum Boden. »So ist es. Und ich weiß nicht mehr aus noch ein«, murmelte sie leise.

»Ja aber, weshalb denn?« Georg Hammel verstand überhaupt nichts mehr. Es war zu viel, viel zu viel, was da in der letzten halben Stunde auf ihn eingestürmt war. Mehr fast als in seinem ganzen bisherigen Leben. Die Emotionen hatten sich zu einem unglaublich dichten Knäuel verwoben. Er, Georg Hammel, sollte Vater werden? Vater eines Kindes? Eine Tatsache, die bislang völlig außerhalb seiner Vorstellungskraft gelegen hatte. Was sollte er denn auch mit einem Kind? So blutjung, wie er sich mit seinen gerade einmal fünfundzwanzig Jahren doch fühlte. Keinen Gedanken hatte er bisher an so etwas verschwendet.

Und die Anna. Mit achtundzwanzig Jahren. Für eine Frau andererseits doch fast schon wieder zu alt. Wenn man sich einmal so umschaute, in welchem Alter die Frauen sonst zum ersten Mal schwanger wurden. Auf jeden Fall viel früher als die Anna.

»So, jetzt weißt du es«, räusperte sich Anna. »Und jetzt weißt du auch, was in mir vorgeht …«

Verwirrt schüttelte Georg seinen Kopf. »Gar nichts weiß ich! Jetzt schon gleich gar nicht mehr! Du sagst mir, dass du ein Kind von mir bekommst, und gleichzeitig versuchst du dich aus genau diesem Grund in den Tod zu stürzen!« Er streifte Anna mit einem vorwurfsvollen Blick. Diese zuckte überrascht zusammen. Hatte sie richtig gehört? Oder spielten die Nerven ihr einen Streich? Hatte Georg da gerade eben wirklich angedeutet, dass es ihm nichts ausmachte? Dass er offenbar bereit schien, das Kind als sein Kind anzuerkennen? Immerhin, er war einerseits zwar erschrocken, so unvorbereitet, wie ihn ihre Mitteilung getroffen hatte, auf der anderen Seite hatte er aber keinerlei Ablehnung signalisiert. Eher im Gegenteil. »Dann sollten wir demnächst irgendwann aber auch heiraten, was meinst du?«

Wieder war es Anna, als drängten sich Worte in ihr Bewusstsein, die niemals gesprochen worden waren. Sie musste sich verhört haben. Mit Sicherheit. Es konnte nicht sein, dass er das gesagt hatte. Vorsichtig betrachtete sie den Mann aus den Augenwinkeln. Georg, der hoffnungsvoll zu ihr herüberlächelte. Also doch! Sie hatte richtig gehört!

»Na, was meinst du? Ich finde schon, dass man heiraten sollte, bevor so ein Kind auf der Welt ist. Damit von Anfang an alles seine Richtigkeit hat.«

Eine warnende Überlegung überlagerte all ihre Gefühle. Die Notwendigkeit, in dieser Situation um ihrer Zukunft willen keinen Fehler zu begehen! Jetzt nicht! Zugegeben, es handelte sich längst nicht um dieselbe Leidenschaft, mit der sie sich zu Leonhard hingezogen gefühlt hatte. Dieses Gefühl, bei dem es sich wohl wirklich um Liebe gehandelt hatte. Diese Sehnsucht nach Leonhard. Leonhard, der sie übel im Stich gelassen hatte! Der ihr diesen jahrelangen Schmerz und bitteren Kummer bereitet hatte! Nein, um Liebe ging es nicht. Zuneigung, das war es, was sie für den netten Georg empfand. Georg, der ihr gerade eben versprochen hatte, sie heiraten zu wollen. Der sie nicht einfach so zurückwies. Sondern auch zu seiner Verantwortung stand! Was wollte sie denn mehr? Und außerdem, wie oft hatte sie schon die Alten reden hören, dass so manche stürmische Liebesbeziehung im Laufe der Ehe völlig erkaltet war, während sich so genannte Vernunftheiraten immer wieder als haltbarer und glücklicher erwiesen. Wo beide Seiten von vornherein ohne große Illusionen die Ehe eingegangen waren. So merkwürdig sich das auch anhörte.

»Wo ich dich doch sowieso die ganze Zeit über fragen wollte! Aber du warst in den letzten Wochen immer so abweisend, dass sich keine Gelegenheit gefunden hat.«

Was redete der Georg da? Anna kniff verwundert die Augen zusammen.

»Du bist ja eine der wenigen, die nicht mit jedem schon etwas angefangen hat. So eine wäre nämlich nichts für mich ...«

Georg! Wie lange kannte sie den netten Georg Hammel nun schon? Eine geraume Zeit auf jeden Fall. Mehrere Jahre. Und ehrlich gesagt hatte sie noch nie ein böses Wort von ihm gehört. Ganz im Gegenteil. Jahrelang hatte er geduldig all ihre manchmal zugegebenermaßen recht schroffen Zurückweisungen ertragen. Und niemals schien er einer anderen als Anna den Hof zu machen. Kein dahergelaufener Halodri also, der Georg! Und auch kein Feigling wie Leonhard! Außerdem – blieb ihr überhaupt eine andere Wahl? Konnte sie es denn noch besser treffen? Und das nach der ganzen ausweglosen Verzweiflung, die noch vor wenigen Augenblicken ihr ganzes Handeln bestimmt hatte.

»Also, was meinst du? Ende September müssten wir mit der Kartoffelernte in diesem Jahr wohl fertig werden. Spätestens Anfang Oktober. Dann wird der Bauer sicher nichts gegen zwei freie Tage für uns einzuwenden haben.« In Georgs Miene spiegelte sich ein strahlendes Lächeln, während er Anna seinen rechten Arm entgegenstreckte und ihr aufmunternd zunickte. »Komm, schlag ein, Anna. Lass uns unseren Bund besiegeln.«

Anna zögerte nur noch kurz, dann ergriff sie Georgs Hand und drückte sie innig. »Einverstanden!«

Georg ließ einen Jubellaut ertönen und legte seine linke Hand noch obendrauf. »Dann sind wir jetzt also verlobt – und im Oktober werden wir heiraten! Damit unser Kind dann auch einen Vater und eine Mutter hat, wenn es auf die Welt kommt …«

Und schon wieder meldeten sich die Zweifel. Sollte sie Georg erzählen, dass er vor diesem Eheversprechen eigentlich noch etwas hätte wissen sollen? Dass sie ihm noch etwas sagen müsse? Jetzt wäre die beste Möglichkeit dafür. Anna schluckte den trockenen Kloß in ihrer Kehle tapfer hinunter. »Georg …«, begann sie mit zaghafter Stimme. »Es ist so …«

»Da sind sie!«, tönte in diesem Augenblick eine laute Stimme durch den Dachboden. Ludwig! Einer der Knechte war es, der mit ausgestrecktem Arm auf die beiden am Boden kauernden jungen Leute deutete, während er, stolz auf seine Entdeckung, das Kinn zufrieden in die Höhe reckte. »Die Anna und der Georg! Alle beide! Beim Schäferstündchen nach dem Mittagessen!«

»Lass sehen!« Eine groß gewachsene ältere Magd drückte den Mann zur Seite und musterte die Szenerie mit missbilligendem Kopfschütteln, während sie vorwurfsvoll die Hände in die Hüften stemmte. Anna und Georg!

»Das ist ja wirklich unglaublich! Wenn das der Bauer erfährt! Na wartet! Auf die Reaktion, auf die könnt ihr euch wirklich jetzt schon freuen!« Georg zog Anna rasch mit sich in die Höhe und drückte selbstbewusst seinen Rücken durch, während er die ungebetenen Zaungäste mit einem kampflustigen Blick bedachte.

»So, dann könnt ihr jetzt wieder verschwinden. Nachdem ihr alles gesehen habt! Gesprächsstoff werdet ihr ja nun genügend haben!« Ohne ein weiteres Wort zu verlieren, legte Georg seine Hand um Annas Schulter und schob sich so mit ihr an den beiden verdatterten Lästermäulern vorbei.

Vielleicht war es ja wirklich besser so, wie es nun gekommen war. Vielleicht handelte es sich tatsächlich um einen

Wink des Schicksals, der ihr auf diese Weise zuteil geworden war. Vielleicht sollte Anna die Vergangenheit begraben. Endgültig!

Es gab nur noch die Zukunft. Eine Zukunft, an die sie am Morgen nicht im Entferntesten zu denken gewagt hätte. Noch nicht einmal im Traum …

43

Mitte Januar 1911

Nun war es also doch Mitte Januar geworden, bis Anna endlich ihren schon so lange geplanten Besuch auf dem Friedhof in Auerbach verwirklichen konnte. Wo sich die Gräber ihrer Mutter und der Großeltern befanden. Einmal wenigstens hatte sie vor ihrer Niederkunft noch herkommen wollen, wenn es ihr nun schon seit mehr als anderthalb Jahren nicht mehr möglich gewesen war. Jetzt, als verheiratete Frau und hochschwanger.

Am 9. Oktober des letzten Jahres hatten Georg Hammel und Anna Reingruber geheiratet – die Trauung hatte in der St. Jakobskirche stattgefunden. Was Anna ganz recht war, denn im Bereich der Rothenburger Kirchengemeinde hatte sie ja so gut wie gar keine Bekanntschaften, wenn man einmal von den Rößlers absah. Aber die würden sie auf keinen Fall verraten, das hatte ihr Magdalena erst neulich noch einmal versichert. Wenngleich die Patin auch bedenklich den Kopf gewiegt hatte, als ihr Anna mitteilte, dass sie Georg nichts von Marias Existenz erzählt habe. Andererseits … es handelte sich um keine einfache Entscheidung, weiß Gott nicht! Wie auch immer!

Dass die Trauung in der St. Jakobskirche hatte stattfinden können, war dem Umstand zu verdanken, dass Georg aus Rothenburg stammte und hier getauft worden war. Auch wenn den jungen Knecht ansonsten nichts mehr mit Rothenburg verband, denn seine Eltern waren schon vor Jahren verstorben. Und die wenigen Frauen, die Anna kennen mochten, waren auf deutliche Distanz zu ihr gegangen und musterten sie von ferne mit ihren missbilligenden Blicken, die der ahnungslose Georg für die Arroganz der Stadtbürger gegenüber dem einfachen Landarbeiter hielt. So war die Hochzeit also glücklich vonstatten gegangen.

Merkwürdig. Es war doch kaum Schnee gefallen, sodass sich das Grab, in dem erst ihre Mutter und dann die Großeltern bestattet worden waren, eigentlich leicht finden lassen sollte. Es musste sich doch hier befinden. In der Nähe der Friedhofsmauer, nur zwei Grabstellen von dem beeindruckenden, großen Steindenkmal der Familie Döppert entfernt. Doch da war nichts! Die dünne Schneedecke konnte wirklich nicht als Erklärung herhalten. Nein, da war nichts – oder anders ausgedrückt: Das Grab war nicht mehr vorhanden! Eingeebnet. Planiert. Von dem ewig morschen Holzkreuz gar nicht erst zu reden. Sie hatten das Grab ihrer Mutter beseitigt! Vom Erdboden getilgt! Einfach eben gezogen. Es gab also nichts mehr, was an die Mutter und die Großeltern erinnerte. Der einfache Bauernhof war ja schon vor Jahren vom Nachbarbauern, der das hoch verschuldete Anwesen seinerzeit von der Gemeinde erworben hatte, zugunsten eines neuen Kuhstalls abgerissen worden.

Aus! Vorbei! In ganz Auerbach gab es keine Reingrubers mehr. Noch nicht einmal mehr ein verwittertes Kreuz, auf dem ihr Name zu lesen war. Ein heftiger Schmerz raste durch Annas Unterleib, als diese bittere Erkenntnis schlagartig in ihr aufblitzte! Gefolgt von einer zweiten Schmerzwelle, die sie laut aufstöhnend in die Knie zwang. Die Wehen! Wehen! Keine dieser leichten Krämpfe, die sich ab und zu als erste Vorboten der nahenden Niederkunft einstellten. Nein, richtige Wehen! Schmerzen, die sie schlagartig aus dem Vergessen heraus wieder angriffen. Zu früh! Viel zu früh! Der Termin war doch erst in vier Wochen!

Anna presste die Hände auf den Bauch und versuchte, so tief wie möglich einzuatmen. Dann langsam den Atem wieder entweichen lassen. Am besten wäre es, sich an der Friedhofsmauer entlang zu dem schmiedeeisernen Eingangstor zu schleppen. Langsam, ganz langsam. Nur ja nicht stehen bleiben. Sich nicht gehen lassen. Schritt für Schritt. Wieder schien sie in diesem Moment eine eiskalte Faust in ihrem unbarmherzigen Klammergriff zu zerquetschen. Kurz verharren. Einatmen – ausatmen. Dann aber weiter. Zum Tor! Es waren doch nur wenige Meter, und dennoch bedeuteten sie für Anna in dieser Situation eine schier übermenschliche Kraftanstrengung.

Endlich hatte sie es geschafft! Zitternd streckte die schmerzgepeinigte Frau ihren Arm aus und drückte die Klinke des Tores herunter. »Gustav!« Da drüben stand er. Der Fuhrmann, der schon voller Ungeduld von einem Bein auf das andere trat und seinen Blick immer wieder auf die Zeiger der Kirchturmuhr richtete.

Überrascht fuhr er herum, als er die kraftlose Stimme hörte, die seinen Namen rief. »Ja? Anna! Um Gottes willen! Was ist denn mit dir?« Erschrocken eilte er auf die Schwangere zu. »Geht es dir nicht gut? Soll ich Hilfe holen? Willst du dich erst einmal auf die Treppe setzen? Ich hole rasch eine Decke!«

Doch Anna machte eine müde abwehrende Handbewegung. »Nein, Gustav, das hat keinen Sinn. Es sind die Wehen! Ich fürchte, die Geburt will sich ankündigen«, presste sie mühsam zwischen den Lippen hervor.

»Aber ... aber«, Gustav rang fassungslos nach den richtigen Worten. »Du hast mir doch gesagt, das Kind kommt erst in vier oder fünf Wochen! Ich brauche nichts zu befürchten!«

»Ja, Gustav!« Anna hob hilflos die Achseln. »Was soll ich sagen? So ein Kind kommt halt, wann es will«, versuchte sie die Andeutung eines tapferen Lächelns. Wie beim ersten Mal! Auch Maria war viel zu früh gekommen. Schon wieder eine

Frühgeburt. »Es gibt nur eines, Gustav. Hilf mir bitte auf die Kutsche hoch und bring mich dann so schnell wie möglich nach Rothenburg.«

Der Fuhrmann fasste sich mit einer entnervten Handbewegung an die Stirn. »Und was, wenn das Kind unterwegs kommt? Ich kann dir auf keinen Fall helfen! Dann stehen wir machtlos da!«

»Nein, Gustav«, schüttelte Anna den Kopf. »So schnell geht es dann auch wieder nicht. Es wird schon reichen bis Rothenburg. Ich verspreche es dir.« Schweißtropfen traten auf ihre Stirn, während sich die von einer neuerlichen Schmerzwelle heimgesuchte Anna stöhnend zusammenkrümmte.

»Na, das kann ja was geben!«, kommentierte der Kutscher trocken. »Hoffentlich hast du Recht ...«

»Natürlich habe ich Recht. Und jetzt mach schneller, sonst schaffen wir es wirklich nicht mehr.« Von schweren Krämpfen geschüttelt, biss sich Anna heftig auf die Lippen. »Komm, Gustav! Beeil dich! Bitte!«

44

15. Januar 1911

»Das war aber wirklich einmal wieder ein hartes Stück Arbeit! Wenn es das Jahr über so weitergeht wie heute, dann bin ich spätestens bis zum Sommer mit meinen Kräften am Ende!« Erschöpft saß die grauhaarige, ältere Frau am Küchentisch in der Rothenburger Wenggasse und wischte sich mit einem Leinentuch den Schweiß von der Stirn. Vor wenigen Minuten hatten sie es endlich überstanden. Friederike Maier, die Hebamme, hatte einem zwar winzig kleinen, aber dennoch gesunden Mädchen auf die Welt geholfen. Und auch die Mutter hatte es überlebt. Was alles andere als selbstverständlich war, nach dieser sich über zwei Tage hinziehenden, schweren Geburt. In den letzten Stunden war es um Leben und Tod gegangen, das war der erfahrenen Geburtshelferin mit deprimierender Deutlichkeit genauso bewusst gewesen wie Magdalena, die seit Annas Ankunft in ihrem Haus nicht mehr von deren Seite gewichen war. Es war leider eine Tatsache, dass die Hebamme trotz all ihrer Erfahrung mit ihrem Latein längst am Ende war. Selbst ein Arzt, wenn sie denn nach einem geschickt hätte, würde in diesem fortgeschrittenen Stadium der Geburt nichts mehr ausrichten können. Jetzt half nur noch beten. Man musste, so schlimm das auch klingen mochte, einfach abwarten. Abwarten und eng an Annas Seite bleiben. Sie konnte die Qualen der Gebärenden durch kühlende Lappen auf deren Stirn zwar nicht entscheidend lindern, aber was sollte man tun. Sie hatte die feuchte Hand der schmerzgepeinigten Frau fest in die ihre gepresst und in ihrer ganzen Ohnmacht, mit der sie vor der

Gebärenden stand, leise Gebete gemurmelt. Einzig und allein der Herrgott würde nun entscheiden. Man konnte nur noch warten. Warten und hoffen. Und beten!

Was auch immer letztendlich dann geholfen hatte: Die Geburt war überstanden. Und Mutter und Kind am Leben! Aufseufzend wandte sich die Hebamme nun dem frisch gebackenen Vater zu, der ihr mit leichenblasser Miene gegenübersaß. Annas Schmerzensschreie waren ihm durch Mark und Bein gefahren. Ein ums andere Mal.

»Weshalb sich bloß immer alles wiederholen muss! Vor allem die schlechten Erlebnisse…«, murmelte sie kopfschüttelnd und schloss für einen Moment die Augen.

Georg Hammel gab keine Antwort. Nach wie vor starrte er regungslos auf das karierte Wachstuch vor sich, das die Tischplatte bedeckte.

»Anna hat sich gewünscht, dass euer Kind auf den Namen Maria getauft wird. Bist du damit einverstanden?«

Immer noch zu keiner Äußerung fähig, nickte der Knecht nur nachdrücklich mit dem Kopf. Es war ihm alles recht an diesem Tag. Hauptsache, Anna hatte überlebt. Anna und ihr Mädchen. Maria. Gut!

»Also, dann seid ihr euch ja einig. Eine kleine Maria. Noch eine …«, lächelte die Frau milde. »Aber dass das klar ist, Georg«, legte die Hebamme nun eine ernste Miene an den Tag, während sie sich über den Tisch beugte und ihr Gegenüber durchdringend musterte. »Es muss das letzte Mal gewesen sein. Eine weitere Geburt wäre für deine Frau lebensgefährlich. Ich habe es ihr eigentlich schon damals gesagt – und die letzten anderthalb Tage haben es leider um ein Haar bestätigt. Wenn sie nicht auf mich hört, muss ich es jetzt eben auch dir noch einmal in aller Deutlichkeit sagen: kein Kind mehr! Auf gar keinen Fall!« Ohne ihren Blick von Georg Hammel abzuwenden, lehnte sie sich auf dem Stuhl zurück und verschränkte die Arme vor der Brust. Doch Hammel zeigte keinerlei Reaktion auf ihre Warnung und starrte weiter einfach vor sich hin. Ärgerlich zog Friederike Maier ihre Mundwinkel nach unten.

»Hast du verstanden, Georg? Es ist mir schon wichtig, dass du das begreifst: Ein drittes Mal wird die Anna eine Geburt nur schwerlich überleben. Dieses zweite Kind war so gesehen schon eine Herausforderung des Schicksals. Sosehr ich dich und Anna verstehe, dass ihr auch ein gemeinsames Kind haben wolltet. Aber jetzt darf sie nicht noch einmal schwanger werden! Ist das bei dir angekommen?« Sie steigerte merklich ihre Lautstärke, nachdem der Mann zunächst nicht hatte erkennen lassen, dass ihre eindringliche Warnung tatsächlich bis in sein Bewusstsein gedrungen war.

Jetzt allerdings hob er endlich seinen Kopf und starrte erstaunt zu ihr herüber. »Ein drittes Mal? Was soll das heißen? Es ist doch unser erstes Kind …«

»Euer erstes Kind. Ja. Euer erstes gemeinsames Kind, aber …« Noch während der Antwort dämmerte in ihr plötzlich ein Verdacht. Was, wenn Anna ihm gar nichts von einem ersten Kind gesagt hätte. Wenn er … Konnte es wirklich sein, dass Georg Hammel gar nicht Bescheid wusste? Augenblicklich verwarf sie diese Gedanken wieder. Der junge Mann war halt noch ein bisschen verwirrt, nachdem er die ganze Zeit über hilflos in der Küche gesessen hatte, während es bei seiner Frau auf Leben und Tod gegangen war. Allem Anschein nach hatte die Geburt seinem Nervenkostüm gewaltig zugesetzt. Wie das bei den Männern, dem angeblich starken Geschlecht, ja gang und gäbe war.

»Ich verstehe das nicht. Was heißt hier, aber …?«

Also doch! Friederike Maier hätte sich auf die Lippen beißen können! Andererseits hatte niemand sie dahingehend gewarnt. Anna nicht und Magdalena auch nicht. Es waren ja auch ganz andere Sorgen gewesen, die sie in den letzten Stunden geplagt hatten. Keine Zeit, um sie zu instruieren. Und deshalb war es jetzt geschehen! Es war heraus! Sie hatte das Geheimnis preisgegeben!

»Was hier dieses »Aber« heißen soll, habe ich gefragt!« Die Miene, die Georg Hammel mittlerweile an den Tag legte, sprach Bände. Ausgerechnet jetzt, wo die Nerven des jungen Knechtes sowieso schon bis zum Äußersten gespannt waren, kam jetzt auch noch diese Erkenntnis dazu, die ihn völlig unvorbereitet überrollte! Ungehalten sprang er auf. »Was wollen Sie mir denn damit sagen?!«

»Georg! Sei bitte leise! Anna schläft!« Magdalena legte warnend den Zeigefinger an ihre Lippen, während sie vorsichtig die Schlafzimmertür hinter sich zuzog. Instinktiv war sie im richtigen Moment erschienen, registrierte die Hebamme dankbar. Vielleicht aber war sie auch von Georgs plötzlicher Lautstärke alarmiert worden.

»Jetzt setz dich doch erst einmal wieder auf den Stuhl«, fuhr Magdalena mit sanfter Stimme fort.

Doch so einfach ließ sich Hammel nicht mehr beruhigen. »Ich sitze schon den ganzen Tag. Jetzt stehe ich lieber. Und im Übrigen setze ich mich hin, wenn ich es will. Da brauche ich weder eine Hebamme dazu noch eine Tante!«, zischte er scharf. Schärfer, als er das vielleicht beabsichtigte.

Auf alle Fälle hatte Magdalena ein solches Verhalten des ansonsten so sanftmütig wirkenden Georg bei ihren zugegebenermaßen wenigen Zusammentreffen noch nie erlebt. Kerzengerade baute er sich vor Magdalena auf und nahm sie streng in sein Visier.

»So, und jetzt würde ich schon gerne wissen, was das gerade eben denn heißen sollte. Das mit dem dritten Mal! Es war doch unser erstes Kind!« Magdalena räusperte sich verlegen.

»Ja, schon. Euer erstes Kind …«, ließ sie das Ende des Satzes offen.

»Schon wieder!« Ungehalten stampfte Georg mit seinem Fuß auf den Küchenboden. »Was ist das denn für ein elendiges Herumgerede? Erstes Kind … euer erstes Kind?! Was wollt ihr mir denn eigentlich sagen?!« Dunkle Röte hatte sein Gesicht überzogen.

»Georg …« Nervös nestelte Magdalena mit den Fingern an der Schlaufe ihrer Schürze. Wie sollte sie es ihm nur beibringen? Mehrmals hatte sie versucht, Anna dazu zu bewegen, ihrem Mann reinen Wein einzuschenken und ihm von der Existenz ihres ersten Kindes zu berichten. Doch Anna war nicht zu bewegen gewesen. Sie habe einfach den rechten Zeitpunkt nie gefunden, und mittlerweile sei es zu spät dazu. Jetzt, nach der Hochzeit, würde es ihr Georg sicherlich nicht mehr verzeihen, wenn sie nun plötzlich mit der Geschichte von dem Kind daherkäme. Und so lag es also nun ausgerechnet an Magdalena, den aufgebrachten jungen Mann auf so schreckliche Weise davon in Kenntnis zu setzen! Es stimmte ja. Es half nichts, weiter um die Dinge herumzureden. Zumal Georg sich die Antwort ja mittlerweile denken konnte. Und dennoch hatte er ein Recht darauf, es zu erfahren. Jetzt! Von ihr.

Magdalena schluckte tapfer, dann suchte sie seinen Blick. »Georg. Sie hat schon ein Kind geboren. Auch ein Mädchen. Aber das ist schon beinahe acht Jahre her. Sie hat es weggeben müssen. Gleich nach der Geburt. Es hieß auch Maria …«

Ob ihre letzten Worte überhaupt noch zu ihm vordrangen? Sie wusste es nicht. Entsetzen, Schreck und Trauer, all diese Empfindungen schienen sich gleichzeitig in der Miene des aufstöhnenden jungen Mannes zu spiegeln.

»Aber … aber … warum … Anna … weshalb hat sie mir denn nie etwas gesagt? Anna!« Er ließ seinen Tränen freien Lauf, während er schockiert in die Gesichter der beiden betretenen Frauen starrte. »Weshalb hat sie mir das angetan? Wer glaubt sie denn, bin ich? Und ihr?« Mit anklagend ausgestrecktem Arm deutete Georg erst auf Magdalena, dann auf die Hebamme. »Ihr habt es gewusst! Und habt mich zum

Narren gehalten! Genauso wie die Anna! Wahrscheinlich habt ihr sogar hinter meinem Rücken gelacht! Über den Trottel, der ja nicht alles wissen muss! Ja! So wird es gewesen sein! Wahrscheinlich weiß es ja die halbe Stadt und lacht sich krank über Georg, den Trottel! Pfui Teufel!« Mehr und mehr hatte er sich bei seiner lautstarken Anklage in Rage geredet. Jetzt spuckte er vor Magdalena aus, machte auf dem Absatz kehrt und stürmte aus dem Haus. Krachend fiel die Tür hinter ihm ins Schloss. Eine betretene Stille erfüllte den Raum. Eine Atmosphäre, dermaßen angespannt, dass sie ihnen die Luft zum Atmen zu nehmen schien. Magdalena konnte Georg diesen Zornesausbruch nicht verdenken. Beim besten Willen nicht. Aber was jetzt?

Es würde schwer für Anna werden. Und ob sie Georg jemals wieder für sich gewinnen konnte, war fraglich. Er war bis ins Innerste verletzt und getroffen. Wenn nun nur nicht Misstrauen und Eifersucht auf Dauer die Oberhand gewännen! Das wäre furchtbar.

Für beide.

Für alle drei: für Georg, Anna – und das neugeborene, unschuldige Kind!

45

18. Januar 1911

»Und so taufe ich dich auf den Namen Maria Barbara Hammel. Im Namen des Vaters, des Sohnes und des Heiligen Geistes. Amen!« Der Pfarrer benetzte die Stirn des kläglich quäkenden Wickelkindes mit einem Wassertropfen, dann verneigte er sich mit feierlicher Miene vor der blassen Frau, die vom Bett aus die Taufzeremonie beobachtete. Immer noch war Anna dermaßen von den Strapazen der schweren Geburt geschwächt, dass an ein Verlassen des Krankenlagers noch auf Tage hinaus nicht zu denken war. Dazu kam die tiefe Depression, die von ihr Besitz ergriffen hatte, nachdem ihr die lange Zeit widerstrebende Magdalena schließlich den Grund dafür erklärt hatte, weshalb sich Georg seit der Geburt kein einziges Mal bei ihr hatte blicken lassen.

Wieder einmal war alles aus! Kurz nach einem neuen Anfang waren wieder alle Hoffnungen zerstoben! Wo doch sogar der Schandhofbauer sich bereit erklärt hatte, die kleine Familie in die ehemalige Behausung der Rößlers ziehen zu lassen, sodass Georg weiter als Knecht auf dem Hof arbeiten konnte. Und auch Anna könne sich wieder als Dienstmagd nützlich machen, wenn die ersten Wochen nach der Niederkunft vorüber seien, hatte die Bäuerin mit einem aufmunternden Augenzwinkern das Angebot ihres Mannes ergänzt. Die Zukunft war Anna und Georg also sicher erschienen. Voller Zuversicht fühlten sie sich in der Lage, die Aufgaben zu meistern, die vor ihnen lagen. Die Zukunft! Was war innerhalb von Minuten nur daraus geworden? Zerstört, vernichtet, gerade so, als hätte es sie gar nie gegeben! Aber wie sollte Anna ihrem Mann Georg nur alles erklären? Georg, der sich ja nicht mal bei ihr blicken ließ! Der seit dieser schockierenden Mitteilung, für die sie Friederike, der ahnungslosen Hebamme, nun wirklich nicht die Schuld anlasten durfte, gar nichts mehr von ihr wissen wollte! Aber wie sollte sie ihm denn dann ihre Notlage erklären, wenn er gar nicht erst zu ihr kam? Wenn er somit nachdrücklich zur Schau stellte, dass sie künftig getrennte Leute sein würden?

Wieder und wieder hatten die Frauen alle Möglichkeiten besprochen, wie sich Anna mit Georg aussprechen könnte. Und wie man es bewerkstelligen könnte, dass er sich überhaupt wieder in der Wenggasse zeigte. Zu der totalen körperlichen Erschöpfung kamen also auch noch die seelischen Qualen! Wenn man sich all das vor Augen führte: der Schreck, als Anna auf dem Friedhof von Auerbach hatte begreifen müssen, dass das Grab ihrer Mutter und der Großeltern nicht mehr existierte. Die Wehen, die durch diese schockartige Erkenntnis ausgelöst worden waren. Die Wehen? Nein, die viel zu frühe Geburt! Die quälenden Schmerzen beim überstürzten Heimweg auf dem holpernden Fuhrwerk. Die sich über anderthalb Tage hinziehende Geburt, die Anna an den Rand des Todes geführt hatte.

Und ausgerechnet jetzt, nachdem die Kräfte wieder zögernd in ihren Körper zurückzuströmen begannen, jetzt lastete die plötzliche Entfremdung von Georg auf ihrer Seele. Der sich von Anna getäuscht und gedemütigt fühlte. Wofür Anna nach Ansicht der beiden anderen Frauen durchaus Verständnis aufbringen müsse. Sie solle sich nur einmal überlegen, wie sie wohl in einer ähnlichen Situation reagiert und empfunden hätte. Aber auch solche Gespräche endeten regelmäßig in immer derselben Sackgasse. Die Frage war und blieb, wie sie sich Georg gegenüber erklären konnte.

Und wie konnte man ihren Mann dazu bringen, sich überhaupt wieder auf eine Begegnung mit ihr einzulassen?

Friederike Maier, der Hebamme, war schließlich die hoffentlich rettende Idee gekommen. Angesichts von Annas schwer in Mitleidenschaft gezogener Gesundheit müsse es möglich sein, den Pfarrer zu einer vorgezogenen Taufe zu überreden. Zu einer Haustaufe sogar. Man könne sich beim schlechten Zustand der Wöchnerin nämlich ganz und gar nicht sicher sein, ob sie nicht womöglich doch noch einen schweren Rückschlag erleide und an einem der nächsten Tage das Zeitliche segnen müsse – ohne zuvor die Taufe ihres Kindes erlebt zu haben. Eine solche Notlüge – sofern man sich überhaupt so drastisch ausdrücken müsse – sei angesichts der besonderen Lage durchaus zu vertreten, war die Hebamme überzeugt gewesen.

Der Pfarrer war auf Friederikes Vorschlag eingegangen, und so fand an diesem Morgen des 18. Januar im Schlafzimmer des Hauses Rößler in der Rothenburger Wenggasse die Taufe von Maria Barbara Hammel statt. In Anwesenheit des Vaters, Georg Hammel, der widerstrebend gekommen war, nachdem ihn die Hebamme auf dem Schandhof aufgestöbert und die Nachricht von der bevorstehenden Taufe seiner Tochter überbracht hatte. Wenigstens würde er dadurch gezwungen sein, Anna gegenüberzutreten. Und seine Tochter zum ersten Mal zu Gesicht bekommen. Nachdem er in seiner maßlosen Wut und Enttäuschung aus dem Haus gestürmt war, ohne die kleine Maria überhaupt gesehen zu haben. Wenn er das Kind erst einmal in seinen Händen wiegte, dann, so lautete das Kalkül der Hebamme, könne man sich berechtigte Hoffnungen machen, dass auch sein Zorn verrauchte. Angesichts seiner kleinen Tochter. Bei einer so heiligen Handlung wie der Taufe. Hoffentlich!

Doch Georg, der beim Betreten der Kammer nur einen undeutlichen Gruß gemurmelt und Anna keines Blickes gewürdigt hatte, stand während der gesamten Zeremonie stumm und mit finsterer Miene in dem kleinen Raum mit der niedrigen Decke. Die Tatsache, dass Magdalena Rößler wiederum als Taufpatin fungierte, wie schon bei der Mutter und auch bei der ersten Tochter, die Anna geboren hatte, schien Georg unbewegt zur Kenntnis zu nehmen. Wenn überhaupt. Was in seinem Innersten wirklich vor sich ging, das konnte man nur erahnen, wenn man ihn mit den fest aufeinander gepressten bleichen Lippen so voller Anspannung vor sich stehen sah.

Äußerlich völlig unbewegt, hatte er zugehört, wie Anna mit belegter Stimme dem Pfarrer den Namen ihrer Tochter erklärt hatte. Dass ihr Mädchen auf den Rufnamen Maria getauft werden solle, gerade so »wie meine liebe kleine Maria, meine erste Tochter, die ich habe weggeben müssen«.

Mit einem kritischen Stirnrunzeln hatte der Pfarrer diese eigenartige Begründung vernommen. Das war ihm in seiner gesamten Laufbahn noch nie widerfahren. Dass eine Mutter ihre beiden Kinder auf denselben Vornamen taufen ließ. Was ja auch eigentlich ein Unding war. Unmöglich dazu noch. Nun gut, in diesem Fall konnte man eine Ausnahme machen, denn das erste Kind war mit zweitem Vornamen Margareta getauft worden, dieses Kind hier erhielt zusätzlich den Namen Anna. Und nachdem die damals ledige Mutter ihr erstes Kind ja gleich nach der Geburt hatte weggeben müssen, das mit Nachnamen Reingruber heiße, bestand schon deshalb keinerlei Verwechslungsgefahr, weil das neugeborene Mädchen als Kind der Eheleute Hammel auf die Welt gekommen war. Also auch auf einen ganz anderen Nachnamen hörte.

Dies hatte ihm die Hebamme erzählt und so seine anfänglichen Bedenken zerstreut. So befremdlich die ganze hastige Feierlichkeit auf ihn auch wirken mochte. Die traurig dreinschauende Mutter, der finster auf den Boden starrende Vater, die verlegen wirkende Taufpatin und die von all dem peinlich berührte Hebamme, die mit ihren unruhigen, fahrigen Bewegungen alles nur noch merkwürdiger erscheinen ließ, veranlassten den Pfarrer, sich nach der Taufhandlung rasch wieder zu verabschieden. Er atmete erleichtert auf, als er sich wieder auf der Straße befand.

»Ich danke dir, dass du gekommen bist, Georg!« Magdalena Rößler streckte dem unschlüssig im Gang ihres Hauses verharrenden jungen Mann dankbar ihre Rechte entgegen. Doch Georg Hammel tat so, als habe er die Hand gar nicht bemerkt. Ganz allmählich war nun auch Magdalena mit ihrer Geduld am Ende. Was erwartete der Kerl denn eigentlich noch von ihnen?! Etwa, dass sie ihn auf Knien um Vergebung baten? Sie selbst womöglich auch noch? In ihrem eigenen Haus?

»Georg! Jetzt gib dir halt einen Ruck! Die Anna hat es doch nicht böse gemeint. Sie hat dich doch nur nicht belasten wollen!«

»Nur nicht belasten wollen!«, schnaubte Hammel wütend. »Wie feinfühlig von ihr!«

»Ja, das sollte es wirklich sein! Und so, wie du dich jetzt uns gegenüber aufführst, muss ich leider feststellen, dass ihre Sorge nicht ganz unbegründet gewesen ist!«

»Jetzt ist es aber genug!«, donnerte Hammel und machte einen drohenden Schritt auf Magdalena zu.

»Allerdings! Es ist genug jetzt!« Magdalena hob warnend ihre Hand in die Höhe und musterte den anderen mit furchtloser Miene. »Und wenn du meinst, mir Vorwürfe machen zu müssen, dann hör mich gefälligst erst einmal an. Danach kannst du dann meinetwegen denken, was du willst!«

»Anhören! Reden! Diskutieren! Davon wird es auch nicht besser!«

»Versuchen könnte man es ja!«, fauchte Magdalena wütend. »Zumindest wenn einem der Herrgott ein Hirn zum Denken gegeben hat!«

Das unerwartet entschiedene Auftreten der Frau verfehlte seine Wirkung auf Georg nicht.

»Also gut«, knirschte er säuerlich. »Da bin ich aber mal gespannt auf die Begründung, weshalb du mit deinem Patenkind gemeinsame Sache gemacht hast, als es darum gegangen ist, mich hinters Licht zu führen. Ihr alle zusammen«, deutete er mit einer Kopfbewegung auf Friederike Maier, die den Disput wortlos verfolgte.

»Alle haben das ja anscheinend gewusst mit dem Kind, nur ich nicht! Und da wird man sich doch wohl einmal die Frage stellen dürfen, weshalb nicht?«

»Das ist schnell zu beantworten! Mit einem einzigen Wort …«

»… und das wäre?«

»Männer! Ich sage nur: Männer!«

»Und was soll das bitte heißen?«

»Dass die Anna schlichtweg Angst gehabt hat. Angst vor deiner Eifersucht. Versetz dich doch einmal in ihre Situation. Schwanger war sie und verzweifelt, hat keinen Ausweg mehr für sich gesehen. Hat sich in derselben Situation wiedergefunden wie bei ihrem ersten Kind. Der Maria, die sie hat weggeben müssen. Und weshalb?« Magdalena machte einen Schritt auf Georg zu und fixierte ihn scharf.

»Weil der Mann sie im Stich gelassen hat. Der Mann, dessen Kind sie im Bauch getragen hat! Sie hat das Kind unter Schmerzen auf die Welt gebracht, unter gewaltigen Schmerzen. Und dann? Dann hat sie es weggeben müssen – an den Feigling von Vater, der nichts mehr von ihr hat wissen wollen! Kannst du verstehen, was das heißt? Nein, glaube das bloß nicht! Das kannst du nicht nachfühlen, was das für die Anna bedeutet hat! Das kann nicht einmal ich, obwohl auch ich ein Kind habe hergeben müssen. Doch wenigstens habe ich einen Mann an meiner Seite gehabt, der weiter zu mir gestanden ist. Und selbst mit ihm war es noch schwer genug. Verstehst du das? Nein, das kannst du gar nicht verstehen! Das kann nur eine Frau verstehen, die so etwas schon einmal hat durchmachen müssen!« Immer energischer war Magdalena bei ihrer zornigen Anklage geworden. Immer lauter, immer zorniger. Was glaubte dieser Kerl denn eigentlich, hier tagelang den Beleidigten spielen zu können, während seine Frau um ein Haar bei der Geburt gestorben wäre. Bei der Geburt seines Kindes. Aber jetzt einfach anklagend und selbstmitleidig vor ihr zu stehen und zu meinen, auch ihr noch Vorwürfe machen zu müssen! In ihrem eigenen Haus! Nein, beim besten Willen: nein!

Es dauerte eine ganze Weile, bis Georg Hammel sich eine Antwort zurechtgelegt hatte. »Und dennoch hat sie mich maßlos enttäuscht! Sie, du und ihr alle«, deutete er mit dem ausgestreckten Arm erst auf die Schlafzimmertür, dann auf Magdalena und schließlich auf die Hebamme.

»Ihr habt mich betrogen. Alle habt ihr mich betrogen!« Mit einer rechthaberischen Geste verschränkte er die Arme vor der Brust.

Magdalena fühlte kalte Wut in sich aufsteigen. Eiskalte Wut.

»Raus!«, donnerte sie aus Leibeskräften. »Raus aus meinem Haus! Und lass dich hier ja nie wieder blicken, verstehst du? Nie wieder!«

46

4. November 1914

Das gute halbe Dutzend Menschen, das in der Wohnstube des unteren Schandhofes um den wuchtigen Tisch herum versammelt war, wartete mit gesenkten Köpfen ungeduldig darauf, dass der Bauer endlich mit seinem Nachtgebet zu Ende kam. Immer wieder streifte der eine oder andere Augenaufschlag von den fromm gefalteten Händen zu der großen, für das Gesinde bestimmten Tonschüssel hinüber, von deren Inhalt verführerische kleine Dampfschwaden in das Halbdunkel des Raumes aufstiegen.

»Danke für das, was du uns bescheret hast!« Endlich! Aufatmend richteten sich die anderen auf. Er war zu Ende gekommen. »Amen!«, sprach der Bauer mit feierlicher Stimme und ergriff den großen Brotlaib neben sich, um mit einem großen Messer das Zeichen des Kreuzes leicht in die Unterseite des Laibes zu ritzen.

»Heute spielt er wieder mal ganz und gar den Heiland«, murmelte der alte Ludwig leise, während er ungeduldig die Handbewegungen des Bauern verfolgte.

»Psst! Ludwig! Sei bloß ruhig!« Anna legte warnend den Zeigefinger an ihre Lippen. »In diesen Dingen versteht er überhaupt keinen Spaß, das weißt du doch!«

»Ist doch wahr«, zischte der Knecht trotzig zurück. »Mir hängt der Magen schon in der Kniekehle, und dann soll ich noch den frommen Landmann markieren. Also, wirklich! Und obwohl mir andererseits schon allein beim Gedanken übel wird, dass es schon wieder Steckrübeneintopf gibt!« Er schüttelte sich angewidert.

»Was ist mit dir, Ludwig? Bist du krank – oder weshalb machst du diese merkwürdigen Bewegungen?« Der Bauer warf einen scharfen Blick zum anderen Ende des Tisches hinüber. »Ist irgendetwas?«

Wenn er diesen Tonfall anschlug, war es das Beste, sich zu ducken und auf gar keinen Fall mehr zu widersprechen, das war allen in der Stube bekannt. Denn jeder von ihnen hatte im Lauf seiner Tätigkeit auf dem Schandhof bereits die Erfahrung gemacht, was es bedeuten konnte, dem jähzornigen Bauern gegenüber Widerworte zu äußern. So harmlos diese auch gewesen sein mochten. Manch einer hatte anschließend sein Bündel schnüren müssen und war noch am selben Tag vom Hof gejagt worden – sosehr sich die Bäuerin auch für ihn eingesetzt hatte.

»Nein, nein«, hob deshalb auch der alte Ludwig abwehrend die Hände. »Mir ist nur ... mir war halt nur kurz ein bisschen kalt!«

Noch einmal legte der Bauer die Stirn in kritische Falten, während er Ludwig abschätzend musterte.

»Mag sein, dass du allmählich halt doch zu alt bist für die Arbeit hier bei uns. Vielleicht solltest du dich bis Lichtmess nach einer leichteren Arbeit umschauen. Unten im Wildbad vielleicht. Da kommt es doch auf einen Bediensteten mehr oder weniger nicht an ...«

»Nein, nein!« Erschrocken wedelte Ludwig mit seiner Rechten. »Es ist wirklich nichts! Bitte! Das war nur so ein kleiner Schauder. Wie es einem eben geht, wenn man von einem Floh gebissen wird. Bitte. Es ist nichts. Wirklich nichts! Mir geht es gut!«

»Na, dann ist ja alles in Ordnung!« Um die Mundwinkel des Bauern spielte ein befriedigtes Lächeln, während er mit seinem großen Messer eine Kartoffel aus der Schüssel aufspießte, die am Kopfende des Tisches bei den Bauersleuten stand. Eine bedrückende Stille senkte sich über den Tisch.

Selbst die mit den Mägden ewig unzufriedene Gerlinde, die grundsätzlich die Seite der Bauern verteidigte, schüttelte kaum merklich ihren Kopf.

»Das kann er doch nicht machen. Da spielt er einerseits den frommen Bauersmann, und andererseits droht er dem Ludwig mit dem Rauswurf, wenn der vielleicht bald nicht mehr die allerschwersten Arbeiten verrichten kann. Und das nach über dreißig Jahren!«

»So sind sie eben, deine hoch gelobten Bauersleute«, zischelte Walburga, eine weitere Magd, in Gerlindes Richtung. »Wir dürfen uns die ganze Zeit über krumm und bucklig schuften – für einen Hungerlohn –, und hinterher stecken sie uns dann noch ins Armenhaus. Wie einen Ackergaul, den man irgendwann zum Abdecker schafft!«

„… und die vornehme Herrschaft verspeist Kartoffeln, während wir den Steckrübeneintopf fressen dürfen. Wie am Schweinetrog! Na ja, viel mehr als die Schweine gelten wir denen ja eh nicht!«, ergänzte Josef, der Oberknecht.

»Dass wir uns da bloß niemals falsche Hoffnungen machen«, sandte er einen vieldeutigen Blick zu Gerlinde hinüber. »Auch du wirst dein Gnadenbrot einmal nicht im Schandhof vertilgen, darauf kannst du Gift nehmen!«

»Was ist das? Gnadenbrot?«, meldete sich in diesem Moment eine helle Kinderstimme laut zu Wort.

Maria! Es war die Stimme von Maria, Annas dreieinhalbjähriger Tochter, die sie unbekümmert ansah und auf Antwort wartete.

»Maria! Das ist nichts für kleine Kinder«, flüsterte Anna hastig, während sie das aufbegehrende Mädchen eng an sich drückte.

»Was ist denn das für ein Volksgemurmel heute Abend? Sind wir etwa auf dem Jahrmarkt, wo alle durcheinander schreien können, wie es ihnen gerade gefällt?!« Der Bauer hieb den hölzernen Griff seines Messers zornig auf die Tischplatte und musterte sein erschrocken zusammengeducktes Gesinde mit einem durchdringenden Blick. »Ich habe es in den letzten Tagen immer wieder sagen müssen, dass, wenn gegessen wird, Ruhe am Tisch zu herrschen hat! Der Einzige, der dann spricht, das bin ich! Ist das jetzt klar? Ein für alle Mal klar?« Streng sah er in die Runde, wo einer nach dem anderen verlegen nickte, ohne jedoch den Blick von der Tonschüssel abzuwenden.

»Na also«, nickte der Schandhofbauer ernst. »Wo kämen wir sonst auch hin, wenn jeder täte, wie ihm gerade beliebt. Wir sind ja schließlich nicht in Babylon! Und wie das geendet hat, das können wir ja in der Heiligen Schrift nachlesen. Nein«, er griff zu einer Zeitung, die neben ihm auf der Holzbank lag und hielt sie in die Höhe.

»Das Deutsche Reich wird nur mit Disziplin und all unseren bekannten Tugenden überleben. Obwohl wir umzingelt sind von Feinden, werden wir am Ende triumphieren. Und warum? Weil jeder seinen Teil dazu beiträgt! Mit jeder Faser seines Herzens! Unser hochverehrter Kaiser Wilhelm«, unter dem Tisch schlug er militärisch die Hacken zusammen und tippte sich gleichzeitig grüßend an die Stirn, »genauso wie unser Held von Tannenberg, unser tapferer Generaloberst Paul von Hindenburg, den der Kaiser nunmehr zum Oberbefehlshaber Ost ernannt hat!« Mit triumphierender Geste tippte der Bauer auf die erste Seite des »Fränkischen Anzeigers«, wo in großen Lettern die Ernennung Hindenburgs verkündet wurde, auf den sich nach den verlustreichen Oktoberschlachten gegen die Russen in Polen und Galizien die Hoffnungen des deutschen Oberkommandos richteten. »Wir haben zwar in den letzten Wochen einige Schlachten verloren, aber das war, wie sich jetzt herausstellt, nur die Taktik unserer genialen Heerführer, um den Feind in Sicherheit zu wiegen. Nun aber sind unsere tapferen Soldaten wieder eindeutig auf dem Vormarsch und werden die russische Dampfwalze einfach niedertrampeln! Es muss uns eben gelingen, den kalten Winter dort zu überstehen. Wenn das gelingt – und welcher vaterländisch gesinnte deutsche Mann möchte daran zweifeln –, dann kann der Zar schon einmal die Kapitulationsurkunde entwerfen! Hurra! Ein dreifaches Hurra auf unsere tapferen Soldaten, auf unseren Kaiser Wilhelm und den Oberbefehlshaber Generaloberst von Hindenburg! Hurra! Hurra! Hurra!« Mehr und mehr hatte sich der Bauer in Begeisterung geredet. Mit hochrotem Kopf erhob er sich nun und streckte seinen Trinkbecher in die Höhe, den er anschließend in einem einzigen Zug leerte.

Auch dem Gesinde blieb nichts anderes übrig, als sich zu erheben und mit wesentlich geringerer Begeisterung die drei Hurrarufe zu erwidern.

Vor allem Anna war bei der Prognose des weiteren Kriegsverlaufs schaudernd zusammengezuckt, denn schon im September 1914 hatte Georg Hammel seinen Einberufungsbefehl erhalten und kämpfte mittlerweile an genau jener Front im Osten, die der Bauer grade eben erwähnt hatte. Nicht dass sich die Beziehung zwischen ihnen seit den alptraumhaften Vorgängen bei Marias Geburt noch einmal richtig eingerenkt hätte. Nein, man lebte seitdem mehr schlecht als recht nebeneinander her. Und der früher so umgängliche Georg erwies sich nun als verdrießlicher Grantler, der Anna nur noch selten eines Wortes würdigte. Obwohl sie dank Magdalenas Vermittlung doch tatsächlich eines der beiden bescheidenen Zimmer beziehen durften, in der schon die Rößlers damals eine Unterkunft gefunden hatten. Der lange Zeit widerstrebende Bauer war nur mit Hinweis auf seinen ehemaligen Knecht Johann Rößler zu diesem Eingeständnis zu bewegen gewesen. Samt dem Vermerk, dass dieser sich seitdem ja noch fleißiger an die Arbeit gemacht hatte als in den Jahren zuvor. Es hätte sich also alles zum Guten hin entwickeln können.

Doch das Gegenteil war der Fall. Wie eine Mauer türmte sich unüberwindbar der Vorwurf zwischen den beiden Eheleuten auf, dass Anna ihrem Mann die Existenz ihres ersten Kindes verschwiegen hatte.

Keine Erklärung, kein Vermittlungsversuch wie beispielsweise von Luise Klee ließ Georg Hammel von seiner beleidigten Distanz abrücken, mit der er seitdem Anna begegnete. Die Schatten der Vergangenheit, sie waren wiedergekommen. Wie immer halt! Jedes Mal, wenn eine zaghafte Hoffnung in ihr aufgekeimt war! Ausgerechnet dann hatte sich die Dunkelheit zurückgemeldet. Die dunklen Schatten, die von Beginn an auf ihrem Leben lasteten. Sie ließen sich einfach nicht vertreiben. Schon gar nicht in Gedanken. Denn diese waren ja Realität und gehörten zu ihrem Leben. Waren sozusagen ihr Schicksal. Und sein Schicksal, das konnte man sich nicht einfach wegdenken. Genauso wenig wie Maria! Maria! Wie oft hatte sie schon versucht, das Mädchen zu vergessen! Ganz einfach zu vergessen! Als habe es sie nie gegeben! Aber das ging nicht. Natürlich nicht!

Maria war ihr Kind. Ihr erstes Kind. Niemals würde sie ihr erstes Kind vergessen können. Mittlerweile weniger aus der anfänglich sehnsuchtsvollen Zuneigung heraus, die längst einem dumpfen Gefühl der Enttäuschung und der Leere gewichen war. Jetzt erschien es Anna vielmehr wie ein fernes, düsteres Donnergrollen in ihrem Bewusstsein, wenn sie an Maria dachte. Maria, die doch Ursache allen Übels war. Deren bloße Existenz Annas Glück nun schon zum zweiten Mal zerstört hatte.

»Und so müssen wir mit jeder Faser unseres Herzens einstehen für die gute Sache und unserer Pflicht und Schuldigkeit genauso nachkommen wie draußen auf dem Feld der Ehre unsere tapferen Helden! Jeder an seinem Platz!« Der Bauer schien am heutigen Abend gar nicht mehr aufhören zu wollen mit seinen begeisterten vaterländischen Parolen!

»Wir liefern den Proviant für unser siegreiches Heer und schnallen deshalb ohne zu murren den Gürtel enger!«

»Der hat gut reden. Den Steckrübeneintopf hat er uns überlassen. Und selber, da mampft er in aller Seelenruhe die Kartoffeln, während er seine vaterländischen Reden schwingt!«, zischelte der alte Ludwig missmutig. »Aber so ist es eben auf dem Land: Knecht bleibt Knecht, und Herr bleibt Herr ...« Ludwigs Worte drangen zwar an Annas Ohr, doch nicht in ihr Bewusstsein. So sehr war sie mit sich und ihren eigenen kummervollen Gedanken beschäftigt. Anna war ja nach Georgs Einberufung mit der dreieinhalb Jahre alten Maria alleine in ihrem Zimmer auf dem Schandhof zurückgeblieben und ging ihrer Tätigkeit als Magd längst wieder nach wie eh und je. Maria war in der Zwischenzeit auch alt genug geworden, um sich selbst zu beschäftigen, solange ihre Mutter die übliche Tagesarbeit einer Bauernmagd zu verrichten hatte.

Trotz aller Ablenkung, die diese Arbeit für Anna zwangsläufig mit sich brachte, konnte sie doch nicht umhin, sich einzugestehen, dass ihre Maria ein schwächliches Kind war, das verglichen mit ihren Altersgenossen weit zurückgeblieben schien. Und dies sowohl in körperlicher Hinsicht als auch im Hinblick auf die Sprache und ihre Kontaktfähigkeit mit anderen Kindern. Selbst von ihrer Patin Magdalena, die ja eigentlich weiß Gott genug mit ihren eigenen ärmlichen Lebensumständen zu kämpfen hatte, war sie schon mehrfach sorgenvoll auf Marias Entwicklungsrückstand aufmerksam gemacht worden.

Es musste etwas mit der schweren Geburt zu tun haben, als das Kind stundenlang im Geburtskanal feststeckte, ohne dass die Hebamme hatte helfen können. Vielleicht hatte die Geburt einfach zu lange gedauert – andererseits nicht lange genug. Denn als sie Maria schließlich geboren hatte, da war ihnen allen das Kind durchaus als lebensfähig erschienen. Gerade auch in den Augen der erfahrenen Hebamme, die ansonsten nicht davor zurückgescheut wäre, das Kind etwas zu nachdrücklich in sein Kopfkissen zu drücken. Eine Vorgehensweise, wie sie bei schweren Geburten durchaus üblich war. Eine barmherzige Handlungsweise ganz im Sinne des armen Kindes, als die man ein solches Vorgehen gemeinhin ansah, ohne darüber freilich große Worte zu verlieren. Was im Falle von Maria überhaupt nicht in Erwägung gezogen worden war. Denn Maria war der Hebamme nach ausführlicher Inaugenscheinnahme als zwar geschwächt, aber trotz der langen Geburt durchaus unversehrt erschienen.

Vielleicht lag es aber auch an der bedrückenden Atmosphäre in dem düsteren Wohnraum der Familie Hammel, wo selten einmal ein unbekümmertes Lachen an Marias Ohren drang. Wo der Vater die meiste Zeit einfach mürrisch über sie hinwegsah, wenn er sich bei Mutter und Tochter überhaupt einmal blicken ließ. Nein, Georg zog es vor, das Zimmer in aller Herrgottsfrühe grußlos zu verlassen, und er kam meist erst wieder zurück, wenn seine kleine Tochter längst in ihrem Bett lag und ihre ereignislosen Träume träumte. Selbst während der Mittagszeit saß Georg lieber mit den anderen Knechten und Mägden zusammen, als sich um seine kleine Familie zu kümmern.

Kein Wunder also, dass Maria auf die anderen so schüchtern und zurückgeblieben wirkte. Aber vielleicht konnte sie sich jetzt besser entwickeln, wenn der ewig schlecht gelaunte Vater nicht mehr Tag für Tag vor ihr stand. Wenn die Düsternis zusammen mit Georg aus dem Raum verschwunden war. Es handelte sich ganz sicherlich um einen gotteslästerlichen Gedanken, dem Anna da nachhing. Wo Georg doch als Soldat in den Krieg hatte ziehen müssen. Da durfte sie doch so etwas gar nicht denken. Und dennoch kam ihr dieser Gedanke wieder und wieder in den Sinn.

Vielleicht würde sich Maria nun endlich von der Last befreien können, die ganz deutlich auf ihre Seele drückte. Und wer weiß? Vielleicht würde es Anna ja auch gelingen, Marias körperliche Entwicklung nun positiv beeinflussen zu können. Ziegenmilch, sagten die Alten, bei Ziegenmilch handelte es sich beispielsweise um solch ein Lebenselixier. Sie solle halt einmal den Bauern fragen, ob sie nicht ab und zu etwas Ziegenmilch für Maria bekommen könne, hatte ihr die Hebamme bei einem zufälligen Zusammentreffen in Rothenburg neulich geraten. Auf einem Bauernhof könne das doch kein großes Problem sein. Und Anna hatte daraufhin tatsächlich ihren ganzen Mut zusammengenommen und den Bauern um ab und zu einen halben Liter Ziegenmilch gebeten. Womit sie an den Rechten gekommen war! Er sei mit ihrer Arbeit sowieso nicht zufrieden und überlege momentan eher, ob er ihr nicht den Lohn kürzen oder sie sogar ganz zum Teufel jagen solle. In solch einer Zeit verlange das Vaterland ganze Arbeit. Man müsse jetzt auch auf dem Land die Kräfte bündeln, für die siegreiche Armee des Kaisers und des Vaterlandes den Proviant sicherstellen. Da könne man sich doch beim besten Willen nicht um eine gesundheitlich angeschlagene Magd kümmern, die von vornherein viel zu langsam arbeite und nun auch noch nach kostbarer Ziegenmilch für ihre zurückgebliebene Tochter verlange. Nein, man dürfe jetzt in dieser so heroischen Epoche wirklich nicht an sich selber denken, sondern müsse den Gürtel eben enger schnallen!

Wer weiß, wie die Sache wohl ausgegangen wäre, wenn sich nicht in beinahe letzter Minute die Bäuerin schützend zwischen Anna und den Bauern gestellt hätte. Sehr zum Missfallen ihrer Großmagd Gerlinde im Übrigen, die nichts lieber gehabt hätte, als Anna endlich vom Hof verwiesen zu sehen. Anna, mit der sie sich früher die Kammer geteilt hatte und die nun wohl meinte, sich mehr herausnehmen zu können als andere. Nur weil sie als verheiratete Frau und Mutter ein eigenes Zimmer bewohnte. Anna, die ihr den Georg ausgespannt hatte, den sie doch so gerne bei sich gesehen hätte.

Und was war aus dem früher so umgänglichen und jovialen Burschen jetzt geworden? Ein mürrischer, mit sich und der Welt unzufriedener Ehemann! Selber schuld! Oder vielmehr: Annas Schuld! Umso missbilligender nahm Gerlinde von daher zur Kenntnis, dass sogar die Bäuerin den Willen ihres Mannes grob missachtete und Anna heimlich immer wieder mit dem einen oder anderen Becher Ziegenmilch versorgte, zu dem sich der Bauer doch nicht hatte überreden lassen wollen. Einmal gar hatte sie Anna deswegen zur Rede gestellt und ihr mit scharfen Worten angedroht, dies dem Bauern zu erzählen. Dann werde sie ja sehen, wohin das führen werde. Selbst Annas Einwand, dass sie die Milch doch nur für Maria benötige, war mit eiskaltem Kopfschütteln weggewischt worden. Gerlinde würde es zwar nie und nimmer wagen, dem Bauern reinen Wein einzuschenken, aber Anna war angesichts von so viel Bosheit in bittere Tränen ausgebrochen. In ihrem Kummer bemerkte sie die kleine Maria nicht, die stumm und kummervoll neben ihr verharrte und sie betrachtete, bevor sie endlich einschlief.

47

Die zweite Maria

Nun bin ich also bei meiner Recherche über die Lebensgeschichte von »Niemands Mutter« auf die »zweite Maria« gestoßen. Maria Hammel, die auf denselben Vornamen getauft worden ist wie ihre acht Jahre ältere Halbschwester Maria Reingruber. Eine Tatsache, die für sich genommen ja schon erstaunlich genug klingt.

Wer war diese am 15. Januar 1911 in Rothenburg geborene Maria Barbara Hammel? Beziehungsweise: Was ist aus ihr geworden? Das standesamtliche Register im Rathaus von Rothenburg gibt die entsprechenden Auskünfte. Daten über das Leben einer Frau, deren Existenz mir vor etwas mehr als zwei Jahren noch nicht einmal bekannt gewesen ist. Die ich niemals gesehen habe. Und an die sich in der Familie auch niemand erinnern kann. Ausgeblendete Familiengeschichte sozusagen.

Maria Barbara Hammel war ein wechselvolles Schicksal beschieden. Sie hat als ganz junge Frau schon geheiratet und ist zu ihrem Mann nach Treuchtlingen gezogen. Ich denke, ihren neuen Nachnamen sollte ich in diesem Buch nicht unbedingt nennen, er trägt auch nichts zur eigentlichen Geschichte bei.

Im Alter von fünfundzwanzig Jahren hat Maria ein Kind geboren, ein Mädchen mit Namen Olga. Diese Olga ist kurz vor Weihnachten 1958 als zweiundzwanzigjährige Frau schon verstorben. Es war das einzige Kind dieser Familie. Eine Tragödie. Eine Tragödie, die nicht die einzige in Marias Leben geblieben ist, denn wenige Jahre später ist Maria dann auch noch von ihrem Mann geschieden worden. Nach der Scheidung ist sie wieder nach Rothenburg zurückgekommen. Hier ist sie 1991 im Alter von achtzig Jahren gestorben. Keiner aus meiner Familie hat sie nach ihrer Rückkehr als eine Verwandte erkannt. Wer weiß, wie oft man sich auf der Straße begegnet ist, ohne zu wissen, wessen Wege sich da zufällig gerade mit den eigenen gekreuzt haben.

Lange vorher, da hat es einmal eine solche unvermutete Begegnung gegeben. Als Maria, die damals in Treuchtlingen gewohnt hat, mit ihrer Tochter Olga einen Besuch in Rothenburg gemacht hat. Das muss irgendwann nach dem Tod von Anna Magdalena Hammel, also »Niemands Mutter« und dem Ende des Zweiten Weltkriegs gewesen sein. Weshalb auch immer sie gekommen war. Vielleicht, um ihrer Tochter das Grab der Großmutter zu zeigen?

Auf alle Fälle hat sich meine Großmutter seinerzeit gewundert, als sie in den Gassen von Rothenburg einem vielleicht acht Jahre alten Mädchen begegnet ist, das genauso ausgesehen hat wie ihre Tochter Gretel. Nur dass das Mädchen erst acht Jahre alt war und die Gretel schon vierzehn Jahre. Dennoch, zum Verwechseln ähnlich sei das Kind gewesen. »Ich habe wirklich erst gedacht, du wärst es, die mir da entgegenkommt. Aber eben sechs Jahre jünger!« Wenn selbst die eigene Mutter gestutzt hat! Aber es war nicht die Gretel, die da völlig ahnungslos an ihrer Tante Maria Staudacher vorbeigelaufen ist. Es war Olga, die Tochter ihrer Halbschwester Maria Hammel, ihre Nichte also, um genau zu sein. Und: Es war die einzige Begegnung mit Olga, die ja so jung verstorben ist.

Und als am 17. Mai 1991 ihre Mutter Maria, geborene Hammel, in Rothenburg gestorben ist, da ist niemandem in der Familie bewusst gewesen, dass es sich um die »zweite Maria« handelte, eine enge Verwandte also, die wenige Tage später hier zu Grabe getragen worden ist. Maria Hammel, die zweite Tochter von »Niemands Mutter«! Doch, sie war wohl tatsächlich so etwas wie das letzte Bindeglied der Familie in die Vergangenheit. In eine düstere Vergangenheit. Vielleicht ist auch das der Grund, weshalb man sich so wenig mit diesem Verwandtschaftsstrang hat beschäftigen wollen.

48
November 1915

Anna atmete erleichtert auf, während sie erschöpft den Federkiel zur Seite legte und ihre vor Anstrengung schmerzende Stirn massierte. Nein, das Briefeschreiben war nicht ihr Ding, war es noch nie gewesen – und dennoch hatte es jetzt endlich sein müssen.

Es war höchste Zeit, wieder einmal einen Brief an die mittlerweile einundsechzig Jahre alte Luise Klee nach Lehrberg in den »Goldenen Adler« zu schicken. Einerseits, um sich vieles von dem, was Anna so sehr bedrückte, endlich wieder einmal von der Seele schreiben zu können, so schwer ihr das Schreiben auch fiel. Es tat einfach gut, die sonst nirgendwo ausgesprochenen Sorgen und Probleme in Worte zu fassen und allein dadurch schon die Last auf ihrem Gemüt zu mindern, von der sie manchmal glaubte, sie müsse daran ersticken. Und andererseits war es wohl auch ihre Pflicht, sich nach den Dingen im »Goldenen Adler« zu erkundigen, wo sich vieles zum Schlechteren gewendet hatte. Dass man im »Goldenen Adler« tatsächlich einmal in wirtschaftliche Schwierigkeiten geraten könnte, das hatte noch vor wenigen Jahren wohl nie jemand ernsthaft befürchten können. Sosehr auch der Boykott der ewig gestrigen Kriegsveteranen und deren Familien auf den Umsatz gedrückt hatte. Aber dass die stolze Gastwirtschaft nun sogar hatte geschlossen werden müssen! Unglaublich! Doch, wenn man sich die Entwicklung vor Augen hielt, dann hatte dieser Niedergang eigentlich schon vor elf Jahren begonnen. Als nämlich im August des Jahres 1904 Luises Mann Georg im Alter von nur einundfünfzig Jahren plötzlich gestorben war und der einzige Sohn der Klees, also Johann, mit seinen gerade einmal einundzwanzig Lebensjahren Gasthaus und Brauerei hatte übernehmen müssen. Der Niedergang war wie so oft schleichend vonstatten gegangen und wurde von denen, die unmittelbar davon betroffen waren, lange genug gar nicht bemerkt.

Nach dem Tod des Vaters also erst die Auseinandersetzungen mit dem Veteranenverein, wo Johann unbeirrt bei seiner ablehnenden Haltung im Hinblick auf die Feiern am Sedanstag geblieben war. Dazu gesellten sich damit verbundene Umsatzeinbußen, die sich im Laufe der Jahre immer deutlicher auswirkten. Ein paarmal war es zu allem Überfluss auch noch passiert, dass das Bier, das Johann gebraut hatte, schon im Lagerkeller verdorben war. Weshalb auch immer. Jedenfalls war es ungenießbar geworden, und nicht einmal die Schweine hatten die verdorbene Brühe mehr trinken wollen. Vielleicht, weil einfach zu viel Arbeit gleichzeitig auf den Schultern des jungen Mannes lastete, oder es handelte sich, wie Johann mehrfach düster vermutet hatte, um eine gezielte Manipulation seitens der Veteranen und ihrer säbelrasselnden Kumpane. Aber wie sollte er so etwas beweisen? Ohne eindeutige Beweise war es besser, den Mund zu halten und den wirtschaftlichen Verlust eben hinzunehmen.

Trotz allen Fleißes, den Johann an den Tag legte, wollte ihm einfach nichts gelingen. Es war wie verhext. Kein Wunder, dass aus dem so lebenslustigen jungen Burschen, wie die Anna ihren »Bruder« in ihrer Erinnerung behalten hatte, allmählich ein wortkarger, verbitterter Einzelgänger geworden war. In einem der wenigen Briefe, die Johann hastig zu Papier gebracht hatte, war schließlich zu allem Überfluss auch noch die Rede von einer gescheiterten Beziehung gewesen. Sehr zum Kummer seiner Mutter hatte Johann daraufhin resigniert und bis zum heutigen Tag nicht geheiratet. Obwohl sich durchaus die eine oder andere Frau für ihn hätte finden lassen.

Es mochte einer der entscheidenden Gründe dafür sein, weshalb Johann gleich im August 1914, beim Ausbruch des Ersten Weltkrieges, eingezogen worden war. Als unverheirateter Mann war er natürlich einer der Ersten, die dem Stellungsbefehl Folge zu leisten hatten. Und sicherlich war im Hintergrund von den ihm alles andere als wohlgesonnenen »Patrioten« zusätzlich in diesem Sinne gearbeitet worden. So also war der »Goldene Adler« geschlossen worden. Nach einer über zweihundertjährigen Geschichte. Denn Luise Klee sah sich naturgemäß außerstande, das Gasthaus alleine weiterzuführen. Und einen Brauknecht zu bezahlen, falls in diesen Kriegszeiten überhaupt einer zu finden gewesen wäre – nein, dazu reichte das Geld bei weitem nicht mehr.

»Hoffentlich ist dieser schlimme Krieg bald vorüber, der ja schon viel länger dauert, als man uns das immer wieder voller Siegeszuversicht verkündet hat«, hatte Anna in ihrem Brief an die Tante in Lehrberg geschrieben. Ohne große Hoffnung freilich. Seit Monaten steckten die deutschen und österreichischen Armeen an sämtlichen Fronten in einem erbitterten Stellungskampf fest. Ein schlimmes Abschlachten auf beiden Seiten – doch niemand war bereit, diesen Wahnsinn in aller Öffentlichkeit beim Namen zu nennen. Noch gab es ja genügend Soldaten, derer sich die Generäle bedienen konnten. Und noch war von Versorgungsengpässen bei der Armee nichts zu spüren. Im Gegensatz zum Alltagsleben, wo man aufgrund des seit einem knappen Jahr zusätzlich ausgerufenen U-Boot-Handelskrieges den Gürtel nun allmählich enger schnallte. Weniger auf dem Land waren diese ersten Versorgungsmängel zu verspüren, dafür aber doch mittlerweile deutlich in den größeren Städten. Der Schandhofbauer jedenfalls glaubte nach wie vor unbeirrt an den großen Sieg der heldenhaften deutschen Armee, auch wenn sich seine Prognosen im Hinblick auf ein rasches Kriegsende ein ums andere Mal nicht bewahrheitet hatten.

Dass auch Georg Hammel eingezogen worden war, schrieb Anna an Luise Klee, und dass sie so gerne wieder einmal nach Lehrberg kommen würde, was aber momentan natürlich leider nicht möglich sei. Sosehr sie den Kontakt mit den wenigen, ihr nahe stehenden Menschen auch vermisse. Denn auch nach Rothenburg in die Wenggasse komme sie nur äußerst selten. Mit dem schwächlichen Kind sei das gar nicht so einfach.

»Sie wird mich im Wachstum wohl niemals überholen, fürchte ich. Und das, obwohl ich ja, wie du weißt, alles andere als groß gewachsen bin. Aber selbst die Ziegenmilch, mit der mich die Bäuerin ab und zu heimlich versorgt, hat sich bisher nicht auf die Gesundheit von meiner armen Maria ausgewirkt. Besonders anfällig ist sie für Erkältungen, die sich bei ihr dann oft über Wochen hinziehen – gerade natürlich jetzt wieder, im Herbst, wo die kalten Nebel aufziehen. Und dazu kommt noch unsere feuchte Behausung, die dem Kind überhaupt nicht bekommt. Das hat neulich sogar der Doktor gemeint, der den Bauern behandelt hat, weil der sich den Arm gebrochen hatte. Er hat die hustende Maria nur angeschaut und den Kopf geschüttelt und dann gesagt, das Kind brauche ein anderes Zimmer. Aber wie ich das machen soll, das hat er natürlich nicht gesagt. Wo ich ja froh sein muss, überhaupt hier wohnen zu dürfen.«

Um ihren Brief nicht allzu traurig klingen zu lassen, denn Luise brauchte sicherlich nicht noch mehr Kummer und Sorgen, als sie in Lehrberg ohnehin schon an der Tagesordnung waren, berichtete Anna noch von dem einen oder anderen Erlebnis während der Hofarbeit und von den eher belanglosen Neuigkeiten, die in letzter Zeit unter dem Gesinde die Runde gemacht hatten. Dass sie ansonsten kein weiteres Wort über ihren Mann Georg verlor, wo er sich mit seiner Einheit gerade befand und was er ihr in einem seiner seltenen, distanzierten Briefe von der Front an Mitteilungen hatte zukommen lassen, das fiel ihr beim Schreiben gar nicht auf.

Im Gegensatz zu Luise Klee, die kummervoll registrierte, wie wenig Anna allem Anschein nach noch mit ihrem Mann verband. Sosehr sie die Anna ja auch verstehen konnte, nach all dem, was ihr über Georg Hammels Eifersuchtsszenen schon zu Ohren gekommen war. Aber so konnte es doch nicht weitergehen. Die alte Frau seufzte kummervoll, wenn sie sich an die so weit entfernt liegende, im Nachhinein vollkommen unbeschwerte Zeit der 80er-Jahre zurückerinnerte. Damals, als die beiden Kinder nebeneinander in eine glückliche Zukunft hineingewachsen waren. Als ihr Mann, Georg Klee, noch am Leben war. Genauso wie Barbara Reingruber, Annas Mutter. Wenn sie damals schon gewusst hätten, wie sich die Dinge entwickeln würden ...

Luise schauderte allein bei dem Gedanken.

Nein, es war wirklich ein Segen, dass der Mensch nicht in die Zukunft blicken konnte!

49

Februar 1917

»Nein, das darf doch nicht wahr sein!« Erschüttert ließ die leichenblasse Anna den Brief sinken, den sie vor wenigen Minuten voller Freude vom aus Rothenburg zurückgekehrten Bauern in Empfang genommen hatte. Ein Brief von Luise Klee aus Lehrberg. So schnell hatte die Tante ja noch nie geantwortet in den letzten Monaten.

Anna hatte es kaum erwarten können, bis sie nach dem Ende ihrer Hausarbeit in ihr Zimmer hatte eilen können, um im Schein des rußigen Windlichts endlich den Brief zu öffnen. Erstaunlicherweise bestand das Schreiben nur aus wenigen Zeilen. Ungewöhnlich, wo sich Luise doch sonst über alles Mögliche ausließ. Und die schöne Handschrift, die Anna so sehr bewunderte und die sie ganz und gar nicht mit ihrer eigenen unbeholfenen Krakelei vergleichen konnte! Was war das nur für eine hastig wirkende, zittrige Schrift, die Luise da auf das Papier geworfen hatte. Zu allem Überfluss verunzierten auch noch zwei hässliche Tintenflecken das Blatt! Ein solches Schreiben überhaupt abzuschicken! Das war doch sonst nicht Luises Art! Voller düsterer Vorahnungen konzentrierte sich Anna auf den Inhalt des Briefes, ohne sich um Marias neugierige Frage zu kümmern, ob es sich womöglich um eine Nachricht des Vaters handele.

»Liebe Anna«, hatte Luise ihre kaum leserliche Mitteilung begonnen. »Es ist etwas Entsetzliches geschehen! Noch in deinem netten Brief vom Januar, für den ich dir sehr danken möchte, hast du gefragt, wie es dem Johann geht. Johann! Er ist tot! Gestern hat mich die Nachricht über die Feldpoststelle erreicht. Mein Johann ist tot! Sie teilen mir mit, dass er am 20.1.1917 an der Somme gestorben ist! Alles ist aus!«

Die letzten Worte, die Luise darüberhinaus noch versucht hatte, zu Papier zu bringen, waren fast unleserlich verwischt. Als ob es noch weiterer Worte bedurft hätte! Johann war tot! Ihr geliebter »Bruder«, mit dem Anna so viele schöne Erinnerungen verband. Erinnerungen an die schönste Zeit ihres Lebens, so kurz diese Zeit auch gewesen sein mochte. Und nun war Johann tot. War für Volk und Vaterland den »Heldentod« gestorben, wie sie in ihrem ganzen falschen Pathos immer daherfaselten. Er war tot! Und er hatte kein Held sein wollen! Johann doch nicht! Weshalb denn Johann?!

Zweieinhalb Jahre hatte er das mörderische Treiben doch schon überlebt! Ohne eine Verwundung! Und jetzt war er tot! Weit weg von seiner Heimat hatten sie ihn in Frankreich begraben – verscharrt wohl eher. Einen von so vielen. Tausende, zehntausende. Eine anonyme Masse. Und dennoch, zigtausende Schicksale. Zigtausende von Leben, die einfach ausgelöscht worden waren. Durch einen einzelnen Schuss. Durch eine Handgranate. Durch Giftgas. Wie auch immer. Es gab dutzende von Möglichkeiten. Darin waren die Menschen schon immer besonders erfinderisch gewesen, wie man einander am besten umbringen konnte. Für nichts und wieder nichts!

Wie unzählige Soldaten vor ihm. Und sicher noch unzählige nach ihm. Doch was besagten schon die Zahlen in all ihrer Nüchternheit? Es war ein Schicksal! Jedes Mal! Ein einzelnes Schicksal! Johann! Mit vierunddreißig Jahren war sein junges Leben gewaltsam beendet worden. In einem Krieg, den er niemals gutgeheißen hatte. Einfach tot! Geopfert auf dem Altar der Wahnvorstellungen alter Männer, die Leute wie ihn bedenkenlos zur Schlachtbank führten. Johann war tot! Und Luise Klee, seine Mutter, die so sehr auf seine unversehrte

Rückkehr gehofft hatte, sie war als Einzige aus der ganzen Familie noch übrig geblieben.

Mit tränenverschleierten Augen entzifferte Anna die verwischten letzten Worte des Schreibens.

»Anna! Alles ist aus! Gott schütze dich und deinen Mann! Deine Luise.«

50

Mitte Mai 1919

Wieder war es plötzlich da. Einfach plötzlich da. Ohne die geringste Vorwarnung. So klar sie sich auch darüber gewesen war, dass sie es bald spüren würde. So leidvoll sie sich auch noch ganz genau an dieses Gefühl erinnerte. Diesen Schmerz, der sich demnächst in ihren Unterleib bohren würde. Natürlich war sie darauf vorbereitet gewesen. Und dennoch traf Anna der Schmerz wie ein Blitz aus heiterem Himmel.

Die Wehen! Es war wieder einmal so weit. Wenn sie die beiden nächsten Tage doch nur schon überstanden hätte! Falls sie die Geburt überhaupt durchstand. Wo es bei den beiden Geburten zuvor ja jedes Mal um Leben und Tod gegangen war. Wo die Hebamme sie doch bei der letzten Niederkunft noch einmal ganz eindringlich vor einer weiteren Schwangerschaft gewarnt hatte. Und wo auch Magdalena, ihre Patentante, fassungslos die Hände über dem Kopf zusammengeschlagen hatte, als ihr Anna von der neuerlichen Schwangerschaft erzählte. Als ob es sich ausgerechnet um Annas Wille gehandelt hätte: Schwangerschaft, Schmerzen, Geburt. Ein weiteres Kind! Nein, das war weiß Gott nicht ihr Wille gewesen. Es war einfach passiert! Und wie hätte sie sich dagegen zur Wehr setzen können? Wie denn?

Eines Tages war er einfach wieder aufgetaucht. Unvermittelt war er vor ihr gestanden. In der abgerissenen, schmutzigen Uniform eines Wehrmachtssoldaten stand er vor ihr: struppig, stinkend und mit demselben mürrischen Blick, mit dem er damals gegangen war. Am 2. September 1918 war es gewesen, als Georg Hammel zurückgekommen war. Georg, ihr Mann. Er hatte das grausame Schlachten überlebt. Vielleicht war es sein Glück gewesen, dass er am 8. August in Frankreich bei dem Tankangriff von Amiens leicht verwundet worden war. Am später so genannten schwarzen Tag des deutschen Heeres. Dem endgültigen, nunmehr für jeden sichtbaren Wendepunkt des seit vier Jahren andauernden Krieges. Wo die deutschen Soldaten doch schon längst fast keinen Nachschub mehr erhielten. Nach der kurzen Frühjahrsoffensive, dem letzten Aufbäumen gegen die Übermacht, das letztendlich nur tausende von sinnlosen Opfern gekostet hatte. Doch jetzt war nur noch der schnelle Rückzug zu beobachten. Das Einigeln in der so genannten Siegfriedstellung. Was für ein martialisches Vokabular! Und das, wo doch jeder wusste, dass es vorbei war. Alles war hoffnungslos. Die Niederlage war unvermeidlich. Jeder weitere Tag brachte doch nur weitere Verluste an Menschenleben. Und wofür denn eigentlich noch? Der Waffenstillstand musste kommen. Wenn nur der Kaiser endlich abdanken würde!

Selbst der so vaterländisch gesinnte Bauer auf dem Schandhof war seinem Knecht nicht ins Wort gefallen, als dieser sein zorniges Resümee der Lage gezogen hatte. Sosehr war er über den Anblick erschrocken, den der hinkende Georg Hammel darbot. Der einst so stolze Soldat! Das also war alles, was nach vier Kriegsjahren übrig geblieben war! Ein abgerissener, halb verhungerter Mann, der an nichts und niemanden mehr glaubte. Schon gar nicht mehr an Kaiser und Vaterland.

Dass sich ihre Beziehung vielleicht doch noch einmal neu zusammenschweißen ließe, nach all den Krisen, die jeder von ihnen in den letzten Jahren hatte bewältigen müssen, diese heimliche Hoffnung, die sie in ihrem Herzen hegte, war rasch wieder von Anna gewichen. Schon bei Georgs ersten Worten war ihr klar geworden, dass sich seine Ansichten nicht im Geringsten gewandelt hatten. Da war keinerlei Zuneigung zu verspüren, keine Freude über den fast unversehrt überstandenen Krieg, über das Wiedersehen der beiden Eheleute, keine Freude auf eine gemeinsame Zukunft. Nur schroffe Ablehnung. Nach wie vor.

Und Eifersucht! Diese hasserfüllte Eifersucht!

»Hat dich dieser andere etwa besucht?« Das waren die ersten Worte, die ihr Georg nach der knappen Begrüßung zwischen zwei Fremden ins Gesicht geschleudert hatte.

»Welcher andere denn?«

Erst hatte Anna gar nicht begriffen, was das heißen sollte.

»Jetzt halte mich auch noch für blöd! Der andere natürlich! Von dem du dir das erste Kind hast machen lassen! Hat er die Gelegenheit genutzt, als ich weg war? Oder bist eher du zu ihm geschlichen?«

»Aber Georg! Wie kommst du denn auf so etwas!« Fassungslos war Anna dagestanden. Wie konnte er nur so etwas sagen?! Nach all den Jahren! Was um alles in der Welt war in Georg Hammel vorgegangen, dass er sich solch einen Unsinn zusammenreimte?

»So selten, wie du mir geschrieben hast! Aus den Augen, aus dem Sinn oder was?!« Brüsk hatte sich Georg Hammel daraufhin umgewandt und Anna einfach stehen lassen, hatte sich hinkend zum Hauptgebäude des Schandhofes geschleppt, wo der aus all seinen vaterländischen Träumen gerissene Bauer schon auf weitere Nachrichten von der Lage an der Kriegsfront wartete.

In derselben Nacht war es dann geschehen – und wie hätte sich Anna gegen ihren Mann zur Wehr setzen können oder sollen? Als sich der wortlos neben ihr auf dem Lager liegende Georg Hammel unvermittelt auf sie wälzte und mit brutalem Griff Annas Beine auseinander riss? Was war ihr damals in dieser fürchterlichen Septembernacht schon anderes übrig geblieben, als einfach fest die Zähne zusammenzubeißen? Vielleicht hätte sie sich wehren sollen! Aber eine verheiratete Frau, die sich gegen ihren Mann zur Wehr setzte? Oder sich aus seinem Griff befreite und floh? Und wohin sollte sie denn? Zu Gerlinde etwa? Um am nächsten Tag die Zielscheibe für das Gespött der anderen zu sein? Und danach? Wo sollte sie danach dann bleiben? Samt der schwächlichen Maria, die nicht auch noch darunter leiden sollte.

Und deshalb war Anna zum dritten Mal schwanger geworden. Es waren die Wehen, die sie heute trotz aller Vorbereitung so plötzlich überfielen.

Anderthalb Tage später, am 14. Mai 1919, kam Anna Hammel, Anna Magdalena Hammels dritte Tochter, zur Welt. Und die Niederkunft war nicht einmal ansatzweise leichter verlaufen als die beiden Geburten zuvor.

51

1. September 1923

»Ich danke dir auf jeden Fall dafür, Anna, dass du mich besucht hast!« Die müde Magdalena Rößler bemühte sich vergeblich um ein tapferes Lächeln, als sie Anna mit einer kraftlosen Bewegung die Hand zum Abschied reichte. Beinahe zwei Stunden lang war Anna bei ihrer Patentante geblieben, um die arme Frau zu trösten. Spät am gestrigen Abend hatte sie erst die Nachricht erreicht, dass Maria Rößler nach einer zunächst harmlos erscheinenden Krankheit ganz plötzlich verstorben war. Maria Rößler, die Tochter ihrer Patentante. Gestorben im Alter von nur siebenunddreißig Jahren! Unfassbar! Die Todesnachricht hatte Anna getroffen wie ein Stich mitten ins Herz. Denn obwohl sie sich nur selten begegnet waren, hatten sich die beiden Frauen seit ihrer ersten zufälligen Begegnung in Rothenburg immer gemocht.

Es war eine dieser Freundschaften gewesen, die auch dann die Zeiten überdauerten, wenn man sich nicht häufig zu Gesicht bekam. Eine Art unsichtbares Band hatte Anna und Maria miteinander verbunden. Ob dabei die Verwandtschaft eine Rolle spielte, schließlich waren sie ja Cousinen, oder doch eher das ähnliche Schicksal, das ihnen als unehelichen Kindern widerfahren war, die bei fremden Leuten aufwuchsen? Egal, sie fühlten sich jedenfalls immer zueinander hingezogen – umso größer war von daher der Schock, der Anna erfasst hatte, als sie vom Tod Marias hörte. Ausgerechnet Maria war gestorben, Maria, mit der sie so viel verband. Es war ja deshalb auch schon bei der ersten

Geburt Annas fester Wille gewesen, ihre Tochter auf denselben Namen zu taufen. Ihre erste Tochter, von der sie im Übrigen seit Jahren schon nichts mehr gehört hatte. Weshalb auch? Es reichte, dass deren bloße Existenz in Wirklichkeit die Ursache allen Übels war. Bis auf den heutigen Tag.

Aber ihre Cousine Maria! Weshalb musste sie denn so früh schon sterben? Wo sie sich doch noch so viel hätten sagen können! Auch die sonst so robuste Magdalena, die alle Probleme der letzten Jahre scheinbar mühelos gemeistert hatte, schien nun mit ihren Kräften am Ende.

»Es war ein Fehler«, murmelte sie wieder und wieder. »Ein schlimmer, unverzeihlicher Fehler, den ich niemals wieder gutmachen kann. Jetzt schon gleich gar nicht mehr.« Schluchzend breitete sie die Arme aus. »Was habe ich nur getan! Niemals hätte ich die Maria weggeben dürfen. Auf gar keinen Fall! Nur weil wir nicht verheiratet waren und weil wir Angst davor hatten, dass wir mit dem Kind am Bein nicht durchkommen würden! Es war eine Sünde, dass ich die Maria weggegeben habe, damals. Auch wenn sie es mir längst verziehen hat: Ich selber kann mir nicht verzeihen. Ich habe mich schlimm verhalten, ich!« Wieder und wieder klopfte sie sich heftig auf die Brust. »Ich habe ihr die Kindheit gestohlen. Das ist das Schlimmste, was man als Mutter nur tun kann. Man darf ein Kind nicht weggeben, nein! Das darf man nicht!«

»Aber wie hättet ihr das denn damals machen sollen? Ihr habt doch gar keine andere Wahl gehabt. Du genauso wie der Onkel Johann auch. Dein Mann hat ja ebenso viel Anteil an dieser Entscheidung wie du. Und außerdem hast du das ja nicht aus freien Stücken heraus gemacht!«

Auch Anna fühlte sich von Magdalenas bitterer Erkenntnis schmerzhaft getroffen. Das war doch keine Lösung, sich für alles und jedes die Schuld zu geben. Es waren die Umstände, die schuld an allem waren. Die Armut, die Lebensverhältnisse, die anderen!

»Anna, merke dir eines: Es sind nie die anderen. Man ist es immer selbst.«

52

Lichtmess 1924

Sie erscheint nun doch in einem ganz anderen Licht, die Szene vom Beginn dieser Geschichte. Die erste Begegnung zwischen Mutter und Tochter nach fast einundzwanzig Jahren. Dieser Alptraum, der sich damals vor ihnen aufgetürmt hat, und den beide Frauen zeitlebens nicht mehr vergessen haben. Wie gesagt, erklärbar ist das Verhalten der Anna Magdalena Hammel ihrer Tochter Maria Reingruber gegenüber nun. Erklärbar schon, nach all diesen Erkenntnissen, auf die wir im Verlauf unserer Recherchen gestoßen sind. Muss man denn nicht von der Mutter ganz einfach erwarten, dass sie Verständnis für ihre Tochter aufbringt, selbst wenn diese so unvermittelt vor ihr steht? Hätte sie denn nicht längst schon begreifen müssen, dass die Erklärung, Maria als Ursache allen Übels anzusehen, eine mehr als schreckliche und unwürdige Haltung darstellte? Weshalb hat sie Maria nicht einfach nur als Menschen gesehen? Als eine junge Frau, die so drängend ihre Mutter gesucht hat. Der sie ja ihre Existenz zu verdanken hatte – wobei allein schon der Begriff »verdanken« irgendwie merkwürdig klingt in diesem Zusammenhang.

Nun denn, es ist nicht so gekommen, wie wir uns dies gerne gewünscht hätten. Die Wirklichkeit war anders, viel schlimmer. Die Mutter hat ihre Tochter tatsächlich vom Hof vertrieben. Nach der ersten bewussten Begegnung der beiden. Fast einundzwanzig Jahre, nachdem sie das Wickelkind unter Tränen fortgegeben hat. Das Kind, nach dem sie sich vor Sehnsucht jahrelang fast verzehrt hat. Jetzt wollte sie ihre Tochter nicht einmal mehr sehen! Nach so langer Zeit war es zu spät. Für Anna! Aber nicht für Maria! Wo sie doch weiß Gott ein Recht darauf gehabt hätte, von der Mutter anders empfangen zu werden. Ganz anders. Schlimm genug, dass die Mutter ja eine gänzlich fremde Frau gewesen ist. Und dass sie ihr gegenüber auch fremd geblieben ist. Damit nicht genug: Sie hat diese fremde Frau dann auch noch wütend vom Hof gejagt.

Wie geht es jetzt weiter? Kann es überhaupt weitergehen? Schauen wir doch noch einmal ganz genau auf diesen Tag. Auf eben jene alptraumartigen Abläufe.

Geht das? Es geht. Denn da ist noch etwas.

53

Lichtmess, 2. Februar 1924, Mittagszeit

»Was war denn das für eine junge Frau, die da gerade eben weggelaufen ist? Was wollte die denn von dir?« Das schmächtige junge Mädchen musterte seine Mutter mit einem irritierten Blick, der Anna erschrocken zusammenzucken ließ, kaum dass sie so energisch um die Ecke des Haupthauses gebogen war. Was hatte Maria, ihre mittlerweile dreizehn Jahre alte zweite Tochter, von der gerade eben erfolgten Auseinandersetzung mitbekommen?

Energisch schüttelte Anna ihren Kopf. »Nichts! Gar nichts!« Doch das Mädchen ließ sich nicht so einfach abwimmeln. Anscheinend hatte sie das Geschehen eben doch schon wesentlich länger verfolgt, als das ihrer Mutter recht sein konnte. Selbst wenn sie zu weit entfernt gewesen sein mochte, um tatsächlich Einzelheiten des harschen Wortwechsels zu verstehen.

»Aber weshalb hast du dann so mit ihr geschimpft?«

»Ach nichts! Lass nur!« Wieder beschrieb Anna eine hastige Handbewegung, die Maria signalisieren sollte, dass der Anlass zu nichtig gewesen war, als dass man sich weitere Gedanken darüber machen sollte. Andererseits verfügte ihre Tochter über ein feines Gespür für Stimmungen. Und dass dieses merkwürdige Zusammentreffen ihre Mutter bis ins Innerste aufgewühlt hatte, das festzustellen fiel ihr nicht sonderlich schwer.

»Mutter, es ist doch etwas. Dir geht es doch nicht gut, oder? Was ist denn mit dir? Was hat die Frau denn da eben zu dir gesagt?«

Trotz Marias banger Fragen blieb Anna die Antworten schuldig. Dumpf starrte sie auf einen imaginären Punkt, irgendwo weit drüben am Waldrand jenseits der Schandtauber. Es dauerte eine ganze Weile, bis Maria den Mut fasste, noch eine Bemerkung fallen zu lassen, die sie schon seit Beginn ihrer zufälligen Beobachtung bewegte.

»Du, Mutter«, räusperte sich das Mädchen schließlich vorsichtig. »Diese Frau da vorhin. Du, die hat fast so ausgesehen wie du früher. Wie auf dem Hochzeitsbild von euch. Nur dass sie wohl noch ein bisschen jünger ist und keinen Blumenstrauß in der Hand gehalten hat ...«

Wie zur Bekräftigung ihrer Beobachtung nickte Maria nachdrücklich.

»Also, ehrlich gesagt hat sie genauso ausgesehen, wie ich mir früher, wo ich oft krank im Bett gelegen habe, immer eine ältere Schwester vorgestellt habe. So wie die Anna vielleicht einmal ausschauen wird, aber die ist ja noch nicht einmal fünf Jahre alt. Oder so wie ich später wohl aussehen werde. Schon komisch, dass diese Frau so eine Ähnlichkeit mit dir gehabt hat, oder? Na ja«, achselzuckend schüttelte sie ihren Kopf. »Träume halt. Aber Träume sind Schäume, sagt man. So schade das auch ist. Wo ich doch immer so gerne eine große Schwester gehabt hätte«, fügte sie in ihrer kindlichen Arglosigkeit hinzu.

Voller Erstaunen starrte Maria ihrer Mutter hinterher, die sie einfach hatte stehen lassen. Die mit schnellen Schritten einfach verschwunden war, ohne ihr zu antworten. Merkwürdig! Die Begegnung mit der unbekannten jungen Frau musste ihr sehr nahe gegangen sein. Der Mutter, die doch ansonsten immer so kühl und distanziert wirkte. Die doch nichts, aber auch gar nichts zu erschüttern vermochte. Scheinbar jedenfalls.

54
Lichtmess, 2. Februar 1924, abends

»Nun ja. Wenigstens haben sie heute ausnahmsweise auch einmal an uns gedacht und uns zur Feier des Tages etwas abgegeben.« Zufrieden betrachtete Georg Hammel die dampfende Schüssel, die vor ihm auf dem Esstisch stand. Verführerisch duftete das seit gestern weich gekochte Kraut samt der darauf liegenden Schweinsfüßchen in der Nase. Am frühen Morgen des heutigen, klirrend kalten Wintertages hatte die alljährliche Hausschlachtung stattgefunden. Zwei Schweine waren dabei im Lauf des Vormittags zu Würsten, Schinken, Schmalz und anderen Leckerbissen verarbeitet worden, die das Jahr über auf dem Hof verspeist werden würden.

Das meiste – und vor allem das Beste – von der Bauernfamilie selbst. Doch auch für das Gesinde würde noch manch schmackhafter Leckerbissen übrig bleiben. So wie heute das seltene Festessen auf den Tisch der Hammels gekommen war.

An Lichtmess zu schlachten, das war nicht unbedingt üblich, zumal an diesem Tag traditionell die Mägde und Knechte ihren Arbeitslohn ausbezahlt bekamen und sich zu neuen Arbeitsmöglichkeiten aufmachten. Genauso wie auch der Bauer sich an diesem Tag auf dem Rothenburger Bahnhof nach neuen Arbeitskräften umsah. Doch das war heuer nicht nötig gewesen. Er hatte dieses Mal all seine Leute behalten, und keinen von ihnen hatte es gedrängt, eine andere Stelle anzunehmen. Und dies hatte es dem Schandhofbauern ermöglicht, den Termin der Hausschlachtung auf Lichtmess zu legen. Weshalb auch nicht? Schließlich stellte Lichtmess ja schon eine Art Feiertag im bäuerlichen Jahreslauf dar. Weshalb also sollte man an solch einem Tag nicht auch einmal etwas Gescheites zum Essen auf den Tisch bekommen?

In der Tat hatte sich der Bauer so generös gezeigt wie selten und seinem Knecht nicht nur zwei Schweinsfüßchen vom Schlachten mitgegeben, sondern sogar noch eine Leberwurst und ein Stück durchwachsenen Bauchspeck. In die um einen weiteren Raum vergrößerte Behausung, wo Anna seit der Geburt des zweiten Kindes für die kleine Familie das Essen zubereitete. Dementsprechend zufrieden blickte Georg Hammel am heutigen Abend über den Tisch.

»Maria, wie heißt der alte Spruch?«, nahm er seine Tochter neugierig ins Visier.

»Welcher Spruch denn, Vater?«, gab das Mädchen stirnrunzelnd zurück.

»Na, der Spruch für heute natürlich. Der mit Lichtmess«, half Georg ihr auf die Sprünge.

Schlagartig erhellte sich Marias Miene.

»Ha, das weiß ich! Lichtmess, bei Tag zu Nacht ess! Den meinst du, oder?«

»Donnerwetter!« Hammel nickte anerkennend. »Genau das habe ich gemeint! Wird also womöglich doch noch eine tüchtige Magd aus dir! So lange dauert das ja auch gar nimmer«, fügte er noch stolz hinzu, während er bereits nach dem Brotlaib griff und ihn mit einem Kreuz bezeichnete.

»Du, Vater, übrigens«, nutzte Maria die selten gute Laune ihres Vaters zu einem der sonst so spärlichen Gespräche vor oder nach dem Abendessen. Gespräche, die einem doch so wohl taten und die so selten stattfanden. Weil sich die Eltern halt so wenig zu sagen hatten. Wie schön war es doch früher gewesen, als sie noch mit dem restlichen Gesinde um den Tisch herum versammelt gewesen waren und nach dem Essen ihre unbeschwerten Gespräche hatten führen können. Doch seitdem die Mutter nach Annas Geburt am eigenen Herd das

Essen zubereitete, war auch diese Zeit vorbei. Sehr zu Marias Bedauern. Nicht so heute.

»Was willst du mir sagen, Maria?«, erkundigte sich der Vater lächelnd. Ja, tatsächlich! Es war ein Lächeln gewesen, das Maria in Georg Hammels Gesicht hatte aufblitzen sehen. Flüchtig zwar nur, aber dennoch unverkennbar ein Lächeln.

»Ach, da war so etwas Komisches, heute Nachmittag!« Noch bevor sich Anna richtig über den Sinn der Worte im Klaren war, die da aus dem Mund ihrer Tochter drangen, war es auch schon zu spät. Es war heraus! »Da war so eine merkwürdige junge Frau heute am frühen Nachmittag auf dem Hof bei der Mutter. Die hat vielleicht interessant ausgesehen!«

»Aha«, kommentierte Georg neugierig. »Und was meinst du mit ›interessant‹?«

»Es war ganz komisch«, fuhr Maria achselzuckend fort. »Die hat ausgesehen wie die Mutter früher! Und irgendwie hat sie gesagt, dass sie auch eine Maria sei. Aber vielleicht habe ich das auch nicht richtig verstanden.« Mit Schaudern dachte das Mädchen später an diesen Moment zurück. Denn kaum hatte sie ganz arglos ihre Beobachtung mitgeteilt, nahmen die Dinge eine völlig unerwartete Wendung. Augenblicklich schien sie wie weggeblasen, die so selten zu beobachtende warme Milde, die sich für wenige Minuten in der Miene des Vaters gespiegelt hatte.

Georg Hammels Augen verengten sich zu schmalen Schlitzen, als er Anna seine Frage stellte.

»Und wer oder was war das? Etwa gar ein Familientreffen unter Ausschluss der Öffentlichkeit?!«, zischelte er mit gefährlich leiser Stimme. »Einfach so, an mir vorbei?« Anna, deren Gedanken seit Stunden schon ausschließlich um die unverhoffte Begegnung am Mittag kreisten, war nicht imstande, Georg zu antworten. Wie immer waren sie plötzlich und unerwartet über Anna hereingebrochen: die dunklen Schatten aus ihrer Vergangenheit. Ohne dass sie sich vorher irgendwie hätte wappnen können. Plötzlich waren sie in Gestalt einer jungen Frau einfach vor ihr aufgetaucht. Die schüchterne, lächelnde junge Frau, die sie so merkwürdig angestarrt hatte. Ausgerechnet hier auf dem Schandhof, direkt vor Georgs Augen. Niemals würde das ein Ende haben. Niemals würde es vorbei sein. So entschieden Anna in diesem Fall auch reagiert hatte: Sie würde niemals Ruhe finden.

»Was ist jetzt? Hast du mir nichts zu sagen!« Vor Zorn bebend, trommelte Georg mit den Fingern auf der Tischplatte, während er seine Frau nicht aus den Augen ließ. »Du hast dich da also hinter meinem Rücken mit irgendwelchen Leuten getroffen, die mich nichts angehen? Oder wie soll ich das verstehen?«

Alles konnte Anna an diesem Abend gebrauchen, nur bloß keine Eifersuchtsszene! Nicht heute, wo sie selbst aufgewühlt war bis in ihr tiefstes Inneres.

»Georg«, beschrieb sie eine matte Handbewegung, während sie gleichzeitig versuchte, ein sorgloses Lächeln aufzusetzen. »Glaube mir doch: Du siehst Gespenster ...« Es schien genau die Formulierung zu sein, auf die Georg nur gewartet hatte. Ein ganz und gar untauglicher Versuch, ihn zu beruhigen. Krachend ließ er seine Faust auf den Tisch donnern, ehe er wutschnaubend in die Höhe schoss.

»Gespenster? Ich sehe Gespenster? Willst du mich ins Irrenhaus bringen oder wie?«, blaffte er seiner schmerzhaft zusammenzuckenden Ehefrau ins Gesicht.

Anna griff sich mit beiden Händen an den Unterleib. Ein stechender Schmerz bohrte sich in ihre Eingeweide.

»Ja, genau! Mach mir nur wieder etwas vor! Kaum dass man gewagt hat, etwas zu sagen, spielt die Gnädigste schon wieder die schmerzgepeinigte Schwangere!«, kommentierte Hammel höhnisch, als sich Anna zusammenkrümmte. »Denkst du also jetzt wenigstens einmal an das Kind in deinem Leib! Wenigstens jetzt«, lachte er bitter.

»Und vielleicht wird es nun wenigstens ein Junge ...«

Nicht jetzt schon! Bitte! Nicht schon jetzt! Aber es handelte sich eindeutig um Wehen, die sich wie tausend Nadelstiche in ihre Gebärmutter bohrten. Kein Wunder, nach all dem, was am heutigen Tag über Anna hereingebrochen war. Aber es war noch zu früh – noch viel zu früh. Erst Ende März, hatte die Hebamme neulich gemeint, vorher sei mit der Niederkunft nicht zu rechnen.

Fassungslos hatte sie Anna gemustert und ihr heftige Vorwürfe gemacht. Noch eine Schwangerschaft! Noch eine Geburt! Als wären die drei vorangegangenen Geburten nicht schwer genug gewesen. Wo es doch jedes Mal um Leben und Tod gegangen war. Bei Mutter und Kind! Und sie solle um Gottes willen ja nicht hoffen, dass die bevorstehende Geburt leichter verlaufen werde als die vorangegangenen! Nein, wie um alles in der Welt habe sie denn nur schon wieder schwanger werden können?! Mit bald zweiundvierzig Jahren! Genauso alt, wie ihre Mutter gewesen war, als sie Anna hatte zur Welt bringen müssen.

Sie hatte sich diese Schwangerschaft nicht ausgesucht und es auch nicht darauf angelegt! Es war sicher nicht ihre Entscheidung gewesen – vielleicht noch nicht einmal die ihres Mannes, der sie einfach rücksichtslos bestiegen hatte. Wieder einmal. Ohne sich in irgendeiner Weise um Annas Gefühle zu scheren. Georg – er war der eigentlich Verantwortliche an ihrem jetzigen Zustand. Gegen den sie sich nie und nimmer zur Wehr setzen konnte. Schon gar nicht nachts, so scheußlich und ausweglos sich ihre Lage auch darstellte. Augen zu und durch – was blieb ihr schon anderes übrig ...

Ohnmächtige kalte Wut stieg nun auch in Anna auf, während die Wehen durch ihren Unterleib rasten. Was glaubte dieser Mensch denn eigentlich, sich noch alles herausnehmen zu dürfen! War sie denn gar niemand? Nur ein Stück Dreck, das man in die Ecke fegen konnte, wie es einem gerade beliebte. Es war ihr egal, was sie Hammel jetzt an den Kopf warf. Völlig egal. »Ein Junge! Was weiß ich. Zunächst einmal muss ich es ja auf die Welt bringen, dein Kind. Ob Junge oder Mädchen. Erst einmal bin ich es, die das alles erleiden muss, während du nur tatenlos danebenstehst und mir dann noch Vorwürfe machst, dass es kein Junge ist.«

»Was sagst du da? Du musst mein Kind zur Welt bringen?!« Ehe es Anna auch nur im Ansatz gelang, die Hände schützend vor den Kopf zu schlagen, war es schon zu spät. Eine gewaltige Ohrfeige klatschte an ihren Kopf.

Die Schwangere taumelte unsicher, während sie vergeblich versuchte, sich noch an der Tischkante festzuhalten. Dann fiel sie auf den rissigen Holzboden. Schwer atmend starrte Hammel mit wutverzerrter Miene auf sie herunter.

»Was für eine Ausdrucksweise! Mein Kind zur Welt bringen müssen! Sei froh, dass dich überhaupt noch einer genommen hat. Allerdings einer, dem du nie reinen Wein eingeschenkt hast!« Er machte auf dem Absatz kehrt und stampfte zornig zur Tür hinaus, ohne sich um seine am Boden liegende Frau oder seine zitternd in einer Ecke kauernde Tochter zu kümmern. Kaum hatte ihr Vater den Raum verlassen, löste sich die Erstarrung bei der zu Tode erschrockenen Maria. Vorsichtig beugte sie sich über ihre leise stöhnende Mutter, die noch immer regungslos auf dem Boden lag.

»Hast du dir sehr wehgetan, Mutter?«

Anna schluckte die Bitterkeit tapfer hinunter, die sie zu ersticken drohte. Sie musste sich jetzt zusammennehmen. Irgendwie. Im Interesse ihres Kindes zumindest. Bei Maria sollte auf keinen Fall der Eindruck zurückbleiben, sie sei an allem schuld. Nein, das durfte nicht sein. Es wäre ja auch nicht richtig.

»Es geht schon wieder, Maria«, versuchte sie den Anflug eines Lächelns aufzusetzen, als sie sich mühsam wieder hochrappelte.

»Gib mir einmal deine Hand. Dann wird es schon wieder gehen. Zum Glück ist es ja nur ein Holzboden, auf den ich gefallen bin. Und ich glaube sogar, dass die Wehen allmählich weniger werden. Vielleicht war es also doch nur ein Krampf. Vielleicht schaffe ich es also doch noch bis Ende März.«

Langsam näherte sich das Mädchen seiner Mutter und tastete mit zitternden Fingern über deren deutlich gewölbten Bauch.

»Wenn ich das gewusst hätte, Mutter! Das mit dem Kind und das mit dieser jungen Frau da. Dann hätte ich doch niemals etwas gesagt. Aber ich habe es doch gar nicht gewusst!«

Nein, sie hatte es ja auch gar nicht wissen können. Das mit der jungen Frau nicht. Und das mit der Schwangerschaft ebenfalls nicht. Wo Anna doch peinlich darauf geachtet hatte, ihren Bauch unter der großen Schürze zu verbergen. Wie damals bei ihrem ersten Kind. Bei dem Kind, von dem niemand etwas wissen durfte. Bei ihrer ersten Maria. Bei dem Alptraum, der heute so unvermittelt aus der Vergangenheit wieder aufgetaucht war.

55

Lichtmess 1924, Betrachtungen

Die Szene, die bislang niemand aus meiner Familie hat begreifen wollen und begreifen können. Zu Recht nicht. Denn wie soll man sich schon erklären, weshalb eine Mutter ihr eigenes Kind verleugnet! Bei deren ersten Begegnung nach so vielen Jahren! Eine Rabenmutter! Solch ein Urteil steht schnell fest. Und auf den ersten Blick hat es ja durchaus auch Bestand. In den Augen der Tochter allemal – samt ihrer späteren Familie. Denn keiner hat ja ahnen können, was die Mutter in Wirklichkeit umgetrieben hat.

Doch was auch immer sie dazu gebracht hat: Die Reaktion der Mutter gegenüber der ahnungslosen, von so vielen Hoffnungen getriebenen jungen Frau war schrecklich. Man wird das gar nicht anders ausdrücken können.

Und dennoch, alles hat zwei Seiten. Es gibt sie ja, die nüchternen Fakten, die uns zu einer Erklärung hinleiten. Plötzlich habe ich ihn entdeckt, den Eintrag im standesamtlichen Register von Rothenburg, der nichts entschuldigt, aber vieles noch deutlicher erklärt. Da steht es: »Georg Walter Hammel, geboren am 21. März 1924 in Rothenburg ob der Tauber. Sohn von Johann Georg Hammel und Anna Magdalena Hammel, geborene Reingruber.«

Anna war also an diesem unseligen Lichtmesstag des Jahres 1924 im achten Monat schwanger. Etwa zwei Monate später sollte die Niederkunft sein – es war dann schon wieder eine Frühgeburt, als endlich der ersehnte Junge, der natürlich Georg heißen musste, am 21. März auf die Welt gekommen ist. Was also muss damals in dieser Frau vorgegangen sein!

Innerlich muss es sie ja fast zerrissen haben! Schon wieder schwanger! In ihrem Alter noch! Mit einundvierzig Jahren. Die Menschen galten in dieser Zeit schon fast als Greise. Dann die tragische Parallele zu Annas Mutter, die ebenfalls mit knapp einundvierzig Jahren noch ein Kind geboren hat. Dass diese Frau also bei der ersten Begegnung mit ihrer Tochter Maria nach fast einundzwanzig Jahren schon wieder hochschwanger gewesen ist, hat niemand in meiner Familie bisher gewusst. Vieles wird dadurch deutlicher, klarer, verständlicher – nein, nicht unbedingt verständlicher: erklärbar eher.

Siebzig Jahre später! Mehr oder minder hilflose Erklärungsversuche in der Familie, mit denen man versucht hat, sich über Jahrzehnte hinweg dieses seltsame Verhalten der Anna Magdalena Hammel, geborene Reingruber, zusammenzureimen. Hilfskonstruktionen einer persönlichen Katastrophe, die urplötzlich in völlig neuem Licht erscheinen! Die Frau, die ihre Tochter zurückgewiesen hat nach so vielen Jahren! Warum bloß? Warum? So hat man sich doch wieder und wieder gefragt. Bis heute. Bis zu dieser völlig neuen, sehr beklemmenden Erkenntnis.

Maria Reingruber, die Tochter, die es in der großen Krise ihres jungen Lebens zu ihrer so schmerzlich vermissten Mutter gezogen hat. Die sich in Rothenburg so lange durchgefragt hat, bis sie es geschafft hat. Bis sie tatsächlich auf dem Schandhof urplötzlich ihrer Mutter gegenüberstand: zum ersten Mal nach all diesen Jahren. Aus dem Nichts heraus aufgetaucht sozusagen – in den Augen der verständlicherweise zunächst völlig aus dem Gleichgewicht geworfenen ahnungslosen Mutter.

Aber dennoch! Man kann sich von einer Überraschung ja auch wieder erholen! Kann froh und glücklich sein über solch ein Wiedersehen. Das wäre doch das Natürlichste auf der Welt gewesen. Oder? Nachdem sie über den Verlust ihrer kleinen Tochter jahrelang kaum hinweggekommen ist. Es war doch fast schon eine glückhafte Fügung des Schicksals, dass es dieses Zusammentreffen gegeben hat. Und dann dies! Weshalb? Jahrzehntelange Fragen, auf die sich also eine weitere, wenngleich trotz allem gar nicht befriedigende Antwort gefunden hat.

Es geht aber noch weiter: dieses Erlebnis von damals. Diese unvermutete Begegnung. Ihr grausames Verhalten der eigenen Tochter gegenüber. Es hat diese Frau vollends zermürbt, es hat auch die letzte Lebensfreude in ihr zerstört! Sie hat es sich niemals verzeihen können, dass sie auch diese zweite Chance vertan hat. Dass sie ihre Tochter einfach vom Hof gejagt hat. Was man in der Familie weiß, das klingt wenig tröstlich: Nein, Anna hat nie die Kraft besessen, ihren Fehler von sich aus vielleicht wieder gutzumachen. Dazu hat ihre Energie wohl einfach nicht oder nicht mehr ausgereicht.

Und Maria? Ihre so brüsk zurückgewiesene älteste Tochter, für die ebenfalls eine Welt in sich zusammengestürzt ist. Eine Welt, die sie sich in Gedanken gerade erst ganz naiv erträumt hatte. Dass die schockierte Maria die neuerliche Schwangerschaft ihrer Mutter damals nicht wahrgenommen hat, das ist aus mehreren Gründen heraus kein Wunder! Zunächst einmal, weil sie in völlig andere Gedanken verstrickt war. Weil nur die Vorfreude auf die erste Begegnung ihr Denken bestimmt hat. Die Vorfreude, die hinterher dem Schock gewichen ist. Und dann die Kleidung damals – es war den Frauen durchaus möglich, eine Schwangerschaft bis kurz vor der Geburt unter ihren weiten Schürzen und Röcken zu verheimlichen. Kein Wunder also, dass niemand auf dem Schandhof geahnt hat, dass Anna bei jener schicksalhaften Begegnung schon im achten Monat schwanger war.

Sechzehn Jahre hatte Anna noch zu leben. Ob sie es jemals schaffen würde, sich mit ihrer Tochter auszusprechen? Sich endlich doch noch als Marias Mutter zu offenbaren? Wie gesagt: nicht aus eigenem Antrieb. Aber wie denn sonst? Können sich die Wege von Mutter und Tochter nach solch einer Szene überhaupt noch einmal kreuzen? Und dennoch gibt es den einen oder anderen Hinweis darauf, dass es weitergegangen ist. Und wie sich dann doch noch ein zerbrechliches Band hat knüpfen lassen …

56

21. März 1924

Die Geburt von Georg Walter Hammel ist genauso schwer verlaufen wie die anderen Geburten. Wieder ist es um Leben oder Tod gegangen. Aber Anna hat auch diese Niederkunft überstanden. Gesundheitlich immer stärker angeschlagen. Und seelisch sowieso. Wenn man sich die Situation vor Augen hält: das enge Zusammensein in den beiden kleinen Kammern auf dem Schandhof, in denen die Familie Hammel gehaust hat. Wenn man überhaupt von einer Familie sprechen kann. Die beiden Eheleute, die nichts mehr miteinander verbunden hat. Georg Hammel, der seinen eigenen Weg gegangen ist.

Anna, die sich krank und schwach durch das Leben geschlagen hat und dennoch, soweit ihr das möglich war, Hilfsarbeiten auf dem Hof verrichtet hat. Bis die Kinder etwas größer waren und sie wieder mehr Arbeit annehmen konnte. Obwohl sich das aufgrund ihrer angeschlagenen Gesundheit eigentlich von selbst verboten hätte. Aber danach hat früher, in der angeblich so guten alten Zeit, keiner gefragt. Für sein tägliches Brot hatte man ja auch entsprechend zu arbeiten. Dass sich die Leute krumm und bucklig geschafft haben, ist heute ein stehender Begriff. Es war tatsächlich so. Abgeschafft waren die Menschen, die selten ihr sechzigstes Lebensjahr noch erlebt haben. Und dann sind sie gestorben. Ausgezehrt. »Ausgepowert«, wie man das heutzutage nennt. Zu viele Krankheiten, die nicht richtig behandelt werden konnten und deren Folgen sie ein Leben lang mit sich herumgeschleppt haben. Zähne?

Wer hat damals mit fünfzig Jahren auf dem Land schon noch richtig gesunde Zähne gehabt? Wer hatte überhaupt noch mehr als drei oder vier Zähne im Mund? Und wer hat sich eine dieser eher Gänsehaut erregenden Zahnprothesen leisten können? Doch höchstens die Bauern – aber auch nur die reichen. Die anderen? Das Gesinde? Sie waren mit fünfzig längst zahnlose Greise, sind von Jahr zu Jahr gebrechlicher geworden, zu kaum einer Arbeit noch zu gebrauchen. Aufs Altenteil? Dorthin haben sich nur die Bauern zurückziehen dürfen. Im einen oder anderen Fall hat ein besonders mildtätig gestimmter Bauer zwar schon einmal das Gnadenbrot für einen ehemals tüchtigen Dienstboten gespendet, aber die Regel war das nicht. Nein, viele von ihnen sind rechtzeitig an Lichtmess ausbezahlt worden, als ihre Arbeitskraft nachgelassen hat. Mochten sie anderswo unterkommen und sich durchfüttern lasen. Oft genug im Armenhaus, wenn sie keine Kraft mehr zum Betteln hatten. Und bald auch keine mehr zum Leben.

Wie auch immer es den Menschen im Alter ergangen ist. Im heutigen Sinne alt geworden ist fast keiner. Auch Anna nicht.

57
3. Dezember 1925

»Also immerhin ist die Tante Magdalena ja neunundsechzig Jahre alt geworden. Das ist doch schon ein gutes Alter gewesen.« Anna zweifelte selbst an diesen Worten, die ihr mit wenig Überzeugungskraft von den Lippen kamen. Mit denen sie versuchte, ihren Onkel Johann zu trösten. Wobei es ihr schien, dass der altersverwirrte Johann mit seinen nun schon fünfundsiebzig Lebensjahren gar nicht begriff, was eigentlich geschehen war. Dass am heutigen frühen Morgen Magdalena Rößler, geborene Reingruber, verstorben war. Friedlich entschlafen war, wie man so sagte. Annas Tante, das letzte Bindeglied zu ihrer Mutter und zu den Wurzeln in Auerbach, wie Anna traurig angemerkt hatte, als sie am Mittag die Nachricht vom Tod der Patentante erhalten hatte. Aber wenigstens war sie friedlich eingeschlafen beziehungsweise heute Morgen nicht mehr aufgewacht. So war ihr zumindest ein quälender Todeskampf erspart geblieben. Zumindest das. Denn in den letzten beiden Jahren war eine schwere Veränderung in der sonst so lebenstüchtigen Magdalena vorgegangen.

Es war der Tod ihrer Tochter Maria zwei Jahre zuvor, der schwer auf ihrer Seele lastete. Niemals hatte sie deren Tod verwinden können. Wieder und wieder war sie mit leerem Blick am Küchentisch gesessen und hatte bittere Vorwürfe vor sich hin gemurmelt. Niemals hätte sie den Fehler machen dürfen, dieses Kind gleich nach der Geburt einfach wegzugeben. Das hätte sie nie tun dürfen. Hätte, sollte, könnte, dürfte … Es war seitdem kaum mehr möglich gewesen, bis in ihr

Bewusstsein vorzudringen. In den letzten Monaten von Magdalenas Leben schließlich überhaupt nicht mehr. Der Schock über den frühen Tod ihres Kindes hatte sich bleiern auf ihr Gemüt gelegt. Selbst auf Annas Anwesenheit hatte sie nicht mehr reagiert. Anna, die sich auf dem Heimweg nach solchen Besuchen immer wieder dieselbe bange Frage stellte: Ob es in der Seele ihrer Patentante womöglich doch genauso ausgesehen hatte wie in ihr? So robust Magdalena auch immer gewirkt hatte. Anna, die seit der schicksalhaften Begegnung mit ihrer Tochter nicht über dieses Ereignis hinwegkam. Weil sie sich schämte. Und absolut nicht wusste, wie sie sich richtig hätte verhalten sollen. Denn schließlich war da ja auch noch Georg Hammel, ihr Mann. Ein völlig anderer Mensch als der immer freundliche Johann Rößler, mit dem sich Magdalena über alles hatte austauschen können. Vertrauensvoll austauschen.

»Mich hat der Herrgott vergessen! Ja, doch, mich hat der Herrgott verlassen und vergessen«, murmelte der alte Mann immer wieder. Es zerriss Anna fast das Herz, ihren einst so kräftigen und munteren Onkel dermaßen verwirrt und unansprechbar vor sich zu sehen. Sie streifte die drei Kinder der Verstorbenen mit einem unglücklichen Blick. Doch auch Margarete, Georg und Johann zuckten als stumme Antwort nur bekümmert mit den Schultern. Es war nicht zu ändern. Ihr Vater würde nie wieder der Mann sein, als den sie ihn von frühester Jugend an kannten. Und als den sie ihn immer in ihrer Erinnerung behalten wollten. Sie ließ ihren Blick weiter durch den Raum wandern, in dem sich noch zahlreiche andere Trauergäste versammelt hatten. Mit einem Mal schrak Anna zusammen. Wer war das denn? Die blasse junge Frau, die sich dort hinten auf das Sofa gekauert hatte und verlegen zu Boden stierte? Was … wieso … was machte die hier? Die junge Frau! Natürlich, es handelte sich ja auch um ihre Patentante.

Magdalena Rößler hatte bei ihnen beiden als Patin fungiert. Nach Annas Geburt ganz genauso wie fast einundzwanzig Jahre später, in einer ähnlich beklemmenden Situation wieder, als Anna das Kind zur Welt gebracht hatte. Maria!

Wieder durchzuckte sie ein stechender Schmerz! Wieder wurde sie völlig unvorbereitet mit dieser Begegnung konfrontiert. Das Zusammentreffen mit einer Frau, die wiederum so unvermittelt aus der Vergangenheit auftauchte. Und die einem früheren Leben angehörte. Die Schockwellen schlugen über Anna zusammen. Ein klagender Seufzer drang aus ihrem Mund, dann machte sie auf dem Absatz kehrt und hastete von Panik getrieben davon, ohne sich um die erstaunten Kommentare der übrigen Trauergäste zu kümmern ... Nur weg aus diesem Haus. Aus der Stadt. Keinem Menschen mehr begegnen. Niemandem Rede und Antwort stehen müssen. Nur fort von hier. Weg! Bis er aufhörte. Irgendwann würde er aufhören. Der ewige Schmerz. Dieser unausgesprochene Vorwurf, der sich dennoch tiefer und tiefer in ihre Seele bohrte.

»Ich habe nicht die Kraft! Weshalb nur? Weshalb habe ich nicht die Kraft? Es geht nicht! Nein, ich schaffe es einfach nicht!« Es war ihre Patentante gewesen, Magdalena, von der sie in einem von deren wenigen klaren Momenten erfahren hatte, wo ihre Tochter Maria nun lebte und arbeitete. Klar, Maria hatte Magdalena ebenfalls aufgesucht. Wie gesagt, es handelte sich ja auch um ihre, Marias, Patin. Magdalena hatte ihr berichtet, dass ihre Tochter eine Anstellung in der Ludleinsmühle gefunden hatte. Und wie schön es wäre, wenn sie sich doch noch zu einem Zusammentreffen überwinden könne. Nicht dass es Anna ansonsten eines Tages so ergehe wie ihr nun, wo sie den Tod des eigenen Kindes hatte erleben müssen.

Daraufhin war Magdalena wieder in diese Düsternis zurückgefallen, die seither ihre letzten Lebensmonate bestimmte.

Natürlich, der Drang in Anna war immer vorhanden. Immer. Nun einfach loszumarschieren. Hinunter in den Taubergrund. Zur Ludleinsmühle. Zu einem Zusammentreffen mit ihrer Tochter. Mochte doch ihr Mann sagen, was er wollte. Ihr grundlos eifersüchtiger Mann! Der wieder und wieder drohte, sie einfach vor die Tür zu setzen, wenn sie es wagte, hinter seinem Rücken zu agieren. Die Kinder wollte er ihr auch wegnehmen. Und schon wieder war es vorbei gewesen mit ihrem Mut. Mit dem plötzlichen Impuls, sich doch einfach hinwegzusetzen über all diese Drohungen. Mehr als einmal war sie drauf und dran gewesen … ehrlich! Aber dann … tauchte das zornige Gesicht ihres Mannes vor Annas geistigem Auge auf. Und die Schatten. Die düsteren Schatten aus der nie bewältigten Vergangenheit. Das reichte, um jegliche Kraft in ihr schwinden zu lassen.

Wie auch jetzt wieder. Erst außerhalb der Rothenburger Stadtmauer blieb die heftig nach Atem ringende Anna endlich stehen und ließ sich erschöpft auf die steil abfallende nasse Wiese an der Kobolzeller Steige sinken. Dass sich die Feuchtigkeit eiskalt durch ihre Kleider arbeitete, das drang nicht mehr in das Bewusstsein der verzweifelten, hemmungslos weinenden Frau, die sich erst lange nach Einbruch der Dämmerung wieder erhob.

58

25. November 1927

Es war einer der seltenen Abende, an denen sie alle in der kleinen Behausung auf dem Schandhof versammelt waren. Bis auf die sechzehnjährige Maria natürlich, die vor anderthalb Jahren eine Stellung als Dienstmagd auf dem Dürrenhof erhalten hatte. Ob sich die Bäuerin mehr aus Mitleid Anna gegenüber, die sie schon lange kannte, dazu bereit erklärt hatte, das schmächtige Mädchen einzustellen, oder eher, um der eigenen, vier Jahre jüngeren Tochter eine Spielkameradin auf dem einsamen Gehöft zu besorgen – es spielte in Georg Hammels Augen keine große Rolle. Hauptsache, Maria war versorgt. Eine Esserin weniger. Was gab es schon groß zu verteilen in einer Familie, wie sie die Hammels darstellten. Wie auch immer. Selbst Georg war heute Abend nicht mehr zur Schandhofwirtschaft hinübergegangen, sondern zu Hause geblieben. Den Kopf auf beide Arme gestützt, saß er am Tisch und entzifferte angestrengt Zeile um Zeile den Text der Zeitung, die er vor sich aufgeschlagen hatte.

»Na, da bin ich ja allmählich gespannt, wohin das mit diesem Italiener noch führen wird. Dieser Mussolini – schließt mit allen plötzlich Freundschaftsverträge, mit denen sie früher Erzfeind gewesen sind. Der hat noch vieles vor, da bin ich mir ganz sicher«, brummelte Georg Hammel in seinen Bart, ohne eine Antwort von Anna zu erwarten. Was hätte sie auch sagen sollen. Von Politik verstand sie nichts, das taugte in Wirklichkeit auch nichts für kleine Leute, wie sie es waren. Und die Großen machten ja doch immer, was sie wollten. Ob es nun ein Kaiser war, der an der Spitze stand, ein Reichspräsident oder ein Reichskanzler: Das einfache Volk war den hohen Herrschaften doch völlig gleichgültig. War es immer schon gewesen. Was sie auch an anders lautenden Versprechungen hinausposaunten. Aber gut, wenn Georg meinte, sich dafür interessieren zu müssen, dann sollte er es ruhig tun. Immerhin hatte sich ihr Verhältnis in den letzten Monaten wieder so weit normalisiert, dass zwar Georg mehr oder minder seiner eigenen Wege ging, dass er sich aber Anna gegenüber längst nicht mehr so aggressiv und grobschlächtig benahm wie früher. Und das war ja zumindest etwas. Besser jedenfalls als das laute Gebrüll, an das sich Anna nie würde gewöhnen können, so oft sie es auch schon hatte erleben müssen.

»Gib mir doch bitte einmal den anderen Teil von der Zeitung«, wandte sie sich ihrer achtjährigen Tochter zu. »Der Vater hat es ja schon gelesen. Dann kann ich damit ja die nassen Stiefel vom Vater ausstopfen. Oder will der Bauer die Zeitung etwa wieder zurück, Georg?« Irritiert blickte der Angesprochene auf und blinzelte kurzsichtig über den Tisch.

»Wie? Was will wer?«

»Ob du die Zeitung morgen zurückgeben musst, habe ich gefragt«, erwiderte Anna.

»Nein, weshalb denn auch. Die ist doch schon fast zwei Wochen alt. Da ...«, Georg tippte mit seinem Zeigefinger auf die erste Seite mit dem aufgedruckten Erscheinungsdatum. »Hier steht es: Sie ist vom 15. November. Die können wir behalten.« Damit senkte er den Kopf, um sich wieder seiner Lektüre zu widmen.

»Na gut, dann werden wir die Stiefel auf alle Fälle bis morgen wieder trocken bekommen. Da, gib mir den hinteren Teil«, deutete Anna auf die Zeitung.

Während sie das Papier ergriff, warf sie einen gedankenverlorenen Blick auf die Rubrik, die auf der letzten Seite in einen schwarzen Rahmen gefasst war.

Es handelte sich um die Notiz über Todesfälle und Beerdigungen. Neuigkeiten, die auf dem Land immer von Interesse waren. Anna hob die Zeitung neugierig vor die Augen. Es gab nur einen Eintrag. Eine Beerdigung. Leute, die ihr unbekannt waren. Staudacher. Nie gehört, den Namen. Dem armen Ehepaar war ein kleines Kind gestorben. Ob durch einen Unfall oder durch eine Krankheit, das stand nicht dabei. Aber der Verlust eines Kindes war immer eine traurige, zu Herzen gehende Angelegenheit. Es war noch nicht einmal ein Jahr alt geworden, das arme Kind. So viel konnte sie aus der Zeitungsrubrik herauslesen. Unter den Überschriften »Heute« und »Beerdigungen«. Da stand es: »Alfred Staudacher, zehn Monate, verstorben am 13.11.1927 ...« Im selben Moment zuckte Anna plötzlich zusammen. Gerade als sie weitergelesen hatte. Den Namen der Eltern. Den Nachnamen, der ihr doch ganz und gar nichts sagte.

»... Sohn des Johann Staudacher und der Maria Staudacher, geb. Reingruber.« Der Mädchenname der Mutter: Er war die Ursache für diesen heißen Stich mitten in Annas Herz. Maria, geborene Reingruber. Es konnte kein Zufall sein! Die Mutter, deren zehn Monate altes Kind gestorben war – es handelte sich um niemand anderes als um Maria, ihre älteste Tochter!

Langsam ließ Anna die Zeitung sinken. Sie antwortete nicht auf die besorgte Frage, die wie aus weiter Ferne an ihr Ohr drang. Selbst wenn sie die Frage verstanden hätte, schlagartig war sie von anderen Gedanken und Gefühlen ergriffen worden, die keinen Platz für Belanglosigkeiten mehr ließen. Sie hatten sich wieder zurückgemeldet: die Schatten der Vergangenheit. Wie immer und anscheinend auch ewig: völlig unvermutet! Plötzlich waren sie wieder da! Sie würde sich nie vor ihnen verstecken können. Mit einem unwirschen Schnauben griff sich Georg Hammel die Zeitung, nachdem auch seine Frage wegen des mit einem Mal so sonderbaren Verhaltens seiner Frau ohne Antwort geblieben war.

»Was ist denn bloß? Ich habe diesen Teil doch schon längst gelesen. Da steht doch überhaupt nichts Interessantes drin!« Kaum hatte er seinen vorwurfsvollen Satz beendet, da straffte er bereits den Rücken und verstummte augenblicklich. Nach einem zweiten, genaueren Blick auf den Text in der Beerdigungsrubrik hatte er endgültig verstanden. Deshalb also war seine Frau plötzlich so aschfahl geworden. Wütend knüllte er das Papier zusammen und warf es gegen die Wand. Dann beugte er sich über die Tischplatte zu der regungslos verharrenden Anna hinüber, die er aus zornig funkelnden Augen fixierte.

»Aber wehe, du gehst zu ihr! Wenn du das tust, dann sind wir endgültig geschiedene Leute!«

59

Januar 1928

Die wenigen Besorgungen, die sie in Rothenburg zu tätigen hatte, waren längst erledigt. Anna hatte noch kurz bei Margarete und Georg in der Wenggasse vorbeigeschaut, um sich nach dem Gesundheitszustand ihres mittlerweile fast achtundsiebzig Jahre alten Onkels Johann Rößler zu erkundigen. Doch die beiden Geschwister hatten nur traurig die Köpfe gesenkt und gemeint, dass keinerlei Hoffnung mehr bestehe, den alten Mann jemals wieder seinem Dämmerzustand zu entreißen. Johann, der tagein, tagaus dumpf vor sich auf den Boden starrte, während er mit brüchiger Stimme murmelte: »Mich hat der Herrgott vergessen. Der Herrgott hat mich vergessen!«

Nicht einmal erkannt hatte er sie, als Anna zu ihm gekommen war und ihm mit vor Rührung belegter Stimme erklärte, wer da vor ihm stand. Aber sie solle sich nur ja keinen Kummer daraus machen, hatten Margarete und Georg sie zu trösten versucht. Denn ihnen ergehe es mittlerweile genauso. Ihr Vater sei nicht einmal mehr in der Lage, seine eigenen Kinder zu erkennen. Dementsprechend traurig hatte sich Anna auf den langen Heimweg zurück zum Schandhof gemacht.

Es dürfte gegen zwei Uhr am Nachmittag gewesen sein, als die ersten Schneeflocken zunächst noch zögernd und dann immer dichter auf die Dächer und Gassen von Rothenburg herunterrieselten. Bald schon, das verdeutlichte ihr ein prüfender Blick an den Himmel, würde der Schneefall noch wesentlich stärker werden. Höchste Zeit also, um rasch auf den Hof zurückzukehren. Denn wenn der Schnee erst einmal liegen blieb und zentimeterhoch den Boden bedeckte, dann würde jeder Schritt vom Taubertal auf der steilen Steige zum Schandhof zur Plage werden. Zunächst musste sie von der Stadt aus zur Tauber heruntersteigen. Also hieß es jetzt, das Kopftuch fester zu binden und dann mit weit ausholenden Schritten so rasch wie möglich aus der Stadt zu kommen. Gerade als sie sich wieder bückte, um den Korb aufzunehmen, den sie vor sich auf dem Boden platziert hatte, da sah Anna die junge Frau. Die Frau, in deren Gesichtszüge sich seit ihrer letzten Begegnung zwei herbe Furchen eingegraben hatten. Und sie war schon wieder schwanger. Hochschwanger sogar. Es war kaum zu übersehen. Drei Monate, nachdem sie ihr erstes Kind hatte begraben müssen. Maria!

Auch die junge Frau schien kurz zu stutzen. Vielleicht sogar zu erschrecken. So ganz genau war das nicht auszumachen. Schon gar nicht im Nachhinein. Jetzt war sie da, die unerwartete Gelegenheit. Ganz zufällig gekommen. Plötzlich! Wie sie immer über sie kamen! Diese dunklen Schatten! Schon hatte Anna ihren Mund geöffnet, war im Begriff gewesen, den Arm nach Maria auszustrecken – da war es auch schon wieder vorbei. Schwarze Dunkelheit erstickte jedes Gefühl. Nur weg hier, fort! Sie durfte sich nicht einfangen lassen von diesen dunklen Gefühlen, die hinter ihr herzujagen schienen. Vor denen sie offensichtlich nie und nirgendwo sicher war. Nicht einmal bei solch einer zufälligen Begegnung in der Stadt.

Aber wer würde ihr das mit dem Zufall schon glauben? Georg? Nie und nimmer!

Voller Panik ergriff Anna den Korb und jagte in wilder Hast durch die kopfsteingepflasterten glitschigen Straßen zur Stadt hinaus. Zweimal glitt sie aus und fiel hart zu Boden. Doch Anna spürte keinen Schmerz. Wenigstens im Augenblick nicht. Hastig erhob sie sich beide Male wieder und eilte weiter. Nein, es war jetzt keine Zeit für Schmerzen. Die kamen später von ganz allein. Nur weiter, weiter, weiter. Über die Straße, den Abhang hinunter, auf der anderen Seite die Steige wieder hoch. Die Aussicht hinunter ins Taubertal – über die Mühlen und die Doppelbrücke im Taubergrund, die so wohltuend beschaulich wirkte –, die Anna sonst immer so begierig in sich aufsog: Heute hatte sie keinen Blick dafür. Nur weiter, heraus aus der Stadt.

Zum Glück war Georg nicht daheim, als Anna mit tränengeröteten Augen in ihre Behausung stürmte. Dann musste sie ihm gegenüber zum Glück wenigstens nichts erklären. Gott sei Dank! Und die Kinder? Die konnte sie mit wenigen Worten ablenken.

In der Stadtmitte von Rothenburg, nur einige wenige Kilometer entfernt vom Schandhof, saß zur selben Stunde die schwangere Maria Staudaucher in dem kleinen Wohnzimmer ihres Hauses im Alten Keller 17 und erzählte ihrem Mann, der sich gerade todmüde von seiner Tagelöhnerarbeit beim Kohlenhändler nach Hause geschleppt hatte, von dem merkwürdigen Zusammentreffen am heutigen Nachmittag. Dass sie von ihrer Mutter nun schon zum dritten Mal ignoriert worden war. Einfach so. Gerade so, als wolle die Marias Existenz erst gar nicht wahrnehmen. Als sei sie gar nicht Marias Mutter!

Dicke Tränen liefen über die Wangen der traurigen jungen Frau, während sie schluchzend die Frage formulierte, die ihr schon seit jenem unseligen Tag an Lichtmess des Jahres 1924 wieder und wieder zu schaffen machte: »Weshalb macht sie so etwas? Wieso tut sie so, als ob es mich gar nicht geben würde! Was habe ich ihr nur getan, dass sie mich so behandelt?! Weshalb will sie denn nicht meine Mutter sein?! Mehr will ich doch gar nicht!«

60

August 1930

»Es ist überhaupt ein Wunder, dass sie überlebt hat!« Der Arzt zog seine Stirn in ernste Falten, während er sich langsam von dem Krankenlager erhob und sein Stethoskop in der dunklen Ledertasche bei den anderen Instrumenten verstaute.

»Ich hätte es kaum für möglich gehalten, ehrlich gesagt. Nachdem in Burgstall erst kürzlich zwei meiner Patienten an derselben Krankheit verstorben sind – und deren Gesundheit hat eigentlich stabiler auf mich gewirkt. Nein«, jetzt schüttelte der grauhaarige groß gewachsene Mann staunend seinen Kopf, während er Anna mit einem weiteren Blick prüfend musterte. »Ich habe es wirklich nicht geglaubt, dass sie mit dem Leben davonkommt! Sie ist zwar noch äußerst schwach, eure Mutter«, wandte er sich anschließend an die beiden Kinder, die elfjährige Anna und den sechs Jahre alten Georg, die schüchtern und besorgt von der Zimmertüre zum Bett ihrer Mutter hinüberstarrten, »aber sie wird es überleben. Ihr müsst sie eben schonen, so gut es geht. Sie ist ja von vornherein nicht gerade die Gesündeste.«

Die Kinder nickten.

»Ich frage dann eben mal die Bäuerin, ob sie für uns vielleicht etwas Ziegenmilch übrig hat. Das hat ja auch mir und meiner Schwester damals geholfen, sagt die Mutter immer«, antwortete das Mädchen. »Das hilft ihr doch sicherlich, oder?«

»Es würde auf jeden Fall nicht schaden«, bestätigte der Arzt. »Also, Hammel, wie gesagt, du musst jetzt alle Aufregung von deiner Frau fern halten. Alle Aufregung und bitte auch alle Arbeit. Sonst wird sie sich nie mehr erholen. Ich weiß ja, wie das bei euch Landleuten so ist«, seufzte der Mediziner verdrießlich. »Kaum bin ich weg, dann sind meine Ratschläge schon wieder vergessen. Aber ich sage es dir trotzdem, dass sie jetzt erst einmal geschont werden muss, ob euch das passt oder nicht. Wenn dir die Gesundheit deiner Frau wirklich am Herzen liegt.« Der Arzt hegte diesbezüglich selbst starke Zweifel, vermied es klugerweise aber, sie auszusprechen. Was hätte das auch schon gebracht – außer noch größerer Entfremdung zwischen den Eheleuten?

Nur undeutlich drang die Stimme des Mannes in Annas Bewusstsein. Es war mehr ein Geräusch, als dass sich in ihrem Gehirn Worte bildeten. Worte, die einen Sinn ergaben. Seit dem Morgen schon befand sie sich in diesem eigenartigen Dämmerzustand, der sie genauso davon abhielt, sich von ihrem Krankenlager zu erheben, wie es ihr ebenso noch längst nicht möglich war, einen klaren Gedanken zu fassen. Dennoch kam dies allein für den Arzt einem Wunder gleich. Denn erst gestern noch war die Patientin noch nicht einmal ansprechbar gewesen, sondern befand sich, wie seit mehreren Tagen schon, in einem fiebrigen Delirium an der Grenze zwischen Leben und Tod.

Anna war an der Ruhr erkrankt. Einer Krankheit, die in diesen Wochen im ganzen Umland von Rothenburg grassierte und schon zahlreiche Opfer gefordert hatte. Vor allem unter Kindern, alten Menschen und Schwachen. Und zu Letzteren gehörte ja zweifelsohne auch Anna. Die nach jeder ihrer schweren Geburten immer weniger geworden war, wie man sich auf dem Land eben ausdrückte. Vor allem die Geburt von Georg im Frühjahr 1924 hatte ihre schwache Gesundheit zusätzlich in Mitleidenschaft gezogen, nie mehr hatte sie sich seitdem wieder richtig gesund gefühlt. Nie mehr hatte sie bei ihren Arbeiten auf dem Hof so zupacken können, wie dies zuvor bei ihr an der Tagesordnung gewesen war. Und sosehr der Arzt auch beteuerte, dass er bei der Patientin mit seinem Latein eigentlich am Ende sei und anschließend von einem Wunder sprach, dass die Lebensgeister noch einmal in Anna zurückgeströmt waren, ohne seinen Beistand hätte sie schwerlich überlebt. Denn wenn die Schandhofbäuerin nicht aus eigenem Antrieb heraus den Arzt alarmiert hätte, den sie aus eigener Tasche bezahlen würde, wäre es um Anna geschehen gewesen. Doch die erschrockene Bäuerin hatte rasch gehandelt, als sie der Kranken ganz und gar arglos einen Besuch abgestattet hatte. Anna, die bereits mit dem Tod zu kämpfen schien.

Wieder fiel sie zurück in einen der schweren Träume, die sie in den letzten Tagen wieder und wieder umschlungen hatten. Träume oder Wirklichkeit? Hatte sich ihre Seele an der Schwelle des Todes vielleicht schon aus ihrem Körper gelöst und war hineingeschwebt in diesen milchig weißen Nebel, wo sie schemenhaft schon die Mutter erkennen konnte. Die Mutter, die ihr fröhlich zuwinkte und sie geradezu magisch zu sich herüberzog. Zu sich – und zu dem stattlichen jungen Mann an ihrer Seite. Dem Mann mit dem dunklen Vollbart, der jetzt die Arme nach ihr ausstreckte. Geradeso als ob er nur darauf warte, sein Kind an sich drücken zu dürfen. Sein Kind, das ihn ja nur von einer verblassten Fotografie her kannte.

Der Vater, der seine Tochter noch nie zu Gesicht bekommen hatte. Niemals in seinem ganzen Leben! Der Vater! Und die Mutter! Beide lachten. Glücklich und zufrieden. Endlich! Anna stieß einen lauten Jubelschrei aus, raffte den Rock und stürmte hinüber. Zu ihren Eltern! Zu ihrer Familie! Immer weiter hinein in den dichter werdenden weißen Nebel. Doch je weiter sie vordrang, desto mehr verblasste merkwürdigerweise das Bild ihrer Eltern. Wurde von dem alles umhüllenden Nebel verschluckt. Vater! Halt! Verzweifelt versuchte sie, die Hand zu ergreifen, die er ihr entgegenstreckte. Vergeblich!

Es ging nicht! Noch einmal winkten sie ihrer Tochter zu, dann hatte der Nebel die Eltern endgültig verschluckt. Anna spürte dankbar den kühlen weichen Lappen auf ihrer verschwitzten Stirn, als sie in das Bewusstsein zurückfand. Langsam öffnete sie die Augen und blickte in die erleichterte Miene der Bäuerin, die sie anlachte: »Willkommen zurück, Anna. Du hast es geschafft. Willkommen im Leben.«

61

April 1935

»Das ist aber schön, dass ich dich wieder einmal zu Gesicht bekomme.« Anna schenkte ihrer Tochter Maria ein freundliches Lächeln, als die junge, mittlerweile vierundzwanzigjährige Frau an diesem Sonntagnachmittag in das Zimmer trat. »Schade nur, dass dein Vater heute unterwegs ist. Der hätte sich auch gefreut, dich einmal wiederzusehen.«

Es handelte sich um eines der seltenen Zusammentreffen zwischen den Eltern und Maria, die sich schon vor Jahren auf dem zwar nur knappe drei Kilometer entfernten Dürrenhof verdingt hatte, aber die Arbeit einer Magd brachte es nun mal mit sich, dass man sich in der Tat nur recht selten begegnete.

»Kann man nichts machen«, zuckte Maria die Schultern. Es war ihr nicht zu verdenken. Denn ihr Verhältnis zu dem ewig mürrischen Vater war kein gutes gewesen. Zumal Georg seiner kränklichen Tochter fast gar nie Beachtung geschenkt hatte. »Aber ich denke, er wird es verschmerzen.«

»Na ja.« Was sollte Anna schon antworten? Am besten ließ sie es auf sich beruhen. »Wie geht es dir denn dort drüben? Laden sie dir auch nicht zu viel schwere Arbeit auf?« Sie musterte die nach wie vor schmächtige blasse Maria mit einem prüfenden Blick.

»Das geht schon«, winkte Maria ab. »Und mir selber geht es auch gut. Das ist der eigentliche Grund, weshalb ich heute hier bin. Ich will nämlich heiraten.«

»Heiraten!« Überrascht wischte sich Anna eine Haarsträhne aus der Stirn. Das hätte sie in der Tat nicht erwartet. So still und in sich gekehrt, wie ihre Tochter sich gab. So ernst und blass. Nein, damit hatte sie nicht gerechnet. Dass Maria eines Tages heiraten würde? Sie hatte sich noch nicht einmal Gedanken darüber gemacht, denn es lag eigentlich völlig außerhalb aller Vorstellung. »Du willst tatsächlich heiraten?«

»Ja«, bekräftigte ihre Tochter. »Ich habe da einen netten jungen Mann aus Treuchtlingen kennen gelernt, den Ernst ...«

»Den Ernst ...«, echote die Mutter noch immer nahezu sprachlos.

»Wir wollen also in gut zwei Monaten heiraten. Nach der Heuernte, da geht es ja am besten. Und später wollen wir nach Treuchtlingen ziehen. Jetzt aber müssen erst einmal alle Formalitäten erledigt werden. Über eure Zustimmung muss ich mir ja wohl keine großen Sorgen machen, oder?« Maria musterte ihre Mutter mit leichtem Stirnrunzeln. »Ich denke, dem Vater ist es ja eh egal, was ich so mache. Und du, du wirst doch auch froh sein, wenn du mich glücklich unter der Haube hast?«

»Maria! So darfst du nicht reden! So ist er halt, dein Vater«, versuchte Anna ihn zu verteidigen. »Und was mich angeht. Natürlich freue ich mich für dich und bin froh, dass du einen Mann gefunden hast. Hoffentlich ist es auch der richtige. Es wäre ja schön, wenn du ihn mir einmal vorstellen würdest.«

Maria nickte. »Das werde ich schon noch tun. In zwei Wochen dann. Da kommt er sowieso wieder mit dem Fuhrwerk von Treuchtlingen herüber. Dann sollte ich alles beisammen haben ...«

»Alles beisammen haben? Was meinst du damit?«

»Der Ernst hat sich auf dem Standesamt erkundigt. Und da hat man ihm gesagt, dass wir zur Heirat erst einmal den Nachweis unseres Deutschtums brauchen. Also eine Art Stammbaum. Das wollen sie jetzt immer. Damit sie sehen können, dass wir auch wirklich Deutsche sind, bis in die vorvorige Generation hinein. Als ob wir aussehen würden wie die Zigeuner!« Maria tippte sich vieldeutig an die Stirn. »Obwohl der Ernst gemeint hat, dass sie das in erster Linie wegen der Juden machen. Sie wollen nicht, dass sich die deutsche Rasse vermischt. Und deshalb muss man jetzt eben so einen Deutschtumsnachweis beibringen. Na ja, meinetwegen! Ist doch kein Problem Mutter, oder? Ihr habt doch alle Unterlagen?«

Anna spürte, wie sich Eiseskälte in ihr auszubreiten begann. Jetzt also war der Zeitpunkt gekommen: Sie musste ihrer Tochter reinen Wein einschenken und ihr endlich die Fragen beantworten, auf deren Beantwortung sie ja auch ein Anrecht hatte. Immer wieder war sie dem Mädchen ausgewichen, als Maria nach Annas Eltern gefragt hatte. Nach der Verwandtschaft von dieser Seite. Nach Lehrberg. Wo doch auch die Tante Magdalena herstammte. Aber von dieser hat te sie auf ihre Fragen gleich gar nichts erfahren. Die hatte immer nur gemeint, das sei Sache der Mutter, nicht die ihre. Und Anna? Sie hatte sich immer geschämt dafür, unehelich geboren worden zu sein. Ja sogar gestehen zu müssen, dass sie ihren Vater niemals zu Gesicht bekommen hatte. Dass der nichts von ihr und ihrer Mutter hatte wissen wollen. Die Großeltern, sie waren längst schon gestorben. Was also sollte man noch über sie erzählen? Nach so langer Zeit! Es war doch sicher auch besser für das Kind, nicht hören zu müssen, dass es sich bei ihrer Mutter um eine ledig Geborene handelte. Das bedeutete doch nur eine zusätzliche Belastung für die schwächliche Maria.

Doch jetzt also war es so weit. Irgendwann hatte es ja kommen müssen. Man konnte nicht ewig vor den Tatsachen davonrennen. Irgendwann holten sie einen eben ein. Immerhin war der Zeitpunkt trotz aller Überraschung günstig. Denn Georg war ja nicht zu Hause. Georg, der beim geringsten falschen Wort gleich wieder einen Wutanfall bekommen hätte. Anna atmete langsam aus und versuchte, eine möglichst unbefangene Miene an den Tag zu legen, bevor sie mit leiser Stimme zu sprechen begann.

»Also, du weißt ja, dass deine Großeltern schon vor langer Zeit gestorben sind. Ich selbst bin ja in Auerbach geboren worden. Das liegt in der Nähe von Colmberg …«

»Aber die Tante, die dir eine Zeit lang noch geschrieben hat und die du auch einmal besucht hast, die war doch aus Lehrberg. Die haben doch sogar eine Gastwirtschaft gehabt, nicht wahr? Bis dann der Sohn von ihr im Krieg gefallen ist. Was sind das denn für Leute gewesen?« Es war nicht mehr zu vermeiden. Wie denn auch! Sie musste jetzt heraus mit der Wahrheit.

»Das hängt mit meinem Vater zusammen. Maria«, die Mutter beugte sich vor und musterte ihre Tochter aus ernsten Augen. »Es ist nämlich so, dass ich unehelich geboren bin. Mein Vater hat meine Mutter nie geheiratet, ja schlimmer noch, ich habe meinen Vater nie gekannt. Er ist kurz nach meiner Geburt auf und davon und niemals mehr zurückgekommen …«

»… niemals mehr zurückgekommen? Du meinst also, … das heißt … du willst damit sagen, dass man gar nichts über ihn weiß?« Entgeistert starrte Maria in das Gesicht ihrer Mutter.

»So ist es«, nickte Anna schwach. »Ich weiß noch nicht einmal, wohin er gegangen ist. Und wo er gestorben ist – falls er nicht noch lebt. Er müsste jetzt schon deutlich über fünfundsiebzig Jahre alt sein«, fügte sie noch bitter hinzu.

»Und was soll ich dann um Gottes willen eintragen?«

Maria machte eine hilflose Handbewegung. »Stell dir das doch einmal vor: die Mutter – eine ledig geborene Dienstmagd, der Großvater – verschollen. Na wunderbar! Ich kann mir schon lebhaft vorstellen, was der Standesbeamte sagen wird, wenn der Ernst mit solch einem Stammbaum bei ihm ankommt! Dann kann ich das mit der Hochzeit ja gleich bleiben lassen!« Verzweifelt biss sich die junge Frau auf die Lippen, während sie ihren Blick starr auf die gegenüberliegende Wand geheftet hatte.

Plötzlich schien ein Ruck durch ihren Körper zu gehen. »Nun gut. Es ist so, wie es ist! Dann aber kannst du mir ja gleich die ganze Wahrheit erzählen. Nicht dass da noch etwas hinterherkommt. In solchen Fällen wie dem meinen gehen sie der Sache nämlich vollkommen auf den Grund. Und wenn sie dann noch etwas entdecken, was ich nicht angegeben habe, dann ist der Schlamassel vollends angerührt.« Maria näherte sich ihrer Mutter mit einem Ausdruck, den diese noch niemals in den Augen ihrer Tochter gesehen hatte.

»Wenn ich zum Beispiel verschwiegen hätte, dass ich noch eine Schwester habe ...«

»Aber du hast doch auch noch eine Schwester. Die Anna nämlich!« Es war ein Fehler von ihr zu meinen, dass sie sich so aus der Sache würde herauswinden können. Maria schien doch schon mehr zu wissen! Das hatte ihre Andeutung bewiesen. Und dennoch: Anna brachte es einfach nicht über sich. Nicht nach so vielen Jahren, in denen sie ihrer Tochter diese Tatsache verschwiegen hatte. Es ging einfach nicht! Und wenn es noch so falsch und feige war! Diese Eiseskälte. Dieser stahlharte Griff, der ihr Herz zu zerquetschen schien. Schon wieder stand sie im Begriff, von der Vergangenheit überrollt zu werden.

»Mutter! Was soll das denn eigentlich!« Wütend stampfte Maria mit dem Fuß auf dem Boden auf. »Wie lange willst du mich denn eigentlich noch zum Narren halten? Die Spatzen pfeifen es doch längst von allen Dächern, dass ich noch eine Schwester habe. Eine junge Frau, die in Rothenburg wohnt und auch Maria heißt! Maria, genauso wie ich! Wie auch immer das zugehen mag! Begreife das doch wenigstens: Ich muss es wissen. Ich muss diese Angaben machen. Wenn ich das nicht tue, dann wird alles noch viel schlimmer, als es ohnehin schon ist! Dann werden sie selbst nachforschen und mir die Tatsachen um die Ohren hauen. Und die Heirat kann ich dann auch vergessen! Mutter«, Maria machte einen weiteren Schritt vorwärts und musterte ihre Mutter verächtlich, »wenn du schon solche Dinge getrieben hast und bis heute noch dein eigenes Kind verleugnest, dann gib es jetzt wenigstens zu. Sag mir, wann diese Maria geboren ist. Dass ich die Schande zumindest zu Papier bringen kann und nicht auch noch dieses erbärmliche Versteckspiel mitmachen muss. Wenn du es jetzt nicht tust, dann gehe ich einfach zu ihr. Ich werde schon herausfinden, wo sie wohnt. Einmal habe ich sie ja auch wohl schon zu Gesicht bekommen – an Lichtmess damals. Wo du es ja auch abgestritten hast. Also sag schon: Wann ist diese Maria geboren worden?«

»Am 15. Mai 1903 in Rothenburg«, flüsterte Anna fast unhörbar. Es war heraus! Das Geheimnis, das sie ihren Kindern nie hatte preisgeben wollen und das ihr so viele Qualen bereitet hatte, es war nun keines mehr. Sie merkte nicht, wie die Tür hinter Maria laut ins Schloss fiel, als diese sich mit aschfahler Miene umwandte und grußlos den Raum verließ.

Der spät am Abend heimkehrende Georg Hammel entdeckte seine Frau von heftigen Krämpfen geschüttelt auf dem Sofa. Ihre Stirn war schweißbedeckt, die stark geröteten Augen starrten fiebrig ins Leere. Es dauerte Wochen, bis sich Anna wieder von ihrem Krankenlager erheben konnte. Die Tatsache, dass sich ihr Mann während dieser Zeit in keiner Weise um die Kranke kümmerte, hatte nicht gerade zu ihrer rascheren Genesung beigetragen. Einige Wochen später heiratete Maria Hammel in Treuchtlingen, ohne auf die Anwesenheit ihrer Eltern den geringsten Wert zu legen.

62

Mai 1935

Der zornige Mann brüllte und fluchte aus Leibeskräften. Lautes Pferdegewieher vermischte sich mit klappernden Hufschlägen, die zusammen mit den Flüchen von den Wänden des Schandhofes zurückhallten.

Zaghaft blickte die junge Frau, die sich nun gar nicht mehr so sicher war, ob sie überhaupt hierher hätte kommen sollen, um die Hausecke. Zwei Knechte hatten sich gerade in die Zügel des sich wild aufbäumenden Pferdes geworfen und hieben mit langen Stecken wütend auf das Tier ein. Es war ein zähes und fast nicht enden wollendes Ringen, bis die Männer schließlich die Oberhand über das Pferd gewonnen hatten, das sie anschließend eng an zwei Pflöcke banden, sodass es kaum noch in der Lage war, seinen Kopf zu bewegen. Und noch einmal klatschte ein scharfer Hieb auf das Hinterteil des Pferdes.

»So, du elende Mähre! Das hast du dir wirklich verdient!«, giftete der ältere der beiden Männer keuchend. Noch einmal holte er mit dem Stock weit aus, als ihm der andere in den Arm fiel.

»Komm, Georg. Das reicht jetzt! Bevor uns der Bauer sonst hinterher zur Rede stellt und wissen will, woher die ganzen Striemen kommen ...«

»Na gut, wenn du meinst«, knurrte Georg Hammel verdrießlich. »Aber nur deshalb. Es ist immer dasselbe mit diesem Biest. Man sollte es totschlagen und dem Abdecker geben, dann hätten wir unsere Ruhe!«

»Dazu ist der Gaul aber noch viel zu jung, so Recht du hast. Aber es ist immer dasselbe: Wenn so ein Tier nicht von vornherein richtig auf seine Arbeit vorbereitet wird, dann hast du hinterher über Jahre hinweg nur Ärger mit diesen Viechern«, pflichtete der jüngere der beiden Knechte seinem Kollegen bei.

»Was willst du denn hier?« Hammel legte seine Stirn in unwillige Falten, als er die junge, dunkel gekleidete Frau bemerkte, die sich ihnen da mit einem kleinen Mädchen in der einen und einer blechernen Milchkanne in der anderen Hand zaghaft näherte.

»Ich ... äh«, verlegen räusperte sich die Unbekannte kurz, bevor sie die beiden Männer fragend anblickte. »Es ist nämlich so: Ich suche die Anna Magdalena Hammel.«

»Wen?!« Georg Hammel stemmte die Hände in die Hüften und musterte die schüchtern lächelnde Frau mit strenger Miene. Was wollte die denn von Anna?

»Die Anna Magdalena Hammel, sie wohnt doch hier? Ich weiß nur nicht genau, in welchem Haus!«, hob die Frau mit einer ratlosen Geste die Achseln. »Ich habe gehört, dass es ihr schlecht geht. Dass sie krank ist. Deshalb habe ich ihr ein bisschen Ziegenmilch mitgebracht. Das hilft ja oft. Es ist Milch von unserer eigenen Ziege.«

Hammel, in dessen Hirn sich ganz allmählich eine Ahnung ausbreitete, um was für eine Frau es sich handelte, die da so arglos vor ihm stand, machte eine abweisende Handbewegung. »Die braucht nichts! Die kommt auch so wieder zu Kräften! Von ganz alleine! Das war bisher immer so!«

Doch Maria, die all ihren Mut zusammengenommen hatte, ließ sich nicht so schnell einfach abwimmeln. Jetzt, wo sie zusammen mit ihrer dreijährigen Tochter Gretel den ganzen langen Weg hierher gelaufen war. Die Steige ins Tal herunter, auf der anderen Seite wieder hoch. Nein, es war einen weiteren Versuch wert.

»Aber jetzt, wo ich doch schon einmal da bin. Es schadet doch nichts, wenn ich ihr die Milch bringe. Es wird auch wirklich nicht lange dauern.«

»Wenn ich Nein sage, dann heißt das auch Nein! Schluss jetzt!« Immer stärkerer Unmut stieg in Hammel auf. Was glaubte die denn eigentlich! Und woher wusste die denn das mit Annas Erkrankung? Anscheinend holte sie Erkundigungen über sie ein! Das wurde ja immer schöner! »Also, es geht nicht! Lasst uns in Ruhe! Ich habe zu arbeiten! Und deine Milch, die kannst du selber trinken – oder sie deiner Tochter geben. So, das wär's dann! Wiedersehen!« Um seinen harschen Worten zusätzlichen Nachdruck zu verleihen, legte er Maria seine Hände auf deren Schultern und drehte sie grob in die Richtung, aus der sie gerade erst gekommen war.

»Hier geht's lang. Für alle beide!«, deutete er anschließend mit weit ausgestrecktem Arm auf den Weg hinaus.

Während sich die maßlos enttäuschte Maria mit ihrem kleinen Mädchen Gretel auf den Rückweg machte, verharrte Hammel mit verschränkten Armen im Hof und blickte ihnen mit verdrießlicher Miene hinterher.

»Na, so grob hättest du zu der Frau aber wirklich nicht sein müssen, Georg. Die hat es doch nur gut mit der Anna gemeint!«

»Das geht dich überhaupt nichts an! Hast du verstanden?«, fuhr Hammel zornig herum. »Genauso wenig wie es diese Frau da etwas angeht. Wir sind bisher auch ohne sie zurechtgekommen. Und so wird es bleiben!«

Es war ein schwerer Gang zurück nach Rothenburg. Nachdem sie gestern ganz zufällig einer Magd vom Schandhof begegnet war und diese im Verlauf des sonst eher belanglosen Gespräches darüber geklagt hatte, dass sie momentan vor lauter Arbeit kaum ein und aus wisse, nachdem ihre Kollegin seit Tagen schon schwer krank im Bett liege, hatte sich Maria weiter erkundigt, um wen es sich bei der Kranken denn handele. Die ganze Nacht hindurch hatte Maria daraufhin überlegt. Ob sie das Wagnis eingehen sollte und ob es nicht jetzt, in dieser für die Mutter doch anscheinend so schweren Situation, angeraten war, sich ihr noch einmal zu nähern. Bevor sie womöglich starb, ohne dass sich Mutter und Tochter jemals miteinander ausgesprochen hätten ... Eine beklemmende Vorstellung! Und so hatte Maria trotz des Erlebnisses von Lichtmess 1924, das nach wie vor wie ein Schatten auf ihrer Seele lastete, den Entschluss gefasst, die Mutter an diesem Morgen zu besuchen. Und trotz der erst zwei Monate zurückliegenden Zwillingsgeburt. Die Zwillinge, um die sich heute die Schwägerin kümmern würde. Einen halben Liter Ziegenmilch hatte sie noch mitgenommen. Den würden sie wohl entbehren können, ihre vier Kinder. Die Zwillinge Wilma und Erich genauso wie die dreijährige Gretel und ihr nun schon sieben Jahre alter Bruder Willi sowieso. So ärmlich sich die Verhältnisse im Alten Keller auch darstellten. Für sie und für ihren Mann Johann, der als Gelegenheitsarbeiter Tag für Tag um Arbeit und Lohn für seine Familie zu kämpfen hatte. Dennoch, auch wenn sie nur ganz wenig besaßen – teilen konnte man immer. Es war Marias feste Überzeugung – und so würde es auch bleiben.

Jetzt kamen am Horizont die Türme von Rothenburg in das Blickfeld der beiden stummen Wanderinnen. Eine imposante, blaugrau in den Himmel ragende Kulisse. Fast wie in einem Märchen. Und genauso unwirklich scheinend. So nah – und dennoch weit von ihnen entfernt. Getrennt durch einen von dieser Warte aus gar nicht wahrnehmbaren Einschnitt, nämlich durch das tiefe Tal, in das sich die Tauber im Lauf von vielen Jahren hineingegraben hatte.

Auch eine Trennung. Fast sinnbildlich wirkte dieser Anblick am heutigen Tag auf Maria. Beinahe so, wie das Verhältnis zwischen ihr und der Mutter. Man war sich doch schon so nahe gewesen – und dennoch türmten sich unüberwindlich scheinende Hindernisse zwischen ihnen auf! Weshalb auch immer! Würde ihre Mutter überhaupt erfahren, dass Maria versucht hatte, sie zu besuchen? Maria, die schon wieder vom Hof gejagt worden war?

Nein, Anna hatte nichts erfahren. Schon gar nicht von Georg, ihrem Mann, der kaum auf sie achtete. Wenn da nicht die beiden Kinder gewesen wären, die sechzehnjährige Anna, die aus Sorge um die seit Jahren gebrechliche Mutter zum heftigen Verdruss ihres Vaters noch immer keine Stellung angenommen hatte, und Georg, der mit seinen elf Lebensjahren Jüngste in der Familie. Die beiden Kinder kümmerten sich voller Sorge um ihre kranke Mutter.

Um Anna Magdalena, die im sicheren Bewusstsein ihres unaufhaltsam nahenden Endes doch so sehnsüchtig auf Maria wartete. Ohne sich ihrer Tochter freilich jemals mitteilen zu können. Und dennoch: Eines Tages würde sie kommen. Maria! Allein der Gedanke an das von ihr so schmerzlich vermisste erste Kind hielt Anna am Leben.

63

Juli 1935

Es war nur ein zaghaftes, kaum wahrnehmbares Klopfen, mit dem sich die spindeldürre gebeugte alte Frau an der Küchentüre bemerkbar machte. Und niemand in dem kleinen Haus hatte es gehört. Nun ja – gehört vielleicht schon, aber nicht darauf geachtet. Denn wer klopfte schon an, wenn er das winzige Haus im Alten Keller 17 in Rothenburg betrat. Auf alle Fälle keine von den Nachbarinnen. Und auch die anderen Bekannten nicht. Noch nie hatten sie das getan! Weshalb denn auch? Die Frau räusperte sich zaghaft.

Erst jetzt legte Maria mit einem unwilligen Schnauben das Küchenmesser beiseite und nahm die Besucherin vorwurfsvoll in ihr Visier.

»Was ist denn das für ein verdruckstes Getue? Worum geht es denn?« Noch in der Bewegung erstarrte die junge Frau. Ungläubig blinzelte sie zu der anderen hinüber.

Diese zuckte verlegen mit den Schultern.

»Die Tür war offen«, murmelte sie leise. »Genauso wie bei uns auf dem Land. Und mein Klopfen hat niemand gehört. Deshalb bin ich ... stehe ich ...« Sie stockte, denn es fehlten ihr die richtigen Worte. Was sollte sie auch sagen? Alles Weitere würde sich ergeben. Sie war hier. Und das war die Hauptsache. Dass sie hier war.

»Mutter!« Auch Maria war blass geworden. Sie konnte es nicht glauben, was sie dennoch mit eigenen Augen vor sich sah. Ihre Mutter war gekommen! Einfach zu ihr gekommen!

»Ich habe von Georg gehört, dass du da gewesen bist. Von meinem Sohn Georg«, fügte Anna, die ihr Herz bis zum Hals pochen spürte, mit dem Anflug eines schüchternen Lächelns hinzu. »Natürlich nicht von meinem Mann. Aber der Georg hat von der Türe aus gesehen, wie eine junge Frau mit einem kleinen blonden Mädchen auf den Hof gekommen ist. Eine Milchkanne habe sie noch bei sich gehabt. Und wie der Vater dann ganz ohne Grund zornig geworden ist und die Frau mit ihrem Kind vom Hof vertrieben hat. Ich habe davon überhaupt nichts mitbekommen. Ich habe ja krank im Bett gelegen. Aber der Georg hat es mir später erzählt. Das warst doch du?« Es klang mehr wie eine Bitte, als dass es sich um eine Frage gehandelt hätte, die ihr die verhärmte, unglückliche Frau da gerade zugeflüstert hatte.

Maria schluckte mühsam den schweren Kloß hinunter, der sich in ihrer Kehle gebildet hatte. »Ja, Mutter. Ich war es!«

Die Erleichterung stand der Frau bei dieser Antwort förmlich ins Gesicht geschrieben. »Gott sei Dank«, stöhnte sie leise, während ihre Augen wässrig zu glitzern begannen. »Aber warum? Weshalb warst du hier? Nach allem, was ich dir angetan habe?« Jetzt konnte sie die Tränen nicht mehr zurückhalten, die in Strömen über ihre Wangen liefen. »Nach all dem, was ich an dir verbrochen habe«, schluchzte Anna verzweifelt. »Aber jetzt bin ich gekommen. Ich lasse mich nicht mehr zurückhalten. Von nichts und niemandem mehr. Ich habe es jetzt einfach tun müssen …«

»Mutter!« Maria machte einen raschen Schritt auf die von Weinkrämpfen geschüttelte Frau zu und drückte sie eng an sich. »Es ist so schön, dass du gekommen bist …«

Stumm und eng aneinander geschlungen standen die beiden Frauen minutenlang im Flur. Weder Maria noch Anna fühlten sich in diesem von ihnen so lange herbeigesehnten Moment dazu in der Lage, auch nur ein einziges Wort zu sagen. Weshalb auch? Sie hatten sich endlich gefunden! Das genügte! Doch die kläglichen Schreie der beiden Säuglinge waren nicht mehr zu überhören. Mehr und mehr steigerten die beiden Kleinkinder ihren Tonfall. So jammervoll war ihr Geschrei geworden, dass dies sogar die dreijährige Gretel beim Spielen auf der Gasse vor dem Haus vernahm und besorgt die Treppe hinaufeilte, wo sie irritiert stutzte, als sie die beiden Frauen erblickte, die noch immer eng umschlungen im Flur standen.

»Mutter! Die Zwillinge! Hörst du sie denn nicht?«, fragte das Mädchen schließlich.

»Doch, natürlich!« Lächelnd nickte Maria ihrer Tochter zu und winkte sie heran. »Komm doch mal, Gretel. Und dann sagst du erst einmal schön Grüß Gott.«

»Grüß Gott«, kam Gretel der Aufforderung ihrer Mutter nach und reichte der unbekannten ausgemergelten Frau die Hand.

Anna drückte die Hand des Mädchens kraftlos. »Das also ist die Gretel. Das schöne blonde Mädchen, von dem mir Georg erzählt hat. Das Mädchen, das du mitgenommen hast bei deinem Besuch«, lächelte sie mit bebender Stimme.

»Ja, die Gretel. Ganz schön groß für die Tatsache, dass sie erst drei Jahre alt ist, findest du nicht?« Maria war froh und erleichtert, sich dank Gretels Erscheinen über die erste Verlegenheit hinwegretten zu können. Es wäre auf alle Fälle besser, behutsam miteinander ins Gespräch zu kommen. Nach so vielen Jahren. »Eigentlich heißt sie ja Gretchen, Anna Gretchen.« Wie zu erwarten war, zuckte ihre Mutter bei diesem Vornamen schmerzhaft zusammen, gerade so, als habe sie ein harter Schlag in den Unterleib getroffen.

»Anna. Wie ich! Sicher kein Zufall, oder?«, flüsterte sie kaum hörbar.

»Nein, kein Zufall! Anna, wie du!«, nickte Maria und ließ den Blick nicht vom Gesicht ihrer Mutter.

Anna lächelte tapfer.

»Und Gretchen? Wie kommt es zu diesem schönen Namen?«

»Das war der Willi. Unser Ältester. Immerhin ist er schon sieben Jahre alt. Damals, als ich mit der Gretel schwanger war, war er ja erst vier Jahre alt. Wir haben oft zusammen auf dem Sofa gesessen, und da habe ich ihm immer aus den schönen Märchenbüchern vorgelesen. Der Johann und ich sind uns über den Vornamen nicht so ganz einig geworden, wenn es ein Mädchen werden würde. Ich wollte dann eigentlich eine Anna, das habe ich ja gerade gesagt. Der Johann dagegen, der war mehr für Gretel. Und irgendwann hat der Willi gemeint, er habe da aber auch noch ein Recht, angehört zu werden. Andererseits waren drei Vornamen aber dann doch zu viel. Deshalb hat der Johann nachgegeben und gesagt, er dürfe den zweiten bestimmen. Ja – und dann hat der Willi gemeint, Gretchen gefalle ihm viel, viel besser als Gretel. Er hat sich durch nichts und niemand mehr davon abbringen lassen. Deshalb heißt die Gretel eigentlich Gretchen – und Anna«, fügte sie mit einem weiteren bedeutungsvollen Blick auf ihre Mutter noch hinzu.

»Mutter, die Zwillinge!«

Gretel deutete mit dem Zeigefinger vorwurfsvoll auf die Stubentür, hinter der sich die Zwillinge inzwischen in ein regelrechtes Jammerkonzert hineingesteigert hatten.

»Du hast ja Recht! Gleich werde ich sie stillen, keine Sorge. Ich werde sie schon nicht verhungern lassen«, lächelte Maria, während sie ihre Mutter mit sich in die Stube winkte.

»Das sind die Wilma und der Erich, vor knapp vier Monaten sind sie auf die Welt gekommen.«

Während die Frauen die beiden Säuglinge aus ihrem Bettchen nahmen, polterte ein sommersprossiger rothaariger Junge eilig zur Stube herein und musterte die fremde alte Frau erstaunt.

»Wer ist die Frau da, Mutter? Weshalb hat die den Erich auf ihren Arm nehmen dürfen?«

Maria legte Willi ihre freie Hand auf die Schulter, als sie ihm mit vor Rührung funkelnden Augen antwortete. »Willi, das ist deine Großmutter!«

Doch der Junge schüttelte nur energisch seinen Kopf. »Das ist doch nicht meine Großmutter! Die sieht doch ganz anders aus!«

»Es ist wirklich deine Großmutter«, wiederholte Maria mit fester Stimme. »Deine andere Großmutter. Meine Mutter!«

Es sollte ein langer Nachmittag für die beiden Frauen werden.

64

1. April 1937

»Ja, so ist das. Gestern ist sie endgültig fortgezogen, die Anna!« Traurig saß Marias Mutter auf dem Sofa des kleinen Wohnzimmers im Alten Keller und starrte gedankenverloren vor sich auf den Boden.

Vor gut einer halben Stunde war Anna Magdalena Hammel wieder einmal zu einem ihrer seltenen Besuche nach Rothenburg gekommen. Besuche, die sie sich mittlerweile, am Ende ihres Lebens, von Georg Hammel nicht mehr verwehren ließ. Da konnte der sagen, was er wollte. Ja, so hatte sie sich der erschaudernden Maria gegenüber ausgedrückt. Am Ende ihres Lebens. Sie spüre es ganz allmählich auf sich zukommen, das Ende. So leer und ausgebrannt, wie sie sich fühle. Körperlich schwer angeschlagen – und seelisch? Diese Leere, diese ... Er sei eigentlich nicht zu beschreiben, dieser eigenartige Schwebezustand, in dem sie sich befinde.

Es war eben so, ganz einfach. Sie war am Ende angekommen. Mit ihren mittlerweile beinahe fünfundfünfzig Jahren. Am Ende eines somit doch recht langen und so beschwerlichen Lebensweges. Es war ihr auch nicht mehr möglich, Wärme abzugeben, sich mit allen Fasern ihres Daseins jemandem zuzuwenden – wenn sie dies in ihren letzten Jahren überhaupt jemals gekonnt hatte. Kein Wunder also, dass auch Marias Kinder der immer traurigen, scheinbar in düstere Gedanken versunkenen, verhärmten alten Frau nur mit Skepsis, wenn nicht gar Furcht begegneten. So zum Leidwesen von Maria, die doch froh und glücklich allein wegen der Tatsache war, dass sie mit der Mutter überhaupt wieder hatte zusammentreffen dürfen. Doch ihre sonst so offenen und unbeschwerten Kinder, die sich selbst Fremden gegenüber alles andere als schüchtern oder gar abweisend zeigten, vermieden möglichst jeden Kontakt mit ihrer so plötzlich in ihr Leben getretenen Großmutter. Die blasse, hagere Frau, sie schleppte eine schwere Bürde. Selbst die Kinder ahnten und spürten es fast schon körperlich. Eine dunkle Bürde, um die sie lieber einen großen Bogen machten. Sosehr Maria auch wieder und wieder versuchte, diesen Eindruck zu verwischen, der sich doch längst in ihren Köpfen festgesetzt hatte. Nun also war auch ihre fast achtzehn Jahre alte Tochter Anna fortgezogen. »Nach Wolfenbüttel! Ausgerechnet nach Wolfenbüttel. Weil sie da oben genauso Arbeit finden könne wie bei uns, hat sie gemeint. Bessere Arbeit sogar. Wo sie dort doch gerade riesige Fabriken planten. Autos, Stahl, ein gewaltiges Projekt sei da im Entstehen, das der Führer persönlich angeordnet habe. Dorthin solle sie gehen. Als pflichtbewusste junge Volksgenossin. Im Interesse des großen Ganzen. Dort könne sie bald schon eine wichtige Position übernehmen.«

»Natürlich«, Anna lachte trocken, »das haben ihr unsere großen BDM-Führerinnen schmackhaft gemacht. Das können sie ja, diese perfekt geschulten Frauen. Ich kann sie ehrlich gesagt nicht mehr sehen, diese stolz daherschreitenden Frauen mit den Lederwesten und ihren merkwürdigen Krawatten. Aber genau das war es ja, womit sie Anna auf ihre Seite gezogen haben. Sie würde es bei uns einfach nicht mehr aushalten, hat sie gemeint! Und hat mir Vorwürfe gemacht, dass ich mich nicht genug für die große Sache des deutschen Volkes interessiere. Ich habe noch versucht, sie hierzuhalten, und habe sie darauf hingewiesen, dass ich ihr die Einwilligung zum Wegziehen einfach nicht geben werde. Ohne Unterschrift der Eltern könne sie sich als noch nicht mal Achtzehnjährige ja nicht einfach auf und davon machen. Aber da hat sie nur gelacht und gemeint, in diesem Fall bekäme sie das Einverständnis von den BDM-Führerinnen. Das sei kein Problem, die könnten sich mit ihrer Unterschrift über meinen Willen hinwegsetzen. Kein Problem, die Behörden würden es so anerkennen. Aber so weit hat sie dann gar nicht gehen müssen«, mit einem leisen Seufzer blickte Anna hoch.

»Denn da hat dann Georg alle meine Bedenken einfach beiseite gewischt und eingewilligt. Dem ist es ja von vornherein schon bei Maria ganz recht gewesen, als die geheiratet hat. Die Mädchen haben für ihn noch nie eine große Rolle gespielt. Hauptsache, sein Sohn ist da. Nur der spielt für ihn eine Rolle«, konstatierte Anna bitter. In der Tat wohnte jetzt nur noch der dreizehnjährige Georg bei seinen Eltern auf dem Schandhof. »Aber auch er wird wohl bald weg sein. Das wird nicht mehr lange dauern. Jungvolk und Hitlerjugend, man kann jetzt schon sehen, wie seine Augen glänzen, wenn sie aufmarschieren. Das machen sie ja perfekt. Kein Wunder, dass sie die Buben auf ihre Seite ziehen. Es ist ja ganz genau dasselbe, was du über deinen Willi erzählt hast. Ja«, mit einer hilflosen Geste hob sie die Arme, »wenn dann der Georg auch noch weg ist – meinen Mann kann ich ja sowieso schon lange nicht mehr an meiner Seite zählen. Dann habe ich nur noch dich, Maria. Nur noch dich …«

65

Juli 1938

Es war eine sengende Hitze, die in diesen ersten Julitagen das ganze Land mit ihrer Glut überzogen hatte.

Dieses Mal waren sie nur zufällig zusammengetroffen, Anna und Maria. Die Mutter und ihre Tochter. Mit dem Fuhrwerk und zwei weiteren Knechten war Anna zur Steinmühle ins Taubertal heruntergefahren. Nachdem dort ihre Besorgungen erledigt waren, ging es mit dem in der gleißenden Sonne ächzenden Ochsengespann langsam wieder über die Doppelbrücke zurück in Richtung Schandhof. Erschöpft hatte sich Anna mit ihrem Schurz den Schweiß von der Stirn gewischt, als sie die dunkel gekleidete Frauengestalt an der Kobolzeller Steige entdeckte, die den steilen Hang mühevoll mit einer Sense bearbeitete. Zwei kleine Kinder saßen neben ihr im Gras. Anna stutzte. Konnte es sein, dass es sich bei der Frau um ihre Tochter Maria handelte? Angestrengt kniff sie die Augen zusammen und spähte zur Steige hinüber.

Doch, das musste sie sein. Ohne sich um die verwunderten Gesichter der anderen zu kümmern, denen sie knapp bedeutet hatte, dass sie ihnen in etwa einer Viertelstunde zu Fuß nachkommen werde, war Anna von dem Fuhrwerk heruntergeklettert. Tatsächlich! Je näher sie der Frau mit den beiden Kindern kam, desto deutlicher zeichneten sich deren angespannte Gesichtszüge ab. Es war Maria, samt den Zwillingen. Und Maria war hochschwanger, das ließ sich in diesem Stadium nicht mehr verbergen – so weit der Rock auch sein mochte.

»Aber Maria! Wie kannst du nur in deinem Zustand und bei dieser mörderischen Hitze hier stehen und Gras mähen! Kann das denn nicht der Johann erledigen?« Es musste eine unglaubliche Anstrengung für die Schwangere bedeuten! Man brauchte ja nur in deren hochrotes und schweißüberströmtes Gesicht zu schauen!

»Ach, Mutter. Der Johann! Der hat doch selbst genug damit zu tun, dass er eine Arbeit bei den Bauern bekommt. Und wenn er nicht ganz früh am Morgen schon da ist und erst spät wieder geht, dann bekommt er überhaupt nichts. Aber irgendjemand muss doch das Gras für unsere Ziegen mähen. Das bin dann halt ich«, gab Maria mit verlegenem Schulterzucken zurück. »Was bleibt auch anderes übrig!«

Eine Zeit lang herrschte bedrücktes Schweigen. Mehrere Monate hatten sich die beiden Frauen schon nicht mehr zu Gesicht bekommen, und so gesehen war es auch kein Wunder, dass Anna keinerlei Kenntnis von der neuerlichen Schwangerschaft ihrer Tochter besaß.

Aber da musste noch etwas anderes sein. Irgendetwas, das Maria zu schaffen machte.

Doch trotz aller Annäherung, die sich zwischen den beiden Frauen in den letzten Jahren ergeben hatte, gab es da andererseits diese unsichtbare Linie, die sie voneinander trennte. Schon aus diesem Grund heraus traute sich Anna nicht, nun einfach den weiteren Schritt zu machen und ihre Tochter in den Arm zu schließen. Sie räusperte sich beklommen.

»Maria, was ist passiert? Sag schon ...«

»Ach, Mutter ...« Maria rang sichtlich um Fassung und schien kurz davor, einfach in Tränen auszubrechen. Doch schließlich gab sie sich einen Ruck und bedachte ihre Mutter mit einem ernsten Blick aus ihren rotgeränderten Augen. »Es ist das alte Lied ... Auch du wirst es nicht gerne hören ...«

Anna fühlte, wie sich dieses altbekannte Stechen durch ihre Magengrube zog. Also wieder einmal die Vergangenheit!

Die sie nie und nimmer würde ruhen lassen. Die sie so gerne vergessen würde. Von der sie einfach nichts mehr hören wollte. Hatte der Mensch denn nicht das Recht auf eine einigermaßen unbeschwerte Gegenwart und Zukunft? War man denn einzig und allein nur Produkt und gleichzeitig Fluch der Vergangenheit? Doch sie musste es jetzt durchstehen. Schon um Marias willen! Tapfer kämpfte sie die bleiernen Gedanken nieder und hielt dem Blick ihrer Tochter stand. »Nun sag schon. Ich werde das schon aushalten. Und vor allen Dingen geht es ja um dich. Was also ist geschehen?«

»Ach, Mutter«, wiederholte Maria seufzend. Aber sie erzählte. Stockend zuerst, dann jedoch immer flüssiger, immer ausführlicher. Es war, als fiele damit die Last ab, die so schwer auf das Gemüt der Schwangeren gedrückt hatte. Allein durch diese Schilderung sollte es ihr gelingen, sich allen Druck von der Seele zu reden.

Vor einigen Tagen erst war es geschehen. Als sich Maria wieder einmal aufgemacht hatte zum Hof ihres Vaters. Zum Goschenhof, auf dem sie ja die ersten fünfzehn Jahre ihres Lebens verbracht hatte. Doch der Vater war nicht zu Hause gewesen. Nur Tante Hedwig, die Stiefmutter, war da. »Doch die hat mich noch nicht einmal hereingelassen. Mein Vater sei nicht da. Ich müsse wieder gehen! Und dann hat sie tatsächlich die Tür hinter sich zugeschlagen! Kannst du dir das vorstellen?« Maria rang hilflos die Hände vor dem Kopf, als sie ihrer Mutter diese unglaubliche Szene schilderte. Sie hatte ein zweites Mal an die Tür geklopft, doch die Tante hatte nicht einmal mehr geöffnet, sondern nur gerufen, sie solle jetzt endlich verschwinden. »Verschwinden von dem Hof, auf dem ich aufgewachsen bin!« Was also sollte sie jetzt tun? Einfach dableiben? Sich ins Gras setzen und warten, bis der Vater endlich käme? Wann immer das wohl sein mochte? Nein, es war ihr gar nichts anderes übrig geblieben, als sich traurig und verstört wieder auf den Rückweg zu machen.

Nicht nach Rothenburg, aber zumindest bis zum gut und gerne zwei Wegstunden entfernten Weiler Unterhinterhof, zu ihrer Tante Margret, einer älteren Schwester des Vaters. Dorthin hatte sich die Hochschwangere in ihrer Verzweiflung also geschleppt. Tränenüberströmt war sie auf dem Hof der Tante angekommen.

»Ich habe unbedingt jemanden von meiner Familie treffen wollen. Deshalb bin ich zur Tante Margret gegangen. Die ist natürlich erschrocken, wie sie mich so hat dastehen sehen. Völlig verheult! Aber ich habe die Tränen nicht mehr zurückhalten können. Sie hat mich ins Haus geholt und mich getröstet, bis schließlich der Vater gekommen ist!«

Tatsächlich war am späten Nachmittag Leonhard Ohr zu dem Bauernhaus gekommen, wo er zu seinem grenzenlosen Erstaunen Maria begegnete. Seiner Tochter, die ihm von ihrem schlimmen Erlebnis auf dem Goschenhof berichtete.

»Man hat richtig sehen können, wie es ihm durch Mark und Bein gegangen ist, als ich ihm erzählt habe, wie mich die Tante Hedwig behandelt hat. Er ist ganz traurig geworden und hat dann gesagt, dass die Hedwig niemals so hätte handeln dürfen. Ich solle sofort mit ihm kommen. Er würde ihr das klar und deutlich sagen. Aber …«, Maria fuhr sich mit der Hand über ihre Augen, gerade so, als wolle sie mit dieser Geste die Erinnerung an das Geschehene ein für alle Mal beiseite wischen. »Ich habe nicht mehr die Kraft dafür gehabt. Und einen Streit zwischen dem Vater und der Tante Hedwig habe ich mir schon gar nicht anhören wollen.« Sie senkte den Kopf und starrte gedankenverloren auf den Boden.

Es brach Anna beinahe das Herz, diese Schilderung anhören zu müssen. Schon alleine Marias wegen und überdies, weil es auch wieder um Leonhard gegangen war. Um Leonhard, den sie anscheinend nie würde vergessen können. Ihn und seine Feigheit. Also hatte er es letztendlich doch nie geschafft, seiner Tochter eine neue Heimat zu geben. Ihrer

Tochter! Niemals hätte er es zulassen dürfen, dass diese Hedwig sich Maria gegenüber so aufführte. Denn wer so handelte, tat dies nicht zum ersten Mal. Davon war Anna überzeugt. Leonhard! Typisch Leonhard! Es war mit Sicherheit die richtige Entscheidung von Maria gewesen, nicht zusammen mit ihrem Vater zum Goschenhof zurückzukehren. Wer weiß, wie das geendet hätte. Andererseits, ob Leonhard nun überhaupt den Mut aufgebracht hatte, diese Hedwig zur Rede zu stellen? Jetzt, wo er ihr alleine gegenübergetreten war? Annas Magen krampfte sich schmerzhaft zusammen. Dieselbe Feigheit wie damals. Dasselbe Verhalten, das letztendlich ihr Leben zerstört hatte. Aber es war nicht die Zeit für Selbstmitleid. Nun galt es, wenigstens ihre Tochter wieder aufzubauen. Maria, die schon genug gelitten hatte und deren Leben nicht auch noch so enden sollte wie das ihre. Sie legte ihren Arm um die Schulter der Schwangeren und drückte sie vorsichtig an sich.

»Hat dein Mann denn nun eine Arbeit?«

Die Tochter schüttelte den Kopf.

»Weil er nicht in der Partei ist?«

»Genau deshalb. Sie haben es ihm noch einmal bestätigt. Er brauche nur zu unterschreiben. Und als Mitglied der NSDAP bekomme er dann selbstverständlich eine Arbeit als Straßenkehrer. Aber Leute, die nichts von der Partei wissen wollten, die dürften sich eben auch nicht wundern, wenn die Partei nichts von ihnen wissen wolle, haben sie dem Johann klipp und klar gesagt. Da ist nichts zu machen.«

»Und wenn er dann halt eben unterschreibt?«, wagte Anna einen vorsichtigen Einwurf.

»Nein, das wird er nicht tun!« Maria schüttelte energisch ihren Kopf. »Er sagt, die haben nichts Rechtes im Sinn. Was sie da mit den Juden veranstalten und wie sie jetzt überall mit den Säbeln rasseln. Nein, es ist nichts Gutes, was sich daraus entwickelt. Da müssen wir nicht auch noch mit dabei sein. Meine Unterstützung hat er darin, auch wenn sie ihm dann keine Arbeit geben. Aber irgendwie kommen wir schon durch. Auf jeden Fall verkaufen wir unsere Seele nicht für so einen Judaslohn.« Maria hatte sich zu Annas Überraschung regelrecht in Rage geredet.

»Aber du bist doch hochschwanger. Bald kommt euer nächstes Kind«, gab sie dennoch zu bedenken. »Und dann der Johann immer noch ohne Arbeit: wo ihr schon den Willi habt, die Gretel, die Zwillinge dort – und jetzt noch ein Kind? Wie soll das gehen? Auch das Gras kannst du nicht mehr lange mähen. In deinem Zustand!«

Doch Maria machte eine wegwerfende Handbewegung. »Es geht noch ganz gut. Und der Erich und die Wilma sind ja auch schon drei Jahre alt!« Sie stemmte die Hände in die Hüften und setzte ein breites Lächeln auf. »Stell dir vor, was neulich passiert ist. Auch hier, an diesem Hang. Da ist ein amerikanisches Ehepaar gekommen, die wollten mir tatsächlich die Gretel abkaufen. Weil die so schöne blonde Zöpfe hat und aussehen würde wie so ein amerikanischer Kinderstar im Kino! Was sagst du dazu?«

Was sollte Anna dazu schon sagen! Es deutete doch darauf hin, dass sie mit ihrer Einschätzung nicht ganz falsch lag. Dass also auch die Amerikaner bemerkt hatten, wie ärmlich es bei Maria zugehen musste. Und dass reiche Leute die Kinder von Armen kauften, das war ja ebenfalls nichts Neues. Leider! Andererseits war es für manches Kind sicherlich ein Segen, in geordneten Verhältnissen aufwachsen zu dürfen, wo sich die Sorge nach dem täglichen Brot überdies erst gar nicht stellte.

Vielleicht wäre dann auch ihr Leben glücklicher verlaufen? Hätte … könnte … würde … Anna schnaubte ärgerlich. Was sollte ihr diese Rückschau denn bringen? Es war nun eben so gekommen und nicht anders. Sie war am Ende ihres Lebens angelangt. Schicksal! Ihr Schicksal!

»Ach, und weißt du, wer neulich zu Besuch war?«, drang Marias Stimme in ihre düsteren Gedankengänge. »Mein Vater! Ein paar Tage, bevor ich ihm dann auf dem Goschenhof diesen Gegenbesuch habe abstatten wollen! Er kommt jetzt tatsächlich ab und zu nach Rothenburg und übernachtet dann bei uns im Alten Keller.«

Irritiert sah Anna auf.

»Leonhard?«

»Ja, zwei Mal schon in diesem Jahr. Einmal war er Ende Februar da und dann eben neulich wieder.« »Ende Februar!«, entfuhr es Anna.

»Da wären wir uns beinahe begegnet!« Nicht auszudenken, solch eine Begegnung! Nach so vielen Jahren! Wie lange eigentlich? Es war mehr als dreißig Jahre her, dass sie Leonhard zum letzten Mal gesehen hatte – und über fünfunddreißig Jahre, dass sie mit ihm ein Wort gewechselt hatte! Wie er wohl aussehen mochte? Ob sie ihn überhaupt erkennen würde? Und seinen Anblick ertragen könnte!?

»Nein, da waren schon ein paar Tage dazwischen«, meinte Maria. »So schön es auch gewesen wäre. Aber wer weiß, vielleicht gelingt es uns ja ein anderes Mal!« Die Hoffnung war förmlich mit den Händen zu greifen. Marias Hoffnung, dass sich die Eltern wieder begegneten.

Maria und Leonhard, beide unglücklich verheiratet. Es war eine schöne Vorstellung ... Nein! Es war ein übles Trugbild!

»Ich muss mich jetzt aber endlich auf den Heimweg machen. Die anderen fragen sich wahrscheinlich schon, wo ich nur so lange bleibe.« Anna verabschiedete sich rasch von ihrer Tochter und eilte den Hang hinunter, dem Fuhrwerk des Schandhofs hinterher, das wahrscheinlich längst die Steige auf der anderen Talseite überwunden hatte und sich schon kurz vor seinem Ziel befand.

Erinnerungen, Gedanken und Hoffnungen vermischten sich in ihrem Kopf zu einem unentwirrbaren Strudel der Gefühle. Es hätte so schön werden können, das Leben. Wenn der Vater damals sein Kind und dessen Mutter nicht einfach verlassen hätte. Wenn die Mutter dann nicht gestorben wäre. Wenn Leonhard zu ihr gestanden hätte, wenn sie ihre Maria nicht einfach weggegeben …

Hätte, sollte, wäre, könnte … Zu spät!

66

Januar 1939

»Maria, wenn das nur gut geht!« Leonhard Ohr, der am heutigen Spätnachmittag auf einen Besuch bei seiner Tochter im Alten Keller vorbeigeschaut hatte und bei ihr auch übernachten würde, schüttelte besorgt den Kopf, als seine Tochter die kleine Wohnstube wieder betrat und leise die Tür hinter sich schloss.

»Was sagt der Johann denn eigentlich dazu?«

»Der Johann«, lächelte Maria verlegen. »Der hält sich heraus, nachdem ich ihm gesagt habe, dass es meine Angelegenheit ist. Und schließlich hat er ja auch etwas gegen die Nazis. Sehr viel sogar. Ich finde, du kannst nicht nur dagegen sein, sondern musst dann auch etwas tun für diejenigen, die unter den braunen Uniformen leiden!«

»Als ob es euch gut ginge!«, widersprach Leonhard. »Der Johann bekommt ja auch keine Arbeit, weil er nicht in die Partei eintreten will, hast du mir doch gesagt.«

»Aber das ist doch etwas ganz anderes, Vater. Der Johann bekommt nur keine Arbeit von denen – er sucht sich dann halt bei den Bauern oder in der Brauerei oder beim Kohlenhändler eine – , aber diese Menschen da, für die geht es um Leben und Tod!«

»Um ihr Leben!« Leonhard fasste sich entgeistert an die Stirn.

»Ist dir klar, was du da gerade sagst? Wenn es bei denen wirklich um Leben oder Tod geht, dann bist du genauso mit dran, wenn sie jemand von diesen Leuten bei dir erwischen! Du und deine ganze Familie!« Er straffte seine

Schultern und schickte einen ernsten Blick zu seiner Tochter hinüber.

»Jetzt sag mir halt, was das für Leute sind! Diese dunklen Gestalten. So nämlich werden sie von den Kindern genannt. Die Gretel hat es mir erzählt, das mit den dunklen Gestalten, vor denen man sich fürchten müsse. Weil die immer nur nachts und immer heimlich kommen, hat sie gesagt …«

»Vor diesen Leuten muss sich niemand fürchten«, lächelte Maria milde. »Die sind selber froh, wenn sie in Ruhe gelassen werden und einmal für ein paar Stunden durchschnaufen können.«

»Aber begreife doch: Wenn es schon die Kinder erzählen! Die Gretel mit ihren fast sieben Jahren und erst die Kleinen dann, der Erich und die Wilma. Wie schnell haben die sich einmal verplappert! Ganz zu schweigen von Willi, wenn der wieder mit seinen Kameraden zusammen ist.« Doch Maria ließ sich von den Worten ihres Vaters nicht beirren.

»Sie werden nichts sagen, da bin ich mir ganz sicher, Vater. Das haben sie nur dir erzählt, aber keinem Fremden. Und ein Fremder bist du ja nicht mehr für sie – zum guten Glück«, setzte sie noch glückstrahlend hinzu.

Wieder tippte sich der mehr und mehr beunruhigte Leonhard an die Stirn.

»Aber Maria! Wenn ich nur sehe, wer da bei euch tagtäglich durch das Haus läuft. Da sind die ganzen Nachbarskinder, da kommen deine Nachbarinnen, weil sie keine Kartoffeln mehr haben oder nur mit dir reden wollen. Die ganze Zeit über sind doch Leute hier im Haus. Fremde, die einfach plötzlich in der Stube stehen. Und dann brauchst du doch nur daran zu denken, wie eng ihr im Alten Keller aufeinander wohnt. Wenn einer im Nachbarhaus hustet, dann fällst du doch hier aus dem Bett!«

»Na ja, so ruhig wie auf dem Goschenhof ist es in so einer Stadt natürlich nicht«, gab Maria lächelnd zurück.

Für einen Landmenschen wie ihren Vater, der sein gesamtes Leben auf einem einzeln stehenden Bauernhof in der dünn besiedelten fränkischen Landschaft verbracht hatte, bildete das nie völlig zur Ruhe kommende Stadtleben einen Kontrast, an den er sich niemals würde gewöhnen können.

»Und außerdem – wir kennen uns alle gut und verraten einander nicht.«

»Einmal ist immer das erste Mal«, gab Leonhard voller Skepsis zurück. »Und jetzt sag schon, was sind das für Leute, die da nachts durch das Haus huschen? Die Gretel sagt, das ginge schon seit kurz nach Weihnachten immer wieder so!« Maria seufzte leise.

»Na gut, Vater. Aber du darfst dich jetzt nicht aufregen. Es sind vor allem Juden, die hierher kommen. Ich gebe ihnen einen Teller Suppe und ein Bett für ein paar Stunden. Um Mitternacht gehen die meisten dann schon weiter.«

»Juden!« Leonhard schien fassungslos. »Das ist doch nicht dein Ernst, Maria! Das ist doch gefährlich!« »Das sind Menschen in Not, Vater!«

»Was es nicht weniger gefährlich macht! Juden! Weshalb denn ausgerechnet Juden? Wo die doch als die allerschlimmsten Staatsfeinde gelten ...«

»Eben darum, Vater! Schau dir doch einmal diese armen Menschen an. Und was man mit denen gemacht hat. Erst mit diesen unseligen Gesetzen, die sie ausgerechnet in Nürnberg beschlossen haben. Ganz in unserer Nähe. Wo man die Juden einfach ausgeschlossen hat aus unserer Gesellschaft. Und dann die Vorgänge seit dem letzten November. Seit dieser unseligen Nacht, dieser Reichskristallnacht, wie sie es jetzt so harmlos nennen! Die Synagogen hat man ihnen angezündet! Ihre Geschäfte geplündert, und jetzt werden sie auch noch gnadenlos verfolgt. Aus den nichtigsten Gründen. Man beschlagnahmt ihr Vermögen. Und wehe, es ist nicht so viel, wie man das erwartet hat. Dann werden sie auch noch eingesperrt. Einfach so. Man will sie nicht mehr bei uns – nur ihr Geld, das sollen sie dalassen. Solche Leute sind es, denen ich hier ab und zu ein wenig helfe. Denen sie ihr ganzes Hab und Gut genommen haben und die sie jetzt auch noch einsperren wollen. Es gibt viele, die das Gefängnis nicht überlebt haben oder die Konzentrationslager. Das brauche ich dir doch wohl nicht zu sagen, oder?«

Leonhard senkte verlegen seinen Kopf. »Du hättest zu den barmherzigen Schwestern gehen sollen ... Aber du bist doch selber Mutter.«

»Die Kinder haben mich ja auch. Diese armen Menschen aber, die haben niemanden. Fast niemanden, der ihnen hilft.« Maria breitete die Arme aus. »Ja sollen wir denn einfach dastehen und zuschauen, welches Unrecht über sie hereinbricht? Das dürfen wir doch nicht tun! Es geht doch nur um Menschlichkeit! Um ein kleines bisschen Menschlichkeit!«

»Aber was ist, wenn sie dich erwischen? Was ist, wenn du ins Gefängnis gesteckt wirst?«

»Ach was, Vater. Niemand wird mich ins Gefängnis stecken!«

»Hoffentlich!« Achselzuckend gestand sich Leonhard ein, dass in diesem Fall offenbar nichts zu machen war. Er würde seine Tochter nicht von ihrem Handeln abbringen können. Aber vielleicht konnte er sie noch auf die eine oder andere Gefahr hinweisen, die sie bisher nicht bedacht hatte. »Und wie schaffen es die Leute dann aus der Stadt heraus? Das ist doch gefährlich. Vor allem, weil sie ja erst nach Einbruch der Dunkelheit zu dir flüchten können und dann um Mitternacht schon wieder weitermüssen. Sehr weit kommen sie dann ja nicht. Denn wenn es hell wird, dann hat man sie in den ebenen Geländen um Rothenburg herum ja ganz schnell entdeckt.«

»Das haben wir auch schon berücksichtigt. Es ist klar, dass sie zunächst nicht sehr weit kommen und sich dann noch einmal den Tag über verstecken müssen. Aber dafür gibt es mittlerweile eine gute Lösung.« Maria machte eine kurze Pause, dann sah sie dem gespannt auf ihre Antwort wartenden Vater direkt in die Augen. »Meine Mutter hilft mir dabei! Sie versteckt die Juden oben auf dem Schandhof. Dort gibt es eine alte Scheune, die seit Jahren schon leer steht, und da können sie bleiben, bis es dunkel genug ist.«

»Deine Mutter?« Leonhard war mit einem Schlag aschfahl geworden. »Du ... meinst ... die Anna?«, flüsterte er mit belegter Stimme.

»Ja, die meine ich«, nickte die junge Frau nachdrücklich. »Ich habe ihr neulich von dem Problem mit dem Verstecken erzählt. Auch dass sie sich bisher im Wald an der Blinksteige versteckt haben. Wo man natürlich recht leicht entdeckt werden kann. Ob sie nicht ein besseres Versteck kennt. Und da hat sie dann gemeint, doch, sie wisse eine bessere Lösung. Und so haben wir jetzt schon zweimal jemanden auf dem Schandhof versteckt. Freilich, ohne dass ihr Mann davon etwas weiß. Und der Bauer gleich gar nicht.« Maria schnaufte tief durch. »Sie habe doch nichts mehr zu verlieren, hat sie gemeint. Nur noch zu gewinnen. Als eine späte Wiedergutmachung sehe sie das mir gegenüber an. Jetzt, am Ende ihres Lebens.«

67

Onkel Fritz

Diesmal ist bei meiner Recherche sogar noch der Fritz dabei, mein in der Schweiz lebender jüngster Onkel. Auch ihm hat die Geschichte seiner (und meiner) eigenen Familie keine Ruhe mehr gelassen. Keine Ruhe mehr, seitdem das Buch »Niemands Tochter« erschienen ist. Das Buch über das Leben meiner Großmutter Maria Staudacher, der Mutter von Fritz. Einer Frau, die ich ja so gut wie gar nicht gekannt habe, von deren Biografie ich dank meiner Recherchen mittlerweile aber doch so viel weiß. Erstaunlicherweise sogar mehr als mein Onkel, mehr als ihr eigener Sohn. Er hat sie zwar vor sich gesehen, die Mutter, besser als ich natürlich. Doch ihre Geschichte war ihm nicht bekannt. Auch nicht die der Großeltern. Voller Staunen hat er die dazugehörenden Fakten von mir erfahren. Lebensbilder, über die damals nie gesprochen worden ist, weshalb auch immer. Eine Biografie, wie sie sich faszinierender kaum darstellen kann und die dennoch so schlicht und einfach verlaufen ist.

Die Geschichte seiner eigenen Familie hätte ich ihm, dem Älteren, mit dieser Schilderung geschenkt, ein Stück seiner eigenen Wurzeln sei ihm so wiedergegeben worden. Als er das Buch nach einer einzigen Nacht regelrecht verschlungen hatte, da hat er am Morgen zuallererst zum Telefon gegriffen und einen der älteren Brüder angerufen.

Ob das denn wirklich stimme, was er da alles gelesen habe. Ob sich das alles tatsächlich so und nicht anders zugetragen habe. Es ist ihm bestätigt worden, was ihn seitdem dazu gebracht hat, vieles, auch bislang scheinbar Selbstverständliches oder Belangloses nun mit ganz anderen Augen zu betrachten. Manches sich überhaupt zum ersten Mal zu vergegenwärtigen.

Und deshalb hat er sich dieses Mal mit mir auf die Suche begeben: auf die Spurensuche nach einem weiteren Teil unserer Geschichte. Auf die Lebensspur von »Niemands Mutter«, seiner ihm bislang ganz und gar unbekannten Großmutter Anna Reingruber.

Es hat sich gelohnt. Aus vielerlei Gründen. Zum Beispiel auch deshalb, weil wir für diese Spurensuche zu Besuch in einem Landstrich gewesen sind, den wir ansonsten nie im Leben kennen gelernt hätten. An einer Art Ende der Welt, wie man sich als Bewohner dichter besiedelter Gebiete vielleicht ausdrücken würde. In einer beinahe gottverlassenen Gegend. Und dennoch (weshalb eigentlich dennoch?) in einer wunderschönen Landschaft. Eben gleichsam am Ende der Welt. Das klingt negativer, als es gemeint ist. Und dennoch: Jetzt muss ich Acht geben! Auf keinen Fall darf meiner Mutter das Manuskript vor seiner Veröffentlichung in die Hände geraten. Denn ich weiß schon, was sie ansonsten kritisieren wird. Dass man das nicht sagen dürfe, das mit dem Ende der Welt. So treffend der Begriff mir auch scheint. Oder soll ich es vergessene Heimat nennen? Würde auch stimmen!

Wir sind zu Besuch in Unterhinterhof. Allein schon der Ortsname! Drei, vier Häuser insgesamt, einige Schuppen, die Erinnerung an einen ehemals großen Bauernhof. Auf dem die Tante Margret, die Patentante meiner Mutter, gelebt hat. Eine Frau, die einen Witwer geheiratet hat, der schon sechs (!) Kinder mit in die Ehe gebracht hat. Kinder, die nach dem Tod der ersten Frau natürlich versorgt werden mussten. Weshalb er ja in erster Linie geheiratet hat. Aus praktischen Erwägungen heraus, die beim damaligen Leben auf dem Land immer ganz entscheidend gewesen sind. Drei weitere Kinder sind dann noch dazugekommen. Nichts Außergewöhnliches zu diesen Zeiten (die im Übrigen noch keine hundert Jahre vergangen sind).

Es war keine schlechte Partie für die Tante Margret, denn sie hat auf einen für damalige Verhältnisse großen Bauernhof geheiratet. Dem Bauern standen zum Pflügen sogar Pferde zur Verfügung, er hat sich nicht mit vorgespannten Ochsen herumplagen müssen.

Ein paar Jahrzehnte später dann bei unserem Besuch sind noch die letzten beiden Schweine im Stall. Einmal noch wird man im Winter eine Hausschlachtung machen. Dann ist es auch damit zu Ende. Sie haben die Landwirtschaft auslaufen lassen, ihre Äcker längst verpachtet. Ende einer sich über viele Jahrhunderte ziehenden Tradition. Der große von damals ist heute ein ganz kleiner Bauer. Größe, das ist in Zeiten veränderter Produktionsmethoden eine Frage der Definition geworden. Noch vor zwanzig oder dreißig Jahren unvorstellbare Größenordnungen haben der traditionellen Landwirtschaft endgültig den Garaus gemacht. Die netten Leute von Unterhinterhof, die wir ja unangemeldet »überfallen« haben, laden uns spontan zum Essen ein. Wir sollten doch unbedingt ins Haus hereinkommen. Zum Vesper.

Ehrlich, wir haben gestutzt. Denn bis auf meine Mutter kennen uns die Leute doch gar nicht, fünf Personen waren wir, angemeldet hatten wir uns nicht, und außerdem war es doch erst halb fünf. Egal. Wir sollten auf alle Fälle hereinkommen. Jetzt werde erst einmal zusammen gevespert! Nur einen Most trinken? Nein, das reiche nicht. Und da lassen sie auch gar nicht mit sich reden. Wer zur Vesper eingeladen wird, der hat auch mit zu vespern. Alles andere käme einer Beleidigung gleich. Da hilft kein Hinweis auf weitere Ziele, auf Verabredungen, auf das noch gar nicht so lange beendete Mittagessen. Jetzt wird gevespert! Zusammen am großen Küchentisch! Basta!

Dann fahren sie all die Köstlichkeiten auf, die nur das Landleben zu bieten hat und die man in keinem Lebensmittelgeschäft der Welt kaufen kann. Selbst geschlachtetes aus der Dose, selbst gebackenes Bauernbrot, der Bauer schenkt uns eigenen Birnenmost ein, aus einer alten Porzellankaffeekanne. In der großen Küche riecht es irgendwie bekannt. Nach Stall und Essen, die lange aus meiner Sicht verschwundenen Fliegenleimstreifen hängen samt ihren Opfern von der Decke ...

Ja, da taucht sie noch einmal kurz auf. Diese dem Untergang geweihte bäuerliche Welt, die ich noch aus meiner eigenen Kindheit kenne. Es sind die Gerüche der Kindheit, die auf meine Erinnerung treffen. Unsere gegen Ende des 20. Jahrhunderts geborenen Kinder werden ganz andere Gerüche abspeichern, die sie auf ihrem Weg bis zum Erwachsenwerden begleitet haben. Welche wohl?

Vielleicht habe ich aber an diesem heißen Augusttag des Jahres 2003 zum letzten Mal in der Küche eines solchen Bauernhauses gesessen und gevespert. Mit mehr und mehr Begeisterung. Umweht von diesen doch eigentlich längst schon vergessenen Gerüchen. Ein wahrhaft unbeschreibliches Erlebnis, wenn die Vergangenheit sich so plötzlich in der Gegenwart zurückmeldet.

Brot und Wurst, die geschmeckt haben wie Brot und Wurst! Kein Einheitsgeschmack, kein Chemiebrot. Natur pur. Wie es damals eben gewesen ist, auf dem Land. Wo man – logischerweise – nur das hat verarbeiten können, was einem die Natur geboten hat. Und wo auch Gastfreundlichkeit noch eine wichtige Rolle gespielt hat. Natürlich hat man den Besucher zum Essen eingeladen, war doch ganz selbstverständlich. Denken wir nur einmal an die Strecken, die diese Leute früher zurückgelegt haben. Zu Fuß zurückgelegt haben. Und wie wenig sie zu Essen hatten. Vor Antritt ihrer Reise und unterwegs. Die hatten keine Pausensnacks dabei.

Und einkehren in einer Wirtschaft? Wer konnte sich das schon leisten? Nein, solche Essenseinladungen auf dem Land sind ein unbewusstes Überbleibsel aus jener Zeit, in der das Leben wirklich noch bestimmt gewesen ist von der täglichen Sorge um das Essen.

Wo man nur hat überleben können, wenn man auch zusammengehalten hat. Das ist den Landleuten in Fleisch und Blut übergegangen. Die wenigen, die heute noch hier auf den mittlerweile bescheiden wirkenden, einst so großen Höfen leben, die spüren das noch in sich. Im Gegensatz zu den Industriebauern mit ihren riesigen Maschinenungetümen. Deren Zeitabläufe längst vom Computer ferngesteuert werden. Wo das Leben auf dem Land nichts mehr mit einer wie auch immer gearteten Langsamkeit zu tun hat. Noch nicht vergleichbar mit der doch erst relativ kurz vergangenen Zeit Ende der 30er-, Anfang der 40er-Jahre. Wo man sich auf dem Land auch dann noch geholfen hat, wenn man sich nicht kannte. Öfter als in der Stadt jedenfalls.

68

Mut und Tapferkeit

»Stimmt das, was ich da habe munkeln hören? Du hast neulich einen Flüchtling hier bei uns versteckt? Einen Mann, den man ins Gefängnis stecken will? Einen Verbrecher also?!« Der große breitschultrige Mann hatte sich drohend vor Maria aufgebaut und stellte sie missmutig zur Rede.

Maria spürte ihr Herz heftig pochen, als sie Georg Hammel antwortete. Trotz all ihrer Beklemmungen, die dieser Mann von vornherein schon bei ihr hervorrief, schaffte sie es, seinem Blick furchtlos zu begegnen.

»Na ja, ganz so ist es nun auch wieder nicht ...«, begann sie zögernd, während sie krampfhaft nach den richtigen Worten suchte. Wer hatte Hammel nur auf die Spur der Flüchtlinge gebracht? Hoffentlich wussten die anderen noch nichts davon. Der Bauer beispielsweise. Es war eigentlich nur eine Möglichkeit denkbar – hoffentlich nur diese. Hammel musste seiner Frau heimlich gefolgt sein, als Anna den letzten Flüchtigen von der Blinksteige abgeholt und zu dem nicht mehr genutzten Schuppen geführt hatte.

»Du wirst uns noch alle ins KZ bringen! Ich verbiete dir, noch einmal hierher zu kommen! Und erst recht verbiete ich dir, meine Frau mit in deine Umtriebe hineinzuziehen! Meine Frau und meine ganze Familie!«, donnerte der alte Knecht mit Unheil kündender Miene.

»Das wirst du nicht tun!« Eine schwache Stimme, deren dennoch scharfer Unterton nicht zu überhören war, meldete sich in diesem Moment zu Wort. Es war Annas Stimme. Anna, die sich schwer auf ihren Gehstock stützte und unsicher schwankte. Kein Wunder, nachdem sie die beiden letzten Tage wieder bettlägerig gewesen war. Ein Zustand, der sich bei der körperlich völlig ausgezehrten Frau immer öfter einstellte.

Es war das erste Mal in ihrem Leben, dass sie es wagte, Georg Hammel offen zu widersprechen. Dieser Gedanke zuckte mit einem Mal durch Annas müdes Bewusstsein. Und allein das schenkte ihr zusätzliche Kraft. Es war vorbei mit der ewigen Bevormundung durch ihren Mann. Für immer vorbei. Sie würde sich nichts mehr von Georg gefallen lassen. Gar nichts mehr. Anna schaffte es, ihren Kopf so weit zu heben, dass sie Georg Hammel nun direkt in die Augen blicken konnte. Sie tat es ohne Furcht.

»Ich sage es nur einmal, aber es bleibt dabei. Wir machen weiter wie bisher.«

»Wie bisher?!« Der maßlos überraschte Hammel zog seine Stirn in überraschte Falten. Immerhin hatte er damit zu Marias großer Erleichterung tatsächlich preisgegeben, nur über diesen letzten Mann Bescheid zu wissen, dem sie kürzlich den Weg nach hier oben gewiesen hatte.

Auch Anna, über deren blasse Gesichtszüge ein leichtes Lächeln huschte, schien erleichtert. »Ja, wie bisher! Und sei vorsichtig. Nicht dass du irgendjemandem etwas davon erzählst. Du weißt ja: mitgefangen, mitgehangen!«

»Aber, das ist ja ...« Der erzürnte Mann machte einen drohenden Schritt in Richtung seiner Frau.

Doch Anna hob warnend ihre linke Hand in die Höhe. »Pass auf, was du da tust! Aufhalten wirst du mich nicht können! Dieses Mal werde ich mich von dir nicht bremsen lassen, auf gar keinen Fall! Und Maria genauso wenig! Ich habe nicht mehr lange zu leben, das spüre ich genau. Und deshalb kannst du mir auch gar nicht mehr drohen. Mit überhaupt nichts mehr«, murmelte sie leise. »Ich habe in meinem Leben so viele Fehler gemacht, da kann ich jetzt wenigstens, ganz am Ende, noch an diesen Menschen etwas davon wieder gutmachen. Einen Teil von dem, was ich an Maria versäumt habe! So spät es jetzt auch ist ...« Ohne weitere Gegenrede wirbelte Hammel auf dem Absatz herum und stampfte mit wütenden Schritten davon.

Besorgt blickte Maria dem Mann ihrer Mutter hinterher. »Hoffentlich zeigt er uns nicht an! So wütend, wie er jetzt ist!« Doch wieder zeigte sich auf Annas Miene dieses zuversichtliche Lächeln, das sie schon vorhin an den Tag gelegt hatte.

»Keine Angst, das wird er nicht tun. Dazu ist er viel zu feige. Es könnte ja sein, dass etwas an ihm selbst hängen bleibt. Und das allein wird ihn davon abhalten, auch nur ein falsches Wort verlauten zu lassen.«

69
Flüchtlinge

Immer wieder haben sie in dieser Zeit ihrer Mutter Maria Staudacher vorgehalten, es sei doch lebensgefährlich, was sie sich da mit den Flüchtlingen auflade, während unten auf der Straße schon der Blockwart ganz offensichtlich seine Witterung aufgenommen hatte. »Sie werden dich an die Wand stellen und erschießen, Mutter!«, haben ihre Kinder immer gesagt. Doch auf diese Vorhaltungen habe sie nur immer ihr mildes Lächeln gelächelt, auf ihren meist deutlich gewölbten Bauch gezeigt und gemeint: »Eine Schwangere stellt keiner an die Wand!« Welche Naivität – oder: welches Gottvertrauen!

1940 war das, 1942 und auch im Jahr 1943. Versteckt hat die Maria Staudacher viele Leute in dieser Zeit. Menschen, die in Not waren. Und denen ihrer Überzeugung nach deshalb geholfen werden musste. Bis hin zu dem Deserteur aus der Wehrmacht, den sie noch im März 1945 bei sich verborgen hat. Den man dann aber gefangen genommen hat während seines Versuchs, Rothenburg bei Nacht und Nebel zu verlassen. Gott sei Dank hat der Mann den Namen seiner Unterstützerin nicht preisgegeben. Ihm hätte es nichts mehr genützt. Erschossen hätten sie ihn trotz allem – was ja dann auch tatsächlich der Fall war, im Wahnsinn der letzten Kriegstage. Aber wehe, wenn sie den Namen von Maria Staudacher erfahren hätten. Auch vor einer vielfachen Mutter hätten sie dann nicht mehr Halt gemacht.

Die zweifellos interessanteste Erkenntnis meiner Recherche war und bleibt jedoch die Tatsache, dass auch entflohene französische Kriegsgefangene den Weg nach Rothenburg gefunden haben. Mitten in die Stadt hinein, zum Alten Keller 17, zu Maria Staudacher – und anschließend ist es weitergegangen. Nach Süden. Immer weiter. Am besten zur Schweizer Grenze. Doch – es muss in dieser Zeit ein beeindruckend funktionierendes großes Vermittlungsnetz existiert haben, allem Naziterror zum Trotz. Eine Art »Rote Kapelle« der kleinen Leute. Über die Kirchen, über die Kommunisten und die Sozialdemokraten. Ein Netz, das immer wieder neu geknüpft werden musste. In das Löcher geschlagen worden sind. Wieder und wieder. Dennoch hat es einiges bewirkt und damit Menschenleben retten können. Erstaunlich, dass nach dem Krieg viele Erkenntnisse über dieses Netzwerk verloren gegangen sind. In Deutschland, das den Krieg verloren hatte, haben die Menschen andere Sorgen gehabt. Und im Ausland galten ausnahmslos alle Deutschen als die »schlechten Deutschen«. Jahre später dann, als die Bundesrepublik wieder aufgenommen worden war in die Gemeinschaft der Staaten, vor allem in Europa, als die Wirtschaft zu brummen begann, da wollte man dann nicht mehr an das schwarze Kapitel der eigenen Geschichte erinnert werden. Nur noch vergessen, alles vergessen.

Auch die Menschen, die mitten im Nationalsozialismus ihr Leben aufs Spiel gesetzt haben. Ein paar Vorzeigedemokraten. Nun gut. Aber die einfachen Leute? Nein, das wäre in jenen Zeiten doch wirklich viel zu weit gegangen! Und noch heute kann es einem, der diese Dinge schildert, durchaus widerfahren, dass er harsche Kommentare erntet. Nein, nicht von den Ewiggestrigen oder von Kindern der alten Kader. Sondern von den Nachfahren der Widerstandskämpfer, die nicht ertragen können, den Ruhm teilen zu müssen. Welchen Ruhm denn?!

Bessere Erkenntnisse – viel, viel bessere: Der Lehrer, Filmemacher und Friedenspreisträger der Stadt Würzburg, Thilo Pohle aus Rothenburg, ist nach der Vorstellung des Buches »Niemands Tochter« im Rothenburger Rathaus spontan auf mich zugeeilt. Er hat nämlich mit seinen Schülern die unselige Geschichte des Ortes Brettheim bei Rothenburg aufgearbeitet und dokumentiert. Dort sind noch in den letzten Stunden des Zweiten Weltkrieges Männer von der zurückweichenden Wehrmacht hingerichtet worden. Männer, deren Verbrechen darin bestanden hatte, dem sinnlosen Abschlachten ein Ende bereiten zu wollen. Thilo Pohle – und damit kommen wir nun wieder zur Geschichte dieses Buches zurück – hat damals, im Jahr 1981, Willy Brandt und den späteren französischen Staatspräsidenten François Mitterrand gesehen, wie sie suchend durch die Rothenburger Gassen gelaufen sind.

Im heutigen so genannten Alten Stadtgraben ist er ihnen begegnet, wusste aber nicht, was sie eigentlich gesucht haben. Nämlich ein kleines Haus, eines der kleinsten von Rothenburg, in dem Mitterrand damals mitten im Zweiten Weltkrieg Unterschlupf gefunden hatte. Am 8. März 1941. Als aus dem Arbeitslager Schaala bei Rudolstadt entflohener deutscher Kriegsgefangener. Zusammen mit seinem Gefährten, dem Vikar Xavier Leclerc.

Erst einige Wochen nach diesem Besuch hat mein Onkel Willi, der fränkische Mundartautor, beiläufig von entflohenen Kriegsgefangenen erzählt, die seine Mutter immer wieder in ihrem Haus im Alten Keller versteckt habe.

»Mensch, Willi!«, so Thilo Pohle heute, »weshalb hast du das denn nicht früher gesagt, als Willy Brandt und Mitterrand hier gewesen sind!« Er hätte sie bei ihrer zufälligen Begegnung doch dann zu dem kleinen Haus führen können, das sie an diesem Tag in Rothenburg vergeblich gesucht hatten …

Auch bei meiner Mutter Gretel stellt sich die Erinnerung wieder ein, wenn ganz konkret von dieser Zeit die Rede ist. Langsam kommen die Bilder zurück, aber dafür immer deutlicher: Ja, doch, da war einer, mit ganz dunklen schwarzen

Augen und buschigen Augenbrauen unter diesen Flüchtlingen. Angst habe man als Kind vor diesen Leuten gehabt, die sich immer nur stumm im Haus bewegt hätten. Dunkle Augen, ausgeprägte Augenbrauen: genau wie der Mann hier auf dem Foto, das ich ihr zeige. Ja, genau so hat er ausgesehen, identisch mit dem Bild des François Mitterrand als junger Mann.

Wir haben noch weitergeforscht, mein Onkel Fritz Staudacher und ich. Haben den erstaunlichen Mitterrand-Besuch im März 1981 als Grundlage für die Recherchen genommen. Als er zusammen mit Willy Brandt seine ehemalige Fluchtroute durch Deutschland abgefahren ist. Und überall Pressekonferenzen abgehalten hat. In Rudolstadt, in Nürnberg, in Villingen, in Spaichingen (wo seine Flucht im dortigen Gefängnis endete).

Nur nicht in Rothenburg. Dorthin ist er auf seinen ausdrücklichen Wunsch ohne großen Presserummel gekommen und hat im »Goldenen Hirsch« übernachtet. Ja, doch, Mitterrand habe damals etwas gesucht, bestätigt mir der damalige Referent von Willy Brandt, Thomas Mirow, der dann Wirtschaftssenator in Hamburg wurde. Ein kleines Haus habe Mitterrand gesucht – aber leider nicht gefunden.

Weitere Spurensuche im Bonner Willy-Brandt-Archiv, wo die Unterlagen der damaligen Reise aufbewahrt werden. Volltreffer! Versteckt unter Speisevorschlägen, Zeitungsausschnitten und Hotelrechnungen finden wir einen Stadtplan von Rothenburg. In französischer Sprache. Samt einem Kreuz für genau jene Stelle, an der dieses Haus noch heute steht. Der Alte Keller 17, das Haus, in dem Maria Staudacher den Flüchtling Mitterrand versteckt hat. Unter dem Kreuz der handschriftlich in Französisch geschriebene Vermerk für »Alter Keller«. Dennoch hat er es nicht gefunden, bei seiner Suche an diesem Morgen, an dem ihm Thilo Pohle begegnet ist. Es ist nicht ganz einfach, sich in den verwinkelten Gassen von Rothenburg zurechtzufinden. Selbst mit Stadtplan nicht. Und dabei war er vielleicht noch hundert Meter Luftlinie von dem Haus entfernt! Mehr nicht.

Auch Roland Dumas, der ehemalige französische Außenminister und enge Freund von François Mitterrand hat diese selbstlose Handlungsweise einer einfachen Frau mittlerweile gewürdigt. Die so viel für in Not geratene Menschen getan hat. Ohne lange nach ihrem eigenen – durchaus vorhandenen – Risiko zu fragen und abzuwägen ... Ein Beispiel müsse sie uns allen sein, diese einfache Frau, deren Geschichte man auf keinen Fall vergessen dürfe.

Wenn sie das hören würde! Was würde sie dann tun? Abwinken würde sie, ganz einfach nur abwinken ...

Und wir Enkel, die von dieser Frau abstammen. Dürfen wir stolz auf diese Tatsache sein? Sicherlich! So gesehen haben wir heute lebenden Nachfahren auch Glück gehabt. Was, wenn unsere Großeltern auf der anderen Seite gestanden hätten? Eine schauderhafte Vision! Doch auch die Kinder der »anderen« können ja nichts für die Handlungen ihrer Vorfahren. Und das bringt mich wieder einmal zur Erkenntnis, dass Abstammung kein Verdienst ist, sondern nur eine Tatsache. Und wie man sein Leben gestaltet, das ist einzig und alleine die eigene Entscheidung, Abstammung hin oder her.

Am 6. März 2003 ist von Bundesfamilienministerin Renate Schmidt eine Gedenktafel im Alten Keller 17 enthüllt worden für »Niemands Tochter«, für Maria, die in diesem Jahr vor einhundert Jahren geboren worden war. Unter denkbar ungünstigen Umständen. Aber die Umstände sind es eben nie allein. Sie hat im Gegensatz zu ihrer Mutter diesen Umständen getrotzt und ihr Leben selbst in die Hand genommen. Die Feierstunde am 6. März, dem Geburtstag meiner Tochter Annika. Denn nur an diesem Tag hatte die Ministerin Zeit. Wieder so ein Zufall? Sicherlich! Wie hat sich die Ministerin ausgedrückt? Dass es eine Gedenktafel sei, stellvertretend für tausende von Menschen, die es damals eben gegeben hat! Die es genauso wert sind wie die Großen, dass an sie erinnert wird. Menschen, die über allen Kriegswahnsinn hinweg Zeichen der Menschlichkeit gesetzt haben – unter Lebensgefahr.

Auch ein mir bis dahin unbekannter Mann namens Walter Staudacher hat sich diese Feierstunde nicht entgehen lassen. Ein im Übrigen ziemlich enger Verwandter. Der als ganz kleiner Bub seinen Vater im Zweiten Weltkrieg in Stalingrad verloren hat. Er hat fast keine Vorstellung von seinem Vater gehabt. Nur dieses Hochzeitsbild oder dieses Bild mit dem Vater in Uniform. Aber die Sehnsucht nach dem Vater ist geblieben. Von dem er nur wusste, dass er irgendwo in der Hölle um Stalingrad gefallen war. Jahrzehnte später, während einer Geschäftsreise nach Russland ist er dann, ohne es je darauf angelegt zu haben, aus purem Zufall heraus ausgerechnet mit jener Frau zusammengetroffen, die seinen toten Vater damals begraben hat. Den unbekannten deutschen Soldaten, den sie nicht nur hat verscharren wollen. In der Hoffnung, dass sich auch auf der anderen Seite der Front Mütter finden würden, die genauso dächten. Was können die Mütter dafür, was die Soldaten, denen sie einfach diese Uniform überziehen und denen sie dann erklären, dass sie nun auf ihr Gegenüber schießen müssten? Während sich die hohe Generalität vom sicheren Feldherrnhügel aus ein Bild über die Situation verschafft. Die Kugeln selbst, sie treffen fast immer nur die kleinen Leute. Das mag sich auch diese Frau in Russland gedacht haben, als sie dieses Zeichen der Menschlichkeit gesetzt hat, das für sie ja eher eine Selbstverständlichkeit gewesen ist.

Zufälle? Wie auch immer …

Wieder einmal wusste ich also, weshalb ich dieses Buch »Niemands Mutter« würde schreiben müssen. Schon deshalb, um so ein bescheidenes Denkmal für die kleinen Leute zu schaffen, die ausbaden mussten, was die große Politik angerichtet hatte. Die Mächtigen der Weltgeschichte, die uns von ihrem Stammplatz in den Geschichtsbüchern aus entgegengrinsen – ganz egal anscheinend, wie viele Opfer an Menschenleben sie auch jeweils zu verantworten haben …

Die Enthüllung der Gedenktafel hat übrigens nur wenige Tage vor dem Beginn des unseligen Irak-Krieges stattgefunden. Zu dieser Zeit hatte gerade eine amerikanische Familie das kleine Haus für ein paar Wochen gemietet. Ihr kleines, vielleicht drei Jahre altes Mädchen hieß Gretchen. Ein amerikanisches Kind mit dem alles andere als üblichen Vornamen Gretchen. Ausgerechnet Gretchen, der Vorname meiner Mutter, die ja hier in diesem Haus aufgewachsen ist. Zufall? Natürlich …

70

April 1940

Es war stockdunkle Nacht. Eiskalt und dunkel. So dunkel, dass sie beinahe noch über den großen Stein gestolpert wäre, der als Begrenzung am Wegrand lag. Langsam und vorsichtig, um die beiden angsterfüllten Männer nicht zu erschrecken, öffnete sie einen Spaltbreit das große Scheunentor.

»Hallo«, wisperte Anna in die Dunkelheit hinein. »Seid ihr wach? Es ist so weit!« Zirka achtzehn Stunden zuvor, kurz nach vier Uhr in der Früh hatte sie im Wald an der Blinksteige wieder zwei Männer mit sich hoch zum Schandhof geführt, die von Maria bis dorthin begleitet worden waren.

Es war eine stürmische Nacht gewesen – und nicht nur das: Dieses Mal waren sie nur um Haaresbreite einer Gefangennahme entgangen. So knapp war es noch nie gewesen, gestand sich Anna mit pochendem Herzen ein. Maria hatte ihr berichtet, dass Gustl Ruth, der Blockwart für diesen Bezirk, schon den ganzen Tag über immer wieder misstrauisch um das Haus im Alten Keller gestrichen war. Irgendetwas hatte seinen Verdacht erregt. Und dies, nachdem er Maria ja von vornherein nicht traute. Genauso wenig wie ihrem Mann Johann, den er von Kindesbeinen an kannte und dem er zu Beginn des Dritten Reiches wieder und wieder vorgehalten hatte, dass man sich als treuer deutscher Volksgenosse nun aber eindeutig zur Partei bekennen musste. Mit anderen Worten: Er hatte nie verstanden, weshalb Johann, den er bis zu jener Zeit sogar als einen seiner Freunde angesehen hatte, nicht in die NSDAP eingetreten war. Aber wehe, hatte er Maria mehrfach erklärt, wehe, wenn sie hinter seinem Rücken agieren würden. Sich als Schädlinge des deutschen Volkes erweisen würden. Dann kenne er keinerlei Pardon. Dann ginge es nicht um jahrelange Bekanntschaft, sondern einzig und allein um die Interessen des deutschen Volkes – und der Partei. Weshalb die Nachbarin von der oberen Straßenecke denn so ein reges Kommen und Gehen im Alten Keller beobachtet habe. Und was das für Fremde gewesen seien, die mit hochgeschlagenen Mantelkrägen eilig an der Frau vorübergehuscht seien. Ob da in ihrem Haus womöglich ungesetzliche Umtriebe stattfänden. Dinge, die nicht sein durften. Er sei drauf und dran, eine Hausdurchsuchung anzuordnen. Nur der Zuspruch seiner Frau habe ihn bislang noch davon abgehalten, hatte Ruth mit strenger Stimme erklärt.

»Aber wieso sollen sich diese Fremden denn ausgerechnet in meinem Haus befinden?«, hatte Maria scheinbar arglos zurückgegeben. Schließlich gebe es ja noch mehr Häuser im Alten Keller. »Das heißt«, und jetzt huschte ein strahlendes Lächeln über ihr Gesicht, »wahrscheinlich hat sie meinen Vater gesehen. Meinen Vater, den Leonhard Ohr. Ja, der ist heute zu Besuch gekommen. Und der ist ja nicht von hier, sondern aus der Nähe von Dinkelsbühl. Klar, den kennt hier niemand. Aber ein Fremder ist er trotzdem nicht. Willst du mitkommen und ihn begrüßen?«, machte Maria eine einladende Handbewegung an den Blockwart. Die Argumentation und Marias Geste waren so überzeugend gewesen, dass Ruth nur den Kopf geschüttelt hatte und brummend davongetrottet war.

»Aber wehe, es kommt mir einmal etwas anderes zu Ohren! Dann kenne ich weder Freund noch Feind …«

Mit weichen Knien war Maria zurück in ihr Haus geeilt. In der Tat: Dieses Mal war es knapp zugegangen. Nicht auszudenken, wenn Ruth auf ihr riskantes Angebot eingegangen wäre und dann womöglich noch einen Blick in die Dachkammer hätte werfen wollen! Nein, am besten wirklich erst gar nicht daran denken!

Noch lange vor dem Morgengrauen waren sie aus der Stadt geschlichen. Maria und die beiden stummen fremden Männer, die ihr dankbar zugenickt hatten, als sie ihnen eine Schüssel mit warmer Suppe in die enge Dachkammer brachte. Im Schutz der Dunkelheit schlichen sie vorsichtig durch die engen Gassen, deren Kopfsteinpflaster von einer angetauten, gefährlich glitschigen Eisschicht überzogen war. Eng an die Hauswände geduckt, arbeiteten sie sich vorwärts. Von Straßenecke zu Straßenecke. Bei der Johanniskirche würden sie am dortigen Durchschlupf durch die Stadtmauer auf die Halde gelangen, dann abwärts ins Tal zur Tauber und auf der anderen Seite wieder hinauf. Auf die Ebene. Weiter in Richtung Grenze. Immer weiter. In die Freiheit. Gerade hatten sie die Kirche erreicht. Gleich war es geschafft. Gleich würden sie die Stadt verlassen. Draußen in der Natur war es leichter, sich unentdeckt zu bewegen. Vor allen Dingen in der Nacht. Das war wesentlich einfacher als in solch einer Stadt, wo hinter jedem Fenster und an jeder Ecke unvermutet ein Beobachter auftauchen konnte.

»Halt! Wer ist da?« Ein scharfer Befehl zuckte durch die nächtliche Stille. »Da ist doch jemand! Halt, habe ich gesagt!« Die ärgerliche Stimme eines Mannes, dessen Kommandoton allein schon verdeutlichte, mit wem man es da wohl zu tun hatte. Ausgerechnet jetzt! So kurz vor der Freiheit! Maria drückte die beiden Männer geistesgegenwärtig rasch in eine Nische der Kirchenwand und machte einen Schritt zurück auf die Straße, direkt in den Lichtkegel der Lampe, der unmittelbar vor ihren Füßen eine helle Schneise in die Dunkelheit schlug. »Ja, ich bin es nur. Hier bin ich!« Schützend hob Maria ihren Arm, als sich der Strahl der Lampe direkt auf ihre Augen richtete.

»Wer ist ›ich‹?«, blaffte die ärgerliche Männerstimme. »Zeig gefälligst dein Gesicht, wenn ich mit dir spreche!« Ruth! Es war Gustl Ruth, der Blockwart, zu dem die Stimme gehörte! Er musste ihnen gefolgt sein. Misstrauisch, wie er war. Obwohl ... wenn er ihnen wirklich von Beginn an gefolgt wäre, dann hätte er sie schon früher dingfest gemacht. Mit Sicherheit nicht erst so kurz vor dem Durchgang zur Halde.

»Gustl! Hast du mich aber erschreckt! Ich bin's doch nur, die Maria. Die Maria Staudacher vom Alten Keller! Und die Hand nehme ich gleich vom Gesicht weg, wenn du damit aufhörst, mich so zu blenden!« Es kostete Maria eine gewaltige Selbstbeherrschung, sich trotz ihres Schreckens so arglos und unbefangen zu geben. Aber es war die einzige Möglichkeit, um aus dieser Situation noch einmal herauszukommen. Außerdem war sie ja in gewisser Weise vorbereitet. Genau für solch unvorhergesehene Fälle wie diesen.

»Die Maria Staudacher! Da schau an! Und was machst du um diese nachtschlafende Zeit auf der Straße? Mutterseelenallein?« Der Blockwart senkte die Lampe um einige Zentimeter, während er mit höhnischem Grinsen auf eine Erklärung wartete. Er war sich seiner Sache sicher. Die führte etwas im Schilde, die Maria. Und er würde ihr schon auf die Schliche kommen. »Jetzt sag mir bloß nicht, dass du einen Spaziergang machst.«

»Blödsinn«, gab Maria zurück und unterdrückte mit einem ärgerlichen Unterton das Zittern in ihrer Stimme. »Ich bin auf dem Weg zu meiner Mutter.«

»Zu deiner Mutter!«, echote Ruth spöttisch. »Um diese Uhrzeit. Mitten in der Nacht!«

»Ja, mitten in der Nacht. Weil ich am Tag nämlich keine Zeit dafür habe. Sie ist wieder krank geworden neulich, und deshalb will ich ihr ein bisschen Ziegenmilch bringen! Das hat ihr letztes Mal auch geholfen. Im Übrigen lebt sie ja auf dem Schandhof, falls du das nicht weißt. Und der ist ein ganz schönes Stück entfernt. Wenn ich mich da jetzt nicht aufmache, bin ich erst um die Mittagszeit wieder zurück. Und so lange kann ich den Hans ja wirklich nicht alleine lassen. Wo er doch erst dreieinhalb Monate alt ist.« Während ihrer Erklärung deutete sie auf die Milchkanne in ihrer anderen Hand. Gott sei Dank war sie vor ihrem nächtlichen Aufbruch noch auf diese Idee gekommen! »Willst du sehen, ob etwas drin ist?« Obwohl der enttäuscht dreinblickende Ruth eine abwehrende Handbewegung machte, hob Maria den Deckel der Kanne.

»Da, komm. Leuchte ruhig hinein. Dann siehst du, dass es stimmt. Nun mach schon!«

Widerwillig überzeugte sich Ruth vom Inhalt der Milchkanne.

»Aber trotzdem«, wagte er einen weiteren, wenig selbstsicher klingenden Einwand. »Ich verstehe das nicht. Wo du doch gestern Abend noch behauptet hast, dein Vater sei da. Dann hätte der doch auf dein Kind aufpassen können.«

Maria zwang sich zu einem trockenen Lachen, das seine beabsichtigte Wirkung nicht verfehlte.

»Also, Gustl! Das muss ich dir jetzt doch wirklich nicht erklären, oder? Männer und kleine Kinder! Kannst du mir sagen, wie das gehen soll? Nein, nein. Da stehe ich lieber mitten in der Nacht auf und komme in der Frühe wieder zurück, als dass ich hinterher das helle Durcheinander im Haus habe. Männer und Kinder! Ich bitte dich!«

Missmutig brummend gab sich der Blockwart geschlagen.

»Na gut. Dann will ich dir das ausnahmsweise einmal glauben. Aber dennoch, ich warne dich: Lass dich bloß ja nie von mir erwischen!«

»Aber wie werde ich denn!«, lächelte die innerlich erleichtert aufatmende Maria achselzuckend.

»Was ist denn eigentlich mit dem Johann? Ich hab ihn schon ein paar Tage nicht gesehen. Hat er jetzt Arbeit?«

»Ja, für zwei, drei Wochen schon. Als Bierkutscher haben sie ihn aushilfsweise im Brauhaus genommen. Einer von den Männern hat einen Unfall gehabt, und solange der krank ist, kann ihn der Johann ersetzen. Mit Pferden kennt er sich ja aus.«

»Das stimmt«, nickte Gustl Ruth. »Aber wenn er damals auf mich gehört hätte und in die Partei eingetreten wäre, dann hätte er eine feste Arbeit. Na ja, dafür ist es jetzt zu spät. Mitläufer können wir nicht gebrauchen in der Partei. Aber andererseits wird es bald Arbeit genug für den Johann geben«, lachte der Blockwart trocken. »Als Soldat nämlich.«

»Als Soldat?!« Maria meinte im ersten Moment, sich verhört zu haben. »Als Vater von fünf Kindern?! Mit beinahe vierzig Jahren? Da gibt es doch genügend andere. Jüngere. Ohne Kinder.«

»Jetzt kommen erst einmal die an die Reihe, die von uns nichts haben wissen wollen. Auf die können wir nämlich am leichtesten verzichten! So«, Ruth straffte wichtigtuerisch seinen Oberkörper und schlug militärisch die Hacken zusammen. »Jetzt muss ich weiter. Die Pflicht ruft. Heil Hitler!«

»Ach, lass mich doch damit in Ruhe«, murmelte Maria abwehrend. »Für mich heißt es immer noch Gute Nacht!« Ungehalten kniff Ruth die Augenbrauen zusammen.

»Das habe ich jetzt aber überhört, Staudacherin! Aus purer Menschenfreundlichkeit habe ich das jetzt aber überhört! Und noch einmal: Sei vorsichtig! Irgendwann werde ich dich erwischen! Und dann hilft dir auch keine Ziegenmilch mehr!« Wütend machte sich der Mann davon.

»Das war knapp!«, atmete Maria durch und spähte vorsichtig in die finstere Nische, aus deren Deckung sich nun die beiden Flüchtlinge lösten und ihr dankbar zunickten. Wenige Minuten später hatten sie den Taubergrund erreicht, wo sie es vermieden, die von weitem einsehbare Brücke auf die andere Talseite zu überqueren. Nein, vielmehr kannte Maria aus ihrer langjährigen Tätigkeit als Dienstmagd in einer der Mühlen die Tauber gut genug, um über eine seichte Furt den eiskalten Fluss durchwaten zu können.

Es war also dieses Mal nur um Haaresbreite gelungen, einer Festnahme zu entgehen. Anna war sich dieser Tatsache wohl bewusst, nachdem ihre Tochter ihr das Geschehen in hastigen Worten geschildert hatte, als sie die Männer im Schutz des Blinksteigwaldes endlich der Mutter zugeführt hatte. Auch sie hätte sich also eindeutig in Lebensgefahr befunden, falls die Häscher ihnen auf die Schliche gekommen wären. Aber dieses Risikos war sich Anna von Beginn an bewusst gewesen. Ihr Leben? Darum ging es nicht mehr. Ihr Leben würde so oder so bald zu Ende gehen. Einzig und allein ging es um das Leben dieser Menschen, die sich auf der Flucht befanden – und um das Leben von Maria, ihrer Tochter. Alles, was in ihrer Kraft stand, würde sie tun, um Marias Leben zu schützen. Jetzt erst, ganz am Ende ihres Lebens, war sie endlich wieder eng mit ihrer Tochter verbunden. Nach fast siebenunddreißig Jahren! Alles würde sie dafür hergeben. Alles!

»Draußen ist es völlig dunkel. Ihr könnt euren Weg jetzt unbesorgt fortsetzen«, wisperte sie in die schwarze Dunkelheit der halb verfallenen Scheune hinein, aus der ihr der unverkennbare Geruch nach altem Heu und nassem Stroh entgegenschlug. Ein ideales Versteck für Flüchtlinge. Wie die beiden Männer, die sich nun schemenhaft aus der schwarzen Wand herauslösten.

Wer sie waren und woher sie kamen? Anna wusste es nicht. Nur dass sie auf dem Weg zur Schweizer Grenze waren, die sie irgendwann zu erreichen hofften. Und vielleicht war es ja besser, nichts zu wissen. Denn wer nichts wusste, konnte auch nichts verraten. So oder so nicht. Was durchaus ein Vorteil sein konnte. Mit dankbaren Worten drückten ihr die beiden Flüchtlinge zum Abschied die Hand, als Anna sie an den Höfen vorbei auf die Ebene hinter der Schandhofwirtschaft geführt hatte und ihnen den Weg in Richtung Südwesten wies. Trotz der Dunkelheit meinte Anna, ein feuchtes Glitzern in den Augen der Männer wahrnehmen zu können. Wie weit sie wohl kommen würden? Ob sie es tatsächlich schaffen könnten? Bis zur Schweizer Grenze! So viele Kilometer weiter südlich. So viele Gefahren. Und mit so wenig Proviant. Was hatte sie ihnen schon mitgeben können? Etwas Zwieback, eine halbe Packung Zucker, ein bisschen Brot, eine Dose Wurst. Und die Trinkflaschen aufgefüllt. Mehr war nicht möglich gewesen.

Aber wenigstens war ihre nasse Kleidung wieder trocken geworden. Schemenhaft waren trotz der Dunkelheit die Türme der alten Stadt zu erkennen, die dort drüben regelrecht aus der Wiese zu wachsen schienen. Ein immer wieder beeindruckender und zu Herzen gehender Anblick. Vor allem die mächtige, alles überragende St. Jakobskirche mit ihrem Doppelturm, die wie eine Glucke über dem Land zu thronen schien. Zum Greifen nah – und doch so unwirklich in der blauschwarzen Finsternis. Unwirklich, wie die ganze Situation ihnen erschien.

»Und dieses Land ist einmal auch unsere Heimat gewesen«, murmelte einer der Männer rau, bevor er sich endgültig umwandte und mit festen Schritten seinen weiten Weg antrat.

»Eines Tages werden wir es dir danken. Das verspreche ich dir!« Noch einmal drückte sein Begleiter Annas Hand, bevor auch er dem anderen hinterhereilte.

Lange verharrte die alte Frau regungslos am Wegrand, während die alles umhüllende Nacht die beiden Männer bald schon in sich aufgesogen hatte. »Nicht bei mir müsst ihr euch bedanken«, murmelte sie, in tiefe, sorgenvolle Gedanken versunken. Sie würde die beiden Männer in ihrem Leben nie mehr wiedersehen, darüber war sich Anna längst im Klaren. Aber das machte ihr nicht im Geringsten zu schaffen. Viel eher die Frage, wie es weitergehen würde in dieser furchtbaren Zeit. In diesem wahnwitzigen Krieg. Mit den Menschen. Mit diesen beiden Flüchtlingen. Und mit Maria – ihrer Tochter.

»Erinnern sollt ihr euch eines Tages an uns – dann, wenn ein anderer vor euch steht und eure Hilfe braucht …«

71

Mitterrand

So muss auch François Mitterrand seine Flucht erlebt haben – ganz ähnlich auf alle Fälle. Ein Jahr danach. Wer auch immer ihm dann jenseits der Stadt weitergeholfen hat. Weil Anna zu dieser Zeit nicht mehr am Leben war. Aber Fingerzeige haben er und sein Gefährte auf jeden Fall bekommen. Sonst hätten sie sich hoffnungslos verlaufen. Wie auch immer, es war derselbe Weg, den Mitterrand gegangen ist. Natürlich ist er nicht tagsüber durch Rothenburg gelaufen, eine Legende, die sich dennoch hartnäckig in der Stadt gehalten hat. Aber wie sollte das denn gehen? Zwei entflohene französische Kriegsgefangene, die sich fröhlich pfeifend die schöne alte Stadt angeschaut haben? Niemals!

Nein, auch er ist heimlich in der Nacht gekommen, ist im Alten Keller versteckt worden, konnte sich von den Strapazen des langen Fußmarsches erholen und hat etwas zu essen bekommen.

»Bevor wir uns in der Nacht wieder auf den Weg gemacht haben, sahen wir von der Ebene aus die Stadt vor uns liegen, was sehr beeindruckend war«, berichtete Mitterrand selbst. Es war eine Stellungnahme anlässlich seines Besuches im Jahr 1981 – die einzige. Aber der Reporter des »Fränkischen Anzeiger« hatte sich nicht abwimmeln lassen. Auch den Wald auf der anderen Talseite würde er gut kennen, hat Mitterrand zu Protokoll gegeben. Es passt also alles zusammen.

Die Spur führt weiter über die Ebene nach Südwesten in Richtung Blaufelden. Auch über Anna Magdalena Hammels Tod hinaus.

72

12. Juni 1940

»Es geht zu Ende jetzt. Ich kann es spüren.« Die Worte der Sterbenden waren kaum noch zu verstehen, so kraftlos und erschöpft lag Anna auf dem Bett im Rothenburger Krankenhaus. Die faltige Haut der ausgezehrten alten Frau hatte diesen gelblich wächsernen Ton angenommen, gerade so, als sei sie schon von ihrem Dasein erlöst worden. Sorgenvoll beugte sich Maria über ihre Mutter, die in ihrer letzten Stunde nur noch einen Wunsch geäußert hatte. Nämlich dass Maria, ihre Tochter, bei ihr Wache halten solle. Nicht Georg, ihr Mann, und auch nicht eines der anderen Kinder. Nein, nur Maria, ihre erstgeborene Tochter, die sie damals weggegeben hatte. Nur Maria wolle sie sehen, wenn sie hier nun ihr Erdendasein beschließen müsse.

In Wirklichkeit saß Maria schon seit Stunden neben ihrer Mutter, die in einen unruhigen Dämmerzustand gefallen war, von dem sie in immer länger werdenden Abschnitten noch einmal kurz in ihr Bewusstsein zurückfand. Wie viele Stunden schon seit dem Beginn ihres Besuches verstrichen waren, das konnte Maria nicht mehr sagen. Viel zu sehr war sie selbst in einem Strudel aus Gefühlen, Erinnerungen und bitterer Leere gefangen. Jetzt, ausgerechnet jetzt, wo sie sich in den letzten Jahren endlich so nahe gekommen waren, jetzt war es der Mutter nicht einmal mehr vergönnt, ein paar schöne Jahre zu genießen. Zusammen mit ihr, mit ihrer Tochter.

Jahrzehnte hatten vergehen müssen. Jahrzehnte, in denen sich die Mutter vor Sehnsucht nach der Tochter verzehrt hatte. Genauso wie diese immer die Mutter vermisst hatte. Und dann dieses unglückselige Zusammentreffen an Lichtmess 1924. Wieder viele Jahre, die vergehen mussten. Bis sie endlich doch noch zueinander gefunden hatten.

Sollte das alles vorbei sein?

Dabei hatte ihr die Mutter erst gestern, im Angesicht des nahenden Endes, noch einmal zugeflüstert, wie wenig sie das Sterben bedrücke. Im Gegenteil: Jetzt hatte sie es hinter sich gebracht, dieses schwere Leben. Und könne, ausgesöhnt mit ihrer Tochter, tröstlich von dieser Welt scheiden.

Eigenartig. Ausgerechnet gestern war ihr Vater wieder zu Besuch nach Rothenburg gekommen. Marias Vater. Bei ihrer Rückkehr vom Krankenhaus hatte Leonhard Ohr im Wohnzimmer des Alten Kellers gesessen und ihr mit verlegenem Lächeln zwei Wurstdosen überreicht. »Aus eigener Schlachtung natürlich«, hatte er stolz hinzugefügt. Sollte sie die erwartungsfrohe Stimmung gleich wieder zunichte machen, mit der ihr Vater zu ihr gekommen war? Durfte sie das dem Vater antun? Andererseits, weshalb nicht? War es nicht sogar ihre Pflicht und Schuldigkeit, ihn nicht im Unklaren zu lassen? Und ferner, war es nicht auch ihr Recht, trauern zu dürfen? Trauern um die sterbende Mutter, die sie viel zu lange vermisst hatte. Auch aus Gründen, die der Vater bei sich zu suchen hatte.

Es war ein qualvoller Entscheidungsprozess. Doch schließlich hatte sich Maria ein Herz gefasst und Leonhard darüber in Kenntnis gesetzt, wo sie sich in den letzten Stunden aufgehalten hatte. Und dass die Mutter wohl den nächsten Tag nicht mehr erleben werde.

»Anna!« Trauer und Hoffnungslosigkeit waren in Leonhards Miene getreten. Auch ihr Vater war ein vom Leben gezeichneter, gebrochener Mann. Das war Maria in diesem Moment schmerzhaft klar geworden, als sie den betroffenen, plötzlich so alt wirkenden Mann mit hängenden Schultern vor sich auf dem Sofa sitzen sah. Und sie konnte ihm nicht helfen. Keiner konnte Leonhard Ohr jetzt helfen. Genauso wenig wie der Mutter.

»Ich soll dich grüßen, Mutter«, flüsterte Maria trocken, während dicke Tränen über ihre Wangen rannen und sie die Stirn der Sterbenden zärtlich streichelte.

Ein kaum wahrnehmbares Lächeln huschte über deren Züge. Aus matten gelben Augen sah sie hoch.

»Und … von wem … sollst du mich … grüßen?«, flüsterte sie kaum hörbar.

»Von meinem Vater, Mutter. Von Leonhard …«

War es ein letztes erschrecktes Zucken, das bei diesen Worten durch Annas Körper lief? Oder bildete sich Maria das nur ein?

»Von Leonhard …« Mit erstaunlicher Klarheit wiederholte Anna den Namen des Mannes, den sie so geliebt hatte und der doch so entscheidend für ihr Schicksal geworden war. »Er lässt mich grüßen … Wie schön … Grüße ihn bitte auch von mir …« Das Sprechen schien ihr schwerer und schwerer zu fallen. Annas Hände krampften sich in die Bettdecke. Doch noch hatte sie etwas zu sagen. Noch musste der Tod warten. Nur noch einige Sekunden. Es musste noch gesagt werden. Unbedingt. »Ganz am Ende sind wir also endlich dort, wo wir immer haben sein wollen … Endlich zusammen.« Ein Zittern durchlief ihren Körper. Aber da war noch etwas. »Maria, komm … ganz nahe …« Maria beugte sich zum Mund der Sterbenden hinunter, zwischen deren kraftlosen Lippen die kaum noch hörbaren Worte an ihr Ohr drangen. »Es ist so schön, dass ich dich gefunden habe … Du bist mir schon immer so wichtig gewesen.«

Es waren ihre letzten Worte, bevor sie friedlich einschlief.

73

15. Juni 1940

Erfüllt von tiefer Traurigkeit und mit bitteren Tränen in den Augen machte sich Maria auf den Heimweg. Nur noch heim. Nur nach Hause. Zu den Kindern. Nur nicht mehr an die Beerdigung ihrer Mutter denken.

Nein, es war nicht die Trauer über den Verlust der Mutter, die sie so sehr beschäftigte. Es war vielmehr das Erschrecken über die Art und Weise, wie man sie behandelt hatte, als sie auf dem Friedhof erschienen war.

Die Mitglieder der Familie Hammel hatten sie keines Blickes gewürdigt. Weder Georg Hammel, der finster dreinschauende Mann ihrer Mutter, noch Maria, die ja auf denselben Namen hörte wie sie. Und auch Georg nicht, der einzige Sohn der Verstorbenen. Während die in Wolfenbüttel lebende Anna noch nicht einmal erschienen war. Nun ja, vielleicht hatte sie es noch gar nicht erfahren, dass ihre Mutter verstorben war. Möglich war das durchaus.

Und dann die Trauerfeier. In der Kapelle hatten sich nur wenige Menschen eingefunden. Aus Lehrberg war niemand gekommen. Gar niemand. Das hatte sich Georg Hammel, wie man hörte, verbeten. Aber andererseits – wer hätte auch kommen sollen. Luise Klee war längst gestorben, Annas »Bruder« Johann im Ersten Weltkrieg gefallen. Kinderlos. Ohne Erben. Es gab keinen Kontakt mehr zu den weiter entfernten Verwandten dort. Nicht nach Lehrberg und auch nicht nach Auerbach. Georg Hammel hatte die letzten Verbindungen längst mit seiner rüden Art durchtrennt.

Nur Margarete Rößler war von dieser Seite der Verwandtschaft noch erschienen, die Tochter ihrer Patentante Magdalena Rößler, geborene Reingruber. Magdalena, die sich sowohl bei Anna als auch bei Maria als Patin zur Verfügung gestellt hatte. Die sie ja ebenfalls längst zu Grabe getragen hatten. Genauso wie Johann Rößler, ihren Mann. Margarete hatte mitfühlend Marias Hand ergriffen, als sie rasch bemerkt hatte, wie einsam und isoliert die älteste Tochter der Verstorbenen in der Kapelle stand. Und dann der Pfarrer. Noch nicht einmal erwähnt hatte er Maria am Ende seiner Predigt. Weder erwähnt noch dass er ihr später am Grab kondoliert hatte. Nichts. Gar nichts! Maria hatte – wieder einmal – überhaupt keine Rolle gespielt. Genauso wie in der gestern erschienenen Todesanzeige. Als hätte es sie überhaupt nicht gegeben!

Sie trauerte doch genauso, wenn nicht noch mehr. Denn die anderen hatten ihre Mutter immer bei sich haben dürfen, im Gegensatz zu Maria. Aber nur mit Maria hatte die Verstorbene am Ende ihres Lebens ein enges Band verbunden – nicht mit den anderen. Und schon gar nicht mit Georg Hammel, ihrem Mann, der die Zeremonie mit düsterer Miene über sich ergehen ließ. Der lediglich peinlich berührt schien von den Tränen Marias. Und wem außer Maria und vielleicht noch Margarete ging die Beerdigung denn wirklich nahe? Die anderen schienen wirklich nur aus Pflichtgefühl am Grab der Mutter zu stehen. Einer rätselhaften Frau, die ihnen immer fremd geblieben war. Traurig, kränkelnd, fremd.

Im Gegensatz zum energisch auftretenden Vater, der meist nur verächtliche Bemerkungen für die unscheinbare, ängstliche Frau gefunden hatte. Nur ganz am Ende des Begräbnisses war es zu einem kurzen Kontakt gekommen. Zwischen Maria, der erstgeborenen Tochter der Verstorbenen, und der zweiten Maria. Der jetzt in Treuchtlingen lebenden zweiten Tochter. Gerade als Maria all ihren Mut zusammengenommen und einen energischen Schritt in Richtung ihrer Halbschwester gewagt hatte. Doch diese hatte nur warnend ihre Hand gehoben und Maria böse entgegengezischt, sie möge verschwinden. Augenblicklich solle sie ihr aus den Augen gehen. Die Ursache allen Übels, diejenige, die das ganze Unglück in ihr Leben gebracht habe. »Ohne dich wäre alles anders!« Das war der Satz, der Maria tagelang nicht mehr aus dem Sinn gehen sollte.

»Ohne dich wäre alles anders!« Wie Recht sie damit hatte! Wie auch immer dies gemeint gewesen war.

Traurig und enttäuscht kehrte Maria zurück in ihr kleines Haus im Alten Keller.

Dort wurde spät abends noch langsam und vorsichtig die Türe geöffnet. Zögernde Schritte bewegten sich die enge Stiege empor in den ersten Stock – begleitet vom ängstlichen Gemecker der Ziege und dem aufgeregten Gegacker der dadurch aufgeschreckten Hühner. Ahnungsvoll trat Maria in den Flur, wo sie im Halbdunkel zwei misstrauisch verharrende bärtige Gestalten erblickte. Flüchtlinge. Ganz offensichtlich. Sie nickte den beiden Männern beruhigend zu und führte sie rasch hinauf zur Dachkammer. Dort würden sie vorerst sicher sein. Hier konnten sie sich ausruhen und Kräfte sammeln für ihren anstrengenden weiteren Weg. Wenigstens für diese Leute konnte sie etwas tun. Ganz im Sinne ihrer Mutter, die ihr so gerne noch geholfen hätte!

74

September 1940

Das Mädchen musterte seine Mutter mit einem verwunderten Blick.

»Wohin gehst du denn, Mutter? Das Grab von der Tante Magdalena ist doch dort drüben!«

»Dorthin will ich auch nicht. Jetzt noch nicht. Erst nachher dann.« Ohne sich weiter zu erklären, ergriff Maria Staudacher die Hand ihrer mittlerweile acht Jahre alten Tochter Gretel und führte sie zu einer anderen Grabstelle auf dem Rothenburger Friedhof. Ein noch relativ frisches Grab, an dessen oberem Ende sich ein schlichtes Holzkreuz befand. Hier blieb sie stehen und löste ihren Griff, um die Hände zum Gebet zu falten.

»Was tun wir denn da, Mutter? Wieso bleibst du hier stehen?«

Kommentarlos deutete Maria mit der ausgestreckten Hand auf das Holzkreuz hinüber, auf dem – nur flüchtig hingeworfen, wie es schien – ein Name aufgemalt worden war. Es kostete das Mädchen sichtlich Mühe, die eigenartige Schrift Buchstabe um Buchstabe zu entziffern.

»Anna Hammel, geborene Reingruber.« Überrascht sah Gretel auf. »Anna Magdalena Hammel, deine Mutter! Ach so!« Überraschung, ja um eine solche handelte es sich. Nicht um Trauer, hier am Grab der Großmutter zu stehen. Dieser düsteren, ausgemergelten alten Frau, die sie kaum einmal zu Gesicht bekommen hatte. Nein, eigentlich war es für sie weniger das Grab der eigenen Großmutter als vielmehr die letzte Ruhestätte einer Fremden. Der Mutter ihrer Mutter. Na ja. Aber auch bei diesem Gedanken empfand das Mädchen keinerlei Trauer.

Eine ihr fremde Frau war hier begraben worden. Mehr nicht.

»Und dennoch«, erklärte Maria ihrer Tochter verständnisvoll. »So gut ich dich verstehen kann. Es ist das Grab deiner Großmutter, die ein schweres Leben hat bewältigen müssen. Und egal, wie sie auf dich gewirkt haben mag: Sie hat es nie leicht gehabt. Solange sie gelebt hat.«

»Aber Mutter«, begehrte das Mädchen auf. »Haben wir denn ein einfaches Leben? Es ist doch auch für uns nicht einfach. Denk doch dran: der Schuster, der uns Willis Schuhe erst geben will, wenn du die nächste Rate bezahlt hast. Dann der Bäcker, der mir neulich nur einen halben Brotlaib hat verkaufen wollen. Die Jungen, die mir in der Schule immer dumme Sprüche nachgerufen haben, weil der Vater keine richtige Arbeit hat. Und Geld haben wir erst recht keines. Wir haben doch auch ein schweres Leben ...«

»Und?«, beugte sich Maria zu ihrer Tochter herunter, während ein mildes Lächeln über ihr Gesicht huschte. »Ist das alles denn wirklich so schlimm? Haben wir deswegen tatsächlich ein schweres Leben? Wir haben wenig Geld, das stimmt. Aber wir haben zu essen und zu trinken – und vor allen anderen Dingen: Wir haben uns! Das ist der Unterschied zu dem Schicksal deiner Großmutter! Die hatte nämlich niemanden – gar niemanden: keine Mutter, keinen Vater, plötzlich sogar keinen Mann mehr und hat dann auch noch ihr Kind hergeben müssen. Mich! Das war es, was ihr schließlich das Herz gebrochen hat! Das hat sie niemals überwunden. Ihr ganzes Leben lang nicht. Deshalb ist aus ihr diese verbitterte Frau geworden, wie du meine Mutter nur gekannt hast. Sie hat mir alles erzählt, kurz bevor sie dann gestorben ist!«

Maria streckte den Arm aus und zog ihre kleine Tochter eng an sich. Schweigend und nachdenklich standen die beiden vor dem Grab der Anna Magdalena Hammel, geborene Reingruber, deren Leben im Alter von siebenundfünfzig Jahren erloschen war. Einer armen und einsamen Frau, die nicht einmal das hatte sein dürfen, was sie sich am meisten gewünscht hatte: Marias Mutter.

Die sie dennoch gewesen ist.

Niemands Mutter!

Epilog

Von Anna Magdalena Hammel, geborene Reingruber, existiert kein Bild mehr. Obwohl es mindestens eine Fotografie von ihr gegeben haben muss. Sie ist verschwunden, zusammen mit der längst verblassten Erinnerung.

Wir wissen nicht einmal mehr, wie sie ausgesehen hat.